Lisaweta von Zitzewitz
5mal Polen

SERIE PIPER
Band 5117

Zu diesem Buch

»Polen wird immer Polen bleiben.« Diesen Satz hört man häufig seit dem politischen Umbruch an der Weichsel. Darin klingt Hoffnung an. Vielleicht, wer weiß, auch Vorahnung. Vieles ist in Bewegung – eine Nation zwischen Gestern und Morgen, die voller Widersprüche und Rätsel steckt und gerade deshalb nicht wenige in ihren Bann zieht, die einmal wirklich mit ihr Bekanntschaft geschlossen haben.

Geprägt wurden die Polen von ihrem wechselvollen historischen Schicksal. Davon erzählt dieses Buch ebenso wie von ihrer Liebe zur Tradition und zu nationalen Mythen. Es beschreibt bekannte und unbekannte Polen, ihren Widerstandsgeist, ihren Humor, ihre Kultur, ihre Lebensart sowie ihre Alltagssorgen. Nicht zuletzt beschäftigt es sich mit der oft schwierigen deutsch-polnischen Nachbarschaft. Wie eng die Geschicke verflochten sind, zeigt unter anderem die von der Autorin skizzierte Geschichte ihrer Familie. So entsteht ein lebendiges, persönlich gefärbtes Bild der polnischen Gegenwart, dessen Grundstimmung sich mit einem Satz aus Alfred Döblins *Reise in Polen* zusammenfassen läßt: »Es gibt dieses Land, ich weiß es herzlich«.

Lisaweta von Zitzewitz, geboren 1952 in Berlin, studierte Slawistik, u. a. in Warschau, lebt als Journalistin in Hamburg.

Lisaweta von Zitzewitz

5 mal Polen

Mit 17 Abbildungen
und 4 Karten

Piper
München Zürich

ISBN 3-492-15117-5
Originalausgabe
August 1992
© R. Piper GmbH & Co. KG, München 1992
Umschlag: Federico Luci
Umschlagfoto: Mauritius (Vidler), Mittenwald
Vorsatzkarten: Jutta Winter
Gesamtherstellung: Clausen & Bosse, Leck
Printed in Germany

Inhalt

Was ist so polnisch an den Polen? –
Ein Land zwischen Ost und West

Auf der Brücke, die südlich von Frankfurt über die Oder führt, darf nur im Schrittempo gefahren werden. Gelegenheit, die Augen umherschweifen zu lassen. Wolkenmassen ziehen träge über die flache Weite der Flußlandschaft, die nur dann und wann vom Graugrün eines Wäldchens unterbrochen wird. Hüben wie drüben – in Deutschland wie in Polen – das gleiche Bild.

Der Grenzübergang Frankfurt/Świecko liegt auf dem Ostufer der Oder, auf polnischem Territorium. Beamte beider Staaten fertigen hier die Autoreisenden gemeinsam ab. Da ich in Richtung Polen fahre, nimmt zuerst der Deutsche meinen Paß entgegen. Er prüft ihn mit der unserem Volk nachgesagten Gründlichkeit: »Machen Sie bitte das rechte Ohr frei! ... Führen Sie genehmigungspflichtige Gegenstände mit sich?« Als ich verneine, kneift er das linke Auge ein wenig zusammen, um seinen Stempel möglichst akkurat in das Reisedokument zu drücken, das er dann mit einem wortlosen Nicken durch ein Fensterchen zu seinem polnischen Kollegen hinüberschiebt. Dieser zwinkert verständnisvoll, blättert im Paß. Die Stempel von früheren Polenfahrten bieten ihm den Aufhänger für eine leutselige Neckerei: »Sicher haben Sie mal wieder Sehnsucht nach uns Polen? Oder gar nach einem ganz speziellen? Würden Sie mich mitnehmen, falls ich frei hätte?« Mit einem komischen Seufzer gibt er mir die Papiere zurück: »Viel Spaß bei uns!«

Die Polen waren immer anders als ihre Nachbarn. Und dieses Anderssein umfängt einen von dem Moment an, da man die Grenzen ihres Landes passiert. Die meisten Polen legen auch großen Wert auf ihre nationalen Eigentümlichkeiten. In Anbetracht ihrer wechselvollen Geschichte leben sie beständig in der Sorge, sie könnten ihre Identität verlieren. Darum neigen sie dazu, sich an das Eigene zu klammern und es bei jeder Gelegenheit unter Beweis zu stellen.

Was aber ist dieses Eigene? Im Grunde stellt das Polnische ein
für Mitteleuropa typisches Gemisch aus verschiedenen Kultureinflüssen dar. Seitdem ihr Staat vor gut 1000 Jahren in Gnesen
(Gniezno) bei Posen (Poznań) gegründet wurde, fühlen sich die
Polen insbesondere wegen ihres römisch-katholischen Christentums der westlichen Geisteswelt zugehörig. Dessen ungeachtet
war ihr Expansionsdrang über Jahrhunderte vor allem nach Osten
ausgerichtet. Lange Zeit beherrschten sie dort ausgedehnte Gebiete, von Dorpat im Norden bis fast zur Schwarzmeerküste im
Süden. Die flache Weite des Landes stellte den Einflüssen aus den
verschiedenen Himmelsrichtungen niemals ein wirkliches Hindernis in den Weg. Irgendwo, so konnte man glauben, trafen hier
Osten und Westen aufeinander. Zahlreiche Polen haben, ohne
sich dessen heute voll bewußt zu sein, ukrainische, weißrussische,
litauische, deutsche, jüdische, armenische oder tatarische Wurzeln. Damit nicht genug. Am Ende des 18. Jahrhunderts teilten
Preußen, Rußland und Österreich den polnischen Staat unter sich
auf. Die Nation mußte 123 Jahre lang in drei fremden Kulturkreisen leben, ehe sie 1918 ihre staatliche Souveränität wieder-
erlangte. Im Gefolge des Zweiten Weltkriegs schließlich wurde
Polens Territorium um durchschnittlich zweihundert Kilometer
nach Westen verschoben und für nahezu ein halbes Jahrhundert in
den östlichen Machtbereich eingebunden, dessen Strukturen zu
überwinden es sich jetzt bemüht.

Ihre Existenz im Spannungsfeld zwischen Ost und West brachte
es mit sich, daß die beiden Himmelsrichtungen im Selbstverständnis der Polen einen ungemein wichtigen Platz einnehmen. Natürlich sind die Grenzen fließend. »Uns nennt man im Osten den
Westen und im Westen den Osten«, schrieb der polnische Aphoristiker Stanisław Jerzy Lec einmal. Einem »Westler« scheint denn
auch vieles in diesem Land wohlvertraut. Anderes würde er eher
östlich nennen: etwa die Herzlichkeit und die Gastfreundschaft
der Menschen, ihre großzügigen Zeit- und Geldbegriffe, die engen
Familienbande und die Stellung der Frau, die Liebe zur Natur, den
Hang zur Poesie, die Art der Frömmigkeit, den Witz, die Wehmut
oder die Wodka(un)seligkeit, die mal zu tiefschürfenden Diskussionen, mal zu Tränen und Verzweiflungsausbrüchen führt.

Die These, auf dem europäischen Kontinent gebe es eine östliche und eine westliche Kultur, würde jedoch kein Pole unterschreiben. Die kommunistische Propaganda, die der Nation jahrzehntelang die politischen Bande zu Moskau ins Bewußtsein zu rücken suchte, hat eher das Gegenteil bewirkt: sie in ihrer geistigen Verbundenheit mit dem Westen bestärkt. Der Osten dagegen beginnt für viele Polen frühestens jenseits von Bug und San, jenen Flüssen, entlang denen 1945 die Grenze zur Sowjetunion festgelegt wurde.

Polnisch ist es, sich von den beiden, die Heimat umklammernden Kulturkreisen unaufhörlich abzugrenzen. Was zwischen Oder und Bug nicht dem westlichen Niveau entspricht, lasten die Polen gern pauschal den politischen Ereignissen der letzten zweihundert Jahre an, in denen sie in ihrer freien Entfaltung von außen behindert worden seien. Die östliche Kultur (oder was sie dafür halten) erschreckt sie heute manchmal sogar, wenn sie ihr im eigenen Land begegnen. Einmal zeigte ich einer Posenerin einen mitten in Warschau (Warszawa) gelegenen, ländlich-ursprünglichen Gemüsemarkt, der mir sehr polnisch erschien. Sie aber wandte sich mit Grausen ab: »Das ist ja schon ganz wie im Osten!« Ein polnischer Freund hingegen erzählte mir, er habe das Rauchen und das Trinken aufgegeben, und meinte dazu stolz: »Jetzt fühle ich mich schon wie ein richtiger ›Westler‹!«

Doch vom Westen wollen sich die Polen ebensowenig vereinnahmen lassen. In diese Himmelsrichtung wandern zwar viele ihrer Sehnsüchte, und ihre ganze Geschichte hindurch haben sie immer von dort geradezu manisch – und oft vergeblich – politische Unterstützung erwartet. Die ungleichen Voraussetzungen aber erzeugen auch manche Unterlegenheitsgefühle. Das ergibt ein spannungsgeladenes Verhältnis, das vor allem bei den Künstlern und Intellektuellen sichtbar wird. Mit Inbrunst können sie über die amerikanisch–europäische Massenkultur, Dekadenz und Geschmacklosigkeit herziehen, während Ansehen nur genießt, wer im westlichen Ausland Erfolge erzielt hat. Der Durchschnittsbürger hingegen verurteilte das kommunistische System zu einem guten Teil schon deshalb, weil es ihm nicht jenen Lebensstandard zu gewährleisten vermochte, der seiner Meinung nach jedem

Europäer zukommt. Typisch polnisch ist es, sich im gleichen Atemzug über den »kapitalistischen Konsumterror« im Westen zu mokieren und Pläne zu spinnen, wie sich Angebot und Nachfrage besser in den Griff bekommen ließen.

Zwiespältige Gefühle hegen die Polen freilich nicht nur gegenüber der Kultur und der Lebensart, sondern auch gegenüber den Menschen im Osten wie im Westen. Wie sehr sie sich nach der Anerkennung der Ausländer sehnen, so empfindlich reagieren sie, wenn ein Fremder die Absichten ihrer Nation falsch auslegt oder ihnen gar Ratschläge mit auf den Weg geben will. Lec spottete einmal: »Immer wird es Eskimos geben, die den Eingeborenen von Belgisch-Kongo Verhaltensmaßregeln für die Zeit der großen Hitze geben werden.« Natürlich nahm er dabei seine Landsleute nicht aus. Sie leben in der Überzeugung, ihre eigenen Rezepte für die »Zeit der großen Hitze« zu haben. Es ist ziemlich gleichgültig, welchem politischen Lager sich ein Pole zurechnet: Er ist überzeugt davon, daß nur die Polen dieses Land einigermaßen begreifen können. Der Ausländer wird daher einem Eintrittsritual unterzogen: »Fremder, wie hältst du es mit Polen?«

Natürlich wird es nicht derart unverblümt gesagt. Das Spiel des Kennenlernens hat viele Formen; es ist mal heiter und scherzhaft, manchmal verbissen. Doch selten bin ich einem Polen begegnet, der nicht bereits nach wenigen Minuten mit angespanntem Interesse gefragt hätte: »Wie gefällt es Ihnen bei uns?« Und der sich, was auch immer ich antwortete, nicht sogleich bemüht hätte, mich vom Gegenteil zu überzeugen oder zumindest meine Sichtweise um die seine zu bereichern. Fand ich begeisterte Worte, so klagte er darüber, woran dieses Land kranke. Wagte ich Kritik zu üben, schwarzzusehen oder nur meiner Verwunderung über einen abenteuerlichen polnischen Gedanken Ausdruck zu geben, witterte mein Gegenüber sogleich eine neue Attacke der »Eskimos« und machte sich anheischig, vermeintlich Verzerrtes in seinem Sinn gerade zu rücken. Zögerte ich indes, meinen Gefühlen allzu freien Lauf zu lassen, so hielt er mir die möglichst kontroverse Ansicht eines anderen Fremden entgegen, etwa die: »In einer schwedischen Zeitung stand, daß ... Das denkt ihr im Westen doch wohl alle?«

Keine Meinung zu haben, nicht Stellung zu beziehen, ist schlichtweg unmöglich. Bei jeder neuen Bekanntschaft wird sich erst einmal abgetastet. Das trifft gleichermaßen für die Polen untereinander zu. Für Menschen, die seit Jahrhunderten in dem Gefühl leben, daß das, was heute gilt, schon morgen nicht mehr gelten kann, ist es entscheidend zu wissen, wo der andere steht. Ist dieses Ritual überstanden, folgen die höheren Weihen. Stellt mich ein Pole als seinen »Freund« vor, dann signalisiert das keineswegs nur wie auch immer geartete freundschaftliche Bande zwischen uns. Nein, es heißt soviel wie: »Das ist einer von uns. Seine Ansichten sind mit den unseren vereinbar.« Eine solche Empfehlung öffnet viele Türen. Es ist ein Spiel, das die Polen perfekt beherrschen.

Der Ausländer freilich ist ein zartes Pflänzchen, das der besonderen Aufmerksamkeit bedarf, trägt er doch die Kunde von diesem Land nach draußen. Manch ein Pole würde ihm am liebsten diktieren, was er über Land und Leute zu denken und zu schreiben hat. Auf subtile Weise werden dem Fremden die polnischen Wertmaßstäbe beharrlich eingehämmert. Meine erste Lektion erhielt ich gleich zu Beginn meines Studienaufenthalts in Warschau Ende der siebziger Jahre. Eine junge Angestellte im Ausländerbüro wies mir eine Unterkunft in einer polnischen Familie zu. Auf meine offenbar etwas skeptische Miene hin setzte sie eilends hinzu, sie kenne das Zimmer, es sei fabelhaft – »wie vor dem Krieg«. Kurz darauf klingelte ich an der angegebenen Adresse. Eine Dame mittleren Alters zeigte mir den Raum. Er war recht einladend, doch vollständig modern möbliert, keineswegs mit Antiquitäten vollgestopft, wie ich es mir auf der Fahrt dorthin ausgemalt hatte. Die Vermieterin bot mir Tee an. Eigentlich trinke sie lieber Kaffee, sagte sie mir, »aber die Kommunisten halten uns damit sehr knapp. Schon seit Monaten ist in ganz Warschau kein Kaffee zu bekommen.«

Die Frage nach dem Osten und dem Westen verengte sich für die Polen nach dem Zweiten Weltkrieg begreiflicherweise auf den Systemgegensatz. Dennoch war die Nation in diesem Punkt weniger gespalten, als man nach solchen Erlebnissen annehmen könnte. Im Rahmen ihrer Möglichkeiten bemühten sich auch die

Kommunisten in Polen, den Ost-West-Konflikt zumindest abzu-
federn. Kein anderer Staat des sozialistischen Lagers engagierte
sich derart konsequent für Abrüstungs- und Entspannungsfragen.
Die Konferenz für Sicherheit und Zusammenarbeit in Europa
(KSZE) geht auf eine polnische Anregung zurück. General Jaruzelski schlug 1987 vor, im Kerngebiet Europas eine »Zone erhöh-
ter Sicherheit« zu schaffen und beiderseits der Blockgrenzen all
jene konventionellen und atomaren Waffensysteme zurückzuzie-
hen, die sich für einen Überraschungsangriff eignen. Es war eine
moderne Variante jenes Plans, den der polnische Außenminister
Adam Rapacki bereits 1957 der UN-Vollversammlung vorgelegt
hatte.

Im Inneren erzwang der Zusammenprall von östlichen System-
vorgaben mit der Westorientierung der Bürger ohnehin stets sehr
polnische Lösungen. Von Anfang an schien die Volksrepublik nur
spärlich mit roter Farbe überzogen zu sein. Die kulturelle Freiheit
war hier größer, der private Wirtschaftssektor umfangreicher als
in den anderen Blockstaaten, von der Rolle der katholischen Kirche ganz zu schweigen. In den siebziger Jahren schließlich öffnete
Parteichef Gierek das Land als erstes im Warschauer Pakt so weit
nach Westen, daß er damit die Erosion des kommunistischen Systems erheblich beschleunigte. Nach einem sehr polnischen Ringen – voller Höhen, Tiefen und Improvisationen – fiel im Sommer
1989 die Entscheidung zugunsten der »westlichen« Staatsform.
Lech Wałęsa sagte damals: »Wir müssen Europa einholen. Wir
haben keine schlechteren Bedingungen und sind auch nicht düm-
mer als die anderen. Wir sind nur einfach schlecht regiert worden.«

Zweifellos hat der damalige Vorsitzende der Solidarność-Ge-
werkschaft seinen Landsleuten aus dem Herzen gesprochen. Damit aber begann für sie eine Periode, in der viele jener Widersprüche aufbrechen, die die Bedrohung des Polnischen von außen
bislang überdeckt hatte. Doch in diesem Land ist nichts so kategorisch, wie es auf den ersten Blick mitunter scheint. Über allen Bemühungen, das Eigene zu bewahren, haben sich die Polen ihre
Neugier auf fremde Welten stets erhalten – und sei es nur, um sie
an ihrer eigenen zu messen.

Staat und Nation

Das Goldene Zeitalter und die Sarmaten –
(K)eine vergessene Epoche

Aufstieg, Untergang und Wiedergeburt Polens stehen in einem
engen Zusammenhang, der nicht immer die gebührende
Beachtung findet. Häufig wird diese Nation – vor allem von den
Polen selbst – recht einseitig aus ihrer Leidensgeschichte heraus
gedeutet, die im ausgehenden 18. Jahrhundert begann. Damals
verschwand der polnische Staat für 123 Jahre von der Landkarte.
Der lange Verlust der Unabhängigkeit hat das Denken und Verhalten der Nation nachhaltig geprägt. Ihr Selbstverständnis und
ihre Eigenart aber lassen sich daraus allein nicht erklären. Sie haben ihren Ursprung vielmehr in jenem Staat, der Polen vor den
Teilungen gewesen war und der, was seltsam unbekannt ist, zeitweise in ganz Europa Bewunderung hervorrief.

Den Grundstein zum polnischen Staat hatte Herzog Mieszko
gelegt. Er gehörte einem Geschlecht an, das sich auf einen bäuerlichen Stammvater namens Piast zurückführte. Um die Mitte des
10. Jahrhunderts beherrschte Mieszko I. das Gebiet zwischen
mittlerer Warthe und mittlerer Weichsel. Bei dem Versuch, seinen Machtbereich auszudehnen, wurde er 963 an der Oder vom
deutschen Markgrafen Gero geschlagen. Der Piastenherzog trat
daraufhin in ein Treueverhältnis zum Heiligen Römischen Reich,
966 nahm er mit seinem Volk das Christentum an. Dieser Taufakt
gilt als Gründung Polens, denn das Land rückte damit in die Reihe
der anerkannten Staaten auf. Heidnische Gebiete wurden von den
christlichen Nachbarn mit uneingeschränktem moralischen Recht
ständig heimgesucht. Mieszko I. war sehr auf Unabhängigkeit bedacht. Geschickt lockerte er die Bindungen an das Reich, indem er
sein Land 991 direkt dem Papst in Rom unterstellte. Die Übernahme des Christentums nach dem lateinischen Ritus wirkte sich

aber auch in der anderen Richtung aus. Aufgrund ihrer frühen
Westorientierung konnten die Polen allezeit ihre Eigenständigkeit
gegenüber den orthodoxen Ostslawen bewahren.

Unter den ersten Piasten nahm Polen Gestalt an. Mieszkos I.
Sohn, Bolesław I., der Tapfere, vergrößerte das Staatsgebiet mit
vielen erfolgreichen Feldzügen; 1025 wurde er zum König gekrönt.
Nachdem 1370 der letzte männliche Vertreter dieser Dynastie gestorben war, begann eine in vieler Hinsicht neue Epoche. Der Thron
fiel nach einem ungarischen Intermezzo 1382 an Jadwiga, eine
Großnichte des letzten Piastenkönigs. Auf Geheiß ihrer Ratgeber
vermählte sie sich 1386 mit Jagiełło, dem Großfürsten von Litauen,
das sich damals von der Ostsee weit nach Südosten über Kiew hinaus erstreckte. Die Heirat begründete Polens Union mit Litauen,
die erst 1795 mit dem Untergang des Staates endete.

Kurz nach der Hochzeit wurde Jagiełło als Władysław II. zum
König von Polen gekrönt. Gemäß dem Ehevertrag hatte er sich
zuvor mitsamt seinem Volk taufen lassen. Denn Polen verstand
sich als »Bollwerk des Christentums« und hatte immer wieder Angriffe vor allem der vordringenden Mongolen abgewehrt. Die Christianisierung Litauens war auch außenpolitisch ein geschickter
Schachzug, war damit doch die gesamte Region auf friedlichem
Weg missioniert. Der Deutsche Ritterorden, der im 13. Jahrhundert auf dem Gebiet der heidnischen Pruzzen einen Staat errichtet
hatte, wenig beliebt, aber scheinbar unschlagbar, verlor dadurch
seine Existenzberechtigung. Władysław II. Jagiełło gelang es, ein
zahlenmäßig überlegenes Heer zusammenzustellen und dem Ordensstaat 1410 in der Schlacht von Tannenberg (Grunwald) eine
erste empfindliche Niederlage beizubringen. Im Zweiten Thorner
Frieden (1466) mußte der Orden auf Westpreußen ganz verzichten
und für Ostpreußen die polnische Lehnshoheit akzeptieren.

Die Verbindung mit Litauen machte Polen alsbald zu einem Im-
perium, das sich lange Zeit erfolgreich zwischen Deutschen und
Russen behauptete. Die Jagiellonen, wie das neue Herrschergeschlecht nach seinem Begründer genannt wurde, übernahmen die
Tradition des christlichen Bollwerks. Nicht zuletzt deshalb konnten sie ihrem Reich mehrfach weite Gebiete im Osten hinzuge-
winnen. Zu Beginn des 17. Jahrhunderts erreichte Polen-Litauen

seine größte Ausdehnung. Auf fast einer Million Quadratkilometer erstreckte es sich von Dorpat im Norden bis fast zur Schwarzmeerküste im Süden, von der Mündung der Netze in die Warthe im Westen bis dreihundert Kilometer vor Moskau im Osten.

Die Union brachte freilich ihre besonderen Probleme mit sich. Der König geriet in zunehmende Abhängigkeit vom Adel. Diese Entwicklung hatte ihren Ursprung in den Verhältnissen in Polen. Die polnischen Ritter empfanden sich als Angehörige einer großen Gemeinschaft. Ihr Solidaritätsgefühl rührte teils aus ihrem früheren Leben in Sippenverbänden her, teils aus dem Stolz auf die Ruhmestaten ihrer Vorfahren und auf ihre eigene Rolle als Verteidiger des Vaterlandes. Zudem waren sie außergewöhnlich zahlreich. Aus der Frühzeit gibt es zwar keine verläßlichen Angaben. Am Ende des 18. Jahrhunderts jedoch stellte der Adel 8 bis 10 Prozent der Gesamtbevölkerung im polnisch-litauischen Vielvölkerreich. Unter den Polen lag der Anteil sogar bei mindestens 16 Prozent. Im übrigen Europa dagegen gehörten höchstens 2 bis 3 Prozent diesem Stand an.

Nach dem Tod des Piastenkönigs Bolesław III. 1138 entwickelte sich die Ritterschaft zu einer privilegierten Schicht. Polen zerfiel für rund zwei Jahrhunderte in mehrere, einander bekämpfende Piastenherzogtümer, die durch eine einheitliche Kirchenorganisation verbunden blieben. Die Unterstützung der Ritter bei ihren Fehden erkauften die Landesherren durch Gewährung neuer Vorrechte gegenüber Bauern und Bürgern. Die Ritterschaft bewahrte sich trotz der Zersplitterung ihr Gemeinschaftsgefühl, das sich mit einem spezifischen Gleichheitsdenken verband. Hatte ein Herzog den Edelleuten seines Gebiets ein Privileg gewährt, nahmen es bald auch die Ritter in den übrigen Landesteilen für sich in Anspruch.

Um 1320 gelang es dem Piasten Władysław I., das Reich wieder zu einen. 1331 gestand er allen Edelleuten das gleiche Stimmrecht zu. Damit war der Grundstein zu einem System gelegt, in dem es anders als etwa in Frankreich, England oder Deutschland keine verbrieften Vorrechte für einzelne Adlige gab. Jeder, der dem polnischen Adelsstand durch Geburt oder Nobilitierung angehörte, besaß grundsätzlich die gleichen Rechte und Aufstiegsmöglichkeiten. Vom Vater erbte er den Besitz, um Ämter und Würden mußte er sich selbst bemühen. Einige Historiker schlagen deshalb vor, statt vom Adel besser von »Vollstaatsbürgern« zu sprechen; demgegenüber seien Bauern und Bürger lediglich »Staatseinwohner« gewesen.

Um die Gleichrangigkeit nach außen zu dokumentieren, redeten sich die Adligen untereinander mit »Herr Bruder« an. In Wirklichkeit war dieses Gleichheitsprinzip natürlich eine Utopie. Einige wenige besaßen große Ländereien, die Mehrheit nur ein paar Felder. Wirtschaftliche Macht verknüpfte sich in der Praxis häufig genug mit politischem Einfluß. Zunächst aber spielten diese Unterschiede keine größere Rolle. Die Schlachta, wie sich der kleine und mittlere Adel (in Anlehnung an das mittelhochdeutsche *slahta* (Geschlecht)) nannte, war sich darin einig, daß alle absolutistischen Bestrebungen im Keim erstickt gehörten. Um die Macht des Königs und der kleinen Gruppe der Magnaten, des reichen Adels, in Grenzen zu halten, forderten sie daher, daß »nichts über uns ohne uns« entschieden werden dürfe. Im Jahre 1353, noch unter den Piasten, hatten sich die Adligen erstmals zu einer »Konföderation« zusammengeschlossen, um den König zur Aufhebung eines Erlasses zu zwingen.

Unter den Jagiellonen sollten die Konföderationen bald zu einem beständigen Element des politischen Lebens werden. Polen und Litauen waren nicht durch eine erbliche Monarchie, sondern durch eine Personalunion vereint. Die gemeinsame Wahl des Herrschers sollte die Bindung beider Nationen sichern. Jeder neue Regent bedurfte der Zustimmung des Rates aus adligen Würdenträgern der »Krone«, später des Reichstags. Diese Maßnahme sollte der Willkür vorbeugen, verschaffte dem Adel aber auch eine Stellung, die er geschickt nutzte, um die eigene Macht zu mehren. Immer wieder mußten die Könige der Oberschicht Zugeständnisse machen, um sie zur Teilnahme an Feldzügen zu bewegen oder die Thronfolge sicherzustellen. Die Forderung nach neuen Vorrechten ging in aller Regel von den polnischen Edelleuten aus. Der litauische Adel war ein in sich hierarchisch gegliederter Stand. Erst nachdem den katholischen Adligen des Großfürstentums 1413 die gleichen Freiheiten und Rechte wie ihren Standesgenos-

sen in der »Krone« zugesagt worden waren, begann sich diese
Schicht nach dem polnischen Vorbild umzuformen.

Zunächst hatte sich der Adel materielle Privilegien wie das
Münz- und Schankrecht oder die Befreiung von bestimmten Zöllen und Steuern ertrotzt. 1430 folgte die gesetzliche Garantie, keinen Adligen gefangenzusetzen, der nicht durch Richterspruch
verurteilt oder auf frischer Tat ertappt worden war. Eine solche
Habeas-Corpus-Akte, die in Polen freilich allein den Adel betraf,
wurde im übrigen Europa erstmals 1679 in England verabschiedet.
Um ihre Interessen abzustimmen, organisierten die Adligen seit
dem Ende des 14. Jahrhunderts regionale Landtage. Ein Edikt von
1454 verpflichtete den König, in allen Fragen von öffentlichem
Belang die Landtage zu konsultieren. Der erste Reichstag, zu dem
Abgeordnete aller Landtage einberufen wurden, fand 1493 in
Piotrków südlich von Warschau statt. Daraus entwickelte sich ein
adliges Zweikammerparlament. Im Jahre 1505 mußte König Aleksander in der Konstitution *Nihil novi nisi commune sensu* dem
polnischen Landadel bindend zusichern, ohne Zustimmung des
Sejms (Reichstags), bestehend aus Senat (Magnaten und Klerus)
und Abgeordnetenkammer (Schlachta), »nichts Neues« zu be-
schließen; weder Gesetze noch Steuern, weder Landsturm noch
Krieg. Damit war der König auf die Rolle eines *primus inter pares*
beschränkt und Polen-Litauen zu einer Adelsrepublik geworden.

Polen leiten aus diesem Tatbestand gern die Behauptung ab, daß
ihr Land im Grunde Europas älteste Demokratie sei. Gewiß lassen
sich die damaligen Strukturen nicht mit modernen republika-
nisch-demokratischen Verhältnissen gleichsetzen. Das polnische
Wort für Staat lautet nicht aus Zufall *państwo* – was in wörtlicher
Übersetzung »die edlen Herrschaften« bedeutet. Diese Gruppe
allein hatte im Land das Sagen. Ihre politische Führungsposition
aber galt in einer Zeit, da die Bevölkerung in den übrigen europäischen Ländern der Macht ihrer Monarchen unterworfen war, in
der Tat als sehr fortschrittlich. Im 15. und 16. Jahrhundert, Polens
Goldenem Zeitalter, redeten die Adligen nicht nur viel von Freiheit, Gleichheit, Brüderlichkeit, Demokratie und Toleranz, sondern beherzigten diese Tugenden auch weitgehend im Alltag. Da
ihre Hegemonie im Staat zudem mit beachtlichen politischen, mi-

litärischen und kulturellen Erfolgen einherging, schien alles für
dieses System zu sprechen.

Dennoch steckte in dieser Ordnung bereits der Keim zum späteren Niedergang. Während andere Staaten dank ihrer strafferen,
hierarchischen Führung allmählich eine größere innere Stabilität
erreichten, war der polnisch-litauische Adel im entscheidenden
Moment bereits viel zu mächtig, um seiner »goldenen Freiheit«
noch Zügel anlegen zu lassen. Anstatt die Verwaltungsstrukturen
auszubauen und den unteren Ständen mehr Entfaltungsmöglichkeiten einzuräumen, war die Oberschicht vorwiegend darauf bedacht, die eigenen Privilegien zu erhalten und auszuweiten. Vom
16. Jahrhundert an bestand deren einzige Gegenleistung in der
Verpflichtung zum Heeresdienst. Als Polen-Litauen immer stärker von seinen expansionslüsternen Nachbarn bedroht wurde,
wirkten sich diese Verhältnisse verhängnisvoll aus.

Die Zeit, in der Polens politischer Niedergang begann, wird
häufig als Periode des Sarmatismus bezeichnet. Der Begriff leitet
sich von einer seltsamen Abstammungstheorie her, die im Goldenen Zeitalter entstand. Seit dem frühen Mittelalter war auf Land-
karten sowie in deutschen und französischen Chroniken hin und
wieder die Bezeichnung »Sarmatien« für Polen aufgetaucht. Die
Sarmaten, iranische Nomadenvölker, bewohnten im Altertum die
Schwarzmeersteppen. Nach dem heutigen Erkenntnisstand haben
die Polen mit ihnen nichts zu tun. Als Urheimat sämtlicher slawi-
scher Stämme gilt vielmehr ein Gebiet in Südrußland nordöstlich
der Karpaten und südlich der Pripjet-Sümpfe. Vom 6. Jahrhundert n. Chr. an begaben sich einzelne Sippenverbände von hier aus
auf die Suche nach neuen Siedlungsräumen. Dabei entwickelten
sie ihre eigenen slawischen Sprachvarianten. Aus jenen, die gen
Westen zogen, gingen unter anderem die Polen hervor.

Im Goldenen Zeitalter wußte man von diesen frühen Wande-
rungsbewegungen freilich nur aus allerlei, nicht ganz zuverlässigen Überlieferungen, und manchmal entzündete sich daran die
Phantasie. Schon der Chronist Jan Długosz (1415–1480) brachte
den polnischen Adel mit den Sarmaten in Verbindung. Als man
sich in der Renaissance überall bemühte, die Gegenwart aus der
Antike zu erklären, griffen die polnischen Geschichtsschreiber

diese These auf und untermauerten sie »wissenschaftlich«. In den ersten nachchristlichen Jahrhunderten, behaupteten sie, sei ein Teil der Sarmaten nach Westen aufgebrochen und habe sich zwischen Dnjepr und Weichsel niedergelassen. Die dortige Urbevölkerung hätten sie unterworfen und zu ihren Sklaven gemacht. Alsbald besangen die Schriftsteller die Heldentaten dieser tapferen »Vorfahren«, und in der zweiten Hälfte des 16. Jahrhunderts waren die polnischen Adligen von ihrer – angeblichen – sarmatischen Abstammung bereits allgemein durchdrungen.

Das äußerte sich zum einen in ihrer Lebensart. Sie fand einen Nährboden in dem nun einsetzenden Barock, der in Polen ebenso wie in Westeuropa ein vollkommener Theaterstil war. Die zeitbedingte Liebe zum Extravaganten, Übertriebenen und Spektakulären paarte sich hier jedoch mit mancherlei östlichen Einflüssen. Zusammen ergab das einen Stil, den ausländische Reisende mitunter als »exotisch« oder »barbarisch« bezeichneten, der aber, auch von den Beteiligten selbst, als ausgesprochen polnisch-sarmatisch empfunden wurde. Mit einer seltenen Leidenschaft stellte man seinen Reichtum und sich selbst zur Schau. In ihren prunkvollen Häusern sammelten die Adligen allerlei bizarren Zierat, den sie auf den Feldzügen nach Osten und Südosten erbeutet hatten. Wenn sich auch manch einer nicht mehr als eine imposante Fassade leisten konnte – über seine Verhältnisse zu leben, war durchaus ein sarmatischer Zug. Die Männer behängten sich mit Kleinodien, wie man es sonst nur von den Türken gewohnt war. Ihr übersteigertes Ehrgefühl entzündete sich an der geringsten Kleinigkeit. Raufereien, tollkühne Mutproben, Trinkgelage, Spiele um Hab und Gut gehörten genauso zu ihrem Selbstverständnis wie überraschend großzügige und ritterliche Gesten oder die vielgerühmte, verschwenderische Gastfreundschaft. Der Lebemann Casanova schrieb noch im 18. Jahrhundert nach einem längeren Aufenthalt in Warschau über die Polen: »Sie haben sich die wilden Reaktionen der Barbaren bewahrt, und ihre überfließende Freundschaft wie auch ihr glühender, nachtragender Haß tragen Züge der Sarmaten und Skythen in sich.«

In Westeuropa war der Barock die hohe Zeit des Absolutismus, eine in Polen-Litauen undenkbare Herrschaftsform. Die Behauptung, daß ihre sarmatischen Vorfahren die Urbevölkerung unterworfen hätten, kam den Adligen zupaß, um ihre privilegierte Stellung im Staat gewissermaßen historisch zu rechtfertigen. Als Prototyp ihrer Adelsrepublik galt ihnen nicht etwa die Ordnung bei den Nomaden, sondern – das ist der polnische Januskopf – die politischen Verhältnisse im alten Rom, die sie nach Gutdünken interpretierten. So betrachteten sie den Widerstand der Römer gegen die Tyrannei als Vorbild für ihren eigenen Widerstand gegen alle Versuche, die Freiheit des Adels einzuschränken. Ihr soziales Gewissen, sofern sie eines besaßen, beruhigten sie damit, daß die ganze Antike von Sklavenarbeit gelebt habe, folglich habe auch der polnische Bauer keine Rechte zu beanspruchen.

Es war nicht allein die sarmatische Abstammungstheorie, die den Adel immer selbstgefälliger werden und die Zeichen der Zeit mißachten ließ. Andere Ereignisse trugen dazu bei, daß sich die Eigenart des Systems nachteilig auswirkte.

Als einer der entscheidenden politischen Fehlgriffe erscheint im Rückblick die Einführung des Wahlkönigtums. Der Jagiellonenherrscher Zygmunt II. August wollte mangels legitimer Erben den Fortbestand des Reiches sichern. König, Sejm und der einflußreiche Adel kamen 1569 in Lublin überein, die bisherige Personalunion zwischen Polen und Litauen in eine Realunion umzuwandeln. Beide Länder erhielten nun einen gemeinsamen Reichstag, der abwechselnd in Warschau und Grodno tagte. In allen Ländern der Union wurden dem Adel endgültig die gleichen Rechte zugestanden. Vor allem einigte man sich darauf, künftig einen gemeinsamen Monarchen für Polen und Litauen »Mann für Mann« – von allen Rittern, die an der Abstimmung teilnehmen wollten – wählen zu lassen. Kanzler Jan Zamoyski befürwortete diese Verfassungsänderung mit den Worten: »Weil alle berufen sind, das Vaterland zu verteidigen, müssen alle bei der Wahl ihres obersten Fürsten mitwirken und jeder einzelne muß auch das Recht haben, wählbar zu sein.«

Durch das Wahlkönigtum gelangten bis 1795 ein Franzose, ein Siebenbürger, drei Schweden, zwei Sachsen und drei Polen auf den Thron. An Bewerbern fehlte es nicht, und zur Zeit der Königswahlen war der Adel in viele Parteien gespalten. Mehr als einmal drohte der Abstimmungsplatz, auf dem sich mehr als 100 000 Edelleute einfanden, zum Kampfplatz zu werden. Die neuen Herrscher betrieben zum Teil eine recht dilettantische Außenpolitik, so daß Polen-Litauen sich neue Feinde schuf. Im 17. Jahrhundert wurde das Land von einer ganzen Serie von Kriegen heimgesucht, die man bald mit einer »Sintflut« verglich. Die Schweden fielen von Norden ein, die Moskowiter von Osten, die Tataren und Türken von Süden. Die Kosaken im Doppelreich organisierten mehrere Aufstände.

Die »Sintflut« verwüstete das Land, schwächte die Staatsgewalt und gab der Gegenreformation Auftrieb, was weitreichende Folgen haben sollte. Zu Beginn des 16. Jahrhunderts war der polnische Adel in Scharen zum Protestantismus übergetreten. Dabei spielten religiöse Gründe eine geringere Rolle als der Wunsch, der Zehntabgabe sowie der Bevormundung durch die katholische Geistlichkeit zu entrinnen. Mit Erfolg: Ab 1510 durften weltliche Fragen nicht länger vor kirchlichen Gerichten verhandelt werden. Dank der Aufgeschlossenheit gegenüber jeder Freiheitsbewegung nahm die Reformation einen beispiellos milden Verlauf. Die Jagiellonenherrscher blieben katholisch, mischten sich aber kaum ein. »Ich bin nicht der König eurer Gewissen«, pflegte Zygmunt II. zu sagen. 1573 wurde die Glaubensfreiheit festgeschrieben. Die meisten anderen europäischen Staaten schlossen den Religionsfrieden erst viel später, nach unzähligen Scheiterhaufen und langjährigen Glaubenskriegen.

Die katholische Kirche Polens befand sich am Ende des 16. Jahrhunderts in einer überaus mißlichen Lage, denn zu ihr bekannten sich fast nur die Bauern. Um ihre frühere Macht über die Gemüter und ihren Einfluß auf die herrschende Schicht zurückzugewinnen, knüpfte die Geistlichkeit sehr geschickt an das Nationalbewußtsein an, das aufgrund der Ausbreitung der polnischen Litератursprache im 16. Jahrhundert, aber auch infolge zunehmender Bedrohung von außen erwachte. In flammenden Sejm-Ansprachen führte der jesuitische Hofprediger Piotr Skarga die »Sintflut« auf die im Lande herrschende Toleranz zurück. Vielerorts veranstalteten Priester »polnische Gottesdienste«, in denen die Messen nicht mehr lateinisch, sondern polnisch gelesen, eigens kompo-

nierte patriotische Kirchenlieder gesungen und die Kirchenräume
mit viel nationaler Folklore in Form von Spruchbändern und va-
terländischen Symbolen ausgestattet wurden. Der Teufel wurde
gern in deutscher Tracht, der Kleidung des protestantischen Glau-
bensfeindes, dargestellt. Daneben förderte die Kirche das allgemeine barocke Lebensgefühl mit weitherzigem Verständnis für
die sinnliche Seite des Daseins. Musik, Pomp und Weihrauch hielten in die Messe Einzug. In immer prächtigeren Prozessionen
stellte die Kirche ihre Macht zur Schau.

Die »Polonisierung« der Religion verfehlte ihre Wirkung nicht.
Davon zeugt die berühmte Formel »Pole = Katholik«, die im
17. Jahrhundert aufkam. Der Adel, dem der doktrinäre, phanta-
siearme Protestantismus auf die Dauer wenig behagte, kehrte
reumütig zum Katholizismus zurück und entfaltete den für Kon-
vertiten typischen Eifer. Der Marienkult, die Heiligenverehrung,
fanatische Frömmigkeit, Devotionalismus und Wunderglaube
breiteten sich aus. Dieser Nationalgemeinschaft, die aus dem
Glaubensbekenntnis erwuchs, fühlten sich auch die polnischen
Bauern zugehörig. Während der Gegenreformation wurde der
polnische Katholizismus zu etwas ungemein Konkretem, das jedermann Trost und Zuflucht bot.

Der wachsende Einfluß der Kirche wirkte sich auch in politischer Hinsicht aus. Die Adligen verabschiedeten im Sejm bald Gesetze, die den Andersgläubigen den Zugang zu höheren Staatsämtern verwehrten. Unermüdlich beschwor die Kirche Polens Rolle
als »Bollwerk des Christentums« und festigte damit die rückstän-
dige Denkweise. Obwohl der Polenkönig Jan Sobieski maßgeb-
lichen Anteil am Sieg der christlichen Allianz über die Türken
1683 vor Wien hatte, versäumten es die führenden Köpfe der
Adelsrepublik, aus diesem Triumph politisches Kapital zu schlagen. Statt dessen sonnte man sich in der Überzeugung, daß Europa
Polen, das doch eine besondere Mission zu erfüllen und das
Abendland vor dem islamischen Ansturm zu verteidigen habe,
niemals im Stich lassen werde.

Nachdem die »Sintflut« am Ende des 17. Jahrhunderts überstanden war, gab sich Polen einem Friedenstaumel ohnegleichen
hin. Der Adel freute sich seines Lebens nach der Devise: »Iß, trink

– und lockere den Gürtel!« Dieses Gefühl wirkte bis in den Baustil der Paläste hinein. Ein typisches Denkmal jener Zeit ist Sobieskis Schloß Wilanów bei Warschau, das ganz einem ländlichen Arkadien gleicht.

Die Wirklichkeit hingegen bot wenig Anlaß zur Begeisterung. Der Adel zerfiel allmählich in untereinander zerstrittene Interessengruppen. In den vorangegangenen Jahrhunderten hatten die großen Magnatengeschlechter wie die Radziwiłłs, die Czartoryskis, die Potockis, Zamoyskis, Lubomirskis und Sapiehas vergeblich versucht, ihre wirtschaftliche Macht in gesetzlich verankerte Privilegien umzumünzen. Der zahlenmäßig weit überlegene kleine und mittlere Adel, darin eine absolutistische Tendenz witternd, hatte beharrlich das Gleichheitsprinzip eingefordert. In den Wirren der »Sintflut« hatten jedoch unzählige Angehörige der Schlachta ihre Existenzgrundlage verloren. Viele gerieten in die Abhängigkeit der Magnaten, die ihnen Obdach gewährten oder allerlei Posten und Pöstchen verschafften. Die verarmten Adelsbrüder zeigten sich erkenntlich, indem sie bei den Land- und Reichstagen die Interessen ihrer Wohltäter vertraten.

Während die politische Führungsschicht untereinander um Macht und Einfluß stritt, verlor sie das übergeordnete Staatsinteresse immer mehr aus den Augen. Anlaß der Auseinandersetzungen waren häufig die Adelstitel. Im Prinzip gab es sie überhaupt nicht, denn niemand sollte bevorzugt werden. Langfristig brachte die Regelung freilich mehr Nach- als Vorteile. Den Königen fehlte ein wichtiges Instrument, um den Adel an sich zu binden. Im Land konnten keine institutionalisierten Hierarchien entstehen. Andererseits durften die litauischen Fürsten ihren Titel nach der Union mit Polen weiterhin führen, ohne daraus jedoch besondere Vorrechte ableiten zu können. Allen Prinzipien zum Trotz waren Adelstitel heiß begehrt. Das machten sich bald andere europäische Staaten, allen voran die Habsburger, zunutze.

Wer sich mit einem solchen Titel in Polen offiziell schmücken wollte, bedurfte aber einer Sondererlaubnis, die kaum zu erlangen war. Ein Sejm-Erlaß drohte 1673 all jenen, die von fremden Monarchen Titel annahmen, die »ewige Schande« an.

Im Jahre 1652 war im polnischen Sejm erstmals das *liberum*

veto angewandt worden, später häufig als Anfang vom Ende bezeichnet. Fortan konnte ein einzelner Abgeordneter mit dem Ausruf »Ich erlaube es nicht!« einen Parlamentsbeschluß zu Fall bringen oder sogar den Reichstag auflösen. Immer fand sich jemand für entsprechende Gegenleistungen bereit, von seinem Vetorecht Gebrauch zu machen. »In Polen regiert die Anarchie«, hieß es im übrigen Europa mit mildem Spott. Es gab weder eine effiziente Verwaltung noch eine funktionierende Polizei oder ein ständiges Heer, solche Institutionen hätten nur den Absolutismus begünstigt. Grenz- und Machtfragen konnten Polen nach Ansicht des Adels nicht berühren, da er niemanden anzugreifen beabsichtigte. Und sollte er in einen Krieg hineingezogen werden, dann würde er die Feinde genauso tapfer und draufgängerisch vertreiben wie schon viele Male zuvor. Man berief sich auf die Vorsehung und meinte selbstherrlich, im »besten aller politischen Systeme« zu leben. Alle Reformversuche wurden als »fremdländische Praktiken« verunglimpft. Noch um die Mitte des 18. Jahrhunderts meinten führende Vertreter des Adels, die andersgearteten Systeme paßten für die jeweiligen Völker, aber nicht für das polnische, das sich die Freiheit zum höchsten Gut erkoren habe.

In der sarmatischen Periode war die Oberschicht nicht nur politisch verblendet. Sie hinkte auch im wirtschaftlichen Bereich der Entwicklung in anderen europäischen Staaten hoffnungslos hinterher. In der Vorstellungswelt des polnischen Adels war für das neuzeitlich-kapitalistische Denken kein Platz. Der Löwenanteil des Kapitals blieb an den Besitz von Grund und Boden gebunden. 1419 hatten die Ritter den Kriegsdienst und den Ackerbau zu ihren Wahrzeichen erklärt. In der Folge verwandten sie viel Eifer darauf, sich diese Vorrechte zu erhalten. Ab 1496 durften nur Adlige ein Landgut erwerben und besitzen. Edelleute, die sich in der Stadt niederließen, um ein Handwerk auszuüben oder Handel zu treiben, verloren gemäß einem Gesetz von 1505 ihre Standesprivilegien.

Auch den unteren polnischen Schichten galt der landadlige Lebensstil als Ideal. Im 13. Jahrhundert hatten die Piastenfürsten die Einwanderung von Deutschen und Juden gefördert. Die Neuankömmlinge machten teils die unbewohnten Landesteile urbar.

Teils ließen sie sich in den nach Magdeburger Recht neugegründeten Städten nieder. Dort gingen sie allerlei Geschäften und Handwerksberufen nach, Tätigkeiten, die sich der Adel selbst verboten hatte und die folglich von den meisten Polen mit einer gewissen Geringschätzung bedacht wurden. Eine nennenswerte, wohlhabende Mittelschicht gab es im litauischen Wilna (Wilno / Vilnius), im ukrainischen Lemberg (Lwów / Lviv) sowie in Posen und in Krakau (Kraków), dessen 1364 gegründete Universität ausländische Künstler und Gelehrte anzog. An der Gesamtbevölkerung gemessen aber war das Bürgertum zahlenmäßig zu klein und wirtschaftlich zu machtlos, um gegenüber dem Adel ein eigenes Selbstbewußtsein zu entfalten. Die größeren polnischen Städte bewahrten bis ins 15. Jahrhundert hinein einen überwiegend deutschen Charakter.

Verarmte polnische Edelleute und Bauern, die es dann vermehrt in die Städte zog, entwickelten kaum ein eigenes Klassenbewußtsein. Eine polnische Bürgerkultur, in die sie hätten hineinwachsen können, fehlte. Zudem blieben sie den adligen Vollstaatsbürgern zahlenmäßig stets unterlegen. Und diese verwehrten als Mitglieder der Legislative den Angehörigen der unteren Schichten den Zugang zu höheren Staats- und Kirchenämtern. Die Standesrechte waren schließlich oft das einzige, was die Adligen von reicheren Bauern und Bürgern unterschied. Kam ein polnischer Städter zu Wohlstand, setzte er meist alles daran, um den Verboten zum Trotz ein Landgut zu erwerben. Das Geld floß jedoch nicht in den Ausbau der Landwirtschaft, sondern diente nach dem Vorbild des Adels einzig dem Wohlleben. Der Aufklärer Franciszek Jezierski nannte es später eine Schande, daß die Polen ihr Brot nicht einmal mit einem von ihnen selbst produzierten Messer schneiden könnten.

In der sarmatischen Welt besaßen Eigenschaften wie Disziplin und Leistungswillen keinen großen Stellenwert, an Innovationen jeglicher Art war man nicht interessiert. Eine Ansammlung liebenswerter Individualisten suchte eine anarchische Utopie zu leben. Sie empfanden eine heftige Abneigung gegen allen Zwang und wollten keine Verpflichtungen eingehen, die sie in ihrer Selbstbestimmung beeinträchtigt hätten. Gewiß galt dies in erster

Linie für den Adel, dem über seinem Widerstand gegen jegliche
zentralistische Bestrebungen schließlich der politische Instinkt
verlorenging. Dahinter verbarg sich ein eher naives Staatsverständnis: der Staat als Garant der freien Entfaltung seiner Bürger,
damit sie in Frieden mit sich selbst, mit ihren Nachbarn und im
Einklang mit der Natur leben könnten. Die positive Auswirkung
dieser Einstellung bestand in allgemeiner Toleranz. Das wird über
den Schwächen der Adelsrepublik oft vergessen.

Obgleich sich Polen-Litauen als Bollwerk des Christentums
verstand, lebten innerhalb des Reiches die verschiedensten ethnischen und religiösen Gruppen lange einträchtig neben- und miteinander: Polen, Litauer, Russen, Deutsche, Juden, Armenier,
Kosaken, Türken, Tataren. Die einen waren infolge der Unionen
oder territorialer Eroberungen zur Adelsrepublik gekommen, andere als Kolonisten eingewandert, und wieder andere hatten als
Glaubensverfolgte Zuflucht gefunden. Erst im Gefolge der »Sintflut« im 17. Jahrhundert kam es zwischen den verschiedenen Völkerschaften häufiger zu Spannungen, die teils religiös, teils wirtschaftlich bedingt waren. Auch kennt die polnische Geschichte
keine Bauernaufstände, obwohl diese Schicht wie überall in
Europa Frondienst leisten mußte. Den Zeitgenossen blieben diese
Vorzüge nicht verborgen. Leibeigene aus den Nachbarländern
entwichen zeitweise in Scharen ins tolerantere Polen. Auf viele
Adlige aus absolutistisch regierten Staaten wirkte dieses liberale
Vielvölkerreich wie ein Magnet. Von den unzähligen Künstlern,
Baumeistern und Handwerkern ganz zu schweigen, die bei der
Liebe des polnischen Adels zum Luxus ein reiches Betätigungsfeld
fanden. Wer immer sich hier ansiedelte, hatte mit dem Eingewöh-
nen kaum Schwierigkeiten. Von Ausnahmen wie den Juden abgesehen, waren die Neuankömmlinge häufig sogar bestrebt, sich zu
polonisieren.

Dieses Staatswesen, in dem es wenig gab, was die Funktions-
fähigkeit des Ganzen über das Allernotwendigste hinaus hätte
sicherstellen können, sollte eine leichte Beute werden. Das offen-
sichtliche Machtvakuum weckte die Begehrlichkeit der aufstrebenden Nachbarstaaten Rußland, Preußen und Österreich. Die
besonderen Verhältnisse in der Adelsrepublik betrachteten sie

geradezu als Einladung, in die Politik dieses Landes einzugreifen. Mit äußerstem Mißtrauen verfolgte Friedrich der Große den wachsenden Einfluß Rußlands. Der König von Preußen hatte schon früh davon gesprochen, daß Polens machtsüchtige Nachbarn das Gleichgewicht untereinander am besten wahren könnten, wenn sie ihr Gebiet auf Kosten der Adelsrepublik erweiterten. Doch Rußland war zunächst an einem schwachen, aber selbständigen Polen interessiert. Zu diesem Zweck setzte Zarin Katharina II. 1764 die Wahl ihres Günstlings Stanisław August Poniatowski zum König von Polen durch.

Entgegen ihren Erwartungen erwies sich Poniatowski nicht als Marionette. Er gab sich mitunter unentschlossen, aber er war vielseitig künstlerisch interessiert, hochgebildet und sympathisierte mit jenen Kräften im Land, die unter dem Einfluß der Aufklärung seit der Mitte des 18. Jahrhunderts nachdrücklich auf staatliche Reformen drängten. Die Bewegung ging von hochrangigen katholischen Geistlichen, Gelehrten und Schriftstellern aus, fand aber auch in aufgeschlossenen Adelskreisen Unterstützung. Die Reformer wollten das Unterrichtswesen ausbauen, das ständige Heer vergrößern und die Regierungsführung straffen. Den Sarmatismus erklärten sie zum Symbol der Rückständigkeit, ja zum Schimpfwort.

Mannigfacher Widerstand schlug ihnen von einem Großteil des Adels entgegen, der um Pfründe und Privilegien fürchtete. Rußland und Preußen sahen ihre Einflußmöglichkeiten in einem innenpolitisch gefestigten Polen schwinden. Deshalb unterstützten beide Mächte die Konföderationen des nichtkatholischen Adels, der unter zunehmender Intoleranz zu leiden hatte. Um die Unruhen beizulegen, verpflichtete sich der Reichstag 1767 in einem Vertrag mit Rußland, die seit 1573 geltenden »Kardinalrechte« des Adels einschließlich des *liberum veto* und der freien Königswahl beizubehalten, die Nichtkatholiken aber nicht zu benachteiligen. Der national gesinnte Adel schloß sich daraufhin 1768 in der Barer Konföderation zusammen, um »die Religion und die Freiheit Polens« zu schützen, sprich: die Alleinherrschaft der katholischen Kirche wiederherzustellen und die russische Vorherrschaft zu beseitigen. In dem daraus erwachsenden Bürgerkrieg rissen

Österreich, Preußen und Rußland 1772 rund 30 Prozent des polnischen Territoriums an sich.

Der Schock dieses Ereignisses, das später als Erste Teilung bezeichnet wurde, gab den Reformkräften Auftrieb. 1773 entstand in Polen die Edukationskommission, das erste Erziehungsministerium Europas. Es sollte unter Verwendung des Besitzes des von Papst Clemens XIV. aufgelösten Jesuitenordens ein säkularisiertes Schulwesen aufbauen. Manufakturen wurden eingerichtet und Wege gebaut. Schließlich verabschiedete die Patriotische Partei, während die oppositionellen Abgeordneten in den Osterferien weilten, am 3. Mai 1791 mit Billigung des Königs eine Verfassung. Nach den Worten einer ihrer Väter sollte sie eine »sanfte Revolution« einleiten. Die sogenannte Mai-Konstitution beschnitt die gröbsten Auswüchse des bisherigen Systems; sie schaffte das *liberum veto* und das Konföderationsrecht ab, verfügte eine Teilung der Gewalten in Anlehnung an Montesquieu und bestimmte nach Poniatowskis Ableben die erbliche Monarchie für das Haus Sachsen. Der Adel blieb der politisch entscheidende Stand, doch die Bürger erhielten Zugang zu öffentlichen Ämtern und eigene Vertreter im Parlament. Die Masse der Bauern wurde dem Schutz der Regierung unterstellt. Obwohl die Leibeigenschaft beibehalten blieb, konnten sie jetzt Zinsverträge mit den Großgrundbesitzern abschließen.

Die wenige Monate vor der französischen Verfassung verabschiedete Mai-Konstitution war die erste geschriebene in Europa. Die berechtigten Hoffnungen auf ein Wiedererstarken Polens aus dem Geist dieser Verfassung zerschellten am Widerstand einiger Magnaten, die sich 1792 in der Konföderation von Targowica zusammenschlossen und Rußlands Truppen gegen die rechtmäßige Regierung ins Land riefen. In den daraus erwachsenden Kämpfen eigneten sich Preußen und Rußland 1793 weitere Gebiete Polens an. General Kościuszko, der sich im amerikanischen Unabhängigkeitskrieg ausgezeichnet hatte, errang 1794 mit einem Bauernheer bei Racławice einen eindrucksvollen Sieg über die zahlenmäßig überlegenen Russen. Doch es war nur ein letztes Aufbäumen. 1795 teilten Preußen, Rußland und Österreich das polnisch-litauische Doppelreich endgültig unter sich auf.

—— 1. Polnische Teilung (1772) •••••• 2. Polnische Teilung (1793)

3. Polnische Teilung (1795)

Die Auslöschung dieses Staatswesens, das sich drei Jahrzehnte lang bemüht hatte, seine Strukturprobleme zu überwinden und dabei politische Reife gezeigt hatte, löste bei den europäischen Völkern erstmals eine Sympathiewelle für Polen aus. Die Regierungen jedoch begnügten sich mit lahmen Protestnoten, nicht zuletzt weil sich die politischen Entscheidungen vor allem an den Interessen des Souveräns orientierten. Sehr viel später wurde man gewahr, daß die Aufteilung Polens dem Gleichgewicht in Europa einen nachhaltigen Schlag versetzt hatte.

Romantiker und Positivisten – Wie eine Nation ohne Staat überlebt

Am Ende des 18. Jahrhunderts breitete sich in Europa der National-staatsgedanke aus. Die Polen, die 1795 unter die Fremdherrschaft geraten waren, hatten daran einen erheblichen Anteil. Durch äußere Umstände in einer normalen politischen, wirtschaftlichen und soziokulturellen Entwicklung behindert, konzentrierten sie ihre Kräfte auf den Erhalt der nationalen Substanz und die Wiedererlangung staatlicher Unabhängigkeit.

»Noch ist Polen nicht verloren!« – hieß es trotzig-stolz in jenem Kampflied, das 1796 bei den polnischen Legionen in Italien entstand und zur allseits bekannten Nationalhymne geworden ist. In Scharen hatten sich junge Adlige den Armeen Napoleons in der Annahme angeschlossen, daß dieser ihren Kampfesmut mit der Wiederherstellung ihres Königreichs belohnen werde. Der französische Herrscher zeigte jedoch wenig Eile. Er sah die polnischen Freiwilligen vor allem als willkommenes »Kanonenfutter« an. Erst nach dem Sieg über Preußen bildete er 1807 aus jenen polnischen Gebieten, die sich die Deutschen bei der zweiten und dritten Teilung angeeignet hatten, das Herzogtum Warschau. Es war von seiner Verfassung her ein souveräner Staat, der seine Existenz einzig dem Willen Napoleons verdankte.

Als die europäischen Mächte nach Napoleons Niederlage auf dem Wiener Kongreß 1815 die Grenzen auf dem Kontinent neu

absteckten, gelangten die zum Herzogtum Warschau gehörende
Provinz Posen sowie Thorn (Toruń) und Danzig (Gdańsk) wieder
unter preußische Herrschaft. Krakau wurde zur Freien Stadt unter
der Aufsicht der Teilungsmächte erklärt (und 1846 Österreich ein-
gegliedert). Der Rest des Herzogtums fiel als Königreich Polen an
Rußland – König des auch Kongreßpolen genannten Gebildes war
der Zar. Anstatt den ersehnten eigenen Staat zu erhalten, war
Polen mit Billigung aller europäischen Mächte ein viertes Mal geteilt worden. Rußland, Preußen und Österreich sagten den Polen
lediglich den Erhalt und die Entfaltung ihrer nationalen Individualität in eigens dafür zu schaffenden Einrichtungen zu und verspra-
chen, über die Teilungsgrenzen hinweg den Wirtschaftsverkehr
zu erleichtern.

Wenngleich die Teilungsmächte diesen Absichtserklärungen
keine praktischen Taten folgen ließen, beflügelte die zugesagte
Autonomie doch im Verein mit der beginnenden Romantik das
nationale Denken der Polen. Eine Nation, so meinte man nun,
realisiere sich nicht nur in souveränen staatlichen Institutionen,
sondern darüber hinaus in den sprachlichen, kulturellen und religiösen Gemeinsamkeiten von Menschen. Um den Anspruch auf
einen eigenen Staat aufrechtzuerhalten, müsse man diese nationale Substanz bewahren, forderten ehemalige Politiker sowie
Schriftsteller, Gelehrte und Geistliche, die man bald halb im
Scherz als »Regierung der Seelen« bezeichnete.

Die meisten von ihnen entstammten dem Adel und waren den
traditionellen Vorstellungen noch stark verbunden. Doch nicht
nur deshalb sahen sie in der Adelskultur die Grundlage einer Nationalkultur. Die Aufklärung, die den Menschen aus seiner selbst-
verschuldeten Unmündigkeit herausführen wollte, hatte Polen
nur kurz gestreift und keine grundlegende Änderung im Bewußtsein der Bevölkerung bewirkt. Die Adelskultur hingegen war ihr
seit Jahrhunderten vertraut und hatte für alle Schichten Vorbild-
charakter. Die Eigenart dieses Kulturmodells erwies sich als überaus nützlich, um die Nation gegenüber den Germanisierungs- und
Russifizierungsbestrebungen im 19. Jahrhundert weitgehend im-
mun zu machen. Stete Bereitschaft, das Vaterland zu verteidigen,
die Liebe zur Freiheit und zu demokratischen Idealen: solche Leit-

bilder standen in krassem Widerspruch zu dem Schicksal, das
Polen nun widerfahren war. Die fast sprichwörtliche Abneigung
gegenüber jeglicher Obrigkeit ließ sich ohne Mühen, sogar mit
größerem moralischen Recht auf die ausländischen Verwaltungs-
beamten übertragen. Zudem pflegten die Polen ihre Vaterlandsliebe auf demonstrativ-theatralische Weise, insbesondere in der
katholischen Kirche, zur Schau zu stellen. Unter den Teilungsmächten bekannte sich jedoch allein Österreich zum selben Glauben, während Preußen protestantisch und Rußland orthodox geprägt waren.

Die an den Adelsidealen orientierte Nationalkultur wurde von
der Regierung der Seelen auf vielfältige Weise verbreitet. Schriftsteller und Publizisten hielten das alte Polen mit Hilfe des Wortes
lebendig. Bildungseinrichtungen suchten die Bindung der nach-
wachsenden Generationen an die polnische Sprache und Kultur zu
stärken. Die Kirche stilisierte den Katholizismus zum wahren
Glauben der Polen. Daneben wurden die verschiedenen polnischen Bräuche liebevoll gepflegt.

Die Regierung der Seelen bemühte sich auch um die politische
Erziehung der Nation. Die Hauptrolle spielte dabei die tradi-
tionelle Liebe zur Freiheit. Um dieses Thema kreisten nahezu alle
politischen Gespräche und Schriften. Die Menschenrechte, welche
die Teilungsmächte höchst unzureichend verwirklichten, wurden
beharrlich eingefordert. Große Bedeutung maß man nun der Eintracht bei. Immerhin hatten die Adelszwiste das Staatswesen einst
erheblich geschwächt. Wenn die Nation einmütig zusammen-
stehe, könne sie alles erreichen, lautete ihre Devise.

Dessenungeachtet waren die führenden Vertreter der Nation
in zentralen Fragen uneinig. Während der Magnatenflügel im
sozialen Bereich eine konservative Linie vertrat und die Wieder-
einführung der Monarchie in einem freien Polen plante, wollten
die Demokraten die unteren Schichten in die Nation einbeziehen
und ihnen mehr Rechte gewähren. Die Befreiung ganz Polens
hofften sie durch eine allgemeine europäische Revolutionsbewe-
gung und den Widerstand im Lande selbst zu erreichen. Dieser
Flügel, dem vor allem Kleinadlige und Intellektuelle wie der Historiker Joachim Lelewel und zeitweise der Dichter Adam Mickie-

wicz angehörten, hatte breiten Zulauf, war aber in sich stark zersplittert.

Die Regierung der Seelen wirkte vor allem im Königreich Polen. Zar Alexander I. hatte diesem Teilgebiet eine relativ liberale Verfassung mit weitgehender Selbstverwaltung, eigenem Parlament, eigenem Heer sowie Polnisch als Amts- und Unterrichtssprache gegeben. Nach seinem Tod 1825 nahmen die Spannungen zu, und es entstanden mehrere polnische Geheimbünde. Als Zar Nikolaus I. beschloß, sein polnisches Heer gegen die Revolutionsbewegungen in Frankreich und den Niederlanden einzusetzen, riefen junge Offiziere der Warschauer Militärakademie einen Aufstand gegen die russischen Besatzer aus. Ihnen schlossen sich Generäle und Politiker an; die einen suchten auf dem Schlachtfeld, die anderen auf der parlamentarischen Ebene die polnische Unabhängigkeit wiederherzustellen.

Dieser erste Freiheitskampf entwickelte alsbald eine seltsame Eigendynamik. Die Aufständischen konnten die Russen für neun Monate aus Warschau vertreiben. Zeitweilig schien Zar Nikolaus I. sogar zu Zugeständnissen bereit. Doch auf polnischer Seite fehlte die politische Integrationsfigur, die die Extremisten hätte zügeln können. Vergeblich hoffte man auf britische und französische Hilfe und meinte, weiterzukämpfen sei ehrenvoller als ein vorzeitiger Kompromiß, der den Freiheitswünschen Abstriche abverlangt hätte. Schließlich mußten die Aufständischen vor der Übermacht der zaristischen Truppen kapitulieren. Die Anführer wurden zum Tode verurteilt oder deportiert, ihre Güter konfisziert. Alle polnischen Institutionen wurden aufgelöst und durch russische ersetzt. Tausende entzogen sich dem zaristischen Zugriff durch Flucht ins westliche Ausland. Das Schwergewicht des politischen und geistigen Lebens der Polen verlagerte sich in die Emigration. Im Lande selbst war allenfalls eine eher wirkungslose Geheimbündelei möglich. Da der polnische Adel im preußischen und im österreichischen Teilgebiet mit den Aufständischen sympathisiert hatte, waren Berlin und Wien aus Furcht vor ähnlichen Entwicklungen ebenfalls zu einem härteren Kurs übergegangen.

Dennoch versuchten die Polen immer wieder, ihren Staat durch bewaffnete Aufstände und Massendemonstrationen zurückzuerobern: 1846 in Krakau, 1848 im preußischen und im österreichischen Teilgebiet, 1863/64 in Warschau, 1892 und 1904/05 in Russisch-Polen. Die späteren Erhebungen glichen in ihrem Verlauf der ersten, obschon die Erfolgsaussichten von Mal zu Mal geringer waren. Die politischen und militärischen Niederlagen ihrer Väter schreckten die von einer messianisch überhöhten Aufstandsromantik beseelten Söhne nicht. Ihr Widerstandsgeist wurde vor allem durch die Werke von Adam Mickiewicz (1798–1855) beflügelt, den die Polen bis in die Gegenwart schwärmerisch als Nationaldichter verehren.

Mickiewicz stammte aus Litauen. Wegen seiner aufrührerischen patriotischen Poesie 1823 nach Rußland verbannt, wurde er zum Idol der jungen polnischen Generation. 1829 floh er in den Westen und war von Paris aus bald überall dabei, wo es galt, patriotische Vereine und polnische Legionen zu gründen. Er hielt Vorlesungen über Literatur, gab eine Zeitschrift heraus und schrieb das vielbewunderte Versdrama *Herr Thaddäus* (1834). In diesem Werk, das heute als polnisches Nationalepos gilt, schildert er die untergehende Adelswelt in seiner Heimat zur Zeit Napoleons. Die ersten Strophen kennt jeder Pole auswendig: »Litauen! Du mein liebes Vaterland! / Du bist wie die Gesundheit, die nur der / So recht zu schätzen weiß, der sie verloren. / Erst jetzt erkenne ich deine ganze Schönheit / In ihrem vollen Glanz und will sie hier / Besingen, denn ich sehne mich nach dir.«

Mickiewicz verstand sich nicht allein als »Sänger der Vergangenheit«, dessen Aufgabe es sei, die kulturellen und historischen Traditionen zu hüten; angesichts der fatalen Gegenwart wollte er seinem Volk als »Prophet« den Weg in die Zukunft weisen. Von den Systemmängeln, der Morallosigkeit, der Habgier und den kleinlichen Sorgen der Ökonomen um Budgets und Steuern, die er auf seinen Reisen durch Westeuropa kennengelernt hatte, war Mickiewicz tief enttäuscht. Er meinte, sämtliche Probleme ließen sich gemäß der Maxime »Gegenseitige Hilfe im Kampf aller um die Freiheit aller« lösen. In Polen sah er den »Christus der Völker«, jene Nation, die von Gott auserwählt sei, diesen Kampf um die Errettung der Welt anzuführen. Einerseits habe sie durch die Aufteilung ihres Vaterlandes am meisten gelitten. Zum anderen gebe es im polnisch-sarmatischen Wesen Tugenden, die den Westeuropäern und den Russen fehlten. Ebenso wie Gottes Sohn auferstanden sei, prophezeite Mickiewicz, werde eines Tages aus dem polnischen Volk ein Held von großer Redlichkeit und Kraft hervorgehen und sich, beseelt vom urchristlichen Prinzip der Brüderlichkeit, mit seinen Landsleuten an die Spitze einer allgemeinen europäischen Befreiungsbewegung stellen.

Zu jener Zeit teilten eine ganze Reihe gebildeter Polen diesen Glauben an die besondere Sendung ihres Volkes. Es war ein Versuch, das als übermächtig empfundene Schicksal mit Hilfe religiöser Kategorien zu kompensieren. Niemand indes formulierte diesen Messianismus poetisch so kraftvoll und zugleich so verständlich wie Mickiewicz in seinen *Bücher[n] der polnischen Nation und der polnischen Pilgerschaft*. Seine Werke wurden in der Heimat wie Gesetzestafeln gelesen. Fortan sollten sie den todesmutigen Freiheitssinn der Polen inspirieren. Nicht selten stürmten sie los mit dem Ruf auf den Lippen: »Wer überlebt, wird frei sein! Wer gefallen ist, ist schon frei!« Das galt nicht nur für die Aufstände im eigenen Land. Unter der Parole »Für unsere und eure Freiheit« kämpften Polen im 19. und 20. Jahrhundert an fast allen Fronten Europas in der Hoffnung, daß sich daraus jener »allgemeine Krieg für die Freiheit der Völker« entwickeln möge, um den Mickiewicz sie beten gelehrt hatte.

Die Vision von der Sendung des polnischen Volkes bildete gewissermaßen den Kulminationspunkt des romantischen Ethos, dessen Wirkung weit über die Teilungszeit hinausreichen sollte. Ausgehend von der Maxime »Für Gott, Ehre und Vaterland« gebar es einen oft überschäumenden Patriotismus, der die Polen in Momenten der äußeren Bedrohung in fast übermenschlicher Eintracht zusammenstehen ließ. Da zwischen dem Begriff der Nation und dem des allmächtigen Staates im 19. Jahrhundert ein scharfer Widerspruch bestand, förderte es zugleich das obrigkeitsfeindliche Denken sowie die Neigung, unliebsame Gesetze möglichst zu umgehen. Verstärkt wurde diese Haltung durch einen mal ratlosresignierten, mal aggressiven Nationalismus, der sich pauschal gegen jene Völker richtete, welche die Polen tatsächlich oder angeblich an der Entfaltung ihrer Einzigartigkeit hinderten.

Ebenfalls auf die Romantik zurückzuführen ist es, daß die Gegenwart in Polen stets unter dem starken Eindruck der Vergangenheit steht, von ihr manchmal erstickt zu werden droht. Das Bekenntnis zur eigenen Geschichte verhalf den Menschen, die in dem dreigeteilten Land unterschiedlichen Kultureinflüssen ausgesetzt waren, zu einem Identitätsgefühl. Die Vergangenheit diente als Ausweis der Fähigkeit zur Selbstbehauptung. Gerade deshalb wurde sie verklärt, mit Emotionen überfrachtet und auf Symbole reduziert, was sachliche Analysen und die Erforschung der eigenen Fehler vielfach verhinderte.

Um die Mitte des 19. Jahrhunderts regten sich unter den Gebildeten in Polen Zweifel an der Devise der Romantiker, das Los der Nation könne allein durch die Wiedererlangung der staatlichen Unabhängigkeit wirklich verbessert werden. Nach dem gescheiterten Januar-Aufstand von 1863, zu dem Kleinadlige, Intellektuelle und Geistliche in Russisch-Polen aufgerufen hatten, formierte sich eine Gegenbewegung, die für eine realistische Politik eintrat. Ihre Wortführer waren bedeutende Schriftsteller und Publizisten wie Bolesław Prus, Eliza Orzeszkowa, Adam Asnyk und Aleksander Świętochowski. Die Positivisten, wie sie sich nannten, hatten zum Teil selbst am Aufstand teilgenommen und dabei die Überzeugung gewonnen, daß sich die Nation durch den hohen Blutzoll sowie die auf die Revolten folgenden Sanktionen unnötig selbst schwäche. Der »bewaffneten Tat« der Romantiker stellten sie daher die »organische Aufbauarbeit« gegenüber: Die bestehenden Möglichkeiten sollten legal genutzt werden, um wirtschaftliche Initiative zu entfalten, ein funktionierendes Selbstverwaltungssystem aufzubauen und die Rückständigkeit der Gesellschaft zu bekämpfen. Die Nation solle sich nicht mehr, wie es Świętochowski formulierte, in der Kunst zu sterben üben, sondern die Kunst zu leben erlernen.

Von Philosophen wie Auguste Comte, John Stuart Mill und Herbert Spencer inspiriert, entwickelten die polnischen Positivisten kein eigenes philosophisches Konzept. Sie verstanden sich als Refor-

König Zygmunt III. – Unter seiner Herrschaft (1587–1632) hatte Polen-Litauen die größte territoriale Ausdehnung

mer. Wie die Romantiker suchten sie durch das Wort zu wirken. Aber anders als jene wollten sie – mit Hilfe der Literatur, der Publizistik und der Geschichtsschreibung – nicht mehr die »Herzen stärken«, sondern die Menschen aufklären. So prangerten sie die nationalen Untugenden an, rechneten in kritischen Analysen mit der Vergangenheit ab und deckten schonungslos die Ursachen für das Elend der Gegenwart auf. Das gelungenste Werk des Positivismus, der Roman *Die Puppe* (1890) von Bolesław Prus, erzählt die Geschichte des Kaufmanns Wokulski. Er hat das Zeug zum erfolgreichen Unternehmer, der im kleinen viel Gutes tun könnte. Als er sich in eine verarmte, eitle Aristokratin verliebt, die seine Gefühle nicht einmal erwidert, läßt er darüber das ganze Geschäft vor die Hunde gehen.

Indem sie ihren Landsleuten den Spiegel vorhielten, hofften die Positivisten, das Verantwortungsgefühl des einzelnen gegenüber der Gemeinschaft zu wecken und die Menschen zu einer allgemeinen »Arbeit an den Grundlagen« zu bewegen. Doch ihre Vorstellungen fanden wenig Widerhall. Das bürgerliche Ethos widersprach der polnischen Tradition. In der Adelsrepublik hatten der Aufbau der Verwaltung, das Handwerk und das Unternehmertum hauptsächlich in deutschen oder jüdischen Händen gelegen. Auch die Romantiker hatten für solche Tätigkeiten wenig Sinn gezeigt. Ihnen galten intellektuelle und künstlerische Aktivitäten und in deren Gefolge ein regelrechter Kult des Individualismus als sicherste Bastion des nationalen Geistes.

Aufgrund politischer und wirtschaftlicher Maßnahmen der Teilungsmächte formte sich die einst nur vom Adel repräsentierte Nation zu einer Gesellschaft aus Bauern, Bürgern und Adligen um. Bis in die zweite Hälfte des 19. Jahrhunderts hinein hatten weder die Bauern noch die städtischen Unterschichten Gefallen an den von adligen Politikern, Offizieren und Schriftstellern inszenierten Bataillen gefunden. Allen Verheißungen von mehr sozialer Gerechtigkeit zum Trotz argwöhnten sie, daß in einem unabhängigen Polen die alten Abhängigkeiten wiederauflebten. Und da sich ihre materielle Lage unter der preußischen und der russischen Herrschaft verbesserte, schien es sogar denkbar, daß sie sich in die jeweiligen Staatswesen integrieren würden.

Im preußischen Teilgebiet lebte eine starke deutsche Minderheit, die die Landesherren besonders förderten. Die ansässige polnische Bevölkerung wurde jahrzehntelang rechtlich kaum diskriminiert. Die ganze Teilungszeit über saßen ihre gewählten Vertreter im Preußischen Landtag und später im Deutschen Reichstag. Nachdem Preußen die Leibeigenschaft 1823 endgültig aufgehoben und den Bauern Land zugeteilt hatte, wuchs ein wirtschaftlich gesundes polnisches Mittelbauerntum heran. Die Polen konnten wie alle preußischen Untertanen günstige Staatskredite in Anspruch nehmen. Dank dem gut ausgebauten Schulsystem stieg das allgemeine Bildungsniveau. All dies begünstigte die Herausbildung eines vergleichsweise starken polnischen Bürgertums, das seine Kultur in zahlreichen Vereinen und Zeitschriften pflegen durfte und sich mit Hilfe eines eigenen Genossenschaftswesens einen gewissen Wohlstand erarbeitete.

Auch Kongreßpolen erlebte nach 1815 einen wirtschaftlichen Aufschwung. Unter der russischen Herrschaft wurden das Schulsystem und das Straßennetz ausgebaut, mit dem planmäßigen Kohleabbau begonnen und die ersten Eisenhütten und Stahlwerke sowie zahlreiche Tuchfabriken gegründet. Nach der Aufhebung der Leibeigenschaft mit gleichzeitiger Landvergabe im Jahre 1864 wuchs auch hier ein Mittelbauerntum heran. Ein Großteil der Landbevölkerung wanderte jedoch bald in die in Łódź, Warschau und Dąbrowa entstehenden Industriezentren ab. Dort wuchs eine zahlenmäßig starke Arbeiterschaft heran, die radikalen Auffassungen zuneigte; ihre nationale Haltung aber war anfangs eher von Gleichgültigkeit gekennzeichnet.

Preußen und Rußland sollten die Möglichkeit, ihre Polen zu integrieren, indes selbst verspielen. Im letzten Viertel des 19. Jahrhunderts entfesselten sie in ihren Teilgebieten einen wahren »Kulturkampf«. Der polnischen Bevölkerung sollte das Bewußtsein ihrer nationalen Andersartigkeit mit Zwangsverordnungen ausgetrieben werden. Hier wie dort richteten sich die Maßnahmen gegen den Gebrauch der polnischen Sprache im öffentlichen Leben und gegen die katholische Kirche als der Sachwalterin der Nation.

In Russisch-Polen waren die Repressionen die Antwort auf den Januar-Aufstand von 1863. Im preußischen Teilgebiet provozierte

die Tatsache, daß die Polen auch nach der Gründung des Deutschen
Kaiserreichs von 1871 ihre weitreichenden Autonomieforderun-
gen aufrechterhielten und die hier ansässigen Deutschen unter dem
Einfluß polnischer Geistlicher teils mit ihnen sympathisierten, teils
sich von ihnen bedroht fühlten, die staatliche Gewalt. Deutsch
beziehungsweise Russisch wurde zur alleinigen Sprache in den Behörden, Schulen und Universitäten bestimmt. Nicht einmal der
Religionsunterricht blieb davon ausgenommen. Im russischen
Teilgebiet wurden 1868 die seit 1855 von Alexander II. wieder
eingeräumten polnischen Selbstverwaltungsorgane aufgelöst, die
Klöster größtenteils geschlossen, religiöse Feiern und Prozessionen
verboten und in vielen polnischen Städten orthodoxe Kathedralen
errichtet. Unter preußischer Oberhoheit mußten polnische Vereine ihren Geschäftsverkehr auf Deutsch führen. Wichtige Kir-
chenämter wurden zeitweise mit deutschen Katholiken besetzt.
Polen, die sich nicht assimilierten, hatten praktisch keine Möglichkeiten, im öffentlichen Leben Karriere zu machen. Selbst der
Landkauf wurde ihnen durch Gesetze erschwert.

Im österreichischen Teilgebiet entwickelten sich die Dinge völlig
anders. Die Habsburger verlangten ihren polnischen Untertanen
hohe Steuern ab, mischten sich aber in ihr Leben kaum ein. Galizien
blieb ein armes, wirtschaftlich stagnierendes und sozial rückständi-
ges Land, in dem die Bauern, wenn auch in abgemilderter Form,
weiterhin Frondienste leisteten und der Adel seine dominierende
Stellung am längsten bewahrte. Dank der Umgestaltung der Habs-
burgermonarchie genoß die Provinz seit 1867 eine weitreichende
kulturelle und politische Autonomie. Das Schulwesen lag in polnischen Händen. Das polnische Schrifttum unterlag keiner Zensur.
Es gab einen polnischen Statthalter, eine polnische Kommunalver-
waltung, einen Landtag in Lemberg, der seine Vertreter in den
Wiener Reichsrat entsandte, und sogar polnische Minister in der
österreichischen Regierung.

Das »polnische Piemont« zog vor allem Adlige aus den anderen
Teilgebieten wie ein Magnet an. Durch die Bauernbefreiung und
die Sanktionen nach den Aufständen waren zahlreiche Angehörige dieser Schicht verarmt. Die einen mußten sich mit niederen
Stellungen in der Bürokratie oder in der Industrie begnügen. Die

anderen studierten an den Universitäten von Krakau und Lemberg, die sich dank der österreichischen Freizügigkeit zu Zentren des nationalen und kulturellen Lebens entwickelten. Die kleine gebildete Mittelschicht, *Intelligenz* genannt, erhielt nach und nach Verstärkung aus dem aufstrebenden Bürgertum, blieb aber noch lange von der Adelskultur geprägt. Getreu dieser Tradition widmeten sich viele von ihnen nun als Lehrer, Ärzte, Ingenieure, Wissenschaftler oder Künstler zugleich der nationalen Sache. Sie initiierten Untergrundaktivitäten in den anderen Teilgebieten und engagierten sich in der entstehenden Arbeiterbewegung. Unter dem Deckmantel von Fachvereinen, Genossenschaften und Wohlfahrtsinstitutionen unterrichteten sie die Jugend in polnischer Sprache, Geschichte und Kultur sowie in militärischen Fragen. Diese Bildungsarbeit verfehlte ihr Ziel nicht; denn unter Preußens und Rußlands Schikanen gegen die katholische Kirche und wegen des Gebrauchs der polnischen Sprache hatten alle Schichten der polnischen Bevölkerung zu leiden. So öffneten sich nun auch Bauern und Bürger dem Nationalgedanken.

Die Positivisten standen in dieser Situation bald auf verlorenem Posten. Die Diskussionen, welcher Politik in patriotischer und moralischer Hinsicht der Vorzug gebühre – der revolutionären der Aufstände oder jener der Aufbauarbeit im legalen Rahmen –, sollten nie mehr verstummen. Doch die romantisch geprägten Polen schienen stets in der Überzahl, auch wenn sie ihre nationalen Wünsche von nun an nicht mehr nur durch Rebellion, sondern ebenso durch bestimmte Formen der Selbstorganisation zu verwirklichen suchten. Die Positivisten dagegen verunglimpfte man als »Versöhnler«, schien ihre »organische Aufbauarbeit« doch auf Loyalität gegenüber den Teilungsmächten hinauszulaufen und einer schleichenden Assimilierung Vorschub zu leisten. Das sollte nicht sein.

Kurz vor der Jahrhundertwende erlebte die romantische Haltung in der Künstlerbewegung »Junges Polen« eine grandiose Wiedergeburt. In einer Mischung aus Sendungsbewußtsein und Untergangsstimmung fiel alles Städtische, Westliche und Kapitalistische vehementer Verachtung anheim. Stanisław Wyspiańskis Drama *Die Hochzeit* (1901), das richtunggebende Werk jener Epo-

che, erzählt von der Sehnsucht der Intellektuellen nach Erneuerung aus dem slawischen Bauerntum: Ein städtischer Schriftsteller vermählt sich mit einem Bauernmädchen, deren frisches Blut
ihm – und damit Polen – die alte Kraft zurückgewinnen helfen
soll. Die aus Vertretern aller Klassen zusammengewürfelte Hoch-
zeitsgesellschaft ist ein Spiegel der polnischen Nation. Jeder lebt in
der unbestimmten Erwartung auf ein außergewöhnliches Ereignis, das jedoch nicht eintritt. Einer der Gäste, ein Bauer, resümiert
diese Haltung mit den Worten: »Sie wollen nicht wollen.«

Romantiker und Positivisten – das war im 19. Jahrhundert eine
Auseinandersetzung um den besseren Weg für die Weiterexistenz
der Nation. Der Historiker Tomasz Lubieński brachte die beiden
widerstreitenden Haltungen einmal auf die prägnante Formel
»Sich schlagen oder sich nicht schlagen?« Auch andere Begriffs-
paare wurden herangezogen, um den grundsätzlichen Konflikt zu
verdeutlichen, etwa Träumerei contra Pragmatismus, Idealismus
contra Realismus oder Max Webers Gegenüberstellung von der
Gesinnungsethik und der Verantwortungsethik.

Angesichts der damaligen Situation Polens mußte die Entscheidung wohl zwangsläufig zugunsten der romantischen Haltung ausfallen. Die Teilungsmächte zeigten sich von den Forderungen ihrer polnischen Untertanen insgesamt unbeeindruckt.
Die europäische Öffentlichkeit ließ es zwar an spontanen Sympa-
thiekundgebungen für die polnischen Aufständischen nicht fehlen und organisierte Hilfsaktionen zu ihrer Unterstützung. Die
westeuropäischen Parlamente debattierten über die polnische
Frage, verabschiedeten Deklarationen und protestierten in diplomatischen Noten gegen Repressalien der Teilungsmächte. Die
beiden westlichen Großmächte, England und Frankreich, aber
hielten ein militärisches Eingreifen für inopportun; sie wollten
das auf dem Wiener Kongreß mühsam errungene europäische
Gleichgewicht nicht aufs Spiel setzen. Um ihren Wunsch nach
Eigenstaatlichkeit zu manifestieren, blieb den Polen nur der Widerstand. So war jedem politisch denkenden Menschen in Europa
klar, daß die »polnische Frage« einer Lösung bedurfte.

Von Weltkrieg zu Weltkrieg –
Die Zweite Republik

Erst im Zuge der Ereignisse des Ersten Weltkriegs sollte es in Europa wieder Platz für ein unabhängiges Polen geben. Diesen wiedergeborenen Staat hat der Dichter Jarosław Iwaszkiewicz mit einem Hund verglichen, der auf einem Staketenzaun sitzt und nicht weiß, auf welcher Seite er schließlich hinunterfallen wird. Das Bild ist nicht übel gewählt, denn um Polens Stabilität war es zwischen den Weltkriegen keineswegs zum besten bestellt.

Dennoch wird die Zweite Republik, wie sich der wiedererstandene Staat in der Nachfolge der Adelsrepublik nannte, bis in die Gegenwart von vielen Polen verherrlicht. Seit dem Rückzug der Kommunisten von der Macht im Sommer 1989 gilt ihnen jener Staat sogar als Vorbild für den politischen Neuanfang. Ohne Zweifel gibt es gewisse Parallelen zwischen der Situation nach dem Systemwechsel und der Wiedergeburt Polens im Jahre 1918. Auch damals mußten sich die neuen Strukturen erst herausschälen und festigen. Vergegenwärtigt man sich die Geschichte dieses Landes, wirkt es durchaus verständlich, daß die traditionsverliebten Polen dort anzuknüpfen suchen. Im eigenen Interesse werden sie freilich nicht umhinkönnen, sich mit jener Epoche künftig differenzierter als bisher auseinanderzusetzen.

Das gilt insbesondere für die Figur des Marschalls Józef Piłsudski (1867–1935), der der jungen polnischen Demokratie 1926 mit einem Militärputsch ein Ende setzte. Gleichwohl verehrt ihn die Mehrheit seiner Landsleute heute als den herausragenden Staatsmann der Zweiten Republik. Die »Schwächen« seiner Amtsführung rechtfertigen seine Anhänger allzu gern mit den besonderen Schwierigkeiten jener Zeit. Ausschlaggebend ist für sie allein die Tatsache, daß er die Nation in die ersehnte Unabhängigkeit geführt hat und sie nach 123 Jahren der Unfreiheit erstmals wieder »auf eigene Rechnung« Politik machen konnte.

Piłsudski stammte aus einer in Litauen ansässigen Adelsfamilie. Als Zwanzigjähriger beteiligte er sich 1887 an den Vorbereitungen eines Attentats auf den russischen Zaren und wurde für fünf Jahre nach Sibirien verbannt. Nach seiner Rückkehr schloß er sich der

Polnischen Sozialistischen Partei (PPS) an. In jenen Tagen bezeichnete er sich noch als »Sozialist, Patriot, Revolutionär und Soldat« – im Grunde aber kümmerten ihn die Theorien wenig. Später sollte er sagen: »Ich bin einige Zeit mit der roten Straßenbahn gefahren, aber an der Haltestelle Unabhängigkeit ausgestiegen.«

Die PPS stand in der Tradition des »Proletariats«, einer Arbeiterorganisation, die 1882 illegal in Russisch-Polen gegründet worden war. Für die ersten polnischen Sozialisten hatte die nationale Frage kaum eine Rolle gespielt. Sie standen den Positivisten nahe und wollten vor allem die soziale Lage der in den Industriebetrieben von Warschau, Łódź und Dąbrowa immer zahlreicher werdenden Arbeiterschaft verbessern. Autonomie statt Unabhängigkeit, Kooperation statt Konfrontation waren politische Ziele, denen ihre Landsleute ebenso mißtrauisch gegenüberstanden wie die zaristischen Behörden. Massenverhaftungen, Verbannungsstrafen und Todesurteile beraubten die Partei 1885 ihrer führenden Köpfe. Ihre Vorstellungen wurden 1892 von der neugegründeten Polnischen Sozialistischen Partei wieder aufgegriffen. Im Unterschied zu »Proletariat« aber sah die PPS die Wiederherstellung der Unabhängigkeit als Vorbedingung für soziale Reformen an. Józef Piłsudski spielte bald eine führende Rolle. Er gab die Parteizeitung heraus und erwies sich als guter Organisator. Die PPS wurde zum Sammelbecken der sozialistischen Reformkräfte.

Für die »internationalistische« Variante des Sozialismus traten bald nur noch wenige Polen ein. Ihre bedeutendste Wortführerin war Rosa Luxemburg. Sie wurde 1871 in Zamość in Russisch-Polen geboren und entstammte der jüdischen Minderheit, der die polnische wie die russische Gesellschaft die Assimilierung durch allerlei Gesetze schwermachte. Diese Erfahrung schärfte früh ihren Blick für politische und soziale Mißstände. In Zürich, wo sie Nationalökonomie studierte, gehörte sie einem kleinen Kreis politischer Emigranten aus Polen und Rußland an, die leidenschaftlich an die völkerverbindende Kraft der sozialistischen Idee glaubten. In einem weltweiten Klassenkampf würden sich die nationalen Probleme praktisch von selbst lösen. Sie verdächtigten die PPS, sie wolle die Massen unter dem Deckmantel des Patriotismus mobilisieren, um in Wahrheit den polnischen Klassenstaat wiederzuerrichten. Sie selbst gaben den mittlerweile in den Teilgebieten entstandenen Wirtschaftsräumen eindeutig den Vorrang vor nationalen Unabhängigkeitsbestrebungen, die zu jener Zeit mehr als aussichtslos erschienen. In den vergangenen fünfzig Jahren, schrieb Rosa Luxemburg in ihrer Dissertation, seien die Wirtschaft und vor allem die Industrie Russisch-Polens integraler Bestandteil des russischen Marktes geworden und könnten ohne diesen nicht existieren.

Auf dem Internationalen Sozialistenkongreß 1893 riefen solche Thesen unter den PPS-Vertretern helle Empörung hervor. Sie setzten den Ausschluß der Zürcher Gruppe durch, die daraufhin 1894 eine eigene Organisation gründete, die Sozialdemokratie des Königreichs Polen und Litauen (SDKPiL). Es war die erste wirklich marxistische Partei in Osteuropa. Die Zahl ihrer Mitglieder blieb stets gering. Aufgrund ihrer internationalistischen Gesinnung engagierten sich die einen, wie Rosa Luxemburg, fortan in der deutschen sozialistischen Bewegung, andere schlossen sich den russischen Revolutionären an. Und es mutet wie eine Ironie der Geschichte an, daß die SDKPiL zur Keimzelle jener Kommunistischen Partei Polens (KPP) wurde, der Stalin 1944 zur Macht im Land verhalf. Die Polen vergaßen es den Kommunisten nie, daß die Gründerväter ihrer Partei die nationale Frage zu einem bestimmten historischen Zeitpunkt völlig falsch eingeschätzt hatten. Die nationale Frage hatte auch die dritte wichtige politische Kraft, die 1893 gegründete Nationaldemokratie, auf ihre Fahnen geschrieben. Diese volkstümlerische Partei steuerte später immer offener einen reaktionären, antisemitischen und antisozialistischen Kurs. Ihr Führer Roman Dmowski sah voraus, daß ein befreites Polen sich früher oder später mit einem seiner Nachbarn würde verbünden müssen, wenn es in sicheren Grenzen existieren wollte. Da die Nationaldemokraten die größte Gefahr im »deutschen Drang nach Osten« vermuteten, standen sie einem Bündnis mit Rußland nicht prinzipiell ablehnend gegenüber. Die östlichen Nachbarn, befand Dmowski, seien geistig zu schwach, um Polen ernstlich schaden zu können.

Piłsudski hingegen sah den Freiheitstraum seiner Landsleute

am stärksten von Rußland bedroht. »Sozialismus in Polen«,
schrieb er einmal, »besteht in der Verteidigung des Westens gegen
den reaktionären, räuberischen Zarismus.« Nach seiner Flucht aus
dem Gefängnis in Lódź verlegte er sein Wirkungsfeld nach Galizien, wo er ab 1905 kleine polnische Kampfgruppen organisierte.
Fünf Jahre später hatte er mit dem sogenannten Schützenverband
den Kern einer polnischen bewaffneten Streitkraft aufgebaut. Unmittelbar vor dem Ausbruch des Ersten Weltkriegs führte Piłsudski, ganz in der Tradition der Aufstände, seine »Legionen« von
Krakau aus gegen Rußland in den Kampf. Deutschland und Österreich kam die – vermeintliche – polnische Waffenhilfe sehr gelegen, deshalb geizten sie nicht mit Versprechungen.

Am 5. November 1916 proklamierten sie die Gründung eines
Königreichs Polen. Als Piłsudski jedoch im Mai 1917 einen Eid
auf die polnisch-deutsche Waffenbrüderschaft verweigerte, internierten ihn die Deutschen in der Festung Magdeburg. Zu Polens
Gunsten wendete sich das Blatt erst mit dem politischen und militärischen Zusammenbruch der Teilungsmächte. Die neue Provisorische Regierung in Rußland hatte im März 1917 das Recht der
Polen auf einen unabhängigen Staat grundsätzlich anerkannt. Die
Bolschewiken verzichteten nach ihrem Sieg in der Oktoberrevolution im März 1918 im Friedensvertrag von Brest-Litowsk auf
Polen. Deutschland und Österreich hatten im Oktober 1917 einen
dreiköpfigen Regentschaftsrat für Polen ins Leben gerufen. Mit
der sich abzeichnenden militärischen Niederlage der Mittelmächte
ging die Initiative zur Lösung der polnischen Frage auf die westlichen Alliierten über. Angesichts der veränderten Interessenlage
unterstützten England und die USA den Vorschlag Frankreichs,
einen *cordon sanitaire* – eine Pufferzone mit Polen und der Tschechoslowakei als Eckpfeiler – zwischen Westeuropa und der kommunistischen Sowjetunion zu errichten. Piłsudski erhielt nach
seiner Rückkehr nach Warschau am 11. November 1918 aus den
Händen des Regentschaftsrats den Oberbefehl über die Armee,
um kurz darauf das Amt des Staatschefs zu übernehmen. Dieses
Ereignis wurde später zum Gründungsdatum der Zweiten Republik erklärt.

Die ersten Jahre waren von heftigen Auseinandersetzungen

und Kriegen um die Grenzen gekennzeichnet. Der amerikanische Präsident Wilson hatte im Januar 1918 in seinem »Programm des Weltfriedens« die Gründung eines unabhängigen polnischen Staates gefordert, der »einen freien und sicheren Zugang zum Meer« haben und alle von »unzweifelhaft polnischer Bevölkerung« bewohnten Gebiete umfassen müsse. Leichter gesagt als getan: In Osteuropa lebte ein Völkergemisch. Die Polen hegten ihre eigenen Vorstellungen über den Grenzverlauf. Piłsudski ließ gern verlauten, daß Polen entweder eine Großmacht sein oder überhaupt nicht existieren werde. Ihm schwebte ein Bundesstaat unter polnischer Führung vor, der sich wie einst das Jagiellonenreich weit nach Osten erstrecken sollte. Roman Dmowski hingegen, zu jener Zeit sein wichtigster Gegenspieler, wollte Polen als homogenen Nationalstaat möglichst weit nach Westen ausdehnen, wie ehedem unter den Piastenherrschern.

Nicht zuletzt auf Dmowskis Betreiben verfügten die Alliierten auf der Friedenskonferenz in Versailles, vor allem das Deutsche Reich habe, da es die Hauptschuld am Kriegsausbruch treffe, Gebiete an den neuen polnischen Staat abzutreten: fast die gesamte Provinz Posen, ferner Westpreußen mit den Städten Thorn (Toruń), Bromberg (Bydgoszcz) und Graudenz (Grudziądz) sowie den »Korridor« – ein mehrheitlich von Polen bewohntes Gebiet westlich von Danzig (Gdańsk) – der die bisherige deutsche Landverbindung von Pommern nach Ostpreußen unterbrach. Das von Polen mit Nachdruck geforderte Danzig mit seinen überwiegend deutschen Einwohnern erhielt den Status einer Freien Stadt unter dem Schutz des Völkerbundes. Ostpreußens Bevölkerung sprach sich in einer Volksabstimmung mit überwältigender Mehrheit für den Verbleib beim Deutschen Reich aus. In Oberschlesien votierten 60 Prozent der Eingesessenen für Deutschland. Als die Polen dieses Ergebnis durch einen Aufstand zu verändern suchten, verwickelten sich beide Seiten in verbissene, nationalistisch geschürte Kämpfe. Der Völkerbund teilte 1922 das umstrittene Gebiet zwischen Polen und Deutschland auf. Im Jahre 1918 kam es zwischen Polen und der Tschechoslowakei zu einem erbitterten Grenzkonflikt um das schlesische Olsa-Gebiet. Der Botschafterrat der Alliierten sprach 1920 den größten Teil der umstrittenen Region trotz ihres hohen polnischen Bevölkerungsanteils der Tschechoslowakei zu. Die Stadt Teschen (Cieszyn) wurde geteilt.

Während in Versailles noch über Polens Grenzen verhandelt wurde, suchte Piłsudski im Osten durch militärisches Vorgehen vollendete Tatsachen zu schaffen. Ende April 1920 besetzten polnische Truppen Kiew, doch nach drei Wochen trieb die Rote Armee die polnische Front bis vor Warschau zurück. Polen schien wieder einmal verloren, als es Piłsudski mit Hilfe des französischen Generals Weygand im August 1920 gelang, die Russen zu schlagen und damit zumindest die Westukraine samt Lemberg zurückzuerobern. Um das »Wunder an der Weichsel« woben sich alsbald die Legenden. Jahrmarktbuden boten Bildchen feil, auf denen die Muttergottes von Tschenstochau (Częstochowa) von einer Wolke aus die polnischen Soldaten in die Schlacht führte. Im Oktober 1920 nahmen polnische Truppen im Handstreich das Gebiet um die litauische Stadt Vilnius (Wilna) ein. Im Frieden von Riga erhielt Polen im März 1921 zusätzlich zu den bereits annektierten östlichen Territorien das westliche Weißrußland zugesprochen.

Die teils selbst erkämpfte, teils in Versailles beschlossene Grenzregelung barg im Keim viele der späteren Konflikte. Vorerst aber galt es, die ungeheuren Probleme im Inneren anzugehen. Zwischen den ehemaligen Teilungsgebieten gab es 1918 kein funktionstüchtiges Eisenbahn- und Straßennetz. Ein nationales Schulwesen existierte ebensowenig wie eine einheitliche Rechtsprechung oder eine gemeinsame Währung. Die Verwüstungen des Krieges mußten beseitigt werden. Die Bevölkerung war bunt zusammengewürfelt: 19 Millionen Polen standen Anfang der zwanziger Jahre sieben Millionen Ukrainer, Weißrussen, Juden, Deutsche und Litauer gegenüber. Rund 70 Prozent der Bevölkerung lebte auf dem Land, wo 48 Prozent der Nutzfläche in den Händen von ein Prozent Großgrundbesitzern konzentriert waren.

Um der Probleme Herr zu werden, hätte es einer stabilen Regierung bedurft. Im März 1921 gab sich Polen eine demokratische Verfassung nach französischem Vorbild. Trotz gewisser Erfahrungen mit der Selbstverwaltung unter den besonderen Bedingungen Galiziens mußten die Politiker den Parlamentarismus erst üben. Die Meinungsverschiedenheiten über die politische Ausrich-

Polen nach dem Wiener Kongreß (1815)

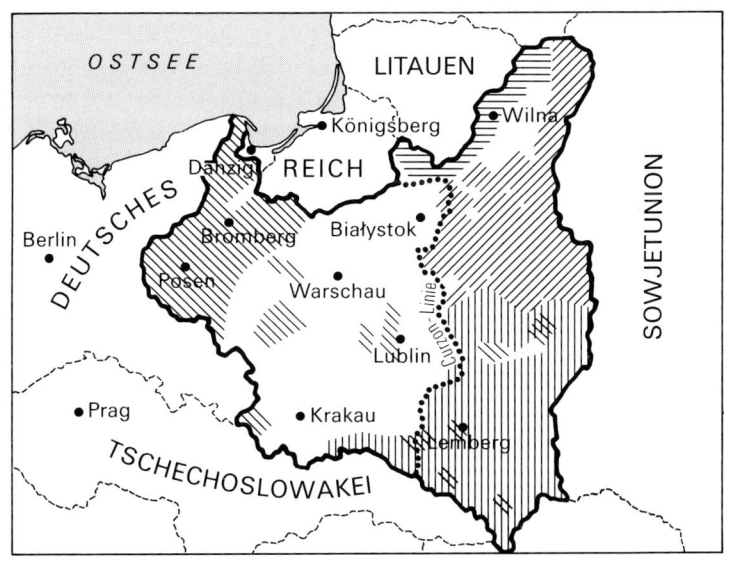

Polen zwischen 1. und 2. Weltkrieg

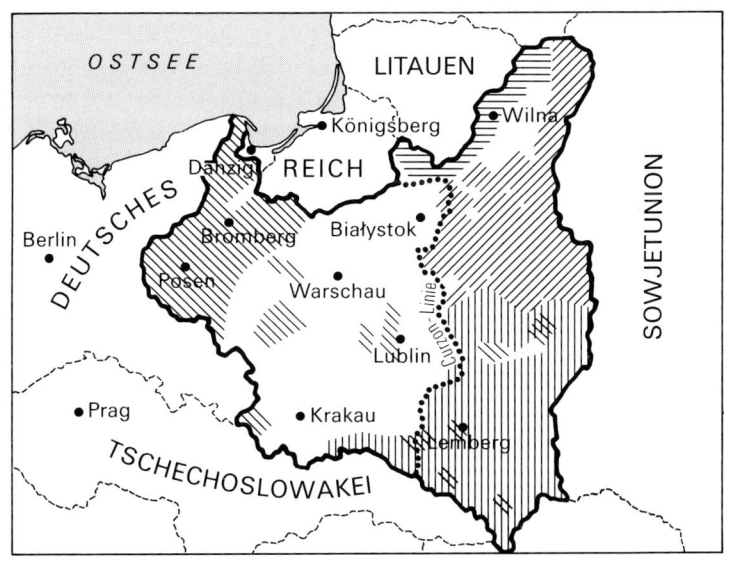 Deutsche Weißrussen Litauer Ukrainer

tung des Staates, welche die Sehnsucht nach Unabhängigkeit so
lange überdeckt hatte, brachen nun mit Macht hervor. Zeitweise
gab es im Sejm bis zu 31 Parteien. Die Zusammensetzung der
Fraktionen wechselte häufig und erlaubte keine klare Mehrheits-
bildung. Von November 1918 bis Mai 1926 waren 14 Regierungen
im Amt.

Auch ökonomisch ging es trotz manch beachtlicher Leistungen
wie dem Ausbau Gdingens (Gdynia) zur Handelsstadt mit groß-
angelegtem Hafen oder der Währungsreform von 1924, mit der
der Złoty als einheitliches Zahlungsmittel eingeführt und die Inflation eingedämmt wurde, kaum voran. Die 1919 und 1925 verabschiedeten Bodenreformen, die – gegen Entschädigungszah-
lung – die Beschneidung des privaten Grundbesitzes auf 180
Hektar (700 Hektar bei industrialisierten Gütern) und die Ab-
gabe der frei werdenden Nutzflächen in kleinen Parzellen an
landlose Bauern vorsah, mißlangen. Die Behörden wandten die
Bestimmungen nur gegenüber den deutschen Landwirten im Gebiet von Posen und im »Korridor« unnachgiebig an. Die meisten
polnischen Großgrundbesitzer dagegen wußten sich der Durchführung der Reform geschickt zu widersetzen. Außerdem floß
nur wenig ausländisches Kapital ins Land. Trotz der steigenden
Zahl von Textilfabriken in Łódź und dem Ausbau des oberschlesischen Kohlereviers kam die Industrialisierung nur langsam
voran. Lediglich 10 Prozent der Bevölkerung fanden zwischen
den Kriegen in diesen Bereichen Arbeit. Polen blieb eine überwiegend agrarische Gesellschaft, in der der Adel, obwohl er 1921
mit der neuen Verfassung offiziell abgeschafft worden war, weiterhin die politisch tonangebende Schicht bildete. Die Masse der
Bauern verarmte infolge der geringen Entfaltungsmöglichkeiten
und der ständig steigenden Geburtenraten auf dem Lande.

Piłsudskis Stern war alsbald verblaßt. »Es zeigte sich nämlich,
daß die bloße Unabhängigkeit nicht alle Probleme gelöst hatte...,
ein anderes Programm aber besaß der Marschall nicht«, schrieb
Andrzej Micewski später in seiner Piłsudski-Biographie. Bei den
Sejmwahlen 1922 unterlagen die von ihm favorisierten Parteien.
Daraufhin zog sich der einst gefeierte Nationalheld schmollend
auf sein Landgut in der Nähe von Warschau zurück. Er begann zu

kränkeln, jedermann zu mißtrauen und nährte einen geradezu pathologischen Haß auf das Parlament und die Verfassung, die er als »Konstituta-Prostituta« beschimpfte. Als sich die wirtschaftlichen Schwierigkeiten verschärften, die Arbeitslosigkeit rapide anstieg, die Bauern sich im Ostteil des Landes radikalisierten, einige spektakuläre Koalitionsaustritte erfolgten und schließlich eine Serie von Skandalen und Korruptionsaffären das Ansehen der Parteien erschütterte, sah er seine Stunde gekommen. Am 12. Mai 1926 marschierte Piłsudski mit zuverlässigen Truppen in Warschau ein und übernahm nach zweitägigen blutigen Kämpfen die Macht.

Die Verfassung blieb formell in Kraft, das Parlament wurde nicht aufgelöst. Obwohl Piłsudski im neuen Kabinett offiziell nur den Posten des Kriegsministers bekleidete, ließ er keinen Zweifel daran aufkommen, daß von nun an allein er die Geschicke des Staates lenkte. Er besetzte alle Schlüsselpositionen mit alten Kampfgefährten. Seine Idee, Polen mittels einer »moralischen Diktatur« gesunden zu lassen, erwies sich als hohles Schlagwort. Zu den dringend notwendigen Reformen konnte er sich nicht entschließen, da sie den Wohlstand der Oberschicht, die ihn ebenso wie die katholische Kirche nahezu bedingungslos unterstützte, beschnitten hätten. Die Parteien durften zwar weiterhin existieren, verloren indes durch die schleichende Beschränkung der parlamentarischen Arbeit ihre Bedeutung. Viele Kommunisten aber waren zum Teil jahrelang im Konzentrationslager Bereza-Kartuska interniert. Piłsudski scheute sich auch nicht, die Sejmwahlen von 1930 manipulieren zu lassen und siebzig Oppositionspolitiker, die dagegen agitierten, in der Festung Brest (Brześć) einzusperren und wegen Hochverrats anzuklagen.

Das System, das nach dem Mai-Putsch entstand, trug alle Züge einer Diktatur. Dennoch wurde das Piłsudski-Regime weithin nicht als solche empfunden, sondern war relativ populär, nicht zuletzt weil man immer wieder persönliche Ausnahmen duldete und sich souverän über Normen hinwegsetzte, sobald jemand über die entsprechenden Beziehungen verfügte. Zum anderen war die Mehrheit der Bevölkerung von der parlamentarischen Demokratie aufrichtig enttäuscht. Sie sah in den oft aus-

ufernden Debatten die Ursache der politischen, sozialen und wirtschaftlichen Schwierigkeiten. Auch in anderen Ländern ertönte
damals vielfach der Ruf nach einem starken Mann.

Die Sympathien der Polen galten vornehmlich der Person Piłsudskis. Von vielen wurde er zärtlich-spöttelnd »Großväterchen«
genannt. Auch unter seiner Ägide wechselten die Regierungen
häufig, ohne Zutun des Parlaments; die Streiks der schlecht bezahlten Arbeiter rissen kaum jemals ab. Es fehlte ihm weder an
Härte noch an Rücksichtslosigkeit. Doch er schien verantwor-
tungsbewußt und uneigennützig zu handeln, in der polnischen
Politik nicht eben die Regel. Von großem Sendungsbewußtsein
erfüllt, verfügte er über ein außergewöhnliches Charisma und
verstand es, der oft gedemütigten Nation ihr Selbstwertgefühl
wiederzugeben. Sein frühes Heldentum, um das sich bald Legenden woben, spielte dabei eine bedeutsame Rolle. Ihm trauten es die
Polen zu, daß er ihrem alten Traum von einem sowohl von Rußland als auch von Deutschland unabhängigen Staat Gestalt geben
könne. Außenpolitisch war er auf gleichen Abstand zu Moskau
und Berlin bedacht und krönte diese Politik durch Nichtangriffs-
spakte mit Stalin (1932) und Hitler (1934).

Mit einemmal jedoch war Polen eine Diktatur ohne Diktator.
Ohne auf nennenswerten Widerstand zu stoßen, hatte Piłsudski
1933 ein Ermächtigungsgesetz und 1935 eine Verfassung durchgesetzt, die die Staatsgewalt allein dem Präsidenten übertrug und
völlig auf seine Person zugeschnitten war. Wenige Tage darauf
starb er. Eine Führungstroika übernahm die Regierungsgeschäfte,
vermochte das Machtvakuum aber nicht zu füllen. Die seit langem
ungelösten Probleme verlangten immer dringlicher nach einer Lösung: Ein Sechstel der arbeitsfähigen Bevölkerung war ohne Beschäftigung. Noch 1935 waren 25 Prozent der Erwachsenen
Analphabeten. Die Rechte der Minderheiten – eines Drittels der
Bevölkerung – bestanden nur auf dem Papier. Im staatlichen Bereich, in Krankenhäusern, Schulen, für die Durchführung von So-
zialprogrammen und den Ausbau der Infrastruktur fehlte das
Geld. Selbst die Armee war zwar zahlenmäßig stark, gut ausgebildet und von patriotischem Geist durchdrungen, technisch jedoch
völlig unzureichend ausgerüstet.

Im Januar 1933 hatte Hitler in Deutschland die Macht ergriffen, und die Revision der in Versailles erfolgten territorialen Regelung gehörte bekanntlich zu seinen vorrangigen Zielen. Zunächst wies er Polen die Rolle eines willfährigen Bundesgenossen zu. Von 1938 an forderten Hitler und seine Stellvertreter immer nachdrücklicher, daß die Freie Stadt Danzig, deren Bevölkerung damals zu 90 Prozent deutsch war, »ins Reich zurückkehren« müsse. Außerdem solle Polen dem Bau einer exterritorialen Autobahn zwischen Pommern und Ostpreußen durch den »Korridor« zustimmen. Als Gegenleistungen boten die Nazis Nutzungsrechte für die Polen im Danziger Hafen, die Verlängerung des Nichtangriffspakts um 25 Jahre sowie die endgültige Anerkennung der deutsch-polnischen Grenze an; auch könne Polen im Fall eines gemeinsamen Angriffs auf die Sowjetunion Teile der Ukraine haben.

Die polnische Regierung zeigte sich gegenüber den deutschen Offerten nicht allzu verhandlungsbereit. Allerdings zögerte sie nicht, dem »Anschluß« Österreichs an das Reich im März 1938 außenpolitischen Flankenschutz zu geben. Darüber hinaus beteiligte sie sich an der Zerschlagung der Tschechoslowakei, indem sie sich nach dem Münchner Abkommen vom September 1938 das tschechische Industriegebiet Teschen aneignete. Im Grunde wollte die Warschauer Führung lediglich Piłsudskis Balancepolitik fortsetzen. Doch fehlte es ihr an politischer Weitsicht, und zuweilen gebärdete sie sich, als sei Polen eine europäische Großmacht. Ein frühzeitiges Bündnis des Westens mit der Sowjetunion wäre – vielleicht – dazu angetan gewesen, Hitler in die Schranken zu weisen. Trotz verschiedener Vorgespräche kam eine solche gemeinsame Abwehrfront unter anderem deshalb nicht zustande, weil die Polen als Hauptbetroffene Stalins Roter Armee niemals das Recht eingeräumt hätten, im Konfliktfall auf polnischem Territorium zu operieren. Der polnische Oberbefehlshaber, Marschall Rydz-Śmigły, umriß das Dilemma mit den Worten: »Die Deutschen werden uns vielleicht die Freiheit nehmen, die Russen aber würden uns die Seele aus dem Leib reißen.«

Erst als Hitler im März 1939 das Memelland annektierte und Polen sich auf drei Seiten von Deutschen umzingelt sah, wurde die

Warschauer Führung aktiv. Umgehend brach sie alle Verhandlungen mit Berlin über Danzig und den »Korridor« ab und ordnete eine Teilmobilmachung an. Anfang April schloß sie mit England ein Verteidigungsbündnis und erweiterte im Mai den Beistandspakt mit Frankreich. Hitler kündigte daraufhin den Nichtangriffsvertrag mit Polen. Die Generäle der Wehrmacht erhielten Weisung, den »Fall Weiß«, den Feldzugsplan gegen Polen, vorzubereiten, so »daß die Durchführung ab 1. September 1939 jederzeit möglich ist«. Und schließlich verbündete er sich zur Überraschung der Welt mit seinem bislang schärfsten Gegner. Am 23. August 1939 unterzeichneten die Außenminister Ribbentrop und Molotow in Moskau den sogenannten Hitler-Stalin-Pakt. In dem geheimen Zusatzprotokoll zu diesem Nichtangriffsvertrag, das erst 1946 publik wurde, grenzten das Deutsche Reich und die Sowjetunion ihre Interessensphären ab: Finnland, die baltischen Republiken und das rumänische Bessarabien sollten der sowjetischen Seite zugeschlagen, Polen zwischen den beiden totalitären Staaten aufgeteilt werden.

Mit diesem Pakt war die Gefahr eines Zweifrontenkrieges für Hitler vorerst gebannt. Daß Stalin ihm freie Hand für ein Vorgehen gegen Polen gegeben hatte, kann die Deutschen in keiner Weise von ihrer Verantwortung für die weiteren Geschehnisse entbinden. Es war die nationalsozialistische Führung Deutschlands, die als erste das Völkerrecht und das Verständigungsgebot mißachtete. Sie inszenierte den Überfall von SS-Leuten in polnischen Uniformen auf den Sender Gleiwitz als Vorwand zum Angriff gegen Polen. In den Morgenstunden des 1. September 1939 brach sie jenen Krieg vom Zaun, der Europa erschüttern und unermeßliches Leid über die Menschen bringen sollte. Das gilt insbesondere für die Polen. Sie stellten sich zwar als erste Nation dem Eroberungswahn des Dritten Reiches aktiv entgegen, was sie noch heute zu Recht mit Stolz erfüllt. Doch mußten sie dafür einen, relativ gesehen, höheren Preis als die anderen Länder entrichten. Dem Zweiten Weltkrieg fielen sechs Millionen Polen, 22 Prozent der Bevölkerung, zum Opfer. Fast 40 Prozent des polnischen Nationalvermögens wurden vernichtet.

Frankreich und England hatten dem Deutschen Reich wegen des

Überfalls auf Polen am 3. September 1939 den Krieg erklärt, aber trotz ihrer Bündnisverpflichtungen militärisch nicht eingegriffen. Der Westen wollte nicht »für Danzig sterben«, verkündete eine Schlagzeile in der französischen Presse. Die polnische Armee blieb auf sich allein gestellt. Den technisch überlegenen deutschen Truppen konnte sie kaum vier Wochen standhalten, zumal das Land plötzlich auch von der anderen Seite bedroht wurde. Am 17. September 1939 marschierte die Rote Armee in Ostpolen ein. Im Grenz- und Freundschaftsvertrag von 28. September 1939 einigten sich Deutschland und die Sowjetunion auf eine Demarkationslinie entlang der Flüsse Pisa, Narew, Bug und San.

Die Nazis gliederten die westlichen Teile Polens dem Deutschen Reich ein: Großpolen und Kujawien wurden zum »Reichsgau Wartheland«, Danzig und der »Korridor« zum »Gau Danzig-Westpreußen« zusammengefaßt, die Provinzen Ostpreußen und Oberschlesien um polnische Gebiete vergrößert. Der mittlere Landesteil, der Zentralpolen und Westgalizien mit den Städten Krakau, Warschau und Lublin umfaßte, wurde zum »Generalgouvernement« unter deutscher Besatzung erklärt. Für die Bevölkerung machten diese Statusfragen keinen großen Unterschied. Die systematische Versklavungs- und Vernichtungspolitik, welche die Nazis hier wie dort betrieben, übertraf alles bisher Dagewesene an menschenverachtender Grausamkeit.

Mit Ausnahme einer kleinen, als »regermanisierbare polonisierte Deutsche« eingestuften Gruppe in Danzig-Westpreußen und im östlichen Oberschlesien erhielten die Polen in den Deutschland eingegliederten Gebieten den Status von praktisch rechtlosen »Schutzangehörigen des Reichs«. Sie mußten niedere Arbeiten verrichten und durften sich auch auf der Straße nicht in ihrer Muttersprache unterhalten. Rund 1,5 Millionen Polen aus dem Warthegau wurden zwangsweise ins Generalgouvernement ausgesiedelt, ihre Häuser und ihr Land deutschen Umsiedlern übereignet.

Das Generalgouvernement beuteten die Nazis wie eine Kolonie aus. Sie zogen alle öffentlichen und privaten Kunstschätze ein, die Polen mußten den überwiegenden Teil ihrer Produktion an Deutschland abliefern. Daneben versuchten die Nazis vor allem ihre Identität und ihre politische Lebenskraft zu brechen. Im Generalgouvernement verboten sie polnische Zeitungen und Verlage, schlossen Theater, Schulen und Universitäten und gestatteten lediglich den Besuch einer vierklassigen deutschen Grundschule. Die Intelligenz und die katholische Geistlichkeit, unter denen die Besatzer die Köpfe des Widerstands vermuteten, wurden brutal verfolgt und stark dezimiert. Terror, Morde, Massenverhaftungen und Folter in den Gestapo-Gefängnissen bestimmten den Alltag der Polen unter der deutschen Okkupation. Ein bis zwei Millionen von ihnen wurden zu Zwangsarbeit ins Reich verschleppt. Selbst vor den Kindern machten die Nazis nicht halt. Rund 200 000 »rassisch höherwertige« Jungen und Mädchen wurden ihren polnischen Eltern fortgenommen und zur »Germanisierung« nach Deutschland gebracht. Die meisten von ihnen blieben für immer verschollen.

Im Generalgouvernement errichteten die Nazis neben einer Vielzahl von Konzentrations- und Zwangsarbeitslagern die fürchterlichen Massenvernichtungslager. In Auschwitz (Oświęcim), Bełżec, Sobibór, Majdanek, Treblinka und Chełmno kamen Angehörige vieler Nationen um. Zu ihnen gehörten allein sechs Millionen Juden, die zur Hälfte aus Polen stammten. Unter unmenschlichen Bedingungen in den Gettos zusammengepfercht, die die Nazis in fast allen größeren polnischen Städten eingerichtet hatten, mußten sie auf den Abtransport in die Gaskammern warten. Von der Welt wurde diese Tatsache weitgehend ignoriert. Selbst der Aufstand, der am 19. April 1943 im Warschauer Getto losbrach und 27 Tage dauerte, stieß im Ausland auf geringes Echo.

Wenn es Hitler und seinen Schergen nicht gelang, ihre Absichten bis zum bitteren Ende durchzuführen, so war das auch den Polen selbst zu verdanken. Kaum ein Pole fand sich zur Kollaboration bereit. Trotz der Niederlage vom September 1939 verstand sich die Bevölkerung weiterhin als kriegführende Nation. Die polnische Regierung hatte nicht formell kapituliert, sondern Warschau vier Tage nach dem deutschen Überfall verlassen und war nach Rumänien geflohen. Kurz zuvor hatte Staatspräsident Ignacy Mościcki den in Paris weilenden polnischen Senatspräsidenten zu seinem Nachfolger ernannt, der General Władysław Sikorski mit der Regierungsbildung betraute. Damit war die staatliche Kontinuität Polens gesichert. Der deutsche Einmarsch in Frankreich zwang die Exilregierung, Ende Juni 1940 nach London auszuweichen. Ihre wichtigste Stütze in Polen war die »Heimatarmee«. Sie bestand zunächst aus Angehörigen der Streitkräfte, fand nach und nach aber in allen Kreisen der Bevölkerung große Unterstützung und umfaßte zuletzt 350000 Männer und Frauen. Mit der Zeit errichtete die Heimatarmee einen regelrechten Untergrundstaat mit einem eigenen Informationsapparat, illegalen Universitäten, Zeitungen und kirchlichen Organisationen. Teils suchten sie die nationale Kultur zu bewahren; teils koordinierten sie die Sabotageaktionen, verübten Attentate, Partisanenüberfälle und Aufstände.

Die reorganisierte polnische Armee – nach dem Septemberfeldzug zunächst internierte Truppenteile hatten sich in Frankreich wieder sammeln können und wurden von zahlreichen Vorkriegsemigranten verstärkt – kämpfte auf Seiten der Alliierten weiter gegen Hitler-Deutschland. Nahezu 100000 Mann stark, beteiligte sie sich schon 1940 an der Verteidigung Frankreichs. Bei der Luftschlacht um England war jeder fünfte Pilot des britischen Jagdgeschwaders ein Pole. Polnischen Mathematikern gelang es in London, den Code der deutschen Chiffriermaschine Enigma zu knacken.

General Władysław Sikorski, der Chef der bürgerlichen Exilregierung Polens, bemühte sich unterdessen um eine Verständigung mit Stalin. Einen Monat nach dem deutschen Überfall auf die Sowjetunion schlossen das Londoner Lager und die Moskauer Regierung am 30. Juli 1941 ein »Abkommen über die Wiederherstellung diplomatischer Beziehungen«. Zugleich wurden alle deutsch-sowjetischen Abmachungen über die Teilung Polens vom September 1939 für ungültig erklärt; die Frage, wo die neue Grenze zwischen den beiden Staaten verlaufen solle, blieb ausgespart. In den folgenden Monaten stellte General Władysław Anders mit sowjetischen Krediten eine polnische Armee aus Kriegsgefangenen auf. Wider Stalins Erwarten schlug sie sich jedoch über Iran und Palästina zu den Engländern durch, nahm an den

Kämpfen in Nordafrika teil und zeichnete sich beim Sturm auf den Monte Cassino in Italien aus. Erst die zweite in der Sowjetunion aufgestellte polnische Armee, die im Frühjahr 1943 gegründete Kościuszko-Division, kämpfte loyal an der Seite der Roten Armee und rückte mit ihr schließlich bis nach Berlin vor.

Obgleich die meisten Polen auf einen anderen Ausgang hofften, geriet ganz Ostmitteleuropa zunehmend unter die militärische Dominanz der Sowjetunion. Stalin hatte gleich nach Kriegsausbruch nach seinem Teil der Beute aus dem Pakt mit Hitler gegriffen. Am 17. September 1939, während Polen den deutschen Überfall im Westen abzuwehren suchte, marschierten seine Truppen in Ostpolen ein und besetzten dieses Gebiet bis zu der im geheimen Zusatzprotokoll vereinbarten Linie. In den folgenden Jahren wurden von hier rund 1,5 Millionen Polen, vor allem Angehörige der Intelligenz, nach Sibirien deportiert. Viele sollten niemals zurückkehren.

Vermutlich beabsichtigte Stalin schon damals, seinen politischen Machtbereich möglichst weit nach Mitteleuropa auszudehnen. General Władysław Sikorski, der Chef der bürgerlichen Exilregierung Polens, zeigte jedoch wenig Bereitschaft, der Forderung des Diktators nachzukommen und Ostpolen an die Sowjetunion abzutreten. Überdies verlangte er Auskunft über das Schicksal von rund 250000 polnischen Soldaten und Offizieren, die im Ostteil Polens stationiert gewesen und nach Kriegsausbruch von den Sowjets interniert worden waren; ihre Spur hatte sich seitdem verloren. Im April 1943 entdeckte dann die deutsche Wehrmacht im Wald von Katyń bei Smolensk Massengräber mit den Leichen von mehr als 4000 polnischen Offizieren. General Marian Kukiel, der Oberbefehlshaber der reorganisierten Streitkräfte, wandte sich daraufhin an das Internationale Rote Kreuz um Aufklärung. Das war für Stalin Grund genug, um die diplomatischen Beziehungen zur polnischen Exilregierung abzubrechen. Erst fünfzig Jahre später sollte der Kreml öffentlich zugeben, daß das Massaker von Katyń das Werk des sowjetischen Geheimdienstes war.

Bald darauf, im Juli 1943, kam Sikorski unter ungeklärten Umständen bei einem Flugzeugabsturz über Gibraltar ums Leben. Sein Nachfolger, Stanisław Mikołajczyk, bemühte sich auf Drängen der Westmächte vergebens, die Beziehungen zur Sowjetunion wiederherzustellen. England und die USA wünschten ein freies Polen, schlossen jedoch im Gegensatz zum exilpolnischen Lager eine Kompensation der Osthälfte Polens durch deutsches Territorium nicht aus. Vorrangig war für Churchill und Roosevelt die bedingungslose Kapitulation Hitler-Deutschlands, ein Vorhaben, das Stalin Ende 1943 auf der Konferenz von Teheran zu unterstützen versprach. In dieser Hinsicht einigermaßen beruhigt, konzentrierten sich England und Amerika im Lauf des Jahres 1944 auf die Angriffe im Westen. In Ostmitteleuropa entstand dadurch ein gewisses Vakuum, in das die sowjetische Militärmacht unaufhaltsam vordrang. Ein kleines Häuflein polnischer Kommunisten wurde Stalins willfähriger Partner. Am 21. Juli 1944 konstituierte sich auf sein Geheiß in Chełm bei Lublin das »Polnische Komitee der Nationalen Befreiung«.

Um diesem gegenüber ihren politischen Führungsanspruch zu behaupten, rief die Exilregierung von London aus für den 1. August 1944 zum Aufstand in Warschau auf. Daß sich neben der Heimatarmee auch die Zivilbevölkerung heldenhaft an der Erhebung beteiligte, war, wie die Überlebenden heute meinen, vor allem auf den ungeheuren psychischen Druck zurückzuführen, der nach einem Ventil verlangte. Dennoch war es ein tollkühnes Unternehmen getreu der romantischen Maxime von Mickiewicz: »Miß die Kräfte an den Zielen und nicht die Ziele nach den Kräften!« Die westliche Schützenhilfe, auf die die Aufständischen sehnsüchtig warteten, blieb aus, weil Stalin den alliierten Flugzeugen in dem von ihm besetzten Ostpolen keine Landerechte gewähren mochte. Nach 64 Tagen, in denen mindestens 160 000 polnische Zivilisten sowie gut 16 000 polnische Soldaten umkamen, streckte General Bór-Komorowski, der Oberbefehlshaber der Heimatarmee, die Waffen. Die deutschen Besatzer legten die noch intakten Stadtteile Warschaus daraufhin in Schutt und Asche.

Der Publizist Paweł Jasienica schrieb später: »Der Warschauer Aufstand war militärisch gegen die Deutschen gerichtet, politisch gegen die Sowjetunion und faktisch gegen Polen...« Bei der heroischen, ansonsten aber erfolglosen Erhebung fanden viele bedeutende Führer der Heimatarmee den Tod – was den Kommuni-

sten die Machtübernahme erleichterte. Am 17. Januar 1945 be-
setzten sowjetische Truppen die nahezu menschenleere polnische
Hauptstadt. Das kommunistische Befreiungskomitee wurde in die
Provisorische Regierung Polens umgewandelt.

Nachdem sich die Frontlage entscheidend zu seinen Gunsten
verändert hatte, lud Stalin Roosevelt und Churchill zum 4. Februar 1945 nach Jalta auf die Krim ein. Entgegen allen Legenden,
die nach jenem Treffen aufkamen, wurde dort nicht die Aufteilung
der Welt in Einflußsphären vereinbart. In bezug auf Polen hieß es
in der Absichtserklärung, die nach achttägigen Beratungen veröf-
fentlicht wurde, daß die Sowjetunion sich Ostpolen endgültig ein-
gliedern dürfe. Als Entschädigung für den Verlust von 180 000
Quadratkilometern (46 Prozent des Vorkriegsterritoriums) wurden die deutschen Gebiete Schlesien, die Neumark, Hinterpommern, das südliche Ostpreußen sowie die Stadt Danzig (insgesamt
103 000 Quadratkilometer) der polnischen Verwaltung unterstellt. An das Schicksal der Menschen, die hier wie dort ihre Heimat gehabt hatten, verschwendeten die Sieger kaum einen Gedanken.

Darüber hinaus einigten sich die »Großen Drei« in Jalta darauf,
daß die Provisorische Polnische Regierung einige Vertreter der
bürgerlichen Exilgruppen aufnehmen und alsbald freie Wahlen
ausschreiben müsse. Es war ein letzter Versuch von Churchill und
Roosevelt, durch territoriale Zugeständnisse an Stalin Einfluß auf
die Regierungsbildung in Warschau zu nehmen und damit die
drohende Spaltung in Ost und West aufzuhalten. Die polnischen
Kommunisten wußten diese Vereinbarungen zur gegebenen Zeit
zu unterlaufen. Sie schlugen Polen jener Seite zu, welche die Bürger mit den Jahren immer mehr als Bruch ihrer historischen Kontinuität empfanden.

Der polnische Weg zum Sozialismus –
Nationalkommunisten und Bürgerrechtler

Als ich mich in den siebziger Jahren mit der polnischen Presse zu befassen begann, fiel mir auf, wie großzügig die Kommentatoren der Parteizeitungen mit dem Wort »antipolnisch« umgingen. Bald gewann ich den Eindruck, mit diesem Begriff wurden all jene Aktivitäten belegt, die sich gegen die Politik der Kommunisten, nicht aber gegen den polnischen Staat und seine Bürger schlechthin richteten. Viele Polen nahmen diesen Ausdruck damals noch unwidersprochen hin, weil er für sie einer gewissen Logik nicht entbehrte. Die Kommunisten hatten in diesem Land nur deshalb an die Macht gelangen und sie über gut vier Jahrzehnte behalten können, weil ihre Herrschaft durch verschiedene Umstände mit der Existenz des Staates verknüpft war. Jede Kritik an dem von ihnen errichteten System mußte folglich Polen selbst bedrohen – und war in der Tat antipolnisch.

Der Mann, der wie kaum ein anderer diese Sicht der Dinge verfocht und sie seinen Landsleuten mitunter regelrecht einhämmerte, hieß Władysław Gomułka (1905–1982). Der gelernte Schlosser trat nach Piłsudskis Militärputsch vom Mai 1926 in die Kommunistische Partei ein. Er war jedoch kein sehr typischer Vertreter dieser KPP, die ihre besondere Geschichte hat. Die Partei war im Dezember 1918 aus der SDKPiL (Marxisten) und einer linken Abspaltung der PPS (Sozialisten) hervorgegangen. Die meisten ihrer Mitglieder waren Intellektuelle, die im Bann der revolutionären und internationalistischen Theorien Rosa Luxemburgs standen. Der eher dem Kampf für die Sache zuneigende Gomułka hielt sich am liebsten unter Arbeitern auf, für deren gewerkschaftliche Rechte er sich früh als illegaler Parteifunktionär einsetzte. Auch maß er Fragen der polnischen Unabhängigkeit stets großes Gewicht bei.

Wegen ihrer niemals klar formulierten Haltung in der nationalen Frage stieß die KPP im wieder souveränen Polen zwischen den Weltkriegen auf wenig Gegenliebe und war zeitweise sogar verboten. Spätestens seitdem Stalin Lenins Nachfolge angetreten hatte, lag die Partei auch mit den sowjetischen Kommunisten in ständiger Fehde. Die Intellektuellen in der KPP kritisierten seine Methoden immer wieder scharf, etwa als »Syphilis der Arbeiterbewegung«. Um die polnischen Genossen auf seine Linie zu bringen, drückte Stalin mehrfach Änderungen in ihrem Politbüro durch. Schließlich ließ er viele führende KPP-Mitglieder 1938 im Zuge der »Säuberungen« ermorden und die Partei danach durch die Kommunistische Internationale auflösen. Die Gründe für diesen in der Komintern einmaligen Vorgang sind bis heute nicht geklärt. Plausibel klingt die Version, Stalin habe schon damals einen Pakt mit Hitler ins Auge gefaßt und sich der rebellischen KPP-Spitze, die dagegen mit Gewißheit protestiert hätte, vorsorglich entledigen wollen. Der Sowjetherrscher war sich offenbar bewußt, daß er mit seinen westlichen Nachbarn kein leichtes Spiel haben würde. »Der Kommunismus paßt für Polen wie ein Sattel für eine Kuh«, sagte er einmal.

Nach dem deutschen Überfall auf die Sowjetunion (Juni 1941) gestattete die Komintern den polnischen Kommunisten, sich wieder zu organisieren. Marceli Nowotko und Paweł Finder, die im Herbst 1941 mit dem Fallschirm abgesetzt wurden, gründeten im Januar 1942 im besetzten Warschau die Polnische Arbeiterpartei (PPR). (Die Bezeichnung »kommunistisch« wurde, weil unpopulär, verworfen.) Zum Programm der PPR gehörten die Enteignung des Großgrundbesitzes, die Verstaatlichung der Industrie und die Festlegung der ostpolnischen Grenze »in freundschaftlicher Verständigung mit der Sowjetunion«. Über der Frage der Einmischung Moskaus in innerpolnische Angelegenheiten kam es in der PPR alsbald zu Flügelkämpfen.

Einer der wenigen überlebenden Kommunisten in Polen war Gomułka, der Wortführer der »Partisanen«. Sie wußten um den geringen Rückhalt ihrer Partei in der Bevölkerung und strebten als Zugeständnis an den nationalen Geist eine Zusammenarbeit mit den sozialdemokratischen Kräften des bürgerlichen Untergrunds an, blieben aber isoliert. Stalin, der von Anbeginn auf die PPR Einfluß zu nehmen suchte, verfolgte die Bemühungen der »Partisanen« mit Argwohn. Mit seiner Unterstützung konstituierte sich im Mai 1943 in Moskau der »Bund Polnischer Patrioten«. Er setzte sich im wesentlichen aus Genossen zusammen, die wegen ihrer Linientreue von den »Säuberungen« verschont geblieben waren, sowie aus Emigranten der ersten Kriegsjahre. Die »Moskauer« suchten nun die PPR massiv in Stalins Sinn zu unterwandern. Der Machtkampf endete zugunsten der »polnischeren« Variante der »Partisanen«. Im November 1943 übernahm Gomułka das Amt des Generalsekretärs der PPR.

Das Vorrücken der Roten Armee nach Westen stärkte die Position der polnischen Kommunisten. Am 21. Juli 1944 konstituierte sich in Chełm das »Polnische Komitee der Nationalen Befreiung«, das am folgenden Tag in Lublin sein Manifest verabschiedete (darum auch Lubliner Komitee genannt). Im Januar 1945 erklärte es sich im befreiten Warschau zur Provisorischen Polnischen Regierung.

Im Februar rangen Churchill und Roosevelt dem Sowjetherrscher in Jalta das Zugeständnis ab, die Provisorische Regierung müsse auch nichtkommunistische Politiker aufnehmen und so bald wie möglich freie Wahlen ausschreiben. Stanisław Mikołajczyk, der Chef der bürgerlichen Exilregierung, kehrte aus London zurück und wurde im erweiterten Kabinett der nationalen Einheit am 28. Juni 1945 stellvertretender Ministerpräsident. Für die Arbeiterpartei bekleidete Gomułka ebenfalls den Posten eines stellvertretenden Ministerpräsidenten, während die Sozialisten den Ministerpräsidenten Osóbka-Morawski stellten. Diese Regierung wurde von den Westmächten anerkannt. Doch die pluralistische Fassade währte nicht lange. Die Kommunisten hatten schon in der zweiten Hälfte des Jahres 1944, während das bürgerliche Polen im Warschauer Aufstand viele seiner führenden Köpfe verlor, mit dem Aufbau eines loyalen Verwaltungs- und Sicherheitsapparates begonnen. Auf diese Weise konnten sie innerhalb von zwei Jahren die bürgerliche Heimatarmee ausschalten, die aus den Wäldern heraus einen Partisanenkrieg gegen das Regime führte. Die Vertreter der Bauernpartei, die Mikołajczyk im August 1945 gegründet hatte und die rasch stark anwuchs, wurden auf vielfältige Weise behindert und die Ergebnisse der Wahlen zum verfassunggebenden Sejm im Januar 1947 gefälscht. Der von den Kommunisten und Sozialisten dominierte Demokratische Block errang offiziell 80,1 Prozent der Stimmen gegenüber der Bauernpartei mit 10,3 Prozent. Mikołajczyk emigrierte noch im selben Jahr in den Westen.

Die Mehrheit der Polen machte keinen Hehl daraus, daß sie lieber die bürgerlichen Parteien an der Macht gesehen hätte, bekundete aber der neuen Ordnung gegenüber zumindest eine kritische Loyalität. Das war zu einem guten Teil das Verdienst Gomułkas. Eigensinnig verfocht der Erste Sekretär der Arbeiterpartei einen »polnischen Weg zum Sozialismus«. Dieses Programm bestand, kurz gesagt, aus zwei Punkten: Polens Staatsräson erfordert ein außenpolitisches Bündnis mit der Sowjetunion – innenpolitisch wird das Land seine Eigenständigkeit wahren und sich durch friedliche Umwälzungen in eine sozialistische Demokratie verwandeln. Sein überzeugendstes Argument für die Anlehnung an Moskau war die Verschiebung des Landes um rund zweihundert Kilometer nach Westen und die mangelnde Sicherung der neuen Grenze entlang der Oder und der Görlitzer Neiße. Nach Auffassung der Polen hatten ihnen die westlichen Alliierten auf der Konferenz von Potsdam im August 1945 die deutschen Ostgebiete zugesprochen. Doch solange die neue polnische Westgrenze nicht allgemein völkerrechtlich anerkannt war, konnte allein die Sowjetunion sie mit ihrer militärischen Macht wirksam schützen. Ob sich Stalin ihr Land seinerzeit am liebsten als 16. Sowjetrepublik einverleibt hätte, wie viele Polen über lange Zeit befürchteten, sei dahingestellt. Für den Schutz seiner Westgrenze mußte Polen Moskaus Ideologie und Führungsanspruch akzeptieren. Im Umkehrschluß hieß das: Wer das sozialistische System in Frage stellt, gefährdet das Bündnis mit der Sowjetunion und damit Polens Existenzgrundlage.

Um die Vorbehalte gegenüber der Sowjetunion abzubauen, schürten die Kommunisten die antideutschen Gefühle. Gomułka sah im Antigermanismus zeitlebens ein geeignetes Mittel, um die Nation zum Schulterschluß zu zwingen. Unermüdlich warnte er vor der »imperialistischen Gefahr aus dem Westen« und vor den »Revanchisten in der Bundesrepublik«, die den Verlust von Ostpreußen, Pommern und Schlesien nicht hinnehmen wollten. Geschickt stilisierte er die Eingliederung der »wiedergewonnenen West- und Nordgebiete«, für die er ab November 1945 als Minister zuständig war, zu einem Erfolg nationalkommunistischer Politik hoch – und nahm seiner Partei damit viel vom Ruch des Internationalismus. Ein Heer von Historikern unterstützte ihn dabei. Die Tonart gab Gomułka vor. Auf der Potsdamer Konferenz, schrieb er Ende 1945, sei »ein Akt von großem historischen Gewicht und historischer Gerechtigkeit« vollzogen worden. »Die größten Mächte der Welt bestätigten die Rückkehr Polens in die uralten Gebiete der Piasten.« Mit der »Heimführung« der dem polnischen Volk »durch eroberungssüchtige Kreuzritter entrissenen Territorien« werde nicht nur Unrecht wiedergutgemacht, sondern Polen schwäche damit »gleichzeitig Deutschland, das heißt, wir wirken im Namen der Festigung des internationalen Friedens«.

Gomułka legte auch den Grundstein für die kleinen Freiheiten im Inneren. Seine moskautreuen Genossen mahnte er: »Gegen das eigene Volk vermag niemand auf lange Sicht zu regieren.« Der Parteichef sprach sich gegen die Unterdrückung der katholischen Kirche aus und verhehlte nicht, daß er die Existenz kleiner privater Handwerks- und Dienstleistungsbetriebe mit dem Sozialismus für vereinbar halte. Den Kleinbauern und ehemals besitzlosen Landarbeitern, die seit dem Spätsommer 1944 aus dem Großgrundbesitzerland kleine Parzellen als Eigentum erhalten hatten, versicherte er, daß es in Polen keine Zwangskollektivierung geben werde.

Dieses Programm schien dem Land zu geben, was es in jenem Moment am nötigsten brauchte: Brot, Arbeit und Wiederaufbau. Während die bürgerlichen Parteien untereinander zerstritten waren, begannen die Kommunisten 1946 nach sowjetischem Muster eine Schwerindustrie aufzubauen. Langfristig sollte diese »Tonnenideologie« Polens Wirtschaft an den Rand des Ruins bringen. Zu Anfang aber bedurften die neuen staatlichen Fabriken unzähliger Arbeitskräfte und beschleunigten die Landflucht. Bauern und Arbeitern eröffneten sich zudem zahlreiche Möglichkeiten, in leitende Positionen aufzusteigen und ihre Kinder studieren zu lassen. Zehntausende Analphabeten lernten lesen und schreiben. Viele Dörfer erhielten elektrisches Licht. Um den Kommunisten eine Massenbasis zu verschaffen, öffnete Gomułka die Partei für

nahezu jedermann. Nicht nur die Jugendlichen begeisterten sich
für den Sozialismus, auch viele Intellektuelle sahen nach den Erfahrungen mit der Diktatur Piłsudskis und den Verwüstungen des
Krieges darin eine wirkliche Chance, sich für etwas Konstruktives
zu engagieren.

Im Land herrschte damals der Eindruck vor, daß Gomułka den
gegebenen Spielraum optimal nutzen wollte. Öffentlich beteuerte
er, Polen werde das sowjetische Vorbild nicht sklavisch kopieren,
sondern »auf seinem Weg aus eigener Kraft voranschreiten« können. Patriotismus und Begeisterung für den Sozialismus bildeten
für ihn eine untrennbare Einheit. Im Gegensatz zur Vorkriegs-
KPP, die sich in der Tradition von Rosa Luxemburgs Internationalismus gegen ein unabhängiges Polen ausgesprochen hatte, waren
die Kommunisten jetzt bemüht, den Sozialismus nicht als ein rei-
nes Importprodukt erscheinen zu lassen. Sie verbrämten ihn mit
patriotischem Zierat und Pathos, gelegentlich auch mit einer ge-
hörigen Portion Nationalismus, um ihn der polnischen Tradition
anzunähern. Dem Ausbruch größerer Konflikte beugten sie durch
begrenzte Zugeständnisse vor. Mit ihrer eher lockeren Handha-
bung der Staatsgeschäfte raubten sie der Gesellschaft niemals ganz
die Hoffnung auf eine grundlegende Besserung. Dessenungeachtet ebnete Gomułka schon als Generalsekretär während der Auf-
bauphase von 1944 bis 1948 in seinem Land der Volksdemokratie
den Weg. Er bereitete den Zwangszusammenschluß der PPR mit
den Sozialisten zur Polnischen Vereinigten Arbeiterpartei (PVAP)
vor. Er wirkte daran mit, die Bauernpartei und die Demokratische
Partei in die Front der Nationalen Einheit unter der unangefochte-
nen Dominanz der PVAP einzubinden sowie den Staats- und
Wirtschaftsapparat der Partei zu unterstellen. Der Weg sollte polnisch sein, das Ziel aber war eine kollektivierte, nichtpluralistische
Gesellschaft wie in der Sowjetunion.

Mickiewicz' Vision von der Sendung des polnischen Volkes stärkte über
Jahrhunderte den Widerstand

Universität Lemberg – Zentrum des nationalen und kulturellen Lebens
in der Teilungszeit

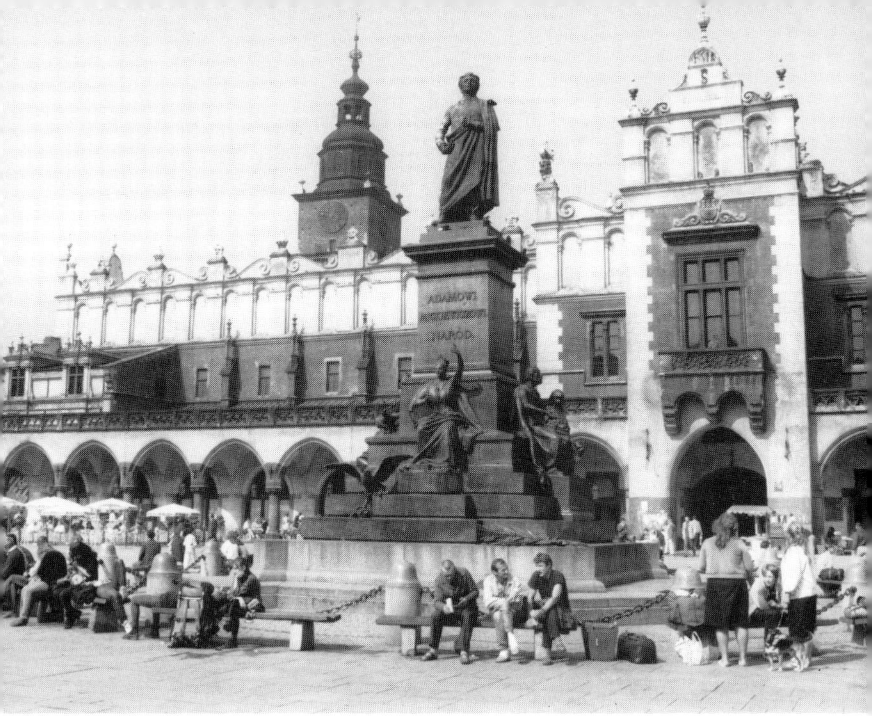
ADAMOWI
NARÓD

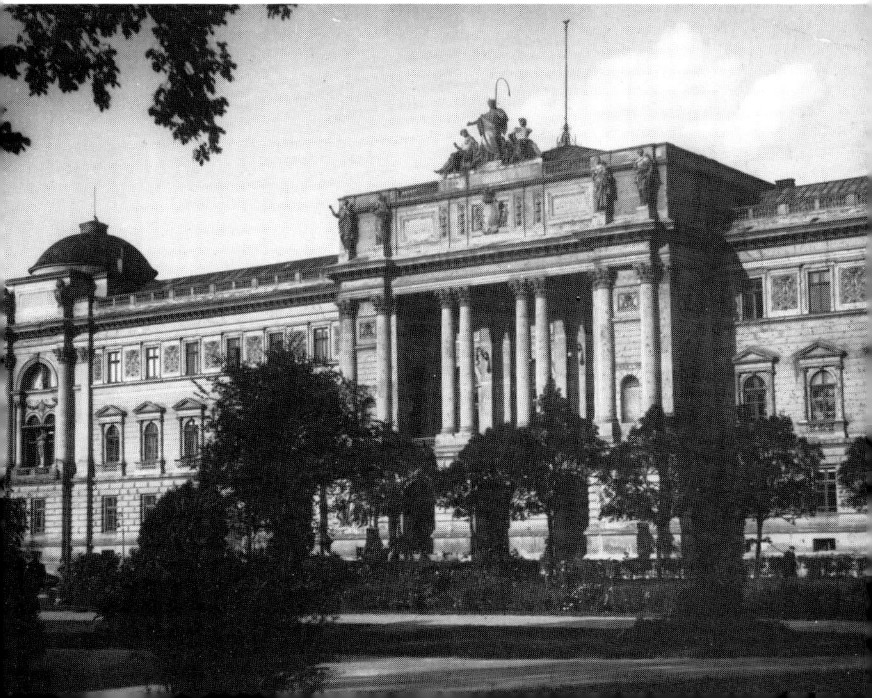

Selbst dieser Kurs bewegte sich hart an der Grenze dessen, was der Sowjetregierung gerade noch zuzumuten war. Unmittelbar nach 1945 gab es zu Gomułkas Nationalkommunismus offenbar keine Alternative, wenn das Land nicht in einem endlosen Bürgerkrieg versinken sollte. Je mehr sich indessen die Konfrontation zwischen Ost und West verschärfte, desto mehr geriet Gomułka unter Beschuß. Nach dem Bruch mit Tito im Sommer 1948 zog Stalin die Zügel in seinem Machtbereich fester an, um den Integrationsprozeß der osteuropäischen Staaten zu beschleunigen. Im September 1948 wurde Gomułka von seinen moskautreuen Genossen wegen »Rechtsabweichung« zum Rücktritt gezwungen.

Während der Stalin-Ära war Polens Souveränität auf das äußerste eingeschränkt. Augenfälligstes Symbol für die Abhängigkeit von der Sowjetunion war der von Moskau als Verteidigungsminister eingesetzte General Konstantin Rokossowskij, der den Oberbefehl über die Armee innehatte. Mehr als die Hälfte der Investitionen wurden für Rüstungszwecke in die Schwerindustrie dirigiert. Der Staatssicherheitsdienst terrorisierte und verfolgte die Andersdenkenden. Gomułka und Tausende seiner Anhänger, unbequeme Wissenschaftler, Künstler und der Primas von Polen, Kardinal Stefan Wyszyński, wurden inhaftiert. Zu Schauprozessen und Todesurteilen wie in den anderen Volksdemokratien kam es jedoch nicht. Selbst die Stalinisten schienen sich von der Devise leiten zu lassen, daß Polen einander ungern ein Haar krümmen. Erst nach dem Machtwechsel vom Sommer 1989 wurde bekannt, daß sie damals doch eine Reihe ihrer politischen Gegner in Gefängnissen zu Tode foltern und heimlich verscharren ließen. Gomułka blieb davon verschont. Bolesław Bierut, Polens Staats- und Parteichef während jener Ära, soll seine schützende Hand über ihn gehalten haben.

Erst zwei Jahre nach Stalins Tod (März 1953) lockerte sich der Würgegriff des Staates. Gomułka wurde stillschweigend entlassen, nahm aber an der beginnenden Entstalinisierungsbewegung keinen unmittelbaren Anteil. Das Aufbegehren gegen den Stalinismus ging in Polen maßgeblich von Arbeitern und Intellektuellen aus. Im Gegensatz zur Solidarność-Bewegung von 1980 aber handelte es sich noch um zwei weitgehend getrennte Entwicklungen. Seit 1955 mehrte sich in der Presse die Kritik an der durch übermäßige Ideologisierung verursachten Armseligkeit des Kulturlebens, an dem Terror des Sicherheitsdienstes und an den Privilegien der Funktionäre, die im krassen Widerspruch zu den miserablen Lebensbedingungen der Bevölkerung standen. Auch Mitglieder der PVAP traten für einen Reformkurs ein. Der Philosoph Leszek Kołakowski, einer der Wortführer dieses revisionistischen Parteiflügels, forderte einen »Sozialismus mit menschlichem Antlitz«, den zu verwirklichen er die Intellektuellen in die Pflicht nahm. Sie sollten nicht, wie er es einmal pointierte, die Weisheit der Parteibeschlüsse loben, sondern dafür sorgen, daß diese wirklich weise seien. Nachdem Chruschtschow auf dem XX. Parteitag der KPdSU im Februar 1956 in Moskau in einer Geheimrede (die über Polen in den Westen gelangte) Stalins Verbrechen aufgedeckt hatte und Bierut im März 1956 unerwartet gestorben war, drohte in der PVAP ein offener Machtkampf zu entbrennen. Den politischen Umschwung aber sollten die Arbeiter herbeiführen. Im Juni 1956 gingen sie in Posen für höhere Löhne und niedrigere Arbeitsnormen auf die Straße. Nachdem laut offiziellen Angaben 53 Demonstranten bei Zusammenstößen mit der Armee den Tod gefunden hatten und die Unruhe sich mehr und mehr gegen die sowjetische Vorherrschaft richtete, berief das Politbüro im Oktober Gomułka wieder in das Amt des Parteichefs. Selbst Chruschtschow, der überraschend in Warschau eintraf, um die Wahl im letzten Moment zu verhindern, mußte einsehen, daß in der PVAP einzig Gomułka die Autorität besaß, die Wogen wieder zu glätten.

In jenem »Frühling im Oktober« jubelten die Massen Gomułka zu. Er kündigte Wirtschaftsreformen, mehr Demokratie und eine Selbstreinigung der Partei an. Mitte November 1956 unterzeichnete er in Moskau eine Deklaration, in der das Bündnis Polens mit der Sowjetunion bestätigt, aber das Prinzip der Gleichheit und Souveränität beider Staaten unterstrichen wurde.

Vieles besserte sich zusehends. Die Handelsbeziehungen zu Moskau wurden auf eine vernünftigere Basis gestellt, die von Polen gelieferten Rohstoffe wurden fortan bezahlt, die Stationierung der sowjetischen Truppen in Polen vertraglich geregelt. Die willkürlichen Übergriffe des Sicherheitsapparates hatten ein Ende.

Die Zensur wurde milder, die öffentliche Meinungsfreiheit größer. Kardinal Wyszyński kehrte aus der Verbannung nach Warschau zurück. Einige katholische Abgeordnete zogen in das Parlament ein; die Kirche gewann mehr Freiraum. Die in der Stalin-Ära eingerichteten Staatsgüter durften selbst über ihre Auflösung entscheiden. Die Folge war, daß viele Bauern zur privaten Bewirtschaftung zurückkehrten. Private Handwerker und Kleingewerbetreibende wurden in begrenztem Umfang zugelassen. Allmählich bildete sich jener Schwebezustand zwischen Kommunismus und Pluralismus heraus, der Polen stets vor den anderen Staaten des sozialistischen Lagers auszeichnete.

Die Strukturen jedoch blieben sich im wesentlichen gleich. Die Partei beanspruchte wie zuvor die führende Rolle im Staat, lenkte die Wirtschaft sowie die gesellschaftlichen Organisationen und zensierte die Presse. Die Gerichtsbarkeit, die die Rechte des Bürgers gegenüber den Behörden hätte durchsetzen können, lag in ihren Händen. Nicht einmal die Arbeiter hatten einen bleibenden Erfolg erzielt. Gomułka sanktionierte nach seiner Wiederwahl die Arbeiterräte, die sich im Sommer 1956 spontan in vielen Großbetrieben gebildet hatten und den Grundstein für eine Arbeiterselbstverwaltung nach jugoslawischem Modell legen sollten. Die Werktätigen vertaten die Chance mangels Erfahrung im Kampf um ihre Rechte. Sie forderten pauschal Entbürokratisierung und Dezentralisierung, ohne daß sie eine gemeinsame Linie finden konnten. Von 1958 an gerieten sie zunehmend unter den Einfluß der staatlich gelenkten Gewerkschaften; 1963 wurden sie mit den Betriebsparteizellen zu Arbeiterselbstverwaltungskonferenzen verschmolzen.

Es ist fraglich, ob es im Oktober 1956 tatsächlich Möglichkeiten zu umfassenderen Systemreformen gab. Gomułka jedenfalls nutzte sie nicht. Ohne Zweifel stand ihm das Beispiel der Ungarn, die im Oktober 1956 viel weiterreichende Reformen als die Polen gefordert hatten und deren Aufstand von sowjetischen Panzern niedergewalzt worden war, mahnend vor Augen. Er setzte alles daran, die Diskussionen innerhalb und außerhalb der Partei wieder zu unterbinden. Im Grunde sympathisierte Gomułka weder mit den Revisionisten, die für eine durchgreifende Liberalisierung und Demokratisierung der Strukturen eintraten, noch mit den Altstalinisten, jenen »Dogmatikern« oder »Betonköpfen«, die das bisherige Lenkungssystem beibehalten wollten. Vielmehr suchte er die Partei von den Extremen zu säubern und einen mittleren Kurs zu steuern. Einzige Richtschnur war ihm sein Glaube an die sozialistische Idee. Persönlich war Gomułka anspruchslos, auf seine Weise rechtschaffen und pedantisch. Er pflegte seine Zigaretten zu halbieren, um länger damit zu reichen. Zu der gleichen Bescheidenheit und Sparsamkeit wollte er seine Landsleute erziehen. Alle Versuche, die wirschaftliche Produktivität durch materielle Anreize zu steigern, lehnte er ab: Beharrlichkeit und Begeisterung könne man nicht kaufen. Die Stagnation der Wirtschaft begründete er einmal mit den Worten: »Rock 'n' Roll tanzen die Leute in Polen, anstatt ordentlich zu arbeiten.«

Mit den Jahren schlug Gomułkas einst bewunderter Eigensinn in Starrsinn um. Unter Berufung auf seine langjährige Erfahrung wollte er alle Entscheidungen selbst treffen und stützte sich nur auf einen kleinen Kreis von Vertrauten. Widerspruch empfand er als Verrat und Gefahr für den polnischen Status quo. Die Revisionisten, die die Demokratisierung nach dem Oktober 1956 in Diskussionsklubs und in der Presse voranzutreiben gesucht hatten, standen bald auf verlorenem Posten. Um die Herrschaft der Partei über die Nation wiederherzustellen, verbot Gomułka 1963 die letzten beiden liberalen Zeitschriften. Im März 1964 protestierten 34 führende Intellektuelle in einem offenen Brief gegen die Bevormundung; ohne Erfolg. Die Kulturpolitik wurde restriktiver und jede offene Diskussion über das sozialistische Wertsystem und den Grad seiner Realisierung in Polen abgewürgt. Kołakowski stellte 1966 ernüchtert das Scheitern aller Reformbemühungen fest. Die PVAP schloß ihn noch im selben Jahr aus ihren Reihen aus und entzog ihm 1968 im Zuge der Säuberungen an den Universitäten seinen Lehrstuhl. Andere, weniger prominente Kritiker wurden gemaßregelt, von den Hochschulen relegiert oder mußten sich gar vor Gericht verantworten.

Ende Januar 1968 schließlich setzten die Behörden die Warschauer Inszenierung von Mickiewiczs Drama *Die Totenfeier* mit der Begründung ab, daß die antirussischen Elemente des Stücks die Gesellschaft gegen die Sowjetunion einnehmen könnten. Diese Maßnahme löste unter den Intellektuellen eine Welle von Protesten aus, die sich in studentischen Demonstrationen Luft machte. Ihre Forderung nach mehr Freiheit für die Kultur fand in weiten Kreisen der Bevölkerung keine Resonanz, diese stellten sich zum Teil sogar eindeutig auf die Seite der Staatsmacht. Nicht zuletzt deshalb konnte der von den Dogmatikern beherrschte Apparat zum Gegenschlag ausholen. Das Innenministerium unter Mieczysław Moczar machte in einer beispiellosen Hetzkampagne »zionistische Kreise« für die Unruhen verantwortlich. Bei einer Kundgebung am 8. März 1968 wurden die Demonstranten von der Miliz niedergeknüppelt, festgenommen und 700 Personen unter Anklage gestellt. Einige tausend jüdische und polnische Intellektuelle, Ärzte, Künstler, Professoren und Offiziere verloren ihre Stellungen und emigrierten in den folgenden Monaten.

Es heißt, daß der dogmatische Parteiflügel unter Moczar vor allem Gomułka habe entmachten wollen. Der Parteichef konnte die »März-Ereignisse« jedoch im Amt überstehen. Seit der Ablehnung des Rapacki-Plans durch den Westen, unterstützte er vorbehaltlos die Außenpolitik Moskaus. Er gehörte zu den entschiedensten Befürwortern eines Einmarsches der Warschauer-Pakt-Truppen in die Tschechoslowakei, der dem »Prager Frühling« im August 1968 ein Ende machte.

Gomułka stürzte, als die Sowjetunion selbst auf Entspannungskurs ging. Von dieser Politik profitierte auch Polen. In den Jahren zuvor hatten sowohl in der Volksrepublik als auch in der Bundesrepublik mehr und mehr Stimmen auf einen deutsch-polnischen Ausgleich gedrungen. Im Frühjahr 1969 schlug Gomułka Bonn eine bilaterale Grenzvereinbarung vor. Ein Beweggrund dafür war das polnische Trauma, daß eine Verständigung zwischen Deutschen und Russen wie früher zu Lasten Polens gehen könne, wenn es sich nicht rechtzeitig einschalte. Zum anderen hoffte Gomułka auf Kredite aus dem Westen, gegen die er sich in den Jahren zuvor stets gesträubt hatte. Anfang 1970 nahmen beide Staaten Verhandlungen über die Normalisierung ihrer Beziehungen auf. Zum Abschluß kamen sie erst, nachdem Moskau und Bonn im August 1970 einen Vertrag über den gegenseitigen Gewaltverzicht unterzeichnet hatten. In dem Dokument vom 7. Dezember 1970 erklärten die Bundesrepublik und Polen, »gegeneinander keinerlei Gebietsansprüche« zu haben und alle Streitfragen mit friedlichen Mitteln lösen zu wollen. Angesichts dieses außenpolitischen Erfolgs glaubte die polnische Führung, der Bevölkerung dringend notwendige Preiserhöhungen zumuten zu können und gab sie am 12. Dezember 1970 über den Rundfunk für den folgenden Tag bekannt. Daraufhin zogen Werftarbeiter in Danzig und Stettin (Szczecin) demonstrierend durch die Straßen und steckten die Parteikomitees in Brand. Die Zusammenstöße mit Armee und Miliz kosteten 45 Menschen das Leben. Nachdem Breschnew in einem Schreiben an das polnische ZK eine Beilegung des Konflikts durch »politische und wirtschaftliche Mittel« empfohlen hatte, wurde Gomułka zum Rücktritt gezwungen.

Die Sowjetunion knüpfte an das Konzept der friedlichen Koexistenz unter anderem die Erwartung, daß ihre Verbündeten sich die Mittel, die sie ihnen selbst nicht mehr zu geben vermochte, nun auf eigene Faust in den »kapitalistischen Ländern« besorgen sollten. Wachsender Wohlstand, so rechnete man im Kreml, werde die innenpolitischen Spannungen in den Volksdemokratien dämpfen. Gomułkas Nachfolger, der 1913 geborene Edward Gierek, schien ganz der Mann, um diese neuen Möglichkeiten für Polen optimal zu nutzen. Dem ehemaligen Bergmann, der die erste Hälfte seines Lebens in den Kohlegruben Nordfrankreichs und Belgiens gearbeitet und seine politischen Einsichten in der kommunistischen Gewerkschaftsbewegung Westeuropas gewonnen hatte, eilte der Ruf des Pragmatikers und Wirtschaftsmanagers voraus. Die schlesische Woiwodschaft Kattowitz (Katowice), der er seit 1957 als Erster Parteisekretär vorstand, hatte sich in seiner Amtszeit zur Region mit dem höchsten Lebensstandard entwickelt. Das war vor allem dem Umstand zuzuschreiben, daß der dort angesiedelten Schwerindustrie ein Großteil der verfügbaren Investitionsmittel zufloß. Seine Anhänger setzten ihre Hoffnungen darauf, daß Gierek im ganzen Land ein ähnliches Wunder vollbringen könne. Westliche Staatsmänner gaben sich in Warschau die Klinke in die Hand. Polens neuer Parteichef, der fließend Französisch sprach und bereitwillig gewisse Schwierigkeiten des sozia-

listischen Planwirtschaftssystems eingestand, galt bald als Symbol
der grenzüberschreitenden Ost-West-Kooperation. Ihm gewährte
man großzügige Kredite. Ein »Manager« habe den »Hausvater«
abgelöst, hieß es; nach Gomułkas »Sozialismus im Bauernrock«
sei nun der »Sozialismus im Frack« an der Reihe.

Die Verhältnisse – sie waren natürlich nicht so. Als Gierek im
August 1980 durch die Solidarność gestürzt wurde, stand Polen
mit mehr als fünfzig Milliarden Mark bei westlichen Banken in
der Kreide (zehn Jahre zuvor soll die Staatskasse noch über Dollar-
reserven verfügt haben). Niemand schien zu wissen, wo all das
Geld geblieben war. »Genossen, bereichert euch!« habe die Devise
gelautet, sagen heute die Polen über die Gierek-Ära. Doch der
Niedergang der Wirtschaft in den siebziger Jahren läßt sich nicht
allein mit jenen Funktionären erklären, die in die eigene Tasche
wirtschafteten, ebensowenig mit den Mängeln des Systems oder
mit mangelndem Arbeitseifer.

Unter Gomułka hatte Polen Unsummen in veraltete östliche
Technologie gesteckt. Nun suchte man das Heil im Westen. Giereks Funktionäre erwarben dort im großen Stil technisches Know-
how, Maschinen und Lizenzen, etwa für die Produktion von Traktoren, Omnibussen oder des Fiat Polski. Mit dem Aufbau einer
exportorientierten Industrie sollten die Mittel für die Rückzah-
lung der Kredite und für eine bessere Versorgung der Bevölkerung
mit Konsumgütern erwirtschaftet werden. In den siebziger Jahren
stieg die Industrieproduktion um das 2,3fache. Der Bau der gigantischen Stahlhütte in Kattowitz (Katowice) und anderer Prestige-
objekte, verschlangen den Löwenanteil des nationalen Investitionsvolumens. In den übrigen Bereichen mußten ständig Pläne
geändert, Etatlücken gestopft werden. Manches Projekt sollte als
Investitionsruine enden. Niemand fühlte sich für die Mißwirtschaft verantwortlich. Die Beamten der Zentralen Planungsbe-
hörde in Warschau traf es nicht persönlich am Portemonnaie,
wenn sie die Betriebsabläufe schlecht koordinierten, Finanzmittel
und Materialien verschwendeten. Die verstaatlichte Wirtschaft
bot den Beschäftigten zuwenig Anreize, um wesentlich mehr und
qualitätsvollere Waren zu produzieren oder wenigstens mit Energie und Rohstoffen sparsam umzugehen.

Auf dem Weltmarkt fanden die polnischen Erzeugnisse nicht den gewünschten Absatz, zum einen wegen ihrer unzureichenden Qualität, zum anderen, weil sie infolge des Innovationsschubs, der im Westen nach der Ölkrise einsetzte, technisch bereits überholt waren. Wenn diese Tatsache in dem schwerfälligen System überhaupt bemerkt wurde, so fehlte doch für neue Unternehmungen das Geld. Infolgedessen arbeiten die polnische Werft-, Hütten- und Bergwerksindustrie heute mit hoffnungslos überalteten Maschinen und sind unproduktiv; sie stoßen Tonnen von Schadstoffen aus, weil die angespannte Wirtschaftslage Umweltrücksichten nicht gestattete. Aus dem gleichen Grund wurde auch in den Wohnungsbau, die Landwirtschaft, das Gesundheitswesen, die Forschung, die Kultur, den Dienstleistungssektor immer weniger investiert. Die Schere zum Produktions- und Leistungsstandard in hochindustrialisierten Staaten öffnete sich unaufhaltsam weiter.

Der Mangel korrumpierte mit der Zeit die gesamte Gesellschaft. Die sozialistische Wirtschaft wurde zu einem riesigen Selbstbedienungsladen. Der Arbeitsplatz diente als Mittel, um in den Genuß des staatlichen Gesundheitssystems und anderer Privilegien zu gelangen. In die Hände spuckte man nur bei einem lukrativen Nebenjob. Die Tauschwirtschaft und der Schwarzmarkt breiteten sich aus. Das ganze Land begann nach dem »System der Absprachen« zu leben. Hier wurde Benzin von Dienstfahrzeugen in Privatautos umgefüllt, dort eine Fuhre Briketts gegen ein Schwein gehandelt; mit einem kleinen Betrag ließ sich der Milizionär herbei, die Anzeige wegen Schwarzhandels fallenzulassen, und das Gericht, den eigenen Fall schneller zu bearbeiten.

Um diesen Teufelskreis zu durchbrechen, hätte man einen wirklichen Markt-Preis-Mechanismus einführen, also die Subventionen abbauen, das Dogma der Vollbeschäftigung abschaffen, die Monopolstellung vieler Unternehmen aufbrechen und vermehrt privatwirtschaftliche Konkurrenz zulassen müssen. Obwohl sich die polnische Führung über die wahren Ursachen der geringen Produktivität durchaus im klaren war, schreckte sie vor den Konsequenzen zurück. Die erforderlichen Preiserhöhungen, das hatten alle vorherigen Versuche dieser Art gezeigt, würden die Arbeiter nur in Verbindung mit erweiterten Mitspracherechten hinnehmen. Den Ausweg aus der Wirtschaftsmisere sah die Führung in einer immer höheren Auslandsverschuldung. Von 1976 an wurden die Westkredite fast ausschließlich für den Import von Futtermitteln, Getreide und Konsumartikeln ausgegeben, um die wachsende Unzufriedenheit zu dämpfen.

In der Gierek-Ära lebte Polen zweifellos über seine Verhältnisse und häufte jenen Schuldenberg an, der dem Land in den achtziger Jahren die Luft abzuschnüren drohte. Diesem Parteichef haben die Polen jedoch zugleich eine ideologische Öffnung zu verdanken, die ungeahnte Folgen zeigen sollte. Giereks Amtsführung war von dem Bestreben geprägt, das Leben im Sozialismus angenehmer zu machen. Seine Politik erschöpfte sich nicht darin, die notwendigen Mittel mit den – letztlich fehlinvestierten – Westkrediten zu erwirtschaften. Die Beziehungen der Staatsführung zur katholischen Kirche entspannten sich. Im öffentlichen Leben zeigte die Partei mehr Zurückhaltung. Gierek selbst verzichtete weitgehend auf ideologische Floskeln und appellierte mit seiner Lieblingsparole »Der Pole schafft es!« ganz unverhohlen an den Nationalstolz. Der Zwang zur politischen Anpassung verlor viel von seiner früheren Bedeutung. Die Künstler ließen nach und nach die ideologischen Hüllen fallen. Undogmatisch auf Dialog setzend, öffnete Gierek das Land nach Westen. Das aus den Trümmern wiedererstandene Warschau wurde zu einem beliebten Ort für internationale Symposien und Kulturveranstaltungen. Westliche Journalisten, Touristen und Studenten hielten sich in Polen auf und konnten sich dort ungezwungen bewegen. Auch die Polen durften nun selbst immer zahlreicher ins westliche Ausland reisen. Gerade diese kleinen Freiheiten aber machten ihnen bewußt, wie unfrei sie im Vergleich zum Westen waren. Der von Gomułka herbeigeführte nationale Konsens in bezug auf die Sowjetunion funktionierte nicht mehr. Mit Unterzeichnung des Warschauer Vertrages 1970 und der Aufnahme diplomatischer Beziehungen 1972 hatte das Junktim zwischen Schutz der Westgrenze gegen den deutschen Revanchismus und polnischer Systemtreue seine Grundlagen verloren. Je lebhafter sich die Beziehungen zu Westdeutschland gestalteten, desto weniger wollten sich die Polen aus Gründen der Staatsräson mit Gängelung, Willkür und Mißwirtschaft abfinden. »Geopolitik ist eine Sache«, hörte man nun häufig, »Reformen eine völlig andere!«

Die polnische Führung stand diesem Stimmungswandel weitgehend hilflos gegenüber. Der Reformdruck konnte deshalb nur von unten, von den nicht in der Partei organisierten Bürgern ausgehen. Vieles mag man gegen die polnischen Kommunisten vorbringen. Entgegen heute gern bemühten Darstellungen waren die Schwächen ihres Systems nicht allein auf die Abhängigkeit von Moskau zurückzuführen. Auch sie erlagen der Arroganz einer Macht, die ihre Politik nicht vor einem Wahlvolk rechtfertigen muß. Auch sie bauten ein bürokratisches System auf, in dem die Menschenrechte mißachtet, Widersprüche nicht offen ausgetragen wurden und die Lebensverhältnisse der Bürger sehr eingeschränkt waren. Im Unterschied zum übrigen sozialistischen Lager jedoch ließen die polnischen Parteiführer von Władysław Gomułka bis zu Wojciech Jaruzelski ihren Landsleuten Luft zum Atmen. Teils aus eigenem patriotischen Antrieb, teils weil sie infolge des allzeit starken Eigendrucks der Gesellschaft kaum eine andere Wahl hatten, duldeten sie eine halb legale, aber lebendige Subkultur. Dieser Freiraum wurde von Menschen aus allen Kreisen der Bevölkerung ausgeschöpft, erweitert und allmählich zu einer Gegenmacht ausgebaut, die ihre stärksten Bastionen wie schon im 19. Jahrhundert in der katholischen Kirche sowie in der Kultur und in der Wissenschaft hatte.

In diesem Freiraum konnte sich früher als anderswo die politische Opposition formieren. Doch erst in den siebziger Jahren begannen ihre beiden wichtigsten Kräfte, die Arbeiterschaft und die Intelligenz, wirklich an einem Strang zu ziehen. Die Arbeiter, zumal die Belegschaften der Großbetriebe, die die dringend benötigten Devisen erwirtschafteten, galten gemeinhin als jene Klasse, die dem kommunistischen Regime am ehesten institutionelle Zugeständnisse abringen könnte. Und das ungeachtet der Tatsache, daß ihre Streiks sowohl im Oktober 1956 als auch im Dezember 1970 ergebnislos geblieben waren. Die Intellektuellen waren seit ihrer öffentlichen Kritik am Monopolsozialismus der PVAP 1964 mit sich selbst beschäftigt und dachten noch nicht daran, sich im Kampf für mehr Freiheit mit den Arbeitern zusammenzutun.

Im Jahre 1975, als sich die PVAP anschickte, die »führende Rolle der Partei« in Staat und Gesellschaft sowie die »unverbrüchliche brüderliche Freundschaft mit der Sowjetunion« in der Verfassung festzuschreiben, sahen die Intellektuellen wieder einen Anlaß für eine Aktion gegeben. In einem offenen Brief, der von 40000 Menschen unterstützt wurde, protestierten 59 namhafte Persönlichkeiten aus Kunst und Wissenschaft gegen die geplante Verfassungsänderung. Sie sprachen der Partei die Führungsrolle ab und forderten Freiheit des Gewissens, der Religionsausübung, unabhängige Gewerkschaften, Streikrecht, Meinungs- und Informationsfreiheit sowie Freiheit der Wissenschaft. Im Januar 1976 schloß sich die Kirche in einem Memorandum diesen Forderungen an. Die Staatsmacht konnte dies nicht ignorieren, schreckte aber vor offenen Diskussionen zurück. Statt dessen milderte sie die Formulierungen ab und verabschiedete im Februar 1976 die Verfassungsänderung. Mit der »Denkschrift der 59« habe eine »neue Phase der polnischen oppositionellen Bewegung« begonnen, analysierte einer ihrer Repräsentanten, Andrzej Drawicz, später zu Recht. Die geistige Elite war aus ihrer Apathie erwacht. Drastische Preiserhöhungen, die Preise für Fleisch stiegen um 60 Prozent, die für Zucker um 100 Prozent, brachten im Juni 1976 die Arbeiter auf die Straße; in Ursus und Radom kam es zu gewaltsamen Ausschreitungen. Die Anführer wurden festgenommen, die Preiserhöhungen jedoch umgehend rückgängig gemacht. Noch während der Unruhen schlossen sich Intellektuelle in Warschau zu einer Hilfsorganisation zusammen, um den Familien der Verhafteten sowie den entlassenen Arbeitern ärztlichen, juristischen und finanziellen Beistand zu leisten.

Aus dieser Aktion ging im September 1976 das Komitee zur Verteidigung der Arbeiter (KOR) hervor. Jedes der 14 Gründungsmitglieder war auf seinem Gebiet eine Kapazität, so der Wirtschaftsprofessor Edward Lipiński, die Rechtsanwältin Aniela Steinsbergowa, der Literaturkritiker Jan Józef Lipski, die Schauspielerin Halina Mikołajska, der Romancier Jerzy Andrzejewski, der Dichter Stanisław Barańczak sowie ihre beiden führenden Köpfe, der Soziologe Jacek Kuroń und der Historiker Adam Michnik. Die KOR-Gründer hatten sich nicht erst 1975 bei der Unterschriftenaktion gegen den Verfassungszusatz kennengelernt. Ihre Lebensläufe weisen manche Gemeinsamkeiten auf. Sie hatten zunächst auf demokratische Reformen innerhalb der PVAP gesetzt, diese Hoffnung jedoch im März 1968, als die Miliz die Forderungen der Intellektuellen nach mehr Freiheit niederknüppelte und viele von ihnen als Staatsfeinde im Gefängnis landeten, endgültig begraben. Die KOR-Gründer waren dem Sozialismus prinzipiell treu geblieben. Im Gegensatz zu den regierenden Kommunisten verfochten sie einen Pluralismus nach dem Muster der parlamentarischen Demokratie sowie die Verwirklichung der Bürger- und Menschenrechte, wie sie die KSZE-Konferenz in Helsinki 1975 formuliert hatte. Einige KOR-Mitglieder hofften langfristig auf eine »Selbstfinnlandisierung« Polens; dabei zielten sie weder auf einen politischen Umsturz noch auf die gewaltsame Herauslösung des Landes aus dem Warschauer Pakt. Anknüpfend an die positivistische Tradition der Selbstverwaltung wollten sie durch verschiedene Aktivitäten, die sich im Rahmen der Verfassungsprinzipien bewegen und völlig öffentlich sein sollten, der Staatsführung möglichst viele Zugeständnisse abtrotzen und auf diese Weise das Machtmonopol der Partei allmählich durchlöchern. Ein Bündnis mit der Arbeiterschaft erlaubte es, solche Unternehmungen auf einer breiteren Basis durchzuführen. Um die Solidarität zwischen diesen beiden Gruppen zu stärken, empfahl Adam Michnik schon Mitte der siebziger Jahre in seinem Konzept des »Neuen Evolutionismus« Tätigkeiten wie Unterstützung politischer Gefangener, Einrichtung von Bildungszirkeln, Herausgabe unzensierter Bücher und Zeitungen. Jacek Kuroń, der ein ähnliches Aktionsprogramm entwarf, brachte es – in Anspielung auf die Ereignisse vom Dezember 1970 – auf die prägnante Formel: »Anstatt Parteikomitees in Brand zu stecken, gründet lieber selbst Komitees!«

Diese Idee stieß in dem Land mit der langen Widerstandstradition durchaus auf Widerhall. Auch wenn sich keineswegs alle politisch Unzufriedenen mit der sozialistischen KOR-Richtung identifizieren mochten, entstanden doch bald die verschiedensten oppositionellen Gruppen: unter anderem ROPCiO, die Bewegung zur Verteidigung der Menschen- und Bürgerrechte, die sich sehr viel patriotischer als KOR gab, TKN, die Gesellschaft für wissen-

schaftliche Kurse, auch Fliegende Universität genannt, die private
Vorlesungen in Geschichte, Ökonomie, Literatur und Soziologie
organisierte, sowie ein Gründungskomitee freier Gewerkschaften,
die Keimzelle der unabhängigen Gewerkschaftsbewegung. Der
Klub Erfahrung und Zukunft (DiP), in dem sich Wissenschaftler
und Journalisten zusammenfanden, erarbeitete mehrere »Berichte über den Zustand der Republik«, in denen sie die Ursachen
der polnischen Misere sachlich analysierten. Alle Gruppen gaben
Zeitungen, Bulletins und Flugblätter heraus, in denen Übergriffe
der Miliz und Verhaftungen von Bürgerrechtlern penibel aufgeli-
stet wurden. Die meisten waren mit dem vollen Namen, der
Adresse und der Telefonnummer der Verfasser unterzeichnet.

Die polnische Staatsführung zeigte gegenüber der Bürgerrechtsbewegung eine für das sozialistische Lager geradezu erstaunliche Toleranz. Sie beschränkte sich auf einzelne Maßnahmen, beschlagnahmte illegale Druckmaschinen und sprengte
private Versammlungen. Die KOR-Mitglieder, die abtrünnigen
Kinder der Partei, wurden in der Presse mal als »Trotzkisten«, mal
als »polnische Hilfstruppen des CIA« oder »westdeutscher Revan-
chistenkreise« diffamiert. Die Sicherheitskräfte rechneten des öf-
teren mit Oppositionellen in dunklen Straßen ab; andere wurden
für 48 Stunden eingesperrt, was nach polnischem Recht ohne
Haftbefehl möglich war, und gleich nach der Freilassung erneut
festgenommen; auf diese Weise waren sie für eine Weile aus dem
Verkehr gezogen. Der vernichtende Schlag der Staatsmacht blieb
aus.

Diese Toleranz war nicht zuletzt ein Ergebnis von Auseinandersetzungen zwischen Reformern und Dogmatikern innerhalb der
Parteispitze. Außerdem hätte ein rigoroses Vorgehen gegen die
Opposition die großzügig fließenden westlichen Kredite gefährdet. Die Partei geriet in jeder Hinsicht zunehmend in die Defen-
sive. Leszek Kołakowski, der 1968 nach England emigriert war
und von dort aus für viele Bürgerrechtler zu einer Art Übervater
wurde, schrieb 1978 (in: *Die Hauptströmungen des Marxismus*):
»Die polnische Opposition bedient sich kaum noch der marxistischen und kommunistischen Phraseologie. Ihr reichen die natio-
nal-konservative Tradition, religiöse Ideen sowie herkömmliche

demokratische und sozialdemokratische Parolen vollständig aus. Der Kommunismus ist überhaupt kein intellektuelles Problem mehr und nur noch eine Frage von Herrschaft und Repression ... Das ist auch der Grund, warum die Herrschenden, wenn sie sich ein Minimum an Kontakt mit der Bevölkerung sichern wollen, kaum noch die papierene offizielle Ideologie benutzen, sondern vorwiegend mit der Ideologie der Staatsräson und des nationalen Interesses arbeiten.«

Angesichts der sich rapide verschlechternden wirtschaftlichen Lage und dem erstarkenden Selbstbewußtsein der polnischen Gesellschaft verfing auch dieser Nationalkommunismus immer weniger.

Der Geist des Volkes – *Geschichtsbewußtsein und Widerstandskultur*

Eines Nachts bummelte ich mit zwei Polen durch Kopenhagen. Wiegenden Schrittes kam uns ein Seemann entgegen und fragte nach dem Weg. Meine Begleiter, die sich auskannten, gaben ihm auf Englisch Auskunft. Der Matrose stellte sich als Finne vor und wollte wissen, woher wir stammten. Meine Begleiter schlossen mich kurzerhand in ihre Nationalgemeinschaft ein. »Polen« wirkte auf den Finnen wie ein Zauberwort. Unverzüglich setzte er seinen Seesack ab, die ganze Gestalt nahm Haltung an. Mit schwungvoller Verbeugung lüftete er einen imaginären Hut, küßte mir galant die Hand und schüttelte die der Polen kräftig. Nach einem Moment feierlichen Schweigens platzte es aus ihm heraus: »Wahrlich, ihr seid ein großartiges Volk!« Sprach's und verschwand in der Dunkelheit.

Dieser Vorfall berührte mich sehr. Meinen Begleitern gefiel die spontane Geste, die »fast eines Polen würdig« gewesen sei, während sie die Huldigung eher gelassen entgegennahmen. Sie seien es gewohnt, sagten sie, daß die bloße Erwähnung ihres Heimatlandes einen Schwall von Empfindungen hervorrufe – Begeisterung, Schwärmerei und Verehrung, doch ebensooft Ablehnung, Kritik oder Spott. Im Grunde kursierten über Polen lauter Klischees, die sich unter den Oberbegriffen »Patriotismus«, »Katholizismus« und »polnische Wirtschaft« zusammenfassen ließen. Kaum ein Ausländer habe eine Vorstellung von der Wirklichkeit ihres Landes. Mein Einwand, ein durchschnittlich gebildeter Westeuropäer wisse sehr viel mehr über Polen als über andere Völker, die hinter dem Eisernen Vorhang gelebt hätten, etwa Rumänen oder Bulgaren, schmeckte ihnen ganz und gar nicht. Sei mir denn nicht bewußt, daß Polen in Europa stets eine besondere Rolle gespielt habe – vom Bollwerk des Christentums bis hin zur Solidarność-Bewegung?

In ihrem Innersten glauben die meisten Polen, daß sie wegen ihres Heldenmutes, ihres unbeugsamen Widerstandes und der großen Persönlichkeiten, die aus ihrem Volk hervorgegangen sind, größere Sympathie verdienten als andere. Zugleich aber befürchten sie, daß dies nur eine Projektion ihrer eigenen Einschätzung sein könnte. Jedes Lob, das ihrer Nation gezollt wird, tut ihrer Seele wohl. Das Mißtrauen aber schläft niemals ein. Um alle Zweifel an ihrer Einzigartigkeit möglichst im Keim zu ersticken, fühlen sie sich verpflichtet, für Polen unablässig die Trommel zu rühren. Einmal sollten Schüler verschiedener Völker einen Aufsatz über den Elefanten schreiben. Ohne zu zögern, überschrieb der Pole seine Arbeit mit dem Titel »Der Elefant und die polnische Sache«.

Diese Anekdote ist uralt, das Prinzip jedoch allgegenwärtig. Jeder Erfolg eines Landsmanns im Ausland, und sei er noch so winzig, stärkt die Polen daheim in ihrem Selbstwertgefühl. Man scheut nicht einmal davor zurück, berühmte Leute mitunter bis an die Grenzen der Lächerlichkeit für das Polentum zu reklamieren, wenn sie in ihrer Ahnenreihe eine polnische Urgroßmutter aufweisen. Gewissenhaft durchforscht man fremde Enzyklopädien in der Befürchtung, daß irgendeine Mickey-Mouse den Nationaldichter Mickiewicz von seinem Platz verdrängt haben könnte. »Ihr Deutschen seid an uns nicht interessiert, denn in euren großen Zeitungen hat sich noch kein deutscher Polonist einen Namen gemacht«, hielt mir ein polnischer Germanist vor, der bei einer Warschauer Wochenschrift beschäftigt ist. Meine Antwort, daß unsere Zeitungen einen ausschließlich für die polnische Literatur

angestellten Spezialisten als Luxus ansehen würden und auch ein
freier Journalist kaum von Rezensionen polnischer Gedichte leben
könne, tat er als Ausflüchte ab.

Die Polen sind sich selber Achse und Mittelpunkt und nehmen
die Belange ihrer Nation wichtiger als die aller anderen. Das ist
weniger ein Zeichen von unheilbarem Chauvinismus als vielmehr
das Fundament ihrer politischen Kultur. Sie stammt in ihren
Grundzügen aus dem 19. Jahrhundert, ist aber aus verschiedenen
Gründen bis heute lebendig geblieben. Nach 1945 wurde Polen
vor allem von der Landbevölkerung wiederaufgebaut, die den
Zweiten Weltkrieg vergleichsweise unversehrter überstanden
hatte als die Intelligenz. Dadurch aber hielt die bäuerliche, allem
Neuen gegenüber mißtrauische Denkweise in die Städte, Fabriken, Behörden, Schulen und Kirchen Einzug. Viele Wunden
und Narben der Vergangenheit spielen mit hinein, die noch immer der Pflege durch Erinnerung bedürfen. Bewußt griffen die
Polen auch auf erprobte Verhaltensweisen zurück, um sich als Gesellschaft dem kommunistischen System zu widersetzen.

Um diesen Widerstand rankt sich längst ein unentwirrbares Geflecht aus Wahrheit und Legende. Wer heute mit Polen über die
kommunistische Ära spricht, gewinnt in aller Regel den Eindruck,
als habe jenes System weder irgendwelche ernst zu nehmenden
Anhänger besessen noch irgend jemand davon profitiert. Es habe
ihnen im Gegenteil nur Opfer abverlangt. Nicht wenige rühmen
sich ihrer subversiven Heldentaten gegen das ungeliebte Regime.
Selbst einst hochrangige Kommunisten scheuen sich nicht, eifrig
an ihrer patriotischen Legende zu stricken. Ihre Tagebücher und
Memoiren, die jetzt nach und nach erscheinen, handeln überwiegend von ihrem Widerstand gegen die Befehle aus Moskau und
gegen die (kaum jemals näher benannten) »Betonköpfe« im
Staatsapparat, an denen ihre edlen Absichten gescheitert seien.
»In der Opposition herrschte jedoch niemals Gedränge«, konsta-
tierte die Warschauer Zeitung *Gazeta Wyborcza*, die 1989 im
Zuge des Systemwechsels von aktiven antikommunistischen Oppositionellen gegründet wurde.

In der Tat war die Bürgerrechtsbewegung, die sich in der zweiten Hälfte der siebziger Jahre zu formieren begann, zahlenmäßig

eine eher kleine Gruppe. Ihre Mitglieder trafen sich in Privatwohnungen, was den Veranstaltungen von vornherein einen intimen Charakter verlieh. Wer daran teilnahm, hatte mit dem Verlust von Privilegien, kleinen und größeren Schikanen der Behörden zu rechnen. Dennoch wehrten sich die Bürgerrechtler gegen die Bezeichnung »Dissident« : Sie verträten schließlich keine von der offiziellen Meinung abweichenden Minderheitenansichten, sondern sprächen laut aus, was die Mehrheit denke.

Daß diese Behauptung ständig an Wahrheitsgehalt gewann und ihre Ideen allmählich Allgemeingut wurden, läßt sich vielleicht am ehesten mit einem Wort von Czesław Miłosz erklären. Der polnische Schriftsteller (und Literatur-Nobelpreisträger von 1980) schrieb einmal über seine Landsleute, sie besitzen »Fähigkeiten, die jedes System aufweichen«. Die Neigung, die Lücke im Gesetz zu finden oder sich auf Umwegen zu verschaffen, was einem nach eigener Anschauung gebührt, ist infolge der langen Fremdherrschaft fast zu einem polnischen Volkssport geworden. Auf den unterschiedlichsten Wegen erfuhr praktisch jedermann von den Aktivitäten der Opposition. Sie wurden von manchen schon deshalb begrüßt, weil es sich um etwas Verbotenes handelte. Vielen öffneten die Thesen der Bürgerrechtler die Augen für bestimmte Zusammenhänge und regten sie an, die polnische Interessenlage neu zu überdenken. Das Vorbild der Oppositionellen ermutigte die Menschen, sich von den Vertretern der Staatsmacht nicht mehr alles gefallen zu lassen. »Zumindest das Reden können sie uns nicht verbieten«, war die trotzige Reaktion. Der Verlust der Angst, man weiß es spätestens seit dem Umbruch in Ostmitteleuropa Ende der achtziger Jahre, setzte in Polen schon früh Energien frei.

Der allgemeine Unmut entzündete sich in erster Linie an der politischen Unfreiheit und den wirtschaftlichen Mißständen. In den Untergrundpublikationen wurden die Ursachen der polnischen Misere analysiert. Intellektuelle besprachen mit Arbeitern die Möglichkeiten, eine unabhängige Gewerkschaftsbewegung aufzubauen. Andere suchten den Dialog mit der Kirche, die sich unter der kommunistischen Herrschaft zur Fürsprecherin der Menschenrechte machte. Adam Michnik zum Beispiel schlug in seinem Buch *Die Kirche und die polnische Linke* (1976) vor, zwischen diesen beiden Kräften eine »neue Ideengemeinschaft« gegen das totalitäre Regime herzustellen, die sich auf ethischen Gemeinsamkeiten gründen sollte.

Trotzdem richteten die meisten Polen ihre frei werdenden Energien in den siebziger Jahren nicht primär auf die Gestaltung von Gegenwart und Zukunft – unter den herrschenden Bedingungen ohnehin ein aussichtsloses Unterfangen. Gefragt waren Trost, Zuversicht und Stärkung. Breite Resonanz fanden deshalb die Bemühungen der Opposition, sich über die nationale Vergangenheit und die polnische Identität Klarheit zu verschaffen. Dadurch aber gerieten die Bürger in einen noch größeren Gegensatz zum kommunistischen Regime.

Den polnischen Kommunisten war selbstverständlich bewußt, welchen Rang die Identitätsfrage in der Empfindungswelt ihrer Landsleute seit den Erfahrungen der Teilungszeit einnimmt. Als gebürtige Polen dachten sie ähnlich und waren bestrebt, die Gesellschaft mit dem fremden System zu versöhnen, den Sozialismus mit der nationalen Tradition zu verbinden. Das bereitete so lange wenig Probleme, wie es darum ging, historische Kulturgüter zu restaurieren oder alte Bezeichnungen wie den »Sejm« für das Einkammerparlament zu übernehmen. In der entscheidenden Frage nach der Legitimation ihrer Herrschaft mußten sie sich jedoch die Geschichte zurechtbiegen. Da die Partei bis zum Zweiten Weltkrieg nur eine kleine Gruppe von Verschwörern gewesen war, wurde die kommunistische Machtübernahme im Jahre 1944 zu einer Fortführung der patriotischen und revolutionären Bestrebungen in Polen hochstilisiert. Diese sogenannten fortschrittlichen Traditionen wurden von der Parteiführung auf vielerlei Weise gepflegt. Die »reaktionären« Traditionen, zum Beispiel die katholische Kirche, ein Teil der Literatur sowie Ereignisse aus der bürgerlichen Vergangenheit suchte sie dagegen mit bewährten Mitteln – Verfolgung, Verschweigen und verzerrte Darstellungen – aus dem Bewußtsein zu drängen.

Diese Geschichtsklitterung verfing, wenn überhaupt, nur kurze Zeit. Jede Streikbewegung kam einem Mißtrauensvotum gegen die Partei gleich, die sich zu kleinen Zugeständnissen genötig sah.

Hartnäckig eroberten sich die Polen Teile ihres bislang verschwiegenen oder verzerrt dargestellten nationalen Erbes zurück. Insbesondere die Kirche erhielt einen größeren Freiraum. In den siebziger Jahren durchflutete eine regelrechte Geschichtswelle das Land. Viele entwickelten urplötzlich eine Vorliebe für die Lektüre von historischen Romanen und Memoirenliteratur oder betrieben Familienforschung. Floh- und Trödelmärkte hatten Konjunktur. Jede alte Ruine fand ihre Besucher. In den Schlössern und Museen drängten sich die Menschen.

Bei dieser Suche nach einem Selbstwertgefühl war viel Nostalgie im Spiel. Die Bürgerrechtsbewegung aber sorgte dafür, daß es damit nicht sein Bewenden hatte. Obgleich die polnische Geschichte in der Gierek-Ära undogmatischer dargestellt werden konnte, blieben zahlreiche Vorgänge, allen voran die Beziehungen zur Sowjetunion, tabu. Hier setzten die Oppositionellen mit ihrer Aufklärungsarbeit an. Zugleich erweckten sie die Fliegende Universität zu neuem Leben, eine Einrichtung, die sich im zaristisch besetzten Polen bewährt hatte: Versammlungen an stets wechselnden Treffpunkten, bei denen Wissenschaftler und Intellektuelle einen interessierten Zuhörerkreis über die offiziell tabuisierten Themen historischer und gesellschaftlicher Natur unterrichteten.

Der Widerspruch zwischen der einstigen nationalen Souveränität und der entwürdigenden – weil fremdbestimmten – sozialistischen Gegenwart erzeugte eine wachsende Unruhe, die der Solidarność im August 1980 ihren millionenfachen Zulauf bescherte. Nach der Erstickung dieser nationalen Aufbruchsbewegung durch die Verhängung des Kriegsrechts im Dezember 1981 begann die Geschichte eine noch zentralere Rolle zu spielen. Aus Enttäuschung über den Panzerkommunismus wurde die Vergangenheit nun vielfach zum direkten Vorbild sowohl für die Ziele der Nation als auch für das individuelle Verhalten. Zu einem Aufstand wie im 19. Jahrhundert, der anfangs befürchtet worden war, kam es nicht. Die einen stürzten sich in die Untergrundarbeit, die Mehrheit aber begnügte sich damit, die Staatsmacht stolz zu verachten und ihren Widerstand symbolisch zu bekunden.

Auf diesem Gebiet sind die Polen wahre Meister. Im Laufe der langen Fremdherrschaft haben sie ein reiches Arsenal von Symbolen geschaffen, die ihren Wunsch nach Freiheit und nationaler Unabhängigkeit dartun. Diese Sprache beherrschen vor allem die Künstler, und ihr Publikum weiß sie zu entschlüsseln. Auch dem demonstrativen nationalreligiösen Kult der katholischen Kirche maßen viele Gläubige und Priester größere Bedeutung bei als etwa der Morallehre. Auf unnachahmliche Weise verstehen es die Polen, das Ganze an scheinbaren Alltäglichkeiten festzumachen, etwa den liebevoll gepflegten Gebräuchen, die eine Generation an die nächste weitergibt. Sie reichen vom Karpfen, der zu Weihnachten auf den Tisch kommen muß, wenn nicht ein Unglück geschehen soll, bis zum Handkuß, mit dem die Herren die Damen begrüßen. Aufbegehrende Landsleute aus früheren Zeiten werden als Verbündete der Lebenden angesehen und dementsprechend geehrt. Ihre Denkmäler und Grabmale auf den Friedhöfen sind ebenso wie Gedenktafeln, die an Aufstände, Verschwörungen und an Polen begangene Verbrechen erinnern, stets mit brennenden Kerzen und frischen Blumen geschmückt, vorzugsweise in den Nationalfarben Weiß und Rot. Aufgezwungene Denkmäler hingegen wurden niemals akzeptiert. Über den monumentalen Kulturpalast, ein Geschenk Stalins an die Warschauer Bürger, kursieren unzählige böse Witze. Einem ungeliebten marmornen Heroen des Kommunismus eine Coca-Cola-Büchse in den Arm zu legen, galt in Polen nie als Bubenstreich, sondern als Ausdruck politischen Protests.

Eine nicht mindere Bedeutung kommt dem nationalen Gebaren zu. Seit der Teilungszeit tragen die Polen ihr Polentum nicht nur still im Herzen, sondern häufiger noch glühend auf den Lippen. Dieses Verhalten wirkt mitunter ungeheuer theatralisch. Posen, Phrasen und Pathos gehören dazu ebenso wie dramatisch klingende Wortgefechte. Der Positivist Aleksander Świętochowski rügte seinerzeit: »Im Ausguß der Gefühle sind wir Meister, aber im Handeln des Verstandes schwach. Deshalb haben wir hervorragende Poeten, aber überhaupt keine Philosophen und nur wenige Genies der Wissenschaft.« Da sie lange Zeit andere Ausdrucksmöglichkeiten entbehrten, sind demonstrativ geäußerte nationale Gefühle für die Polen längst zu einem Mittel der Politik geworden.

Jedermann stellt sie offen zur Schau, selbst dort, wo sie anderenorts allenfalls marginal wären, etwa bei Verhandlungen über gewerkschaftliche oder politische Fragen. In Anwesenheit von Ausländern tut manch einer des Guten lieber zuviel als zuwenig.

Daß ihr Patriotismus auch unverkennbar nationalistische Züge trägt, wollen die meisten Polen nicht wahrhaben. Ihr nationaler Zusammenhalt bezog seine Stärke in erster Linie aus dem Bewußtsein, daß man einen gemeinsamen Feind habe, den es ungeachtet aller sonstigen Widersprüche zu bekämpfen gelte. Wann immer das Gefühl um sich griff, in einer belagerten Festung zu leben, wuchs die Abneigung gegenüber anderen Völkern. Darunter hatten zum Beispiel seit dem 19. Jahrhundert die Minderheiten im Land zu leiden. Der Durchschnittsbürger grenzt sich bis heute gern von allem Fremden und Unbekannten ab, vor allem symbolisch: mit Hilfe von starken Worten, Gesten, Zeichen und Boykotten. Im alltäglichen Umgang miteinander siegen dagegen häufig – auch das hat in Polen Tradition – die Toleranz und der Individualismus.

Eine echte Auseinandersetzung mit der nationalen Vergangenheit steht noch aus. Ohne Frage besitzt der Durchschnittspole geradezu erstaunliche historische Kenntnisse. Man braucht ihn nur anzutippen, schon sprudeln die Namen von Gefechtsorten und Daten von Aufständen aus seinem Munde, als hätten diese Ereignisse erst in der letzten Woche stattgefunden. Der historische Hergang aber wird noch gern durch die Brille jener Werke betrachtet, die im 19. Jahrhundert entstanden und erklärtermaßen »die Herzen stärken« wollten, um die Nation in der Teilungszeit zum Durchhalten zu ermutigen. Der Schriftsteller Henryk Rzewuski schrieb damals: »Die Polen werden so lange leben, wie sie wissen, was der Geist ihres Volkes ist.« Diesen »Geist« filterten die Geschichtsschreiber und Literaten aus dem komplexen Ge-

Warschau, Patrizierhäuser am Alten Markt – Der Wiederaufbau
der Altstadt war ein nationales Anliegen

Denkmal zur Erinnerung an den Warschauer Aufstand 1944

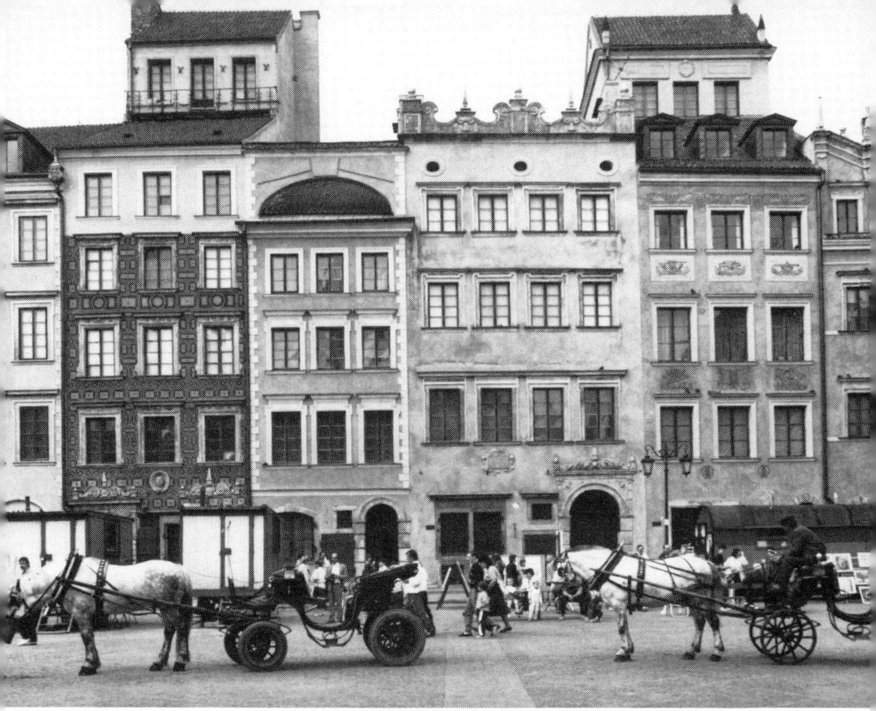

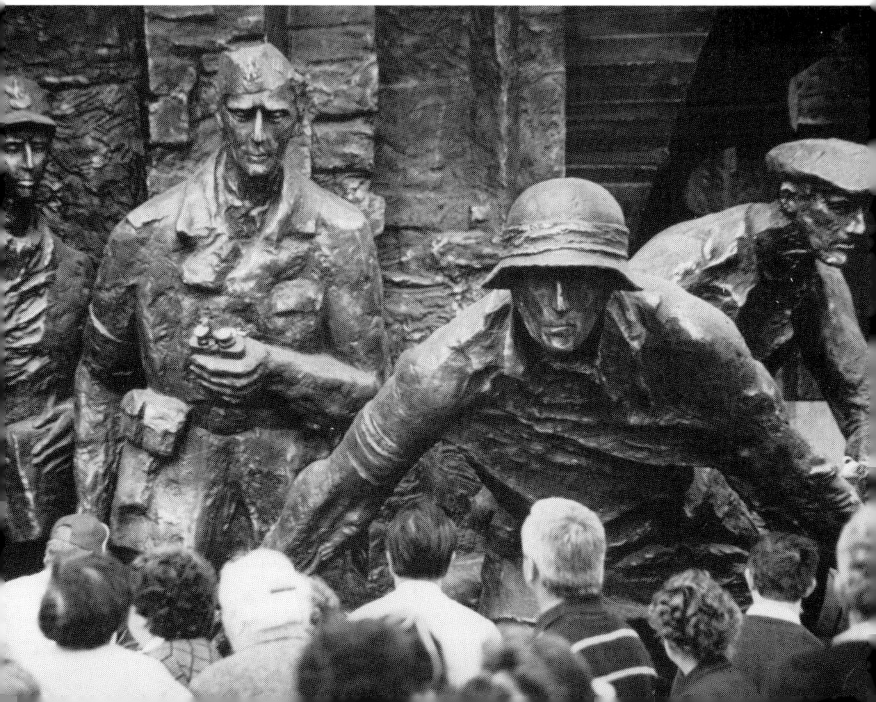

schehen heraus und stilisierten ihn zu einer Art »wahrer« nationaler Substanz. Alles, was da nicht hineinpaßte, wurde als bedauerlicher, letztlich »unpolnischer« Einzelfall abgetan oder völlig
verdrängt. So entstand ein weithin idealisiertes Bild von den edelmütigen, patriotischen und gottesfürchtigen Polen, die die Freiheit und die Demokratie liebten und sich für ihr Vaterland aufopferten; ein Bild, in dem die Polen entweder als Helden oder als
Märtyrer auftraten, niemals als Täter. Infolgedessen konnten sie
für das Schicksal, das über sie hereingebrochen war, gar nicht verantwortlich sein.

An der Legendenbildung ist die polnische Geschichtswissenschaft nicht ganz unbeteiligt. Sie ist seit der Teilungszeit eine
hochentwickelte Disziplin, die mit Verve polemisiert und die Vergangenheit durchaus differenziert zu betrachten vermag. Mit ihrer stramm nationalen Ausrichtung erschwert sie allerdings den
Brückenschlag zu anderen Völkern. Auf alles, woran ein Landsmann jemals mitgewirkt hat, legen die Historiker ihren Daumen.
Getreu diesem Muster könnte man meinen, die Polen hätten unter
ihrem König Jan Sobieski die Türken 1683 vor Wien ganz allein
geschlagen. Beispiele dieser Art lassen sich bis in die Gegenwart
fortsetzen. Weit mehr Polen, als man annehmen würde, beziehen
aus Taten ihrer Helden und Märtyrer bis heute Kraft und Stärkung.

Eine andere Quelle, aus der sich das Selbstverständnis der Polen
speist, ist der Mythos von dem früheren Wohlstand ihres Landes.
Ihn erweckten zu einem guten Teil die Filme über die Zwischenkriegszeit zu neuem Leben, die seit den siebziger Jahren in Polen
gedreht wurden. Das »Volk« kam darin meist nur als malerisches
Element am Rande vor. Inhaltlich befaßten sie sich mit Problemen
der Intelligenz und der Oberschicht. Das erlaubte es den Regisseuren, den verschwenderischen Prunk jener Epoche auf die Leinwand zu bringen, der in denkbar starkem Kontrast zum sozialistischen Einheitsgrau stand. Ein Großteil der Zuschauer zweifelte
nicht daran, daß dieser Wohlstand in ihrem Land einst allgemein
verbreitet war. In seinem Essayband *Solidarität und Einsamkeit*
(München 1986) schreibt der Dichter Adam Zagajewski, seine
Landsleute lebten »in der Überzeugung, sie seien ein großes, hi-

storisches Volk, das nur eben auch viel Pech gehabt hat... Nun
werdet ihr sagen, das sei dann eben eine Illusion, die schon dreihundert Jahre währt. Ja gewiß, eine Illusion. Aber manchmal ist
sie lebensspendend. Wir suchen die Wahrheit, Illusionen verschaffen uns Erleichterung, wenn nicht Erlösung.«

Selbstkritische Erkenntnisse wie diese stellen keineswegs die
Ausnahme dar, denn Polen ist auch ein Land der Antithesen. Es
hat ebenfalls Tradition, der Nation bittere Wahrheiten ins Gesicht
zu schreien. Das begann bereits mit den Publizisten und Predigern
des Goldenen Zeitalters, setzte sich fort über die Dichter Juliusz
Słowacki und Cyprian K. Norwid im 19. Jahrhundert, über Józef
Piłsudski, den starken Mann der Zwischenkriegszeit, die Vertreter
der klassischen Avantgarde, Witold Gombrowicz und Stanisław
I. Witkiewicz, bis zu den heutigen Intellektuellen. Da ist vom
»verkümmerten Menschentum« in Polen die Rede, von »pfauen-
und papageienhaftem Verhalten«, einer »Nation von Idioten«, die
man »nur mit der Peitsche regieren« könne, von der »polnischen
Unreife« und »ungewaschenen Seelen«. Selbst wenn Polen solche
Äußerungen gelegentlich genüßlich zitieren – Konsequenzen zog
daraus niemand. Die Scheu, eine sachliche Auseinandersetzung
mit dem eigenen Lager könne den Widerstand schwächen, über-
wog.

Die staatspolitischen Verhältnisse im Polen der siebziger und
achtziger Jahre bestärkten die Menschen in ihrer Überzeugung,
daß sich die Umstände in den letzten zweihundert Jahren – mit
Ausnahme der glorifizierten Zwischenkriegszeit – im wesentlichen gleich geblieben seien. Zwar wurde das Land seit dem Zweiten Weltkrieg nicht mehr direkt von fremden Mächten regiert,
aber von einer Ideologie beherrscht, die dem polnischen Geist
widersprach. Als augenfälligster Beweis dafür galt der im Vergleich zum Westen armselige Lebensstandard. Wer mochte sich
noch Rechenschaft darüber geben, in welchem Maße er selbst zu
den bestehenden Mißständen beitrug. Viel erhebender war es, das
Denkmuster aus der Teilungszeit auf die Situation in der kommunistischen Volksrepublik zu übertragen: »Sie« regieren und sind
folglich für alle Mißstände verantwortlich – »wir« sind unterdrückt und daher im Recht.

Diese Einstellung schuf ein wärmendes Identitätsgefühl und beflügelte den Widerstandsgeist. Die Kehrseite der Schicksalsgemeinschaft war ihre Verstrickung in die eigenen Riten und Zwänge. Wer die historischen Stereotypen zu zerstören versuchte, machte sich schnell unbeliebt und wurde gemieden. Auch die Bürgerrechtsbewegung schreckte davor zurück und konzentrierte sich darauf, die unleugbaren Fehler und Versäumnisse der Kommunisten, etwa ihre Geschichtsfälschungen, anzuprangern. So schuf die Nation ein Bild von sich selbst, das wie im 19. Jahrhundert im wesentlichen ein Konstrukt darstellte und die Wirklichkeit ausklammerte.

Wenige Monate vor dem Sturz des kommunistischen Regimes zählte mir ein Warschauer Freund auf, was sich in seinem Land institutionell ändern müsse, damit die Nation der Welt beweisen könne, was sie zu leisten vermöge. Ich hielt ihm entgegen, daß dazu wohl ein kritischer »Blick in den Spiegel« notwendig sei. Es genüge nicht, sich in der eigenen Ritterlichkeit und Tugendhaftigkeit zu sonnen – nach dem Motto, das Mickiewicz seinen Landsleuten ins Stammbuch geschrieben hat: »Ihr seid nicht alle gleich gut, aber der schlechteste von euch ist besser als ein guter Ausländer, denn von euch besitzt ein jeder den Geist der Hingabe.« Die Polen müßten sich bewußt machen, wieviel von ihnen selbst abhänge. So überträten sie fast gewohnheitsmäßig staatliche Gesetze und übervorteilten einander häufig mit keineswegs feinen Methoden. Kein Staatswesen könne funktionieren, wenn die Bürger nicht mitarbeiteten und ein gewisses Rechtsempfinden entwickelten. »Daran ist nur das System schuld«, versicherte mir mein Gegenüber. »Es verbiegt die Menschen. Und meist gibt es gar keine andere Möglichkeit, um zu überleben. Wenn wir über uns selbst bestimmen könnten, würde das sehr bald aufhören.«

Mir erschien das etwas zu optimistisch, und um seine Selbstgefälligkeit ein wenig zu erschüttern, verwies ich auf einen uns beiden wohlvertrauten Fall: einen seit Jahren in der Bundesrepublik lebenden Polen, der einen emigrierten Landsmann erst nach allen Regeln der Kunst übers Ohr gehauen und, als die Sache zur Verhandlung kam, dem Gericht dreiste Lügen aufgetischt hatte.

Der Freund fuhr erregt auf: »Dieser Mann ist doch gar kein richtiger Pole!«

Was einen »richtigen Polen« ausmacht, lernen zwischen Oder und Bug schon die Kinder, wenn nicht immer in der Schule, so in jedem Fall von Eltern, Großeltern, den Künstlern und den katholischen Geistlichen. Dazu gehört neben den Geschichten über Polens Glanz und Gloria die nahezu unerschütterliche Überzeugung, das moralisch Richtige zu tun, worüber eines Tages die höhere Gerechtigkeit entscheiden werde. Ohne diese Zuversicht hätte die politische Widerstandskultur niemals derartige Schubkräfte entfalten können. Ihr starker Glaube hat die Polen vor Schaden nicht bewahrt, im Gegenteil. Ihr Polonozentrismus, die geradezu manische Fixierung auf die eigene Nation, engte den Denk- und Handlungsspielraum gefährlich ein. Er ließ sie die eigenen Fähigkeiten überschätzen, illusionäre Wünsche für Realität halten und Möglichkeiten, durch eine Politik der kleinen Schritte etwas zu verändern, allzu leichtherzig verschenken. Vor der Geschichte mit reinen Händen dazustehen, das rechtfertigt jeden Preis. Zuweilen mündet diese Einstellung in naiven Wunderglauben, aufreizendes Sendungsbewußtsein oder selbstgerechten Moralismus, der Polen die Rolle des Opfers zuweist, gegenüber dem jedermann in der Schuld stehe.

Ihre für Ausländer kaum nachvollziehbare Fähigkeit, auf die höhere Gerechtigkeit zu hoffen, speist sich aus ihrem christlichen Glauben. Lech Wałęsa zum Beispiel kommentierte die Verhängung des Kriegsrechts, das den Solidarność-Träumen im Dezember 1981 vorerst ein Ende setzte, mit folgendem Vergleich: »Manch einer mag sagen, weil Christus gekreuzigt wurde, hat er verloren. Aber er hat seit zweitausend Jahren gewonnen. Die Tatsache, daß ich heute verliere, weil mir einer das Kinn zerschmettert oder mich aufhängt, bedeutet nicht, daß ich verloren habe.«

Durch die eigene Geschichte sehen sich die Polen eher bestätigt als widerlegt. Als eines der ersten Länder in Europa hat Polen den demokratischen Staatsgedanken verwirklicht und Toleranz geübt, also jenen Weg gewählt, den hernach auch die anderen europäischen Völker beschritten. Die Teilungsmächte mußten ebenso unverrichteter Dinge das Feld räumen wie die deutschen Truppen

nach dem Zweiten Weltkrieg. Nicht zu vergessen das jüngste Beispiel: Durch ihre leidenschaftlich-geduldige Verweigerungshaltung zwangen die Polen die Kommunisten im Sommer 1989 als
erstes Volk im sozialistischen Lager zum Rückzug von der Macht.

Am Rande des Abgrunds die schönsten Blumen –
Die Individualisten

»Alles, was man über die Polen sagt, kann richtig sein«, meinte
Winston Churchill einmal. Man braucht nur einen Fuß in das
Land zwischen Oder und Bug zu setzen, um diesen Satz hun-
dertfach bestätigt zu finden. Widersprüche gibt es überall, doch
allein die Polen scheinen Meister in der Kunst, Unvereinbares
miteinander zu vereinen. Ihre Identität mögen sie in der Vergangenheit suchen, doch sind sie alles andere als weltfremd: Über die
jeweils neuesten Geistesströmungen in Europa und Amerika sind
sie bestens informiert und in die hypermoderne Technik geradezu
verliebt. Sie stecken voller Pläne, ihre wirkliche Stärke aber liegt
im blitzschnellen Improvisieren. Sie ergehen sich gern in Klagen
über ihre geringen Entfaltungsmöglichkeiten, was sie keineswegs
daran gehindert hat, mit Engagement und Phantasie mehr Frei-
räume zu erwirken als andere Völker in vergleichbarer Situation.
Gelassenheit paart sich mit fiebriger Ungeduld, Apathie mit Mut
zum tollkühnen Risiko, Schwermut mit befreiendem Gelächter,
Pathos mit Ironie, Armut mit verschwenderischer Genußsucht,
hanebüchene Schlitzohrigkeit und Großspurigkeit mit unwider-
stehlichem Charme. An Groteskem und Abstrusem herrscht kein
Mangel. Wunder haben sich schon mehrfach ereignet und werden
daher sozusagen täglich erwartet.

   Eine derart quirlig-schillernde Atmosphäre spricht jedem Urteil
über das »typisch Polnische« hohn. Dem Fremden erscheint eine
Reise durch dieses Land wie eine unendliche Serie abenteuerlich-
faszinierender Begegnungen, über denen er die Trostlosigkeit und
Schäbigkeit mancher äußeren Umstände schnell aus dem Blickfeld
verliert. »Aus Polen nimmt man heute den Eindruck mit, daß am

Rande des Abgrunds die schönsten Blumen blühen«, resümierte Czesław Miłosz, als er seine Heimat 1981 nach dreißigjährigem Exil zum erstenmal wieder besuchte. Alle Nuancen, Untertöne und Subtilitäten der polnischen Lebensart werden sich dem Ausländer niemals erschließen. Das Prinzip indes wird er bald herausfühlen: Individualität geht vor Kollektivität.

Wie alle Eigenarten, die man mit dem polnischen Wesen verknüpft, hat auch diese weit zurückreichende Wurzeln. Auf dem individualistischen Prinzip basierte das System der Adelsrepublik. Während andere europäische Länder nach und nach die Verwaltungsorganisation vervollkommneten, Berufsarmeen aufbauten und Manufakturen errichteten, die den Grundstein für die Industrialisierung legten und ein unternehmerisch orientiertes Bürgertum entstehen ließen, das nicht wenig zur Stabilisierung der staatlichen Strukturen beitrug, verharrte Polen in seiner Agrargemeinschaft. Die Geschehnisse außerhalb der eigenen, überschaubaren Welt stießen auf geringes Interesse. Der Gutsbesitzer nahm alles selbst in die Hand, getreu der polnischen Redensart: »Der Edelmann ist auf seinem Grund und Boden dem Woiwoden gleich.« Gewiß waltete der Patron auf seinem Hof selbstherrlich. Aber er sorgte hier, wo er für alles verantwortlich war, väterlich für das Wohlergehen derer, die mit ihm lebten und für ihn arbeiteten. Der Staat war fern. Mit ihm solidarisierte sich der Adel nur in Zeiten der äußeren Bedrohung, um ihn, wenn es sein mußte, unter Einsatz des eigenen Lebens, zu verteidigen. Ansonsten verwandte die politisch dominierende Schicht viel Energien darauf, sich allem zu widersetzen, das dazu angetan war, ihre Rechte einzuschränken und die staatliche Organisation zu straffen.

Den drei fremden Mächten, die die Adelsrepublik 1795 unter sich aufteilten, mochten sich die Polen schon gar nicht unterordnen. Mehr als ein Jahrhundert lang organisierten sie sich in Opposition zu den Staatswesen, unter deren Herrschaft sie zu leben gezwungen waren. Sie erhoben die katholische Kirche, Künstler und Intellektuelle in den Rang von Institutionen, die den nationalen Geist repräsentierten. Zugleich entwickelten sie ein abgrundtiefes Mißtrauen gegenüber den Behörden, die ihrer Ansicht nach den polnischen Interessen entgegenarbeiteten, und tüftelten jeder

für sich Hunderte von Wegen aus, um unliebsame Bestimmungen
zu umgehen. Ein Volk mit derart tief verwurzelten antistaatlichen
Denktraditionen in ein kollektivistisches System pressen zu wollen, wie es nach 1945 geschah, war ein von vornherein zum Scheitern verurteiltes Unterfangen. Statt den »neuen« Menschen zu
schaffen, der sich freudig dem Gemeinwohl unterordnet, hat diese
Politik den traditionellen Individualismus noch gefördert. Das
heißt freilich nicht, daß die Polen samt und sonders rücksichtslose
Egoisten wären. Leben und leben lassen – die Vorstellung vom
idealen Staat orientiert sich bis heute am Vorbild der Adelsrepublik.

In der Praxis hat sich der polnische Individualismus häufig als
zweischneidige Angelegenheit erwiesen. Die Neigung, das Individuum und seine Bedürfnisse in den Mittelpunkt zu stellen, erzeugt einerseits eine beispiellose Toleranz. Man lebt, entfaltet
seinen möglichst unverwechselbaren Stil und respektiert im Gegenzug den der anderen. »Müssen muß man nur in Rußland«,
pflegte ein Warschauer Freund zu sagen, wenn ich ihm Beine machen wollte. »In Polen handelt jeder, wie er will.« Mit Verboten
und selbst politischer Diktatur hat bei diesem Volk noch niemand
auf Dauer etwas erreicht.

Bezogen auf das Staatsganze besitzt der Individualismus allerdings eine gefährliche Eigendynamik: Es mangelt an gesellschaftlicher Solidarität und sozialer Gerechtigkeit. Der polnische
Dichter Cyprian K. Norwid äußerte im 19. Jahrhundert eine Ansicht, die noch heute häufig zitiert wird: »Wir sind keine Gesellschaft. Wir sind eine große Nationalstandarte.« Der Feuilletonist
Tadeusz Boy-Żeleński klagte in der Zwischenkriegszeit: »Wir
haben zwar in jeder Generation viele interessante Persönlichkeiten . . ., aber wir lassen sie verarmen, weil wir damit nicht umgehen
können.« Und Bronisław W. Linke illustrierte den Individualis-
musbegriff in seinem Graphikzyklus *Die polnischen Hauptsünden*
folgendermaßen: Lauter kleine Häuschen stehen kunterbunt in der
Gegend herum. Um ein jedes hat ein Mann ein Tau geschlungen,
mit dem er es unter Aufbietung aller Kräfte in die ihm genehme
Richtung zieht. Es ist abzusehen, daß sie bald alle zusammensto-
ßen, wenn nicht schon vorher die Stricke reißen.

Gerade weil die Polen den Individualismus seit Jahrhunderten kultivieren, sehnen sich große Teile der Gesellschaft, so paradox es klingen mag, immer zugleich nach einem starken Führer, der »den Laden zusammenhält«. In den Zeiten der politischen Unterdrük-kung wurden Künstler, Intellektuelle und katholische Geistliche, welche die nationalen Sehnsüchte artikulierten, als moralische Autoritäten verehrt. Kaum ist das Ziel erreicht, geht alles wieder von vorne los. Im Sommer 1990, als die Probleme nach dem Systemwechsel immer deutlicher zutage traten, urteilte der Warschauer Sozialpsychologe Ireneusz Krzemiński über seine Landsleute: »Wir haben alle die gleiche Angewohnheit − sind ein paar Personen zusammen, muß einer der Führer sein, und die übrigen sollen ihm gehorchen. Es fällt uns schwer, uns eine Tätigkeit auf der Grundlage von Verhandlungen vorzustellen. Einer muß regieren − und dann beginnt die andere Hälfte der Mannschaft zu kombinieren, wie sie ihm ein Bein stellen kann. Dieses Spiel wird allmählich wichtiger als das, was wir eigentlich erreichen wollten.«

Der polnische Durchschnittsbürger hört sich derlei verständnisvoll schmunzelnd an, um dann das zu tun, was ihm richtig dünkt. Im Grunde seines Herzens bewegen ihn die öffentlichen Angelegenheiten nur in Ausnahmesituationen. Seine patriotischen Pflichten erfüllt er, indem er wochentags auf die Regierung schimpft und sonntags zur Messe geht. Im übrigen läßt er sich von einem gesunden Eigennutz leiten. Die unsicheren Zeitläufte haben ihn gelehrt, daß er sich am besten auf sich selbst verläßt. Zwar grenzt er sich gern pauschal von den »Feinden« seiner Nation ab, seien es die Deutschen, die Russen, die Juden oder die Kommunisten. Aber das gilt nicht mehr, sobald er einem leibhaftigen Vertreter dieser Gruppe gegenübersteht und in ihm einen Menschen spürt, mit dem er sich über irgend etwas verständigen kann. Mit einer bezaubernden Unbekümmertheit wird dann dieser Mensch zu »meinem« Mann erklärt. Einsatzbereitschaft, Solidarität, Loyalität und Pflichtbewußtsein gibt es in Polen überall dort, wo persönliche Bindungen bestehen. Das gilt in erster Linie natürlich für die Familie und den Freundeskreis. Eine polnische Großmutter, die ein Dutzend Enkelkinder aufgezogen hat, bekocht und bestrickt

hat, damit die Eltern arbeiten gehen konnten, sagte mir: »Wenn
wir uns nicht einmal mehr auf den Zusammenhalt unserer Familien verlassen könnten, dann wäre Polen wirklich verloren.« Die
Jüngeren mögen es weniger pathetisch sehen; den Stellenwert,
den sie dem Privatleben beimessen, brachte ein Vertreter dieser
Generation auf den Nenner: »Polen – das ist doch letztlich ein
einziges Symbol. Real sind hingegen die Familie und die
Freunde.« Eine Polin, die sich von mir ein Buch auslieh, belehrte
mich auf meine harmlose Frage nach der Rückgabe empört: »Bücher klaue ich nur beim Staat, in den Bibliotheken, aber nie von
meinen Freunden!«

Die Verwandten und der ausgedehnte Bekanntenkreis bilden
den Schutzwall, der dem einzelnen über die Alltagsunbill hinweg-
hilft und ohne den kaum jemand existieren kann. Um diese
»Selbsthilfegruppe« zu erhalten, ist jedes Mittel recht, selbst Re-
gelverletzungen werden in Kauf genommen. Das System der Beziehungen und Seilschaften kennt keine Grenzen. Der individuelle Bedarf kann nur gedeckt werden, indem jedermann stets ein
offenes Ohr für die Ideen seiner Mitbürger hat. Deshalb kann
auch jedermann, selbst in schwierigen Situationen, auf Unterstützung rechnen, was ein Beispiel illustrieren mag: Eines Abends
machte ich mich in Warschau auf den Weg zu einer wichtigen
Verabredung. Das Auto sprang nicht an – ich war mit dem letzten
Tropfen Benzin bis vor die Haustür gerollt. Was tun? Ein Taxi zu
organisieren, konnte damals noch Stunden dauern. Bis ich motorisierte Freunde herbeitelefoniert hätte, würde sich mein Termin
in Luft aufgelöst haben. Zu allem Überfluß hatte ich den Reservekanister, ein in Polen überaus rares Gut, ausgeliehen. Ich konnte
nur an der dreihundert Meter entfernten Tankstelle auf Hilfe hoffen. Der Tankwart zog ein bekümmertes Gesicht: »Ich habe
nichts, worin Sie das Benzin transportieren könnten.« Wortreich
schilderte ich ihm meine Lage und machte dazu die schönsten Augen, deren ich fähig bin. Da erbarmte er sich: »Wenn es bei uns in
Polen nicht so schlecht wäre, würde ich Ihnen ja nicht helfen. Aber
in dieser Situation kann ich Sie nicht fortschicken...« Und schon
füllte er einige Liter Treibstoff in eine Art riesiger Milchkanne, in
der für gewöhnlich das Gemisch für Zweitakter bereitet wird.

»Schwören Sie, den Behälter so schnell wie möglich zurückzubringen. Jetzt kann nämlich kein Motorradfahrer mehr tanken.« Natürlich gab ich ihm mein Ehrenwort und brachte die Kanne auf dem kürzesten Weg mit überschwenglichem Dank zurück.

Diese Geschichte zeugt nicht nur von der Hilfsbereitschaft der Polen, sondern auch davon, wie sie sich Unbekannten gegenüber darstellen. Fast immer wird die zugesagte Unterstützung mit großen Worten verbunden, in denen der Helfende seine Uneigennützigkeit beteuert und dem anderen klarmacht, daß er ihm aus reiner Menschenliebe ein außergewöhnliches Privileg einräume. Was nicht ausschließt, daß man unter Umständen ruhig einige Münzen oder sonstige Aufmerksamkeiten in die Hand seines »Retters« gleiten lassen sollte, sich aber im Fall des Falles ebenso entgegenkommend zeigen muß. Sonst geriete das in Jahrhunderten eingespielte Selbsthilfesystem durcheinander. Unerläßlich ist es, daß der Hilfesuchende erst einmal den Schleier der Anonymität durchstößt und sein Gegenüber für das eigene Anliegen interessiert. Ist das gelungen, sind die zähesten Anstrengungen zu erwarten.

Das Land besitzt ein unternehmerisches Potential, das jedes Wort von der »polnischen Wirtschaft« Lügen straft. Sobald ein Pole sicher ist, daß der Erfolg von ihm selbst abhängt, richten sich alle seine Gehirnzellen auf das angepeilte Ziel. Er wird alle erdenklichen Kontakte ausloten, notfalls dafür Tag und Nacht schuften und sich souverän über die Grenzen des Zulässigen hinwegsetzen. Ein Pole, der eine Sache zu seiner eigenen gemacht hat, gleicht einem alten Edelmann, der einen Ehrenhandel auf Leben und Tod ausficht.

Dieser unbändige Unternehmergeist ist mit ein Grund dafür, daß der Mythos vom goldenen Westen an der Weichsel ungebrochen fortlebt. Nicht allein die dortige demokratische Struktur hat es den Polen angetan, sondern vor allem die Mär, daß es ein jeder mit dem entsprechenden Einsatz vom Schuhputzer zum Millionär bringen könne. Viele halten sich für eine solche Karriere geradezu für prädestiniert. Schließlich müssen sie sich zu Hause fortwährend etwas einfallen lassen, wenn sie den Zwängen ein Schnippchen schlagen wollen.

So bemüht sich der Architekt um einen Auftrag für ein Bühnen-

bild, damit er endlich einmal eines seiner Phantasiegebäude realisieren kann. Der Jurist brennt in seiner Freizeit Emailletäfelchen
mit dem Bildnis der Muttergottes, was ihm weit mehr Geld ein-
bringt als die Arbeit in der Anwaltsgenossenschaft. Der unverhei-
ratete Abteilungsleiter übernachtet vorübergehend bei seiner
Schwester in der Küche, weil er seine Wohnung für drei Monate
an devisenbringende Ausländer vermietet hat. Der zerstreute
Wissenschaftler nimmt auf dem Rückweg von der Bibliothek zwei
Päckchen Backpulver mit, die in einem Laden als Sonderposten
abgeladen wurden. Der bärtige Blumen- und Gemüselieferant war
bis vor kurzem ein bekannter Journalist, der es vorzog, seine kritische Sicht der Dinge von der Politik auf die fachmännische Anlage
von Rosen- und Spargelbeeten zu verlegen.

In welchem anderen Land werden so dicke – und so unsinnige –
Trennungsstriche zwischen der privaten und der politischen
Wirklichkeit gezogen? Natürlich hängt alles mit allem zusammen. Die meisten Polen passen ihre Einstellung gegenüber dem
Leben seit jeher lieber den schwierigen Existenzbedingungen an,
als daß sie diese im kleinen zu verändern suchten. Alles, was nor-
malerweise zum Erfolg einer Gesellschaft beiträgt, betrachten sie
mit einer gewissen Distanz. Trotzdem jagt jedermann auf seine
Weise dem Glück hinterher, ohne deshalb gleich zum Perfektioni-
sten zu werden. Wo ordnungsbesessene Deutsche das Chaos heraufziehen sehen, reagieren Polen mit Gelassenheit. Mit Proviso-
rien hat man zu leben gelernt.

Auch die Zeitvorstellungen sind überaus großzügig. In einem
Land, in dem alles – von der Freiheit über den Wohlstand bis zur
Gerechtigkeit – auf sich warten läßt, regt sich kaum jemand über
Verspätungen auf. Was soll man von der treuherzigen Versiche-
rung halten, daß Geld nichts bedeute, man es höchstens als Mittel
betrachte, um sich ein bißchen persönlicher Unabhängigkeit zu
leisten? Das mag stimmen – oder auch nicht. Die seit Jahren ga-
loppierende Inflation hat den Hang zum Sparen gewiß nicht gefördert. Jeder versucht heute so viel wie möglich zu kaufen, da morgen alles wieder teurer sein wird.

Die Polen haben die bloße Anhäufung materieller Güter in der
Tat selten als Lebensinhalt angesehen. Vor der Aufteilung ihres

Landes galten sie als eines der genuß- und verschwendungssüchtigsten Völker in Europa. Viele lebten sorglos über ihre Verhältnisse. Seit dem 19. Jahrhundert lehrt die romantische Tradition, daß der Erwerb von Bildung allemal eine sicherere Kapitalanlage sei als ein paar Złotys mehr im Portemonnaie. Demgemäß gilt es noch immer als »unpolnisch«, als erstes nach dem Preis einer Sache zu fragen oder danach, ob sich eine Investition auszahlen wird. Da alles unsicher und nur das Vorläufige wahr ist, zählt einzig der Augenblick. Ihn können Polen mit einer Intensität genießen, als stünde der Untergang der Welt kurz bevor. Die Zeche zahlt, wer gerade bei Kasse ist. Für die Zukunft hält man es mit der alten polnischen Weisheit: »Noch nie war es so, daß es nicht irgendwie geworden wäre.«

Die Opposition bekämpfte das kommunistische Regime zwar gern mit egalitaristischen Parolen wie: »Wir haben alle den gleichen Magen!« In dem Umstand, daß einige »gleicher« waren als der große Rest der Gesellschaft, wurde lange Zeit eine der Hauptursachen der Misere gesehen. Deshalb würde sich auch kaum ein Pole öffentlich dazu bekennen, daß Gleichheit ihm nicht allzuviel bedeutet. Letztlich möchte jedermann etwas Besonderes sein. Sich mit irdischen Gütern zu profilieren, bleibt einer Minderheit vorbehalten. Ihre Individualität stellen Polen daher am liebsten im Beisammensein mit anderen unter Beweis. Sie sind wahre Gesprächsfanatiker, die einander mit Witz und Schlagfertigkeit, selbstgebastelten Lebensphilosophien und phantastischen Zukunftsplänen zu überbieten suchen.

Die kreativen Höhenflüge sind das Salz des grauen Alltags. Während der Geist sich regt, stagniert oft die Praxis. Polen quittieren diesen Tatbestand gern voller Ironie: »Ich werfe euch die Gedanken zu – fangt ihr sie gefälligst auf!« Bei dieser Ausführung kommen sich lauter Genies in die Quere. Die alte Redensart, daß zwei Polen drei Parteien gründen, hat nichts von ihrem Wahrheitsgehalt eingebüßt. Bis heute fällt es ihnen schwer, ihre Interessen zu bündeln und ihre Talente für den Aufbau demokratischer Strukturen einzusetzen. Der bürokratische kommunistische Verwaltungsapparat hat den Sinn für das Ganze konterkariert. Doch auch vorher gab es kaum eingespielte demokratische Verfahren, um gesellschaftliche Anliegen über Parteien, Gewerkschaften, Gerichte und lokale Selbstverwaltungsorgane geltend zu machen.

Ein Pole erklärte mir das Wesen seiner Landsleute folgendermaßen: »Wir sind wie die kleinen Fiats, deren Produktion Parteichef Gierek in Gang setzte. Jeder wollte unbedingt ein solches Auto sein eigen nennen. Dabei war von Anfang an bekannt, daß diese Fahrzeuge nichts taugen und ihren Besitzern vor allem Verdruß bereiten würden. Die Gelder hätte man besser in den Ausbau des öffentlichen Verkehrsnetzes sowie in die Erzeugung von Landwirtschaftsmaschinen und Transportkapazitäten gesteckt. Damit aber sind bei uns die Massen nicht zu gewinnen. Heute fehlt es an Lastwagen und Benzin, um die Produkte der Bauern in die Städte zu schaffen. Niemand aber will auf seine eigenen vier Räder verzichten!«

Dennoch vollbringen Polen immer dort die größten Leistungen, wo sie sich persönlich herausgefordert sehen. Vermutlich ist dieses Land deshalb so reich an Künstlern – denn wo ließe sich die Persönlichkeit besser entfalten als in diesem Bereich? Selten werden sich Polen in Mannschaftssportarten hervortun. Als erste Frau allein die Welt umsegeln, wie es die Ingenieurin Krystyna Chojnowska-Liskiewicz aus Danzig 1977/78 tat, oder als Bergsteiger das Letzte aus sich herausholen, das entspricht der Einzelkämpfermentalität dieses Volkes. Wer in Polen ein eigenes Haus zu bauen beschließt, müßte für verrückt erklärt werden. Jahre seines Lebens wird er darauf verwenden, Zement, Dachziegel, Rohre und Steckdosen auf verschlungenen Wegen zu beschaffen. Dennoch läßt niemand eine Chance zur Verwirklichung dieses Ziels ungenutzt verstreichen. Der Drang, sich etwas Eigenes aufzubauen, sich damit von den anderen abzuheben, ist in Polen in den Jahrzehnten des Sozialismus stets lebendig geblieben. Selbst Schrebergärten gehören zu den begehrten Gütern. Zum einen, weil das Pachtland seinen Besitzer von den Launen des Versorgungssystems unabhängiger macht, zum anderen, weil es den eigenen Einsatz so blühend belohnt und den anderen vor Augen führt, was man zu leisten vermag.

Der Erfolg schlug sich positiv im privaten Wirtschaftssektor nieder, der in Polen einen sehr viel größeren Raum einnahm als in den anderen sozialistischen Staaten. Trotz ständiger ideologischer Anfeindungen konnten sich die »Privaten« behaupten. Die sogenannten Individuallandwirte, die drei Viertel der agrarischen Nutzfläche besaßen, erwirtschafteten auf oft winzigen Parzellen mit veralteten Geräten höhere Erträge als die Staatsgüter. Ebenso unverzichtbar waren Tausende kleiner Betriebe, die meist mit nur wenigen Angestellten manche Marktlücke schlossen.

Die unbestritten höhere Produktivität der Privatbetriebe hat in weiten Bevölkerungskreisen die Überzeugung gefestigt, daß die Gesundung der Wirtschaft ihres Landes nur mit marktwirtschaftlichen Methoden erreicht werden könne. Die Umsetzung in die Praxis bereitet vielen noch Schwierigkeiten. Der Erfolg der »Privaten« ist in allererster Linie dem zupackenden Führungsstil der Frau oder des Mannes an der Spitze zu verdanken. Ein Warschauer Unternehmer, der innerhalb weniger Jahre seinen florierenden Betrieb mit sechzig Mitarbeitern aus dem Boden gestampft hat, erzählte mir die folgende Geschichte:

»Im letzten Jahr wollte ich bestimmte Tätigkeiten – vom Einkauf der Rohstoffe bis zum Vertrieb unserer Produkte – delegieren, um mir selbst mehr Luft für die Weiterentwicklung der Firma zu verschaffen. Also übertrug ich die Geschäftsleitung vier besonders qualifizierten Mitarbeitern und teilte jedem einen speziellen Bereich zu. Ich wolle ihre Beschlüsse kommentarlos unterschreiben, sagte ich ihnen, sofern sie diese einstimmig gefaßt hätten. Nach zwei Monaten waren die Herren total zerstritten. Reihum sprachen sie einzeln bei mir vor, um sich einzuschmeicheln und über die Kollegen herzuziehen. Das machte ich zwei Monate lang mit, dann erklärte ich das Experiment für beendet. Sie schienen fast erleichtert, der Verantwortung ledig zu sein. Dabei wären sie, wenn sie mich wirklich entlastet hätten, am Gewinn beteiligt worden und hätten mehr verdient. Nun gebe ich praktisch den Ankauf eines jeden Bleistifts wieder selbst in Auftrag.«

Polens großes Potential sind seine Menschen: Ihre außergewöhnlichen Talente in Bahnen zu lenken, die dem Wohl des gesamten Landes dienen, wird die Aufgabe künftiger Politik sein.

Vielleicht auf Knien, aber vorwärts! – Lech Wałęsa und die Solidarność-Bewegung

An diesem Ort wurde ein Stück polnischer Geschichte gemacht. Das einstige Sandgelände, von Straßenbahnschienen durchzogen und von Mietshäusern sowie der Werftumzäunung eingerahmt, dahinter Riesenkräne in den Himmel ragten, ist heute ein gepflasterter, bepflanzter, »gestalteter« Platz. In seiner Mitte erhebt sich weithin sichtbar ein Mahnmal. Drei, jeweils mit einem Anker verzierte Betonkreuze symbolisieren die Streikbewegungen der Jahre 1956, 1970 und 1976. Den Sockel zieren Reliefs mit Szenen aus dem Leben der Arbeiter; auf einem tragen sie ein Transparent mit dem berühmten, krakeligen Schriftzug »Solidarność«.

Auf diesem Platz vor dem Tor II der Danziger Leninwerft strömten im August 1980 zahllose Menschen zusammen, um den Arbeitern, die die Werft besetzt hielten, ihre Solidarität zu bekunden. Durch die über und über mit Blumen und Fähnchen in den Nationalfarben Weiß und Rot geschmückten Eisengitterstäbe steckten sie den Streikenden Lebensmittel und Zigaretten zu. Jede Nachricht über die Vorgänge hinter den Werfttoren verbreitete sich wie ein Lauffeuer über den ganzen Platz und von dort in alle Welt. Wann immer die Spannung ins Unerträgliche stieg, stimmte die Menge patriotische Lieder und Gebete an...

So begann jene Bewegung, die nach neunjährigem Ringen um Systemreformen schließlich zum Zusammenbruch des kommunistischen Systems in Polen führen sollte. Seither hat sich vieles im Land verändert, auch die Geburtsstätte der Solidarność. Das heute Danziger Werft genannte Werk ist eine Aktiengesellschaft. Die Arbeiter, die den Wandel zur Marktwirtschaft wesentlich mit vorangetrieben haben, bangen wegen der anstehenden Rationalisierungsmaßnahmen um ihre Arbeitsplätze. Lech Wałęsa, dessen Karriere hier mit seinem schon legendären Sprung über die Werftmauer begann, zog Ende 1990 als Staatspräsident ins Warschauer Belvedere-Palais ein. Der Held von damals, der beherzte Gewerkschaftsführer, hat sich inzwischen als Machtmensch mit autoritärem Staatsverständnis entpuppt. Das erbittert jene Intellektuellen, die einst Seite an Seite mit ihm für die Demokratie kämpften, während die Massen – getreu der ambivalenten Einstellung der Polen zur Politik – ihre Sympathie dem Mann schenken, der sich um die Nation verdient gemacht hat.

In der Tat kann man Lech Wałęsas Rolle in dem polnischen Umbruchsprozeß nicht hoch genug einschätzen. Viele seiner Landsleute sehen in ihm den rechten Mann zur rechten Zeit. Im August 1980 hatte er ein gutes Gespür für das politisch Erreichbare gezeigt. Er besitzt eine ungewöhnliche Ausstrahlung als Redner. Zu Beginn der Solidarność-Ära galt es fast als sein größter Vorzug, daß er aus der Mitte des Volkes stammt und ein typischer Vertreter der selbstbewußten neuen Arbeiterklasse in Volkspolen war. Infolgedessen konnte er die Sache der Arbeiter weit glaubwürdiger vertreten, als es seine intellektuellen Berater vermocht hätten.

Wałęsa kam 1943 in Popowo, einem Dorf bei Bromberg, in einer Kleinbauernfamilie zur Welt. Nach einer Elektrikerlehre begann er 1967 auf der Danziger Leninwerft zu arbeiten. Er trat der staatlich gelenkten Gewerkschaft bei, konnte aber in dem bürokratischen System nichts verändern, sondern rannte mit dem »Kopf gegen die Wand«. Während der Streiks, die im Juni 1976 unter den Arbeitern von Radom und Ursus ausbrachen und bald auf mehrere Betriebe im Land übergriffen, wurde er wegen seiner Aufmüpfigkeit mehrfach verwarnt, verhaftet und schließlich gekündigt. Ständig fühlte er sich von den Behörden überwacht. Trotzdem schloß er sich dem illegalen Gründungskomitee freier Gewerkschaften an.

Das »Gewerkschaftskomitee« war Teil jener Bürgerrechtsbewegung, die sich nach den Streiks von 1976 formiert hatte und nach Lösungen für die Überwindung der Krise des kommunistischen Systems suchte. Die Solidarność verdankte ihre Entstehung freilich nicht allein den Aktivitäten der Opposition. Zu ihrer Geburt trug indirekt auch die Wahl des Krakauer Kardinals Karol Wojtyła im Oktober 1978 zum Papst bei. Viele Polen interpretierten dieses Ereignis als göttliches Zeichen für eine Zeitenwende. Danach sollte ein Funke genügen, um die Dinge ins Rollen zu bringen.

Im Juli 1980 erhöhte die polnische Regierung die Fleischpreise um bis zu 70 Prozent. In vielen Großbetrieben kam es zu Warnstreiks und spontanen Arbeitsniederlegungen, welche die politi-

sche Führung vergeblich durch materielle Zusagen in den Griff zu
bekommen versuchte. Mitte August erreichte die Streikwelle die
Danziger Leninwerft. In seiner Autobiographie *Ein Weg der Hoffnung* beschreibt Wałęsa diesen Moment mit den Worten: »Ich
fuhr mit der Straßenbahn zum Streik. Allein. In den entscheidenden Momenten ist man meistens allein. Ich hatte es nicht eilig. Ich
hatte die Sirenen schon zu Hause gehört und gewußt, daß alles
anfing. Am Tor II drängte sich schon die aufgebrachte Menge,
aber am Eingang wurde noch immer genau kontrolliert. Ich hatte
schon seit Jahren Hausverbot auf dem Werftgelände. Also bog ich
nach rechts ab und gelangte durch einen schmalen Durchgang
zwischen dem ersten und zweiten Werfttor zur Mauer. Ich sprang
hinüber. Jetzt lag alles an mir.«

Binnen weniger Stunden wurde Wałęsa an die Spitze des Streik-
komitees gewählt. Ursprünglich hatte die Belegschaft neben
Lohnerhöhungen die Wiedereinstellung von Anna Walentyno-
wicz, einer wegen »politischer Tätigkeit« entlassenen Kranführe-
rin, sowie ein Denkmal für die Opfer der Streiks vom Dezember
1970 gefordert. Unter dem Erwartungsdruck von Zehntausenden
Arbeitern, die im ganzen Land aus Solidarität mit den Danzigern
ebenfalls in den Ausstand getreten waren, eskalierten die Forderungen. Zusammen mit unabhängigen Intellektuellen und kirchlichen Beratern, die sich Wałęsas Streikkomitee bereits in den
ersten Tagen zur Verfügung gestellt hatten, entwarfen die Werftarbeiter einen 21-Punkte-Katalog. Darin verlangten sie die Bildung unabhängiger Gewerkschaften und das Streikrecht, die Einschränkung der Privilegien für Funktionäre, Meinungs- und
Informationsfreiheit, die Freilassung der politischen Gefangenen
sowie eine Reihe sozialer und materieller Verbesserungen.

Erstmals in der Geschichte der Volksrepublik antwortete die
Staatsführung nicht mit dem Einsatz ihres Gewaltapparats, verhandeln aber mochte sie anfangs ebenfalls nicht. In dieser Zeit des
fiebrig-bangen Wartens zeigte sich Wałęsas große Fähigkeit, auf
die Massen einzuwirken. Unermüdlich schärfte er seinen Kollegen ein, daß sie sich nur durchsetzen könnten, wenn sie, anders als
im Dezember 1970, strikt auf jegliche Anwendung von Gewalt
verzichteten. Täglich feierte er mit ihnen auf der Werft die Messe.

Zum Wahlspruch wurde sein Satz: »Vielleicht auf Knien, aber vorwärts!« Diese Taktik hatte Erfolg. Nach zehn Tagen entschloß sich die Regierung, mit dem Streikkomitee zu verhandeln. Wałęsa verfocht die Sache der Arbeiter dabei schlagfertig, selbstsicher und nicht ohne Witz. Am 31. August 1980 unterzeichnete Vizepremier Mieczysław Jagielski auf der Werft schließlich den gesamten 21-Punkte-Katalog.

Das »Danziger Abkommen« versetzte die Mehrheit der polnischen Gesellschaft in Aufbruchsstimmung. Innerhalb weniger Wochen traten zehn Millionen Menschen der Solidarność bei, wie die neue Gewerkschaft nach einem von Wałęsas Lieblingsausdrücken genannt worden war. Ganze Berufsgruppen meldeten unter diesem Schild ihre Forderungen an. Den Arbeitern folgten die Journalisten; dann kamen die Bauern, die Studenten, die Wissenschaftler, die Künstler und schließlich ein Teil der PVAP-Mitglieder, von denen Tausende nach dem August 1980 ihre Parteibücher zurückgegeben hatten. Vielen ging es nicht allein darum, ihre langgehegten politischen und materiellen Ansprüche geltend zu machen. In der Solidarność konnten sich die Polen wiedererkennen, emotional und symbolhaft identifizieren.

Lech Wałęsa war der nahezu unumstrittene Held dieser Bewegung. Sicherlich witzelte man über seine oft ungehobelte Ausdrucksweise, seine vielen Kinder und sein Gottvertrauen, das er mit einem Bildchen der Schwarzen Madonna an seinem Revers bis heute sichtbar dokumentiert. Mit der Zeit traf er Entscheidungen auch häufig allein, womit er manche Gewerkschaftskollegen verprellte. Seiner Anziehungskraft auf die Massen tat das keinen Abbruch. Wo immer sich der 1,60 Meter große Arbeiterführer an sie wandte, wußte er sie zu begeistern. Anschaulich und zumeist in freier Rede sprach er von der Freiheitsliebe der Polen, ihrem Streben nach einem menschenwürdigeren Leben, nach Wahrhaftigkeit, Gleichheit und Gerechtigkeit. Sein Mut, seine Entschlossenheit und sein Optimismus rissen selbst skeptische Gemüter mit. Nicht wenige seiner Landsleute sahen in ihm einen Führer im Mickiewiczschen Sinn: imstande und willens, die Gesellschaft moralisch zu erneuern und die nationale Wiedergeburt einzuleiten.

Vom August 1980 bis zur Verhängung des Kriegsrechts im Dezember 1981 erlebte Polen eine aufregende, unbeschwerte Zeit, die etwas von der anarchischen Fröhlichkeit eines Volksfestes an sich hatte. Kaum ein Solidarność-Anhänger mochte sich über die grundsätzliche Problematik einer demokratisch orientierten Bewegung im real existierenden Sozialismus lange den Kopf zerbrechen. Alles war im Entstehen, alles schien möglich zu sein.

Die Erneuerungsbewegung konstituierte sich in der Auseinandersetzung mit der Staatsmacht von Tag zu Tag neu. Dabei hielt sie sich dank Wałęsa, der sich immer wieder als Schlichter bewährte, an eine Grundlinie, welche ihre Anhänger gern als die »sich selbst beschränkende Revolution« bezeichneten. Die Solidarność strebte 1980/81 weder den Austritt des Landes aus dem Warschauer Pakt an, noch beabsichtigte sie, tiefgreifende strukturelle Änderungen einzuleiten. Die Befürworter jenes Wirtschaftsliberalismus zum Beispiel, dessen Verwirklichung Polen nach dem Systemwechsel zügig in Angriff nahm, bildeten zu jener Zeit noch eine kleine Minderheit. Derartige Konzepte galten nicht nur im politischen Gefüge des damaligen Ostblocks als »konterrevolutionär«. Sie entsprachen auch nicht der Einstellung der Solidarność-Anhängerschaft. Die überwiegende Mehrheit der Gewerkschaftsmitglieder dachte in den Kategorien des egalitären Sozialismus. Sie strebten eine Art »Marsch durch die Institutionen« an, um diese von innen her moralisch zu erneuern, das Bonzentum abzuschaffen und für eine gerechtere Verteilung zu sorgen.

Gewitzt durch frühere Erfahrungen mochten sich die Gewerkschafter freilich nicht mehr mit einer isolierten Tätigkeit in einzelnen Fabriken und Institutionen begnügen. Um nicht wieder, wie die Arbeiterräte nach dem Oktober 1956, zu einer Marionette des Regimes zu werden, verlangte der nationale Dachverband unter seinem Vorsitzenden Wałęsa überbetriebliche Mitsprache- und Kontrollrechte in Fragen der Unternehmensführung und der Wirtschaftsverwaltung sowie in der Sozial- und Medienpolitik. Über andere Probleme, etwa die Steigerung der Arbeitsproduktivität, Ausbau der Infrastruktur, Verbesserung der internationalen Konkurrenzfähigkeit oder Abbau der immensen Schuldenlast, wurde dagegen kaum nachgedacht.

Die Streikenden hatten im August 1980 ihre Forderung nach einer unabhängigen Gewerkschaft wohl nur deshalb durchsetzen können, weil ihnen eine völlig abgewirtschaftete Staats- und Parteiführung gegenüberstand. Das einzige, was zunächst in Gang kam, war wieder einmal das Personalkarussel. Bis zum Juli 1981 verloren rund 3500 Amtsträger ihren Posten, darunter Parteichef Gierek sowie 18 Minister, sieben stellvertretende Ministerpräsidenten und 56 Vizeminister. Im Frühjahr 1981 bildeten sich in der PVAP mehrere Gruppen, die auf eine Demokratisierung der Parteistrukturen hinarbeiteten und durchsetzten, daß die Delegierten für den Parteitag im Juli 1981 erstmals geheim gewählt wurden. Über die im Staat und in der Wirtschaft notwendigen Reformen aber ließ sich keine Einigkeit erzielen. Den Gewerkschaftern die geforderten Mitspracherechte einzuräumen hätte von der politischen Führung verlangt, Vertrauen zu wagen und ihre Macht mit der Gesellschaft zu teilen. Dafür gab es in ihren Reihen weder eine Mehrheit, noch schien sie es für möglich zu halten, daß Moskau einem solchen Experiment tatenlos zusehen würde.

Durch die Hinhaltetaktik, Schwäche und Zerrissenheit der Partei spitzte sich die Lage zu. Die Gesellschaft drängte darauf, ihre Angelegenheiten selbst in die Hand zu nehmen. In Ermangelung klarer Richtlinien blieben viele Entscheidungen dem Ermessen lokaler Parteibehörden überlassen. Ihnen handelte die Solidarność unter der Androhung von Streiks mehrere hundert Einzelabkommen ab. Sie betrafen hauptsächlich die Regelung ökonomischer Fragen, die die Möglichkeiten der polnischen Staatskasse bei weitem überschritten. Hier äußerten sich die Folgen einer Politik, die dem Volk über Jahrzehnte das Nachdenken über wirtschaftliche Zusammenhänge abgenommen hatte. Schließlich ertrotzten sich die Gewerkschafter eine Dreiviertelstunde Sendezeit im Fernsehen pro Woche sowie eine eigene Wochenzeitung. Der Lösung der Kernfrage, wie ihre Bewegung im Rahmen des Systems funktionieren sollte, kamen sie aber keinen Zentimeter näher.

Der erste Solidarność-Kongreß, der im September und Oktober 1981 in Danzig stattfand, spiegelte deutlich die allgemeine Ratlosigkeit wider. Lech Wałęsa sprach sich weiterhin für Mäßigung, Dialog und gegen die offene Konfrontation mit der Staatsmacht aus. Doch um die Bewegung zusammenzuhalten, schlug er nun auch radikalere Töne an. Er wurde mit knapper Mehrheit wiedergewählt. Das vom Kongreß verabschiedete Programm ging weit über jenes Konzept hinaus, mit dem die Solidarność einst angetreten war. Als Fernziel steuerten die Gewerkschafter nun eine selbstverwaltete Republik an, in der die Arbeiter ihre Betriebe in eigener Regie, ohne die Einmischung der Parteibürokratie, führen sollten. Ferner sollten die Gerichte politisch unabhängig, die Zensur zumindest in den Bereichen Wissenschaft und Kunst abgeschafft und die Gesellschaft mehr als bisher an den politischen und wirtschaftlichen Entscheidungsprozessen beteiligt werden. Als erstes Mittel auf diesem Weg erwog man »aktive Streiks«, bei denen die Arbeiter die Produktion und Verteilung der Waren selbst in die Hand nehmen würden. Zu guter Letzt richteten die Delegierten einen »Aufruf an die arbeitenden Menschen in Osteuropa« mit der Aufforderung, ebenfalls freie Gewerkschaften zu bilden. Damit bewegten sie sich durchaus noch im Rahmen der polnischen Verfassung.

Wenige Tage nach dem Ende des Gewerkschaftskongresses wurde General Wojciech Jaruzelski, der seit Februar 1981 Ministerpräsident war, zum Parteichef gewählt. Das dürfte das letzte Signal für die bevorstehende Umkehr gewesen sein, die ihm die Mehrheit seiner Landsleute niemals verziehen hat. Was letztlich den Ausschlag für die Verhängung des Kriegsrechts gab, ist bis heute nicht restlos geklärt. Einige Details um diese Entscheidung werde er »mit ins Grab nehmen«, ließ Jaruzelski später einmal verlauten. Es mag sein, daß seinerzeit die Sowjetunion aus verschiedenen Gründen tatsächlich zögerte, in Polen militärisch zu intervenieren. Doch die mehrfachen Aufforderungen des Kremls an die Warschauer Führung, »den Lauf der Ereignisse umzukehren«, klangen unmißverständlich.

Da die Partei die Krise nicht beizulegen vermocht hatte, sollte nun die Armee dem Land wenigstens einen gewissen Spielraum erhalten. Nicht zuletzt dank Jaruzelski, in dessen Händen seit 1960 die politische Hauptverwaltung der Armee lag, galt sie als ebenso korrekt, tapfer und national gesinnt wie schon zu Piłsudskis Zeiten. Bezeichnenderweise wiegte sich die Solidarność bis zuletzt in der Überzeugung, der General müsse gewaltlos vorgehen, weil sich die Masse der Soldaten einem Militärputsch widersetzen werde. Wie die perfekt vorbereitete und generalstabsmäßig durchgeführte Verhängung des Kriegsrechts in der Nacht zum 13. Dezember 1981 bewies, hatte der allgemeine Auflösungsprozeß Armee und Sicherheitskräfte noch nicht erfaßt.

Mit diesem Schritt konnten die polnischen Kommunisten nicht mehr als eine Scheinmacht zurückgewinnen. Die Niederschlagung der Solidarność, die mit der Einschränkung der Freizügigkeit sowie der Internierung von einigen tausend Gewerkschaftsfunktionären und anderen Oppositionellen verbunden war, stürzte die Gesellschaft in tiefe Bitternis, Trauer und Verzweiflung. Den »Krieg gegen die eigene Nation«, wie es im Volksmund bald hieß, beantwortete sie mit lebhaften Untergrundaktivitäten oder mit einer stolzen, aber passiven Verweigerungshaltung. Der Haß, die Verachtung und die Frustration konzentrierten sich zu einem guten Teil auf die Person Jaruzelskis.

Aus heutiger Sicht erscheint es ungerechtfertigt, in dem General den großen Gegenspieler der Solidarność zu sehen. Eher stellt er eine Art Quintessenz jener Polen dar, die sich aus nationalem Verantwortungsgefühl den Kommunisten anschlossen und dafür ihren Preis zu zahlen hatten. Jaruzelski wirkte in all den Jahren fast unnatürlich gleichmütig, beherrscht, korrekt und wortkarg. Von Anfang an waren er und sein engerer Mitarbeiterstab bemüht, die Gräben nicht zu vertiefen. Geduldig umwarb der General die »vielen guten und schöpferischen Menschen«, die von »Extremisten« in die Irre geführt worden seien. Die Kirche behielt ihren Freiraum und wurde mächtiger als jemals zuvor. Nach und nach lockerten sich die Zensur und andere Bestimmungen des Kriegsrechts, das im Juli 1983 endgültig aufgehoben wurde.

Jaruzelski mußte jedoch mit den alten Kräften weiterregieren, die manch guten Ansatz zunichte machten. So überschüttete die Propaganda die Solidarność und einen Teil der Priesterschaft mit absurden Verunglimpfungen, die die Gefühle und die Intelligenz der Nation beleidigten. Eines ihrer bevorzugten Angriffsziele war auch Lech Wałęsa, der wie die meisten Internierten nach rund einem Jahr freikam und 1983 mit dem Friedensnobelpreis geehrt wurde. Da der Arbeiterführer allen Korrumpierungsversuchen des Regimes standhielt, mußte er auf seinen alten Arbeitsplatz in Danzig zurückkehren.

Das größte Problem aber blieb die Wirtschaft. Erst nach einigen Jahren war ein Konzept herangereift, mit dem die politische Führung zumindest theoretisch die Rückkehr zur ökonomischen Vernunft begründete. Im Kern sah es vor, die Selbständigkeit der Betriebe zu vergrößern und durch Preisreformen und Subventionsabbau ein Marktgleichgewicht herzustellen. Die ausführenden Organe auf der Partei-, Behörden- und Unternehmensebene verwässerten und torpedierten jedoch viele Maßnahmen. Infolge der Sanktionen, die der Westen wegen des Kriegsrechts gegen Polen verhängt hatte, floß kaum Kapital ins Land. Die Bevölkerung blieb skeptisch und zeigte wenig Leistungswillen. Aus Furcht vor neuen Unruhen führte die Regierung die Gesetze des Marktes nicht so radikal wie geplant ein. Sie »erkaufte« sich lieber eine gewisse Zufriedenheit, indem sie inflationäres Geld druckte.

Vieles kam zusammen, das Jaruzelski schließlich, um ein Wort von Hans Magnus Enzensberger aufzugreifen, zu einem »Helden des Rückzugs« werden ließ. Da war der starke Eigensinn der Gesellschaft, die weitere Abstriche an ihrem kärglichen Lebensstandard nur akzeptieren wollte, wenn sie im Gegenzug wirkliche Mitspracherechte erhielte. Die Talfahrt der Wirtschaft beförderte in den Reihen der Partei die Einsicht, daß sie sich ein erheblich breiteres Fundament für ihre Politik schaffen mußte. In der Sowjetunion war mit Michail Gorbatschow zum erstenmal ein Hoffnungsträger an die Spitze der KPdSU gelangt. Jaruzelski, der seine ganz persönlichen Erfahrungen mit den Sowjets besitzt – im Zweiten Weltkrieg wurde er mit seinen Eltern, die dabei ums Leben kamen, zur Zwangsarbeit nach Sibirien verschleppt – erkannte früh, daß sich nun eine wirkliche Chance für weiterreichende Reformen bot. Mehrfach betonte er, daß es im Lauf der tausendjährigen polnisch-russischen Beziehungen noch nie so viel »glückliche Übereinstimmung« gegeben habe.

Ein Warschauer Feuilletonist verglich die Politik der kommunistischen Führung Polens seit Mitte der achtziger Jahre einmal mit dem Versuch, »aus einer Fischsuppe ein Aquarium« zu machen. Die Regierung führte das Amt des Ombudsmanns ein und verankerte das Recht auf Wehrdienstverweigerung in der Verfassung. Nach einer Amnestie im September 1986 wurden die Untergrundpresse und Versammlungen von Oppositionellen praktisch geduldet. Jaruzelski, der das Ministerpräsidentenamt Ende 1985 abgab und Staatsratsvorsitzender wurde, suchte das Gespräch mit den polnischen Kirchenführern. Er lud auch die kritischen Bürger im Land immer nachdrücklicher ein, sich stärker als bisher in den Prozeß der politischen Willensbildung einzubringen, sich an den Beratergremien und Konsultativräten zu beteiligen. Dieser »sozialistische Pluralismus«, wie der General seine Politik der Öffnung in ideologischer Absicherung nannte, war von dem Bemühen gekennzeichnet, das politische und wirtschaftliche Leben des Landes mit demokratischen Elementen anzureichern. Zugleich aber wollten oder mußten die Kommunisten am Monopol ihrer Partei festhalten.

Ende April 1988 brach in dem Eisenhüttenkombinat Nowa Huta ein spontaner Streik aus, dem sich bald mehrere Großbetriebe anschlossen. Die Wortführer waren junge Arbeiter, die die ganze Wut ihrer Generation über die schlechte Versorgungslage und ihre politische Ohnmacht zum Ausdruck brachten. Die Proteste endeten ohne konkretes Ergebnis. Jaruzelski schlug, freilich noch vergeblich, einen Runden Tisch vor, an dem verschiedene gesellschaftliche und weltanschauliche Gruppen mit der Staatsmacht über die Zukunft beraten sollten. Mitte August 1988 brachen neue Streiks aus. Diesmal stellten sich die Bischöfe und ein Teil der offiziellen Presse hinter die Arbeiter. Bestärkt von der Kirchenführung, bot Lech Wałęsa an, die Streiks beizulegen, wenn es im Gegenzug zu einem wirklichen Dialog mit der Opposition käme. Nachdem der General das Zentralkomitee Ende August 1988 zu einer »mutigen Wende« aufgefordert hatte, wurde Innenminister Czesław Kiszczak ermächtigt, die Gespräche »möglichst bald« aufzunehmen.

Nach langwierigen Verhandlungen legten die Kontrahenten im April 1989 ein Abkommen vor, in dem sich die Regierung verpflichtete, die Solidarność wiederzuzulassen, umfassende wirtschaftliche und gesellschaftliche Reformen durchzuführen sowie Bürgern, die nicht den offiziell existierenden Parteien angehörten, nach einem komplizierten Schlüssel den Einzug ins Parlament zu ermöglichen. Ferner wurde vereinbart, das Amt des Staatspräsidenten und eine Zweite Parlamentskammer, den Senat, zu schaffen, die die vom Sejm verabschiedeten Gesetze zu prüfen hat und ablehnen kann. Die Solidarność mobilisierte daraufhin wie in alten Zeiten die Gesellschaft und stellte Funktionäre aus den eigenen Reihen sowie zahlreiche namhafte Intellektuelle und Künstler als Kandidaten auf. Bei den Wahlen im Juni 1989 errang das »Bürgerkomitee«, so der Name der Solidarność-Liste, sämtliche den Unabhängigen zugestandene 161 Parlamentsmandate sowie 99 von 100 Sitzen im Senat. Wie im voraus festgelegt, stellte die Arbeiterpartei 40 Prozent der Sejm-Abgeordneten, obwohl landesweit nicht einmal 10 Prozent der Wähler für die regierende PVAP gestimmt hatten. Da die Bauernpartei und die Demokratische Partei, denen zusammen mit den regimetreuen katholischen Splittergruppen im Sejm die restlichen 25 Prozent der Mandate zugesprochen worden waren, Anstalten machten, das seit 1947 bestehende Wahlbündnis mit den Kommunisten aufzukündigen, entspann sich ein zähes Koalitionsgerangel. Anfang Juli 1989 entwarf der Solidarność-Abgeordnete Adam Michnik in einem »Unser Premier – Euer Präsident« überschriebenen Leitartikel der *Gazeta Wyborcza* ein Regierungsszenario. Angesichts des dramatischen Produktionsrückgangs, einer Inflationsrate, die sich der Tausend-Prozent-Marke näherte, des Schuldenbergs, der auf fast 50 Milliarden Dollar angewachsen war, der Abwanderung von Tausenden Arbeitskräften ins Ausland und der Umweltzerstörung erschien Michniks Lösung als geradezu genial: Unter einer Solidarność-Regierung würde die Bevölkerung die mit der Wirtschaftsreform verbundenen Opfer am ehesten hinnehmen. Ein von den Kommunisten gestellter Staatspräsident, der natürlich nur Wojciech Jaruzelski heißen konnte, würde den Verbündeten signalisieren, daß Polen ein verläßlicher Partner im Warschauer Pakt bleiben wollte. Ohne Not hätten die Kommunisten – nach mehreren Wochen hitziger Debatten über das Für und Wider – diesen Vorschlag gewiß nicht angenommen.

Einige Monate lang waren die Polen schier ergriffen von der Tatsache, daß sie als erstes Volk im Ostblock das kommunistische Regime zu stürzen vermocht hatten. Tadeusz Mazowiecki, ein bescheiden und asketisch wirkender Intellektueller aus dem katholischen Lager, der seit der Solidarność-Ära zu Wałęsas engerem Beraterkreis gehört hatte, war im August 1989 zum Ministerpräsidenten gewählt worden. Freilich mußte er zunächst sehr vorsichtig agieren. Der erste bürgerliche Premier konnte sich nur auf eine Minderheit der Abgeordneten stützen, da die Blockparteien gemäß den Vereinbarungen am Runden Tisch 65 Prozent der Mandate hielten. Vier Vertreter der bislang regierenden PVAP nahm Mazowiecki in sein Solidarność-Kabinett auf.

Die polnischen Ereignisse wirkten auf die übrigen Staaten Ostmitteleuropas wie eine Initialzündung und ließen Ende 1989 auch dort die kommunistischen Regime zusammenbrechen. Die PVAP löste sich im Januar 1990 selbst auf. Danach bestand eigentlich kein Grund mehr, die Kompromißkoalition in Warschau fortzusetzen. Zudem zeigte das bisherige Solidarność-Bündnis Risse. Unter dem Dach der Gewerkschaft hatten seit dem August 1980 Arbeiter und Intellektuelle, Katholiken und Laien, Rechte und Linke, Konservative und Liberale Zuflucht gefunden. In der Fraktion aber dominierten Politiker wie Mazowiecki, die als Vertreter des intellektuellen, aufgeklärt-liberalen und an den westlichen Demokratien orientierten Polens galten. Aus heutiger Sicht scheint es, als sei es Mazowiecki und seinen engeren politischen Freunden nicht recht bewußt gewesen, wieviel Arbeit in einer Gesellschaft zu leisten ist, deren politische Tätigkeit in den letzten zweihundert Jahren vor allem im Widerstand gegen den Staat und die Behörden bestand. Sie warnten in beredten Analysen vor dem heraufziehenden Chaos, unternahmen aber viel zu wenig, um ihm praktisch entgegenzutreten.

Unterdessen schlug die Stimmung in der Bevölkerung allmählich um. Als sich zeigte, daß die Probleme trotz des Zusammenbruchs des alten Systems keiner Lösung näherkamen, sondern das vom neuen Finanzminister Leszek Balcerowicz entworfene harte Programm zur Sanierung der Wirtschaft den Menschen zunächst sogar weitere Opfer abverlangte, breiteten sich Ratlosigkeit, Unsicherheit und Zukunftsangst aus. In der Konsequenz entstanden zahlreiche rechte und linke Splitterparteien, die zum Teil von Abgeordneten der einzelnen Fraktionen unterstützt wurden, was

wiederum die Parlamentsarbeit behinderte. Neuwahlen wären in
dieser Situation eine saubere Lösung gewesen. Premier Mazowiecki jedoch rief gemeinsam mit Bronisław Geremek, dem Vorsitzenden der Solidarność-Fraktion, zum Zusammenhalt auf, um
eine Präsidentschaft Wałęsas zu verhindern. Mit dieser Taktik
sollten beide das genaue Gegenteil erreichen.

Nach den Wahlen vom Juni 1989 hatte Lech Wałęsa es abgelehnt,
Ministerpräsident zu werden. Regierungschef Mazowiecki hat es
hernach versäumt, ihn anderweitig in die politischen Entschei-
dungsprozesse einzubinden. Nach außen hin kokettierte Wałęsa
gern damit, daß er der Politik eigentlich müde sei, zugleich aber ließ
er verlauten, er halte sich für den Notfall »in Reserve«. Er spürte
zweifellos als einer der ersten, wie die anfängliche Euphorie nach-
ließ. Persönlich immer weniger gewillt, Mazowiecki den Rücken
freizuhalten, hatte er kein Alternativprogramm vorzuweisen, sondern machte sich mit Erfolg zum Sprecher der Unzufriedenen.

Wałęsa schürte die Konflikte unter den Solidarność-Abgeordneten, um, wie er behauptete, die Parteienbildung voranzutreiben, die in der Tat im Ansatz steckengeblieben war. Als infolge des
Sparprogramms Streiks ausbrachen, trat Wałęsa als Schlichter
auf, erklärte aber zugleich der Regierung den »Krieg auf höchster
Ebene«. Den »intellektuellen Eierköpfen« in Warschau warf er
vor, das Land nach der Machtübernahme nicht durchgreifend de-
mokratisiert zu haben. Zuerst müßten die Kommunisten aus ihren Ämtern entfernt werden, da sie die Reformen auf allen Ebenen
behinderten. Seine Angriffe gegen die bisherige Nomenklatura
richteten sich immer gezielter auf die Person von Staatspräsident
Jaruzelski. Schließlich verkündete Wałęsa, daß er selbst zur Kan-
didatur für das höchste Amt in der Republik bereitstehe und
drängte auf baldige Wahlen.

Der Präsidentschaftswahlkampf fand in einer emotional aufge-
wühlten Atmosphäre statt. Das alte Solidarność-Bündnis zer-
brach. Der Stimmungsumschwung in der Bevölkerung war unter
anderem an der Popularität des Kandidaten Stanisław Tymiński

Die Leiden der Vergangenheit sind allgegenwärtig

abzulesen. Der polnische Geschäftsmann, der während eines zwanzigjährigen Auslandsaufenthaltes angeblich ein Vermögen erwarb, dem aber auch enge Beziehungen zur südamerikanischen Drogenmafia nachgesagt werden, predigte einen faschistoiden Führerkult und versprach einen schnellen Wirtschaftsaufschwung. Zum Entsetzen vieler Intellektueller erreichte er im ersten Wahlgang die zweithöchste Stimmenzahl. Mazowiecki hatte sich erst nach langem Zögern zur Präsidentschaftskandidatur entschlossen. Er landete abgeschlagen auf dem dritten Platz und trat als Premier zurück. Wałęsa siegte in der Stichwahl im Dezember 1990 – weil sich das Mazowiecki-Lager nun ebenfalls für ihn aussprach, um Tymińskis Wahl zu verhindern.

Es mag sein, daß Lech Wałęsa dereinst als die umstrittenste Persönlichkeit jener Phase des polnischen Übergangs vom Kommunismus zur Demokratie in die Geschichtsbücher eingehen wird. Bis heute ist schwer zu sagen, welchen politischen Standort er einnimmt. Er selbst hält sich aufgrund seines langjährigen Kampfes gegen den Kommunismus für einen Erzdemokraten und Anhänger des Pluralismus.

Im Grunde repräsentiert Wałęsa jene große Mehrheit der polnischen Gesellschaft, die man als nationalkonservativ bezeichnen kann. Sie stammt zumeist wie er selbst aus bäuerlichen Verhältnissen oder ist ihnen noch nicht lange entwachsen. Diese Menschen träumten während der kommunistischen Ära vom Kapitalismus, dessen Wirklichkeit sie nur vom Hörensagen kannten. Aufgrund ihrer engen Bindung zur katholischen Kirche bewahrten sie sich einen antiquierten Begriff von der Nation, den auch die Kommunisten sorgsam pflegten. Bei aller Neigung, das Heil in der Zusammenarbeit mit dem Westen zu suchen, will diese Mehrheit kein Jota der wiedererrungenen Souveränität preisgeben, wie es der europäische Integrationsprozeß erfordert. Die Verteidigung der polnischen Identität und Andersartigkeit ist ihr oberstes Gebot.

Wałęsa versteht es meisterlich, sich allen parteipolitischen Festlegungen zu entziehen. In einem Interview vom April 1990 beschrieb er sich als jemanden, der nach »neuen Lösungen für Polen« suche, der »auseinandertreiben, initiieren, beschleunigen,

zerschlagen« müsse, auch wenn er dabei »gegen lauter Wände«
pralle. Sich als charismatischer Führer zu profilieren, der mit
starker Hand das Land auf den Weg in eine gesicherte Zukunft
bringt, war einer der wichtigsten, wenn nicht der wichtigste Programmpunkt seiner Strategie im Präsidentschaftswahlkampf. Damals sagte er zum Beispiel: »Jetzt, da wir das System ändern,
brauchen wir einen Präsidenten mit der Axt: entschieden, scharf,
einfach, der sich nicht übermäßig ziert und die Demokratie nicht
stört... Wenn er sieht, daß gestohlen wird, gibt er ein Dekret
heraus, das bis zu einem entsprechenden Sejm-Erlaß gilt.«

Heute macht er keinen Hehl mehr aus seiner Überzeugung, daß
sich die Probleme der nachtotalitären Gesellschaft nur lösen lassen, wenn sie zumindest eine Zeitlang straff regiert wird. Dabei
mag er sich durch den Umstand bestätigt fühlen, daß sich in anderen postkommunistischen Staaten ähnliche Entwicklungen anzubahnen scheinen. Im Grunde zweifelt niemand daran, daß Wałęsa
für sein Land das Beste tun möchte. Doch vor den Verlockungen
und Fehlern eines autoritären Politikverständnisses ist er nicht gefeit.

Nach seiner Wahl zum Präsidenten drängte er weder energisch
auf baldige Sejm-Wahlen noch auf die Verabschiedung der neuen
demokratischen Verfassung, die unter anderem seinen Aufgabenbereich klar umrissen hätte. Gewieft nahm er die sich verschlechternde Wirtschaftslage und das allgemeine Kompetenzengewirr
zum Anlaß, um immer weiterreichende Vollmachten für das Amt
des Staatspräsidenten zu fordern. Das Parlament gab häufig nach
und geriet so an die immer kürzere Leine des Präsidenten.

In seinen Worten und Handlungen ist Wałęsa sprunghaft wie
eh und je, auch wenn er heute mehr auf Distanz achtet. Manche
recht befremdliche Äußerung ist wohl auf seine temperamentvolle, wenig geschliffene Redeweise zurückzuführen. Doch geschickt weist er der Presse die Schuld zu, wenn seine Aussagen
Widerspruch hervorrufen. Allem Anschein nach ist es Wałęsa gelungen, einen Stab guter Fachleute um sich zu scharen. Seine
»Danziger Mafia«, wie der Volksmund seine Gefolgsleute nennt,
begnügt sich freilich längst nicht mehr mit der Rolle von Beratern,
sondern besetzt mit tatkräftiger Unterstütung des Präsidenten

nach und nach die Schlüsselpositionen im Staat. Insbesondere das Fernsehen gilt mittlerweile als willfähriges Instrument des Staatsoberhaupts.

Von Lech Wałęsas autoritativen Neigungen einmal abgesehen, fragt es sich jedoch, ob ein starker Präsident nicht zum Bumerang für das Land werden könnte. Eine der wichtigsten Ursachen für den schleppenden Umbau des Staates und der Wirtschaft ist die politische Unreife der polnischen Gesellschaft. Die Menschen tun sich schwer im Umgang mit den neuen Freiheiten. Vertrauensbildende Maßnahmen müssen die eingefleischten Vorbehalte gegen staatliche Einrichtungen allmählich abbauen helfen. Augenmaß und Kompromißfähigkeit sind Tugenden, die der Einübung bedürfen. Anstatt eigene Initiative zu entfalten, fällt die Mehrheit der Gesellschaft wieder in die alten Denkmuster zurück. Resigniert begegnet sie den Ausführungen der Politiker mit Skepsis oder Spott. Sogar alte Feindbilder werden neu belebt, etwa die absurde Behauptung, die neue Führung sei von Juden dominiert, denen Polens Wohl nicht am Herzen liege. Bereitwillig überläßt man sich dem Gefühl, daß sich nichts geändert habe und nur das Chaos rundherum größer werde.

Leitlinien auszuarbeiten, die der Gesellschaft in der schwierigen Umbruchssituation eine Orientierungshilfe geben könnten, wäre die vordringliche Aufgabe der neuen politischen Klasse. Sie weist durchaus eine Reihe markanter Persönlichkeiten auf. Zu ihnen gehört etwa Ewa Łętowska, die noch von General Jaruzelski in das 1988 neu geschaffene Amt des Sprechers für Bürgerrechte berufen worden war. Die Jura-Professorin, die auch von einem kommunistischen Staatswesen die Einhaltung der von diesem verabschiedeten Gesetze einforderte, genießt in der Gesellschaft großes moralisches Ansehen. Eine politische Begabung ist der ehemalige Bürgerrechtler Jacek Kuroń. Seine plastisch-intelligente Redeweise und sein aufrichtiger Einsatz für die Benachteiligten als Sozialminister unter Mazowiecki erhoben ihn zum Publikumsliebling. Angenehm überrascht hat Jan Krzysztof Bielecki, der Anfang 1991 Mazowiecki im Amt des Ministerpräsidenten nachfolgte. Der Hochschullehrer für Nationalökonomie befürwortete die rasche Umsetzung des marktwirtschaftlichen Reformprogramms. Auch wenn entsprechende Gesetze während seiner Amtszeit häufig an der erforderlichen Mehrheit scheiterten, gewann er durch seine pragmatische und humorvolle Art alsbald ein eigenes Profil.

Bislang ist es keinem der neuen Politiker gelungen, eine Partei auf die Beine zu stellen, unter deren programmatischen Dach sich ein Großteil der Gesellschaft wiederfinden könnte. Die politische Klasse wirkt hoffnungslos in sich zerstritten. Neben den liberalen und konservativen Gruppierungen, in die sich das Solidarność-Bündnis aufgespalten hat, formierten sich zahlreiche nationalklerikale Splittergruppen, und aus der PVAP gingen zwei sozialdemokratische Parteien hervor. Mit dem herkömmlichen Links-Rechts-Schema lassen sich diese Parteien nur unzureichend erfassen.

Ging es anfangs um die politische Gestalt des künftigen Polens und um die Frage, ob man die ehemaligen Kommunisten samt und sonders ausgrenzen oder die Einsichtigen unter ihnen integrieren solle, gerieten wegen des Tempos der deutsch-deutschen Entwicklung bald auch die bündnispolitischen Aspekte auf die Tagesordnung. Sollte man am Bündnis mit der Sowjetunion festhalten – oder doch eine weitreichende Zusammenarbeit mit den Deutschen anstreben, wofür Wałęsa und Bielecki eintraten? Oder sollte Polen primär auf sich selbst vertrauen und eine Atommacht werden, wie es Tymiński propagierte? Die Vielzahl der stramm national ausgerichteten Parteien brachte die Frage nach der Haltung gegenüber den Minderheiten im eigenen Land auf die Tagesordnung. Endlos wurde über die Wahlordnung diskutiert, die Einführung einer Fünf-Prozent-Hürde schließlich abgelehnt. So lange die neue Verfassung nicht verabschiedet ist, bleibt die Regierungsform umstritten: Soll Polen eine parlamentarische Demokratie werden oder eine Präsidialdemokratie, wie Wałęsa sie anstrebt? Strittig ist auch, ob und wenn ja, wieviel Einfluß dem katholischen Episkopat eingeräumt werden soll, der die bisherige Trennung von Kirche und Staat am liebsten aufgehoben und die enge katholische Moral-lehre zum verbindlichen Gesetz für Polens Bürger erhoben sähe. Die Wirtschaftspolitik schob sich erst nach und nach stärker in den Vordergrund. Die Trennlinien in diesem Bereich unterscheiden sich nicht grundsätzlich von denen in anderen Ländern: Soll man einen harten Marktwirtschaftskurs mit der Begründung steuern,

daß die auf diese Weise erzielten Gewinne dereinst der Allgemein-
heit zugute kämen? Oder soll man mit Rücksicht auf die wachsende Unzufriedenheit in der Bevölkerung die begrenzten Mittel
vermehrt in die soziale Befriedung stecken? Ministerpräsident
Bielecki befürwortete die rasche Umwandlung der Wirtschaft.
Entsprechende Gesetze aber scheiterten am Widerstand des Sejm.

Die Quittung für dieses Gerangel blieb nicht aus. An den ersten
wirklich freien Parlamentswahlen seit dem Zweiten Weltkrieg, die
im Oktober 1991 stattfanden, beteiligten sich nur 40 Prozent der
politikmüden Polen. Von den mehr als sechzig Parteien, die angetreten waren, gelangten 29 in den Sejm. Stärkste Fraktion wurde
mit 12,5 Prozent Mazowieckis linksliberale Demokratische Union
(UD). Kaum weniger Stimmen erhielt das aus ehemaligen Kommunisten bestehende Bündnis der Demokratischen Linken (SLD),
das durch üppige soziale Versprechungen unzufriedene Arbeiter,
Arbeitslose und Rentner hinter sich versammelte. Die übrigen
Sitze gingen an eine von der nationalklerikalen Christlich-Natio-
nalen Vereinigung (ZChN) dominierte Katholische Wähleraktion,
die Bauernpartei, die massive Subventionen für die Landwirtschaft fordert, die nationalistische Konföderation für ein unabhängiges Polen (KPN), die konservative Zentrumsallianz (PC), der
die Mehrheit von Wałęsas Beratern angehört, Bieleckis Liberal-
Demokratischen Kongreß (KLD) sowie an ein gutes Dutzend rech-
ter und linker Splittergruppen.

Wie nicht anders zu erwarten, zogen sich die Koalitionsver-
handlungen über Wochen ergebnislos hin. Schließlich wurde Jan
Olszewski zum Ministerpräsidenten gewählt. Der Rechtsanwalt,
der der Zentrumsallianz angehört und einer Mitte-Rechts-Koali-
tion ohne parlamentarische Mehrheit vorsteht, hatte sich im
Wahlkampf dafür ausgesprochen, die sozialen Lasten, die der ökonomische Umbau der Bevölkerung aufbürde, wesentlich abzumil-
dern.

Die zunehmende Verarmung weiter Kreise – das Realeinkommen der Bevölkerung ist um rund ein Drittel zurückgegangen –
erzeugt Apathie, läßt die Kriminalität ansteigen und begünstigt
radikale Strömungen. Auf der anderen Seite hatte das rigide Spar-
programm den Segen des Internationalen Währungsfonds und der

Weltbank gefunden. Nicht zuletzt deshalb gewährten die im Pariser Club zusammengefaßten westlichen Gläubiger Polens, die drei Viertel der polnischen Auslandsverpflichtungen halten, dem Land im März 1991 einen fünfzigprozentigen Schuldenerlaß. Neue Kredite und weitere Investitionen aus dem Westen sind davon abhängig, inwieweit es der Warschauer Regierung gelingt, das Vertrauen des Auslands in die polnischen Systemreformen zu stärken, insbesondere den drastischen Spar- und Privatisierungskurs fortzusetzen.

Über dem Parteienhader und den wachsenden materiellen Sorgen kommt die Auseinandersetzung mit der jüngeren Vergangenheit kaum voran. In den viereinhalb Nachkriegsjahrzehnten sehen auch viele gebildete Polen ein Desaster, für das niemand außer den Kommunisten verantwortlich sei. Daraus resultiert ein tiefsitzendes Mißtrauen gegenüber »linken« und kosmopolitischen Ideen, weshalb sich alle Parteien in nationale Farben zu hüllen suchen, einschließlich jener, die für ein nach Europa geöffnetes, liberales Vaterland eintreten, sowie der Nachfolgeorganisationen der PVAP. Im Grunde verschwendet kaum jemand mehr Gedanken an die Zeit der Parteiherrschaft.

Als einzig legitimer Bezugspunkt für die Gegenwart gilt den meisten Polen die Zwischenkriegszeit. Nach dem Systemwechsel wurden überall im Land Straßen, Plätze und Institutionen nach Marschall Józef Piłsudski benannt. Das neue Parlament schien über Wochen kaum ein wichtigeres Thema zu kennen als die Frage, wann der polnische Wappenadler endlich sein Krönchen wiederaufgesetzt bekomme, das nach 1945 verbannt worden war. Lech Wałęsa rief anläßlich seiner Amtseinführung die »Dritte Republik« aus – und verdammte die Jahre der Volksrepublik damit zu einer Periode der staatlichen Nichtexistenz. Um zu unterstreichen, daß er die kommunistische Führung niemals als legitim ansah, lud er zu der prunkvollen Zeremonie statt seinen unmittelbaren Amtsvorgänger, General Jaruzelski, die beiden Töchter von Piłsudski ein. In dem Marschall sieht er eigenem Bekunden zufolge sein großes Vorbild.

Viele Polen scheinen nicht wahrzunehmen, daß ihnen heute in mancher Hinsicht ähnliche Gefahren drohen wie der Zweiten Re-

publik. Auch sie begann mit einer zerrütteten Wirtschaft, deren
Aufbau eher halbherzig in Angriff genommen wurde; die katholische Kirche tat sich vor allem durch Pomp und Traditionalismus
hervor; die Parteienlandschaft war stark zersplittert und die Koa-
litionswechsel zahlreich, was Piłsudski dazu veranlaßte, die Macht
mit Hilfe der Armee an sich zu reißen. Der Friedensnobelpreisträ-
ger Wałęsa scheint nicht in militärischen Kategorien zu denken.
Er könnte, sollte ihm die Macht entgleiten, seinem ausgeprägten
Hang zum Populismus weiter nachgeben und seinen Landsleuten
mehr als bisher das trügerische Gefühl zu vermitteln suchen, daß
er die Dinge im Griff habe, während er in Wirklichkeit, wie seinerzeit Piłsudski, die Reformen schleifen läßt.

Dank einem gut funktionierenden kommunistischen Ausbil-
dungssystem aber ist die polnische Gesellschaft nicht mehr jene
weithin unaufgeklärte und leicht verführbare Masse von einst.
Sie geht gegenwärtig durch eine harte Schule. Von ihr werden
Fähigkeiten verlangt, die sich in Ländern mit einer glücklicheren
Geschichte über Jahrzehnte, wenn nicht länger, entwickeln konnten. Sie muß vielfach erst noch begreifen, daß Demokratie nur
funktionieren kann, wenn sie ihre vielfältigen Talente, die sie bei
anderer Gelegenheit eindrucksvoll unter Beweis stellt, verstärkt
für dieses Ziel einsetzt. Das Bild, das Polen heute bietet, nimmt
sich daher nicht allzu ermutigend aus. Doch Demokratie läßt sich
nur durch Demokratie erlernen.

Die Kirche

Ein Papst als Bruder des Volkes – Johannes Paul II.

Der Freudenrausch, den die Wahl Karol Wojtyłas zum Papst unter den polnischen Katholiken auslöste, ist kaum zu beschreiben. Im ganzen Land, vor allem aber in Krakau, wo Karol Wojtyła vier Jahrzehnte gelebt hatte, gab es am Abend jenes 16. Oktober 1978, an dem gegen 19 Uhr die Meldung über die Fernschreiber kam, kein Halten mehr. Die Menschen riefen sich die Nachricht über die Straße zu. Unbekannte fielen sich, vor Ergriffenheit weinend, in die Arme, um dann singend und tanzend durch die Stadt zu ziehen und die für 22 Uhr spontan angesetzten Gottesdienste zu besuchen. Umgehend machte sich ein Heer von Journalisten aus aller Welt an die Weichsel auf. Jeder war begierig, Informationen über den Mann zu ergattern, der nach 455 Jahren die Italiener auf dem Stuhl Petri abgelöst hatte. Ausgerüstet mit Dollarbündeln, stürmten sie alle möglichen Anlaufstellen, natürlich auch die Redaktion der katholischen Wochenzeitung *Tygodnik Powszechny*. Auf die verblüfften Redakteure prasselten in verschiedenen Sprachen die Fragen nach Art der westlichen Sensationspresse nieder: Hobbys? Familie? Freundinnen? Reaktion der kommunistischen Führung? Im Nu hatte die Reportermeute das Bildarchiv geplündert und ein paar lächerliche Geldscheine für die vergilbten Originalfotos hingeblättert, die sie auf dem Weltmarkt um ein Vielfaches losschlug.

Wadowice wurde in jenen Tagen zum internationalen Wallfahrtsort. In diesem 15 000 Einwohner zählenden Städtchen, fünfzig Kilometer südwestlich von Krakau gelegen, war Karol Wojtyła 1920 zur Welt gekommen und auch zur Schule gegangen. Schnell spürten die Reporter einige seiner ehemaligen Klassenkameraden auf, die es »natürlich schon immer gewußt« hatten, daß aus dem

Karol einmal etwas Großes werden würde. Fleißig und moralisch überaus integer sei er, habe schon in jungen Jahren Größe gezeigt; für den Sport und das Theaterspielen empfand er Begeisterung. Nach dem frühen Tod der Mutter und des jüngeren Bruders habe er sich enger seinem Vater angeschlossen, einem gelernten Schneider und späteren Schreibstubenoffizier, der ein bildungsbeflissener Mann war und sich durch strenge Disziplin, große Vaterlandsliebe und tiefe Gläubigkeit ausgezeichnet hat.

Nach dem Abitur im Jahre 1938 schrieb Wojtyła sich an der Krakauer Jagiellonen-Universität für Polonistik ein. Niemals hat er aus seinen musischen Neigungen einen Hehl gemacht. Noch als Bischof von Krakau schrieb er Meditationslyrik und Theaterstücke, die als Lebenshilfe für die Gläubigen gemeint waren. Als die Deutschen Polen im September 1939 besetzten, gründete Karol Wojtyła zusammen mit einigen Kommilitonen das Rhapsodie-Theater, eine Experimentierbühne, die im Untergrund auftrat und mit Hilfe des Wortes in der Bevölkerung den Glauben an die Nation lebendig zu halten versuchte. Tagsüber arbeitete er als Hilfsarbeiter in einem Steinbruch und später in einer Sodafabrik.

Anfang 1942 gelangte Karol Wojtyła zu der Überzeugung, seinem Land als Priester am besten dienen zu können. Er begann sein Studium im geheimen, denn die Nazis hatten die Priesterseminare wie die Universitäten geschlossen. Der mutige Kardinal Adam Sapieha setzte sich für den Priesternachwuchs ein und brachte den intelligenten und strebsamen Wojtyła in seinem Krakauer Amtssitz unter. Nach der Priesterweihe (1946) schickte Sapieha ihn nach Rom, wo er 1948 zum Doktor der Theologie promoviert wurde. Fünf Jahre später habilitierte sich Karol Wojtyła mit einer Arbeit über das ethische System Max Schelers. Von 1954 an lehrte er christliche Ethik an der Katholischen Universität Lublin, einer im damaligen Ostblock einzigartigen und häufig angefeindeten Institution, an der Priester und Laien sowohl studieren als auch unterrichten. 1964 wurde Wojtyła zum Erzbischof von Krakau und 1967 zum Kardinal ernannt. Jedermann nahm an, daß er einmal der Nachfolger des polnischen Primas Stefan Wyszyński werden würde.

Die charismatische Persönlichkeit von Johannes Paul II., wie sich Wojtyła als Papst nennt, gab den alten messianischen Hoffnungen in Polen neuen Auftrieb. Man entsann sich des romantischen Poeten Juliusz Słowacki, der im Revolutionsjahr 1848 gedichtet hatte: »Droht Gefahr, dann hebt der allmächtige Gott / Unter gewaltigem Glockenton / Als neuen Papst / Einen Slawen auf den Thron. / Wie eine Laterne im Dunkeln / Erstrahlt sein Gesicht, / Seine Schafe zu führen / In der Arche Licht. / Gottes Welt zu beschützen / Braucht es Kraft und Mut. / Seht wie unser Bruder / Der slawische Papst es tut...« Und mit Genugtuung stellten die katholischen Bischöfe im Januar 1979 in einem Hirtenbrief fest, daß sich Słowackis Prophezeiung nun »wahrhaftig erfüllt« habe.

Daß dieses Ereignis in Polen, dem Land, in dem Patriotismus und Frömmigkeit aufs engste miteinander verschmolzen sind, politische Folgen haben würde, lag auf der Hand. Sicherlich gab die Papstwahl nicht den Ausschlag für die Entstehung der Solidarność im August 1980. Der ermüdeten Seele der Menschen aber flößte die Berufung eines Polen zum Stellvertreter Christi neuen Glauben an die alte Kraft ein. Während des ersten Besuches des Papstes in seiner Heimat im Juni 1979 erlebten sich die Polen seit langer Zeit wieder als eine große, friedliche Gemeinschaft. »Die Staatsmacht hatte neun Tage Urlaub«, summierte der Feuilletonist Stefan Kisielewski. Die Miliz blieb im Hintergrund. Die kommunistische Führung hielt sich aus Unsicherheit bedeckt. Die polnischen Kameraleute waren angewiesen worden, die Messen so zu filmen, als reise der Papst durch ein entvölkertes Land. In Wirklichkeit kam es zu den größten Versammlungen für eine andere Ideologie als die herrschende, die das kommunistische Polen bis dahin erlebt hatte. Johannes Paul II. machte seinen Landsleuten Mut, ihr Schicksal besonnen selbst zu gestalten, weil Gott dies verlange. Von der Nation verabschiedete er sich damals mit den Worten: »Dein Geist steige herab und verändere das Antlitz der Erde – dieser Erde.« Danach sollte ein Funke genügen, um eine folgenreiche Massenbewegung auszulösen.

Große Hoffnungen hatte Johannes Paul II. bei allen Gläubigen in der Welt geweckt, als er bei seinem Amtsantritt ausrief: »Reißt weit die Türen auf für Christus! Öffnet seiner rettenden Macht die Grenzen der Staaten, der politischen und wirtschaftlichen Systeme, die weiten Bereiche der Kultur, der Zivilisation, des Fortschritts! Habt keine Angst!« Doch im Laufe seines Pontifikats sind seine Grenzen erkennbar geworden. Vor allem in den demokratischen Industrieländern des Westens hat sich bald Ernüchterung breitgemacht. Die Abkehr der Gläubigen von der Kirche und der Rückgang der Zahl der Priesterweihen sprechen eine deutliche Sprache. Dieser Schrumpfungsprozeß ist, anders als es das Oberhaupt der Katholiken sieht, gewiß nicht allein dem »Konsumismus« der modernen Gesellschaft anzulasten. Ursächlich dafür ist ebenso das Bestreben des Papstes aus Polen, die traditionellen, starren Strukturen der katholischen Kirche wieder aufzurichten.

In dem schon erwähnten Hirtenbrief der polnischen Bischöfe anläßlich der Papstwahl heißt es: »Aus Polen kommt ein Mann auf den Stuhl Petri, der die Weltkirche und die ganze Menschheitsfamilie aus den Gefahren rettet. Mit der Erfahrung, die er in seinem Land gewonnen hat, zeigt er der Welt, wie man sich verhalten muß, um den Glauben zu verteidigen.« Im Zentrum der Vorstellungen von Johannes Paul II. steht der Mensch. Bereits der Krakauer Kardinal schob Verwaltungsentscheidungen gern vor sich her und ließ Kontroversen langsam verebben. Wichtiger war es ihm, die Gläubigen direkt anzusprechen.

Sein Verständnis von den Aufgaben der Kirche hängt eng mit den Erfahrungen in seiner Heimat zusammen. Dort entwickelte sich die katholische Kirche über zwei Jahrhunderte zum Bollwerk der Idee des Polentums. Als Schutzschild der politisch unterdrückten Nation, manchmal als Kämpferin für die Rechte der Gläubigen, wurde sie zur moralischen Autorität. Und so sieht Karol Wojtyła die Kirche als einen festen Hort und sicheren Leitstern an. Sie dürfe sich nicht dem Zeitgeist beugen und ihre Heilsbotschaft zum Wohlfahrtsprogramm verkürzen oder zum Selbstbedienungsladen umfunktionieren, aus dem sich jeder das nehme, was er brauche. Die Kirche benötige Heilige, nicht Reformer, meinte er einmal.

In vielen Fragen urteilt Johannes Paul II. sehr viel dogmatischer als seine Vorgänger – selbst wenn er dadurch zuweilen in Widerspruch zu seinem eigenen Anspruch gerät oder gar mit zweierlei

Maß mißt. So hat er den Priestern der lateinamerikanischen Kirche der Befreiung jegliches gesellschaftspolitisches Engagement untersagt. Die polnischen Bischöfe und Priester, die aus ihren politischen Präferenzen niemals einen Hehl machten, haben dagegen nicht einmal eine päpstliche Rüge erhalten. Wiederholt bekräftigt er seine Treue zum Zweiten Vatikanischen Konzil – und zieht die Zügel unerbittlich wieder an. Er tadelt die Diskriminierung der Frau, das Priesteramt aber bleibt ihr verschlossen. Zölibatsmüden Geistlichen verweigert er hartnäckig die Laisierung. Seine Appelle an die Eigenverantwortung des Individuums konterkariert er sogleich, indem er seine zentrale Lehrautorität betont, die Ungehorsamen maßregelt und mit konservativer Personalpolitik die überlieferte Ordnung aufrechtzuerhalten sucht. Selbst geringfügige Änderungen der Liturgie lehnt er ab: »Die Gläubigen wollen vielmehr eine wohlwollende Kontinuität, die es der in ihre Herzen eingepflanzten Saat erlaubt, Wurzeln zu schlagen, zu wachsen, zu blühen und zu gedeihen.«

Zu einem wahren Schlachtfeld der Auseinandersetzung mit dem polnischen Papst ist die Ehe- und Sexualmoral geworden. Johannes Paul II. ist auch diesbezüglich stark vom Katholizismus seiner Heimat geformt. Im 19. Jahrhundert, als der staatliche Zusammenhalt fehlte, erhob die polnische katholische Kirche die Familie in den Rang einer geradezu kultischen Institution. Die Familie als »Urquelle des Lebens und jeder menschlichen Gemeinschaft«, daran läßt Johannes Paul II. nicht rütteln. Bei einem USA-Besuch im September 1987 sagte er: »Es wird manchmal berichtet, daß Katholiken heute in einer Anzahl von Fragen, besonders in der Ehe- und Sexualmoral, der Scheidung und der Wiederverheiratung, nicht an der Lehre der Kirche festhalten, daß sie den Anspruch erheben, ihre Abweichung vom Lehramt sei durchaus damit vereinbar, ›gute Katholiken‹ zu sein, und bilde kein Hindernis zum Empfang der Sakramente. Das ist ein schwerer Irrtum.«

Polen ist trotz der strengen Regeln, die die Geistlichkeit den Gläubigen auferlegt, niemals eine Insel der Tugend inmitten einer verderbten Welt gewesen. Nicht umsonst verfügt die katholische Kirche über ein reiches Instrumentarium zur Vergebung der Sünden. In Polen hat bislang kaum jemand den katholischen Dogmatismus als ein Problem angesehen. Wegen ihrer rigorosen Kritik an den politischen Mißständen in der Volksrepublik galt die Kirche allgemein als glaubwürdige Fürsprecherin der gesellschaftlichen Belange. In dieser Hinsicht fühlen sich auch die Katholiken in der übrigen Welt vom polnischen Papst gut vertreten. Wie kaum einer seiner Vorgänger mahnt er unermüdlich die unveräußerlichen Rechte des Menschen an. Von Kontinent zu Kontinent schlägt er sich auf die Seite der Armen, prangert politische Unterdrückung und soziale Ungerechtigkeit an und spornt zu Nächstenliebe und brüderlichem Teilen an. Auch dem Frieden widmet er mehr als allgemeine Worte, er verurteilt die Hochrüstung, fordert Gewaltlosigkeit und Machtbescheidung ein.

Die mit den paternalistischen Kirchenstrukturen vertrauten Polen hatten lange Zeit kein Verständnis für die westliche Kritik an »ihrem« Papst. Ihrer Ansicht nach stellte der Landsmann auf dem Heiligen Stuhl, ebenso wie das katholische Bekenntnis der Nation, ihre Zugehörigkeit zum westlichen Kulturkreis eindrucksvoll unter Beweis und machte deutlich, daß die Teilung Europas den historisch gewachsenen Tatsachen zuwiderlief. Und Karol Wojtyła konnte sich nur schwer der Vorstellung entziehen, daß er als der erste slawische Pontifex in der Geschichte eine besondere Aufgabe zu erfüllen habe – nämlich die Spaltung Europas überwinden zu helfen.

»Der slawische Papst enthüllt die geistige Einheit Europas«, verkündete er schon beim ersten Besuch in seiner Heimat. Nach anfänglichem Zaudern reiste Polens kommunistische Führung gern nach Rom, um einen Abglanz des päpstlichen Charismas zu erhaschen. In den übrigen Staaten des damaligen Ostblocks hingegen konnte der Vatikan bei der Besetzung von Bischofsstühlen, der Seelsorge in den Gemeinden und dem Religionsunterricht zunächst kaum Erfolge erzielen. Schließlich zeigte gerade das polnische Beispiel, wie die Ängste in einem kommunistischen Staat schwinden, wenn der Kirche ein großer Freiraum zugestanden wird. Eben darauf zielte Johannes Paul II. ab, und er ließ sich darin weder durch das Attentat des Türken Ali Ağça im Mai 1981 in Rom noch durch die Verhängung des Kriegsrechts in Polen beirren. Damit seine Ideen aufgegriffen werden konnten, mußte an

die Spitze der Sowjetunion erst ein Mann wie Michail Gorbatschow gelangen, der ebenfalls danach strebte, die europäische
Teilung allmählich zu überwinden.

Die Polen sind heute quer durch alle politischen Lager davon
überzeugt, daß ohne das Engagement »ihres« Papstes die kommunistischen Regime niemals oder zumindest nicht so schnell zusam-
mengebrochen wären. Seit dem Systemwechsel vom Sommer 1989
büßt die katholische Kirche – den Papst eingeschlossen – auch in
Polen an Einfluß ein. Nach dem Niedergang des Kommunismus
richtete Johannes Paul II. sein Augenmerk auf die geistig-sittliche
Erneuerung der permissiven Gesellschaft Westeuropas. Seine
Landsleute beschwor er, die Freiheit als Herausforderung zu begreifen und nicht blind die westlichen Normen zu übernehmen.

Große Gefahren für das Seelenheil sieht er im westlichen Wirtschaftsmodell. In seiner Sozialenzyklika »Centesimus Annus«
(1991) etwa spricht er davon, daß der »Verlust des Lebenssinns« in
den westlichen Gesellschaften »eine reale Gegebenheit« sei. Die
Entfremdung vollziehe sich »im Konsum, wenn der Mensch in ein
Netz oberflächlicher Beziehungen hineingezogen wird«, aber
auch »bei der Arbeit, wenn diese so organisiert wird, daß sie möglichst hohe Erträge abwirft«. An einer anderen Stelle heißt es sogar, daß das Marktwirtschaftsmodell »jede Berufung zum sitt-
lichen Handeln, zum Recht, zur Kultur und zur Religion leugnet
und den Menschen völlig auf den Bereich der Wirtschaft reduziert«. Bei seinem Polenbesuch im Juni 1991 forderte er seine
Landsleute dazu auf, die ökonomischen Reformen »mit sozialer
Sensibilität« durchzuführen. Er warnte sie vor der »Vergötzung
des Marktes« und dem Streben nach »wirtschaftlichem Erfolg um
jeden Preis«.

Der Papst hätte den Polen lieber den Weg der – protestantisch
inspirierten – Leistungsethik mit ihren Appellen zur Selbstverwirklichung des Individuums, zur puritanischen Arbeitsmoral, zu
Sparsamkeit und gesellschaftlicher Verantwortung empfehlen
sollen, kommentierten verschiedene polnische Intellektuelle seine
Äußerungen. In anderen Ländern wurde gerügt, daß Johannes
Paul II. nicht fähig oder nicht willens ist, zwischen den verschiedenen Spielarten der Marktwirtschaft zu unterscheiden. Schließ-

lich sind in den demokratischen Industrieländern des Westens eine ganze Reihe seiner sozialen Vorstellungen verwirklicht. Anstatt darauf zu verweisen, forderte der Papst seine Landsleute auf, »unserem Kontinent ein Beispiel für freien Markt und Solidarität zu bieten«.

Von seinem Heimatland erhofft sich Johannes Paul II., es möge eine Vorreiterrolle übernehmen im Kreuzzug gegen den Materialismus und den Liberalismus, die unweigerlich zu leereren Gotteshäusern führen. An die Tugenden der Nation appellierend rief er ihr im Juni 1991 die einstige Größe in Erinnerung: »Die Geschichte bezeugt, daß die Polen immer ein ritterliches Volk waren, das den Krieg nicht suchte und auch keine Raubkriege führte.« Es ließen sich freilich Völker nennen, etwa Litauer, Ukrainer, Juden und Tschechen, die mit Polen durchaus andere Erfahrungen gemacht haben. Die enge Verquickung seiner moralischen Botschaft mit dem Polentum stößt in Warschauer Regierungskreisen wie auch bei jenen sozialen Gruppen auf Ablehnung, die sich eine enge Anbindung an Westeuropa wünschen.

Trotz aller Verehrung, die der Papst in seiner Heimat erfährt, wächst auch in Polen die Einsicht, daß Johannes Paul II., dessen Weltbild sich im Totalitarismus formte, auf die Probleme der modernen, pluralistischen Gesellschaft keine angemessenen Antworten weiß. Es bleibt abzuwarten, welche Folgen es für die katholische Kirche in Polen und in der Welt haben wird, wenn ihr Oberhaupt weiterhin auf seinem autoritären Kirchenverständnis beharrt. In demokratischen Ländern gewinnt die Kirche überall dort wieder Autorität, wo sie sich, bei aller Festigkeit im Grundsätzlichen, behutsam der Lebenswirklichkeit der heutigen Menschen öffnet und ihnen mit gutem Beispiel vorangeht, indem sie selbst mehr Barmherzigkeit, Humanität und Demokratie als bisher übt. Auf diese Weise könnten die hohen ethischen Normen des Christentums vielleicht auch verstärkt Eingang in die praktische Politik finden.

Pole = Katholik –
Das Bündnis von Nation und Kirche

Polen sei eine tiefreligiöse Nation, lautet ein gängiges Stereotyp. Selbst unter der kommunistischen Herrschaft hätten sich gut 90 Prozent der Bevölkerung zu ihrem katholischen Glauben bekannt. Religiosität ist freilich eine diffizile Größe. Bis heute zieht das prächtige Schauspiel, mit dem sich die katholische Kirche Polens selbst inszeniert, Scharen von Menschen an. Diesen massenhaften Zulauf verdankt die Kirche den besonderen Banden zwischen Patriotismus und Frömmigkeit. Wie sehr in Polen das Nationale mit dem Religiösen verschmilzt, ist schon an der Ausstattung der Gotteshäuser abzulesen. In zahlreichen katholischen Kirchen hängen Spruchbänder mit der aufgestickten Parole »Für Gott, Ehre und Vaterland«. Vielerorts sind Porträts von Priestern aufgestellt, die für Polen ihr Leben gaben. Der Blumenschmuck an den Altären ist vorzugsweise in den Nationalfarben Weiß und Rot gehalten.

Nach landläufiger Überzeugung sind tausend Jahre Polen gleichbedeutend mit tausend Jahren Christentum in Polen. »Die Kirche hat die Entwicklung des polnischen Staates von Anfang an begleitet, von Mieszko I. bis zu Johannes Paul II.«, äußerte der polnische Primas Józef Glemp einmal selbstbewußt. Wie immer, wenn es um die Geschichte dieses Landes geht, vermischen sich auch hier Wahrheit und Legende. Ihre ungewöhnliche Stellung verdankt die Kirche weniger einer speziell den Polen angeborenen Religiosität als vielmehr bestimmten polithistorischen Konstellationen. Bis zur Reformation unterstützte der katholische Klerus die Herrschenden tatkräftig bei der Ausdehnung ihrer Macht. Von jenem heute gern beschworenen »Bündnis mit der Nation« war noch keine Rede. Polen war ein Vielvölkerreich, und knapp die Hälfte der Einwohner bekannte sich zu anderen Glaubensrichtungen als der römisch-katholischen. Während der Reformation zeigten die polnischen Adligen wenig Skrupel und traten in Scharen zum Protestantismus über, um sich von der Einmischung der katholischen Geistlichkeit in ihr Privatleben zu befreien.

Die Gegenreformation hatte mit ihren Versuchen, den Adel ihrer Kirche zurückzugewinnen, zunächst wenig Erfolg. Als Polens goldene Freiheit gegen Ende des 16. Jahrhunderts immer stärkere Züge von Anarchie annahm und das Land sich in verlustreiche Kriege verstrickte, ergriff die Geistlichkeit die Gelegenheit, um die katholische Religion mit der Idee des Vaterlands zu verknüpfen. Der Hofprediger Piotr Skarga interpretierte das »Unglück«, das über die Adelsrepublik hereingebrochen war, wortgewaltig als die Strafe Gottes für den Abfall vom rechten Glauben. Immer häufiger fanden »polnische Gottesdienste« statt, in denen die Messe auf polnisch gelesen, eigens komponierte patriotische Kirchenlieder gesungen und die Kirchenräume mit polnischen Emblemen geschmückt wurden.

Diese »Polonisierung« der Religion hatte eine ungeheure Wirkung. In der Überzeugung, daß das Wohl ihres Landes davon abhänge, kehrten die Adligen reumütig in die Arme der katholischen Kirche zurück. Fortan wurde es Brauch, sich demonstrativ zum Glauben zu bekennen. Es entstand ein überdimensionaler Marienkult; Heilige und Reliquien werden seither glühend verehrt, Wallfahrten und Prozessionen mit großem Pomp inszeniert. Diese nach außen gerichtete Frömmigkeit erfaßte auch den gesellschafts-politischen Bereich. Im 17. Jahrhundert entstand die berühmte Formel »Pole = Katholik«. Nach den siegreichen Schlachten gegen die Mongolen, den Deutschen Ritterorden, die Moskowiter, Schweden und Türken begründeten sie ein Nationalbewußtsein, das sich vorrangig über die Glaubenszugehörigkeit als Bollwerk des Christentums definierte. Die früher geübte religiöse und politische Toleranz wurde jetzt als bedrohlich empfunden und Andersgläubigen deshalb der Zugang zu den Staatsämtern verwehrt.

In dem Maße wie in Europa hätte sich vermutlich auch in Polen das Gedankengut der Aufklärung ausgebreitet und den Einfluß der Kirche wieder zurückgedrängt, wäre nicht zu jener Zeit das Land unter die Fremdherrschaft geraten. Das sollte die Kirche so gut wie unangreifbar machen. Nach dem Verlust der staatlichen Souveränität war sie praktisch die einzige Institution, die über die Teilungsgrenzen hinweg die Einheit der Nation repräsentierte, zumal der Primas ohnehin staatliche Autorität genoß. Der jeweilige Inhaber des Gnesener Erzbischofamtes, der den Primastitel

seit 1417 trägt und seit 1817 in Personalunion Erzbischof von
Warschau ist, hatte in der Adelsrepublik die Funktion des »Inter-
rex« zu erfüllen: Nach dem Tod eines polnischen Königs übernahm er die Staatsgeschäfte, bis sich das Wahlkollegium auf einen
Nachfolger geeinigt hatte. Die Fremdherrschaft erschien dem
Volk als ein ähnliches Interregnum, in dem dem Primas wie
selbstverständlich die Rolle des Staatsoberhauptes zufiel.

Infolgedessen dachten die Polen gar nicht daran, sich der auf
Gehorsam aufgebauten Macht der katholischen Kirche öffentlich
entgegenzustemmen, wie es damals die Intellektuellen in anderen
Ländern unternahmen. Im 19. Jahrhundert konzentrierten sie ihren Widerstand gegen die Entnationalisierungspolitik zu einem
guten Teil im kirchlichen Bereich. Schon mit der Teilnahme an
den katholischen Veranstaltungen stellten sie ihre polnische Identität unter Beweis – denn von den drei Teilungsmächten hatte
allein Österreich denselben Glauben; Preußen war protestantisch
und Rußland orthodox geprägt. Auch das Denken in den Kategorien von Helden- und Märtyrertum wurde ein beherrschender
Zug im polnischen Katholizismus. Beten war nahezu gleichbedeutend mit Kämpfen. Die Geistlichen lasen Messen für das Vaterland. Sie organisierten Hilfsaktionen, nahmen an Aufständen und
Verschwörungen teil. Klöster dienten als Waffendepots und Zu-
fluchtsorte. Bismarck ereiferte sich, daß die polnische Kultur
nichts als ein Haufen von Gebetbüchern sei.

Die Verschmelzung des Nationalen mit dem Religiösen gipfelte
im 19. Jahrhundert im polnischen Messianismus. Künstler und
Intellektuelle der Romantik formulierten die These, Gott habe die
Polen auserwählt, wie Christus für das Heil der ganzen Welt zu
leiden und die unterdrückten Völker von der Tyrannei zu befreien. Dieser Gedanke, der die politische Niederlage in ein Mär-
tyreropfer umdeutete, spendete nicht nur Trost und Hoffnung. Er
beflügelte auch Tausende junger Polen, sich in aussichtslose
Kämpfe zu stürzen, förderte auf verhängnisvolle Weise die Verachtung der Realpolitik und eine Überhöhung der eigenen Nation,
die im praktischen Zusammenleben mit anderen ethnischen
Gruppen immer wieder zu Konflikten führte. Wie sehr diese Vision die Sicht verengte, beleuchtet die Tatsache, daß Bauern in

abgelegenen Landesteilen noch bis zum Zweiten Weltkrieg glaubten, mit Gott und der Jungfrau Maria könne man sich nur auf
polnisch unterhalten. Polnische Großmütter erzählten ihren En-
keln, wenn diese sich vor Donner und Blitz fürchteten: »Jetzt jagt
der liebe Gott in Holzpantoffeln die Preußen und die Protestanten
aus dem Himmel hinaus!«

In der unabhängigen Republik zwischen den Weltkriegen
wurde die katholische Kirche in den Verfassungsrang erhoben und
damit praktisch zur Staatskirche. Darunter hatten insbesondere
die andersgläubigen nationalen Minderheiten im Land, Juden,
Ukrainer, Weißrussen zu leiden. Selbst Bischöfe und Priester
bliesen zum Teil kräftig in das antisemitische Horn. Polnische Fa-
natiker steckten orthodoxe Gotteshäuser in Brand, um ihre ukrainischen und weißrussischen Mitbürger zu »richtigen«, sprich:
katholischen Polen zu machen. Dieser nationale Missionseifer
stieß keineswegs bei allen Polen auf Zustimmung. Den linkslibe-
ralen Oppositionsgruppen und der armen Landbevölkerung miß-
fiel, daß die Kirchenführung vorbehaltlos das Piłsudski-Regime
unterstützte, ein Großteil des Klerus sich gegen wirtschaftliche
und soziale Reformen aussprach und die Gläubigen zum Gehorsam gegenüber der Obrigkeit zu erziehen versuchte. Freidenkeri-
sche, antiklerikale und atheistische Strömungen breiteten sich
aus. Intellektuelle mokierten sich über die »schwarze Okkupation« und die verbreitete Bigotterie. Der Schriftsteller Adolf No-
waczyński witzelte: »Auch der Katholizismus wurde mit der Zeit
zu einer angewandten Kunst.«

Mit dem Ausbruch des Zweiten Weltkriegs verloren diese Differenzen schlagartig an Bedeutung. Nach dem deutschen Überfall
auf Polen stellten sich die Geistlichen geschlossen hinter die Nation. Von den Nazis wurden sie ebenso wie die Intelligenz besonders brutal verfolgt. Obgleich die Besatzer das kirchliche Leben
rigoros eingeschränkt hatten, hielten die Priester geheime Gottesdienste und Versammlungen ab. Sie waren furchtlos wie Adam
Sapieha, der Krakauer Kardinal, der nach der Flucht der Warschauer Regierung Polens geistiger Führer wurde, Hilfskomitees
ins Leben rief und konsequent jede politische Zusammenarbeit
mit den Besatzern ablehnte. Sie opferten für andere sogar ihr Le-

ben wie jener inzwischen heiliggesprochene Franziskanerpater Maksymilian Kolbe, der 1941 im Konzentrationslager Auschwitz anstelle eines polnischen Familienvaters in den Tod ging. Insgesamt kamen mehr als 2500 Geistliche, 20 Prozent des polnischen Klerus, während des Zweiten Weltkriegs auf gewaltsame Weise um.

Die Rolle, welche die Kirche in der Geschichte ihres Landes und zumal während der Besatzungszeit für die Gesellschaft gespielt hatte, konnten die polnischen Kommunisten nicht ignorieren. Zu den Grundlagen ihrer Doktrin gehörte zwar der Atheismus. Im Gegensatz zu anderen Ostblockländern wagten sie jedoch niemals einen totalen Vernichtungsschlag gegen die Kirche. Von Anfang an suchten sie sie in gewisser Weise zu umwerben, um die Bevölkerung für die neue Ordnung zu gewinnen. Schon im Lubliner Manifest vom 22. Juli 1944 wurde die Religionsfreiheit festgeschrieben. In Staatsangelegenheiten freilich sollte die Kirche keinerlei Mitspracherechte mehr haben. Mit Ausnahme der Sakralbauten wurden ihre Häuser und Ländereien (sie hatte vor dem Krieg zu den größten Grundbesitzern in Polen gehört) weitgehend in Staatseigentum überführt.

Es mag paradox klingen, doch erst durch diese offizielle Trennung von Staat und Altar konnte die Kirche zu einer wirklich unabhängigen und glaubwürdigen Sachwalterin der nationalen Belange werden. Daß es dazu kam, war in großem Maße Stefan Wyszyński (1901–1981) zu verdanken. Ende 1948 empfing er als Nachfolger des verstorbenen August Hłond die Weihen zum Primas von Polen. Wyszyński besaß die Statur eines Kirchenfürsten. Selbst seine Widersacher bescheinigten ihm hohes Verantwortungsbewußtsein sowie ein überdurchschnittliches Gespür für die politischen Realitäten. Die Einsicht, daß Polen sich auf eine längere kommunistische Ära einzustellen habe, bewahrte ihn davor, die Kirche als Opposition mißzuverstehen und sie in aussichtslosen Kämpfen zu verschleißen. In sein Tagebuch schrieb er 1953: »Ich war von Anfang an und bin weiterhin der Meinung, daß Polen und seine heilige Kirche unter der Hitler-Besatzung zuviel Blut verloren haben, um sich noch weiteres Blutvergießen erlauben zu können.« Daraus zog er die Konsequenz, daß die

»Koexistenz von katholischer Kirche und Staatsmaterialismus un-
vermeidlich ist«.

Sein tatkräftiges Bemühen um einen Ausgleich zwischen katholischer Kirche und dem volksdemokratischen polnischen Staat fanden am 14. April 1950 ihren Niederschlag in einem Abkommen
zwischen Episkopat und Regierung. Die Bischöfe gelobten darin,
sich in allen Dingen, welche nicht die Glaubens- und Sittenlehre
sowie die kirchliche Jurisdiktion betreffen, »von der polnischen
Staatsräson leiten« zu lassen und sich insbesondere der Kollektivierung der Landwirtschaft nicht zu widersetzen. Als Gegenleistung
sicherte die Regierung das Recht auf freie Kultausübung, den Religionsunterricht an Schulen sowie die gesetzliche Gleichberechtigung des katholischen Verlagswesens und der karitativen Tätigkeit
der Kirche zu. Es war die erste Übereinkunft dieser Art zwischen
katholischem Klerus und einem kommunistischen Staat. Sie stand
in klarem Widerspruch zu den Weisungen des Vatikans, der Katholiken die Zusammenarbeit mit Kommunisten untersagte, und
Wyszyński mußte sich dafür, als er 1951 den Papst besuchte, gehö-
rig rechtfertigen.

In dem Maße, wie der Kirchenkampf in der Stalin-Ära an Schärfe
zunahm, wurden diese Abmachungen gebrochen, die seelsorgeri-
sche und karitative Arbeit auf allen Ebenen behindert. Bürger, die
am traditionellen kirchlichen Leben teilnahmen, hatten berufliche
Nachteile hinzunehmen. Die unmittelbar nach Kriegsende gegründete PAX-Bewegung schuf mit Unterstützung des stalinistischen Regimes einen mächtigen Presse- und Verlagskonzern, der
sich zum Sprecher des polnischen Katholizismus zu machen suchte.
Geistliche erhielten Staatsgehälter und eine bevorzugte Versorgung, wenn sie dem »Verband patriotischer Priester« beitraten, der
die Kirche unterwandern und für den Sozialismus umformen
sollte. Dank Wyszyńskis Unerschrockenheit fanden diese Bestrebungen wenig Widerhall. Die meisten Geistlichen fürchteten den
wortgewaltigen Zorn des Primas mehr als die Repressalien des Regimes. Wyszyński wurde im September 1953, nachdem er sich vor
einen der Spionage angeklagten Amtsbruder gestellt hatte, verhaftet und ohne Urteil in einem Kloster interniert.

Dennoch verfiel Wyszyński nicht in Bitterkeit. Als er im Zuge des politschen Umschwungs vom Oktober 1956 wieder freikam, erwies er sich ein weiteres Mal als Staatsmann und illusionsloser Patriot. Nach seiner Rückkehr nach Warschau rief er zur Besonnenheit auf: »Das Vaterland braucht jetzt Ruhe!« und empfahl seinen Landsleuten, »lieber großartig zu arbeiten als großartig zu sterben«. Sein mäßigender Einfluß trug viel dazu bei, daß Polen das Schicksal Ungarns erspart blieb, wo Kardinal Mindszenty während des Aufstands im Oktober 1956 die Emotionen geschürt, den Abzug der Sowjets und freie Wahlen gefordert hatte.

Im Oktober 1956 gewann die Kirche in Polen einen beträchtlichen Freiraum. Karitative Einrichtungen und katholische Zeitschriften wurden wieder zugelassen. In mehreren Städten entstanden »Klubs der katholischen Intelligenz«. Im Januar 1957 zogen erstmals einige Vertreter der dem Episkopat nahestehenden Znak-Bewegung ins Parlament ein, um »von der Position des Menschen auf den Sozialismus« einzuwirken. Dieser Freiraum war jedoch stets bedroht. Parteichef Gomułka sah in der Kirche ein langfristig zu überwindendes Übel und suchte jedes Zugeständnis nach einer Weile wieder zurückzuschrauben. Während seiner Amtszeit trugen der Primas und die Staatsmacht immer wieder leidenschaftlich-verbissene Positionskämpfe aus. Den Kern dieser Konflikte faßte der deutsche Journalist Hansjakob Stehle in den sechziger Jahren folgendermaßen zusammen: Die Brücke zwischen kommunistischer Staatsführung und katholischer Kirche sei die »gemeinsame Sorge um die Nation – an der sich beide zugleich entzweien, weil sich beide mit ihr identifizieren wollen.«

Einig waren sich beide Seiten in der Polonisierung der deutschen Ostgebiete, die auf der Potsdamer Konferenz der polnischen Verwaltung unterstellt worden waren. Wyszyńskis Vorgänger, Primas August Hłond, hatte 1945 – unter eigenwilliger Auslegung päpstlicher Sonderbefugnisse – in Schlesien, Pommern, Ostpreußen und Danzig polnische Geistliche als »apostolische Administratoren« eingesetzt und mit allen Vollmachten residierender Bischöfe ausgestattet. Das erleichterte die praktische Arbeit in den Nachkriegsjahren. Während die Partei sich damals noch in den Städten zu konsolidieren suchte, kümmerten sich die Priester um die Millionen Polen, die in diese Gebiete umgesiedelt worden waren. Sie nahmen die Kirchen in Betrieb, gründeten die ersten Schulen, Genossenschaften und die Feuerwehr, schafften Versorgungsgüter heran und schlichteten manchen Streit in den Gemeinden. Dieser bedingungslose kirchliche Einsatz für die »wiedergewonnenen West- und Nordgebiete« vermittelte den Polen ein gewisses Sicherheitsgefühl. Der Vatikan nämlich betrachtete die neuen Diözesengrenzen – bis zur Ratifizierung des deutsch-polnischen Vertrages 1971 – als Provisorium. Der Warschauer Regierung diente dies als Vorwand, um im September 1945 das Konkordat mit dem Heiligen Stuhl aufzukündigen.

Primas Wyszyński hegte nicht nur keinen Zweifel an Polens historischem Anspruch auf diese »urpiastischen Territorien«. Er begrüßte auch mehrfach wortgewaltig ihre »Rekatholisierung« und verfiel dabei mitunter in den intoleranten Geist der Gegenreformation. In der Danziger Marienkirche, die seit der Reformation protestantisch gewesen war, verkündete er 1959: »Die Marienkirche wurde durch die Häresie von Jahrhunderten geschändet. Gottes Gerechtigkeit hat sie den Mariengläubigen dieses Landes zurückgegeben!« Im Dom von Breslau (Wrocław), den Polen und Deutsche einst gemeinsam erbaut hatten, rief er 1965 emphatisch aus: »Hier erkennen wir unsere Zeichen! Wir waren hier, und wir sind wieder hier!«

Dieser gelegentlich anmaßende Nationalismus hat das Ansehen der katholischen Kirche Polens im Ausland beeinträchtigt. Der Aufforderung des Zweiten Vatikanischen Konzils, diesen Aspekt in ihrer Lehre zu überprüfen, ist sie eher halbherzig nachgekommen, weil ihre nationalistische Haltung nach 1945 im eigenen Lande auf so gut wie keine Vorbehalte mehr stieß. Durch den Zweiten Weltkrieg verlor Polen nahezu alle seine Minderheiten und ist erstmals in seiner Geschichte ein quasi monoreligiöses Land. Die rund 500 000 Orthodoxen, 80 000 Protestanten und 5000 Juden, die heute noch zwischen Oder und Bug leben, bilden gegenüber den mehr als 35 Millionen katholisch getauften Polen eine verschwindende Minderheit. Die Formel »Pole = Katholik« entsprach noch nie so sehr den wirklichen Verhältnissen wie seit 1945.

Aus diesem Grunde konnte die katholische Kirche mit einem gewissen Recht als Sachwalterin der nationalen Interessen auftre-

ten. Unter Primas Wyszyński ließ sie sich nicht wirklich entpoliti-
sieren. Er wußte die religiösen Anliegen geschickt mit den nationalen zu verknüpfen. Im Namen der katholischen Gesellschaft,
die sich nicht frei artikulieren konnte, kritisierte er unermüdlich
das geringe Ausmaß an sozialer Gerechtigkeit sowie den fehlenden Pluralismus im Land. Die Diskriminierung praktizierender
Katholiken am Arbeitsplatz halte gerade die Besten davon ab, sich
für den Staat zu engagieren.

Wyszyńskis wichtigste Stütze bei den Auseinandersetzungen
mit dem Regime war der Volkskatholizismus. Und er förderte
diese stark auf das Ritual ausgerichtete Form der Frömmigkeit auf
vielerlei Weise. Die Gläubigen wurden dazu angehalten, die
Sonntagsmesse regelmäßig zu besuchen, die Tradition der katholischen Familie zu bewahren, sich kirchlich trauen und ihre Kinder
taufen zu lassen. Daneben widmeten sich Bischöfe und Priester
der Pflege des nationalreligiösen Brauchtums. In den Gemeinden
wurden prächtige Prozessionen, Wallfahrten zu heiligen Stätten,
fröhliche Kirchweihfeste veranstaltet und Bildnisse der Jungfrau
Maria gekrönt. Dieser demonstrativ ausgelebte Volkskatholizismus führte den Machthabern vor Augen, daß sich die geistige Be-
findlichkeit der Bürger nicht in ihr ideologisches Schema pressen
ließ. Darüber hinaus waren die Gläubigen stets bereit, sich in ein-
drucksvoller Weise hinter den Primas zu stellen, wenn der kirchliche Freiraum eingeschränkt zu werden drohte.

Das zeigte sich zum Beispiel nach der »Vergebungsbotschaft«.
Obwohl sich Wyszyński niemals für die deutschen Nachbarn erwärmen konnte, war er als Christ bereit, ihnen die Hand zu reichen
und jene Botschaft an den deutschen Episkopat zu unterzeichnen,
die der polnische Bischof Bolesław Kominek entworfen hatte. In
dem Schriftstück vom 18. November 1965 baten die polnischen
Bischöfe um Verständnis dafür, daß ihre Nation die Westgrenze
entlang von Oder und Neiße als Existenzfrage ansehe. Und sie
schlossen mit dem moralischen Appell: »Versuchen wir zu vergessen! Keine Polemik, kein weiterer kalter Krieg, aber der Anfang
eines Dialogs (. . .) In diesem allerchristlichsten und zugleich sehr
menschlichen Geist strecken wir unsere Hände zu Ihnen hin (. . .),
gewähren Vergebung und bitten um Vergebung.«

Diese mutige und bewegend formulierte Botschaft, abgesandt fünf Jahre vor der Unterzeichnung des Vertrages zwischen Polen und der Bundesrepublik Deutschland, sollte langfristig dazu beitragen, auf beiden Seiten alte Feindbilder aufzubrechen. Die Reaktion der deutschen katholischen Bischöfe fiel mit Rücksicht auf die Vertriebenenverbände sehr verhalten aus. Der Warschauer Führung kam das gerade recht. Aufgebracht über den eigenmächtigen Vorstoß des Episkopats, warf sie diesem vor, mit der Bitte um Vergebung die polnische Staatsräson verletzt und die Westgrenze zur Disposition gestellt zu haben. Ausgerechnet Wyszyński wurde in der offiziellen Presse als »Vaterlandsverräter« beschimpft.

Den Behörden waren die bevorstehenden Feiern zum tausendjährigen Bestehen der katholischen Kirche in Polen ein willkommener Anlaß für kleinliche Schikanen. Um die Bevölkerung auf das Millenium einzustimmen und die Glaubenskraft zu stärken, hatte Wyszyński bereits 1957 beschlossen, bis zur großen Feier 1966 jedes Jahr unter ein anderes christliches Motto zu stellen. In jenen Tagen nun wurde ein Kopie der Schwarzen Madonna von Tschenstochau in Prozessionen durch das Land geleitet – für die polnische Führung ein Affront im Ringen um die Seele der Nation. Nach der »Vergebungsbotschaft« beschlagnahmten die Behörden kurzerhand das Bild. Auf den polnischen Volkskatholizismus war jedoch Verlaß. Der Ruf »Sie haben die Muttergottes verhaftet!« lockte die Menschen zuhauf herbei – statt der Ikone trugen sie trotzig den leeren Rahmen voran.

Nach Gomułkas Sturz im Dezember 1970 entspannten sich die Beziehungen zwischen Staat und Kirche merklich. Der neue Parteichef Edward Gierek ging auf Wyszyńskis Angebot zur Zusammenarbeit bereitwilliger ein als sein Vorgänger. Einerseits schien die polnische Führung ihre Macht mit Hilfe der Kirche stabilisieren und andererseits auf sie die Sorge um die moralische Erziehung der Nation abwälzen zu wollen. Zum Beispiel wurden ihr mehr Genehmigungen zum Bau von Gotteshäusern erteilt. Wys-

Der Eigennutz bestimmt den Arbeitseinsatz

zyński verlor über dem verbesserten Klima jedoch nicht die weiterhin bestehenden Einschränkungen aus den Augen. Auch Giereks Regierung rief er zur Beachtung der Menschenrechte auf und unterstützte die Forderung der Bürger nach Organisations- und Meinungsfreiheit.

Dank seinem entschiedenen Eintreten für die nationalen Belange wuchsen der katholischen Kirche von überall her neue Kräfte zu. Sie entwickelte sich zu einer wirklichen Volkskirche, zumal sie neben den religiösen verschiedene gesellschaftliche Bedürfnisse befriedigte, etwa durch die katholische Jugendarbeit, Zeitschriften, kleine karitative Einrichtungen oder die »Klubs der katholischen Intelligenz«, die sich mehr und mehr in Zentren der Opposition verwandelten. Überall wurde der bestehende Freiraum in zäher Kleinarbeit – nicht selten bis an die Grenze der Legalität – ausgeweitet.

Diese Allgegenwart der Kirche löste einen Prozeß aus, dem die kommunistische Partei nicht entgegenzuwirken vermochte, da sie selbst viel zu sehr dem Schwarz-Weiß-Denken verhaftet war. Katholiken heißt es, seien weniger offen für die Strömungen des Zeitgeistes und mithin weniger anfällig für die Verheißungen der Ideologien. Dank dieser Festigkeit im Grundsätzlichen setzte die Diskussion über die Fassadenhaftigkeit des marxistischen Wertsystems, wie es sich im real existierenden Sozialismus darbot, in Polen wesentlich früher ein als in den anderen Staaten des östlichen Lagers. In das entstehende Vakuum aber wuchs ganz natürlich die Kirche hinein. Die Bibel wurde immer häufiger als verbindliche ethische Handlungsanweisung für die Politik angesehen. Das verstärkte die Sehnsucht nach dem Absoluten und förderte die Neigung, politische Ziele mit Hilfe religiöser Symbole und christlicher Kategorien zu formulieren.

Ihren ersten Höhepunkt erlebte diese Entwicklung in der Solidarność-Ära von 1980/81. Damals hatte es den Anschein, als wollten die polnischen Arbeiter ihr Gesellschaftssystem mit Hilfe der Madonna, des Papstes und der Pfarrer reformieren. Überall prangten religiöse Zeichen. Lech Wałęsa war kaum ohne kirchliche Ratgeber zu sehen. Die Glaubenskraft war zweifellos einer der entscheidenden Impulse für die Solidarność. In einer ihrer Schriften hieß es: »Die Streikenden haben jemanden zum Garanten ihrer Forderungen gemacht, der sich nicht mit historischen (...) oder militärischen Argumenten zur Ordnung rufen läßt. Dieser Jemand ist Gott.« Obwohl sich die Gewerkschaftsbewegung zu einem guten Teil auf die Kirche stützte, hatte sie doch ihre eigenen Ziele. Und je selbständiger sie sie gegenüber der Staatsmacht artikulieren konnte, desto mehr entglitt sie der geistlichen Lenkung. Die Bischöfe waren sich bewußt, daß das Erreichte schnell wieder verlorengehen könne. Deshalb beschworen sie die politischen Kontrahenten, den Dialog nicht abreißen zu lassen und die Streiks zumindest für eine Weile auszusetzen. Die aufgebrachte und zur Selbstüberschätzung neigende Volksbewegung aber wollte die kirchliche Autorität nicht mehr rückhaltlos anerkennen.

Diesen Ablösungsprozeß schrieb man damals gern dem Umstand zu, daß Kardinal Wyszyński im Mai 1981 starb. Sein Schatten lastete zunächst schwer auf seinem Nachfolger, dem 1929 geborenen Józef Glemp. Ihm eignete nicht Wyszyńskis Aura aus patriarchalischer Güte und Strenge. Seine Sprache wirkte oftmals rauh und ungelenk, wie sein ganzes Auftreten einer gewissen diplomatischen Eleganz entbehrt. Im Verhalten aber zeigte sich Glemp in dieser Krisensituation seinem Vorgänger durchaus ebenbürtig. Nach der Verhängung des Kriegsrechts im Dezember 1981 suchte er in erster Linie ausgleichend zu wirken; er vermied alles, was die Atmosphäre weiter hätte vergiften können. Seine wenig kämpferische Haltung und seine gewiß oft unbeholfen formulierten Appelle an die Vernunft riefen bei den Polen manche Kritik hervor. Der Primas sei gegenüber den Kommunisten zu gutgläubig und zu kompromißbereit, hieß es bald hinter vorgehaltener Hand. Erst allmählich zeigten sich die Früchte dieser Taktik. Glemp forderte die Militärregierung öffentlich auf, den Dialog wiederaufzunehmen. Doch er ersparte ihr dabei unnötige verbale Demütigungen – und konnte deshalb in anderen Fragen, zumal hinter den Kulissen, um so fester auftreten. So setzte er unter Berufung auf die Menschenrechte bald erträglichere Bedingungen in den Internierungslagern durch. Zugleich wußte er den seelsorgerischen Freiraum zielstrebig auszuweiten.

Die Gotteshäuser verwandelten sich in Orte der nationalen

Selbstdarstellung. Nie zuvor hatten in der Volksrepublik die Menschen so zahlreich an den Messen teilgenommen. Hier trugen sie offen ihre Solidarność-Plaketten zur Schau, und nach dem Ende der Zeremonie reckten sie die Hände mit den zum Victory-Zeichen gespreizten Fingern. Darüber hinaus öffnete sich die Kirche für die verschiedensten gesellschaftlichen und kulturellen Aktivitäten, stellte Gotteshäuser und Gemeindezentren für Dichterlesungen, Theateraufführungen, Konzerte, Filmvorführungen, Vortragsreihen und Ausstellungen zur Verfügung. Obgleich die Termine nicht öffentlich bekanntgegeben werden konnten, erschien das Publikum in Scharen. Tonbänder liefen mit, Zuhörer machten sich Notizen. Das Religiöse trat bei allen diesen Veranstaltungen in den Hintergrund. Das brennende Thema war die unterdrückte Nation und damit die Politik.

In dem weitverzweigten kirchlichen Netz konnte jedermann ein Plätzchen finden. So hielt sich die Mehrzahl der untergetauchten Solidarność-Führer in Klöstern versteckt. Auf den kirchlichen Druckmaschinen wurden Flugblätter vervielfältigt. Im Schutz der Kirche bahnten sich Hungerstreik- und Protestaktionen an, die von ihr auch aufgefangen wurden. Bei der Kirche trafen die meisten Spenden aus dem Westen ein, und sie gebot über zahllose freiwillige Helfer, um die Lebensmittel und Medikamente gerecht zu verteilen.

Um den mäßigenden Einfluß der Geistlichen auf die Gesellschaft nicht zu gefährden, blieben die kirchlichen Räume unter Kriegsrecht von dem allgemeinen Versammlungsverbot ausgenommen. Wie während der Solidarność-Ära vereinbart, übertrug der Rundfunk weiterhin jeden Sonntag eine Messe. Dieser tolerante Kurs der Staatsführung war in den eigenen Reihen keineswegs unumstritten. Zwar wurde die Kirche niemals als Institution angegriffen. Immer wieder aber versuchten die Behörden einzelne Priester durch Schikanen einzuschüchtern. Ein Teil der Presse wetterte gegen die »Klerikalisierung der Kultur«, mahnte die Bischöfe, sich auf den Kult und die Seelsorge zu beschränken und versuchte durch falsche Angaben über die Einkünfte mancher Priester in der Bevölkerung Neidgefühle zu wecken.

Ein Opfer dieses schwer zu durchschauenden Taktierens der

Staatsmacht gegenüber der Kirche wurde der junge Kaplan Jerzy Popiełuszko. Seine »Messen für das Vaterland«, in denen er seit Mitte 1983 in der Warschauer Stanisław-Kostka-Kirche die Ideale der Solidarność verteidigte, hatten ihn im ganzen Land berühmt gemacht. Obgleich seine Predigten niemals aufrührerisch waren, entfesselten die Medien alsbald eine böse Hetzkampagne gegen ihn. Die Miliz versuchte, ihn mit gefälschten Beweisen als Lebemann und Terroristen hinzustellen und durch Verhöre mürbe zu machen. Im Oktober 1984 schließlich fingen drei Angehörige des polnischen Sicherheitsdienstes den 37jährigen Priester ab und folterten ihn grausam zu Tode. Die Mörder wurden bald gefaßt und verurteilt, ihre Hintermänner aber gaben sie nicht preis. Ob es sich um eine isolierte Tat handelte oder um ein Komplott des Innenministeriums, wofür es einige Hinweise gibt und was die Staatsanwaltschaft seit der Wiederaufnahme des Verfahrens nach dem Systemwechsel zu ermitteln versucht – die Ermordung Popiełuszkos war in jedem Fall ein Anschlag auf General Jaruzelskis Verständigungskurs.

In der zweiten Hälfte der achtziger Jahre rückten die Behörden von ihrer Politik der Nadelstiche merklich ab. Die Warschauer Führung benötigte die Kirche zunehmend als Schlichtungsinstanz in ihrem Ringen mit der Gesellschaft, die nachdrücklich die Wiederzulassung der Solidarność verlangte. Die Bischöfe wirkten nicht nur in ihren Predigten mäßigend auf die Gläubigen ein. Ihre Mittlerfunktion bewährte sich vor allem bei den Streiks vom Sommer 1988 hinter den Kulissen. Damals trug der Episkopat erheblich dazu bei, daß die Arbeiter die Ausstände beilegten und die Staatsführung im Gegenzug einwilligte, sich mit der Opposition an einen Tisch zu setzen. Nachdem diese zähen Verhandlungen im April 1989 ein glückliches Ende gefunden hatten, sagte Lech Wałęsa: »Die Gespräche am Runden Tisch glichen zuweilen einem Boxring, und die Kirche war dabei der Schiedsrichter, der so geschickt war, beide Kontrahenten siegen zu lassen.«

Die Kirche nutzte die Gelegenheit, ein eigenes Anliegen voranzutreiben. In Abstimmung mit dem Vatikan hatte Kardinal Wyszyński immer wieder gefordert, daß zuerst der Status der Kirche in Polen rechtlich abgesichert werden müsse, bevor die diplomati-

schen Beziehungen zum Heiligen Stuhl, um die sich die polnische
Führung seit den siebziger Jahren bemühte, wiederaufgenommen
werden könnten. Im Mai 1989 verabschiedete das kommunistische Parlament das Gesetz über die Beziehungen des Staates zur
katholischen Kirche. Die Volksrepublik wurde darin zu einem in
weltanschaulichen Fragen neutralen Staat erklärt und der Kirche
zugestanden, »sich nach eigenem Recht zu verwalten, ihre geistliche Herrschaft und Jurisdiktion ungehindert auszuüben und ihre
Angelegenheiten selbst zu regeln«. Die Staatsführung verpflichtete sich, der Kirche ihre nach dem Krieg enteigneten Güter,
Gebäude und Vermögenswerte zurückzuerstatten oder entsprechende Entschädigungszahlungen zu leisten, die päpstlichen
Akademien und Priesterseminare anzuerkennen sowie die Geistlichen aller Religionsgemeinschaften in das Sozialversicherungs-
ystem aufzunehmen. Erwartungsgemäß erfolgte bald darauf die
Aufnahme offizieller Beziehungen zum Vatikan. Es sollte eine der
letzten Amtshandlungen der kommunistischen Staatsführung
sein, die nach den Wahlen vom Juni 1989 keine Koalitionsmehr-
heit zu finden vermochte.

Der katholischen Kirche Polens ist während der kommunistischen Ära, teils dank klugem Taktieren, teils begünstigt durch die
Ereignisse, viel reale Macht zugewachsen. In den ersten Monaten
nach dem Systemwechsel manifestierte sich das auch ganz konkret
im täglichen Leben. Nahezu die gesamte Gesellschaft schien sich
überirdischen Beistands versichern zu wollen. So gut wie nichts
lief mehr ohne die Anwesenheit von Geistlichen. Sie hängten zusammen mit den Schülern in den Klassenräumen Kreuze auf,
weihten Denkmäler, Spitäler, Betriebe und die Redaktionsräume
von Solidarność-Zeitungen ein, segneten die Ernte und neu zuge-
lassene Autos. Der Fußballklub Legia Warszawa engagierte einen
eigenen Seelsorger, der mit auf der Trainerbank sitzt. Die Zentralverwaltung des Handwerkerverbands erhielt auf ihre Bitte hin
einen eigenen Kaplan gestellt. Pfadfindereinheiten wandelten den
Mitgliedseid in einen religiösen Schwur um. Kongresse wurden
mit einer feierlichen Messe eröffnet. Auch ins Parlament fanden
religiöse Zeremonien Eingang. Ein Kaplan segnete die Senatoren
und betete mit ihnen das Vaterunser. Zu Weihnachten 1989 gelei-

teten die Abgeordneten den Primas in den Sejm, wo sie mit ihm die Oblate brachen und christliche Lieder sangen. Die Medien berichteten über alle Ereignisse in großer Aufmachung.

Die Kirche habe nicht nur den Kampf um die Regierung der Seelen, sondern den Kampf um die Regierung selbst gewonnen, witzelte damals vorschnell ein polnischer Feuilletonist. Denn die Kirche könnte langfristig zum großen Verlierer des politischen Umbruchs werden – weil von ihr kaum intellektuelle Impulse für die Gestaltung von Gegenwart und Zukunft ausgehen und sie für einen beträchtlichen Teil ihrer Mitglieder an einem überlebten Wertsystem festhält. Bislang standen diese Fragen niemals im Vordergrund des öffentlichen Interesses. Schon Primas Wyszyński war zuweilen vorgeworfen worden, aus der Frontstellung gegenüber dem atheistischen Kommunismus heraus die alte Bollwerkmentalität wiederbelebt zu haben, wehrte die Kirche doch unter ihm und seinem Nachfolger Józef Glemp alles ab, was ihre demonstrative Einmütigkeit hätte schwächen können – und verfiel darüber letztlich in einen doktrinären Traditionalismus. Selbst den vom Zweiten Vatikanischen Konzil angeregten Liturgiereformen stand sie ablehnend gegenüber. Der Episkopat zensierte die katholische Presse kaum weniger rigoros als der Staat. Die verschiedenen Dogmenkontroversen, zu denen es überall auf der Welt kam, fanden hier keine Resonanz. Auch Kritik an der polnischen Kirche wurde zurückgewiesen.

Nicht minder unflexibel und traditionalistisch gab sich die Kirche in ihrer Morallehre. Im spezifischen Atheismus der westlichen Konsumgesellschaften mit ihren liberalen Sitten sehen die meisten polnischen Gottesmänner eine ebenso große Gefahr für das Seelenheil wie im kommunistischen Atheismus. Bischöfe und Priester redeten in Hirtenbriefen und Sonntagspredigten deshalb niemals nur einer Seite ins Gewissen. Auch wenn sie die kommunistische Staatsführung für die Mißstände in der Gesellschaft verantwortlich machten und neue Weichenstellungen zur Verbesserung der Lebensverhältnisse einforderten, sparten sie nicht mit moralischen Appellen und strengen Lebensvorschriften an die Gläubigen, sie riefen zur strikten Einhaltung der katholischen Ehe- und Sexualmoral auf, verdammten Abtreibung und Homosexualität, warnten vor Alkohol, Drogen, Konsumdenken und Flucht in die Emigration, verurteilten die laxe Arbeitsmoral und beschworen die Nächstenliebe.

Niemand weiß, wie es um die Moral der polnischen Gesellschaft bestellt wäre, wenn die Kirche sich dieses Thema nicht auf ihre Fahnen geschrieben hätte. Der Schriftsteller Aleksander Wat äußerte vor langer Zeit, daß eine gewisse Form von religiösem Brauchtum seine Landsleute davor bewahrt habe, sich in eine »Termitengesellschaft« zu verwandeln. Die nationale Rolle der Kirche hat zu einem sehr polnischen Religionsverständnis geführt. Zu glauben bedeutet für Polen nicht in erster Linie, sich individuell mit dem Göttlichen auseinanderzusetzen oder sich aus Nächstenliebe karitativ zu betätigen. Die religiösen Kenntnisse sind im Schnitt eher dürftig. Nicht selten erschöpfen sie sich in der Überzeugung, daß Christus die Menschheit erlöst habe, daneben findet man Erbauung an allerlei frommen Legenden. Der Glaube stellt für die Polen vor allem ein Gemeinschaftserlebnis dar, das ihnen in politisch düsteren Zeiten Trost und Hoffnung spendet und sie in Stunden des Sieges der Gnade des Schöpfers versichert. Infolgedessen nimmt das Ritual im polnischen Religionsverständnis einen breiten Raum ein. Es vermittelt ein Gefühl der Geborgenheit in Gott, gaukelt freilich auch Sicherheiten vor, die objektiv nicht existieren.

Eine ähnlich lähmende Wirkung zeitigte die seit dem 19. Jahrhundert von der Kirche gepflegte messianische Opfermystik. Sie begünstigte nicht eben jene Tugend, das eigene Gewissen zu erforschen und eigenverantwortlich zu handeln. Das Dasein wird zum Schicksal, das die Hoffnung auf das Jenseits verstärkt. Bischöfe und Priester tun sich deshalb schwer, den Menschen in seiner psychischen Vielschichtigkeit anzunehmen. Der Ratsuchende, der sich an den Geistlichen wendet, erhält bei der Bewältigung der diesseitigen Probleme kaum jemals individuell einfühlsamen Beistand.

Während der kommunistischen Ära war die Macht der Kirche über die Gemüter nie gefährdet, weil sich in ihr das Nationalgefühl nahezu des gesamten Volkes verkörperte. Die Pfarrer drückten in einer seltsamen Mischung aus Orthodoxie und Pragmatismus bei Verstößen gegen die katholische Morallehre häufiger die Augen zu. Um so heftiger mußten nach dem Systemwechsel die Widersprüche aufbrechen. Für einen Teil der Polen, und keineswegs nur für die Vertreter der Kirche, bestand das einzige Ziel des Kampfes gegen den Kommunismus allem Anschein nach darin, das katholische Wertsystem in der neuen Verfassung zu verankern. Das stößt auf Protest in der Gesellschaft, die sich anfangs gar nicht demonstrativ genug zu ihrer Kirche bekennen konnte. Im Frühjahr 1991 äußerten in Umfragen rund 60 Prozent der Befragten die Ansicht, daß die Kirche zuviel Einfluß besitze.

Die Auseinandersetzungen um die Stellung der Kirche im demokratischen Polen ziehen sich quer durch alle gesellschaftlichen Gruppierungen, und es ist nicht leicht, die Beweggründe in den einzelnen Lagern auszumachen. Im Sejm und im Senat sitzen weder Bischöfe noch Priester. Die Regierung selbst scheint nicht so kirchenhörig zu sein, wie zunächst von vielen befürchtet. Sogar Präsident Wałęsa, der eigentlich konservativ-katholischen Positionen zuneigt, hält sich in dieser Frage bislang eher zurück. Die meisten Politiker, die heute das Land regieren, haben der Kirche viel zu verdanken. Ohne ihre schützende Hand wäre der Widerstand gegen den Kommunismus vermutlich lange Zeit eine Randerscheinung geblieben. Die »Beamten des Herrgotts«, wie die Kabarettistin Olga Lipińska die übereifrigen Abgeordneten nannte, vertreten die kirchlichen Positionen zum Teil gewiß aus ehrlicher Überzeugung. Bei anderen jedoch kann man sich des Eindrucks nicht erwehren, als unterstützten oder duldeten sie den Totalitätsanspruch der katholischen Kirche aus Karrieregründen. In der Gesellschaft hat sich die Überzeugung gehalten, daß ein »richtiger« Pole Katholik sein müsse, weshalb es sich niemand mit der Kirche verderben will. Zusätzliches Öl ins Feuer gießen freilich die zahlreichen rechtsgerichteten Splitterparteien, die sich durch eine extrem konservative Haltung, zumal in kirchlichen Fragen, bei den Wählern zu profilieren suchen.

Insbesondere die katholische Ehe- und Sexualmoral sorgt für Turbulenzen und droht ein bigottes, irrationales und fortschrittsfeindliches Klima zu schaffen. Wenn Abgeordnete für ein totales Abtreibungsverbot eintreten, sogar den Verkauf jeglicher Verhü-

tungsmittel untersagen möchten und auf die Apotheker entsprechenden Druck ausüben, muß man ihren Freiheitsbegriff in
Zweifel ziehen. Einige Politiker versteigen sich zu der Forderung,
die Ehe wieder wie vor dem Krieg unauflöslich zu machen. Die
enge vatikanische Lehre macht auch vor der Forschung nicht halt.
So schlossen nach und nach fast alle Klinikabteilungen, die sich
mit der In-vitro-Befruchtung beschäftigen – was nicht nur vielen
kinderlosen Ehepaaren die letzte Hoffnung raubte, sondern auch
die polnische Forschung auf diesem Gebiet um Jahre zurückwirft. Einen eher tragikomischen Charakter haben die hochemotionalisierten öffentlichen Kampagnen gegen Sexshops und Pornofilme, die sich in der polnischen Männerwelt einiger Beliebtheit
erfreuen. Oder die Tatsache, daß polnische Schauspielerinnen
plötzlich erklärten, sich vor der Kamera nicht mehr auszuziehen zu
wollen.

Kaum weniger heftige Polemiken ruft der Religionsunterricht
hervor, der 1961 aus den Schulen in kircheneigene Räume verbannt worden war und im Herbst 1990 ohne vorherige Diskussionen im Sejm in den staatlichen Bildungseinrichtungen vom
Kindergarten bis zum Gymnasium wieder eingeführt wurde. Pessimisten wittern darin bereits eine Aufhebung der Trennung von
Kirche und Staat. Andere argwöhnen, daß die Kirche wie schon in
der Zwischenkriegszeit wieder das gesamte Erziehungssystem in
den Griff bekommen will. Selbst wenn die Teilnahme freiwillig
ist, die Note keinen Einfluß auf die Versetzung haben soll – welcher Heranwachsende wird es wagen, in einer Gesellschaft, die
sich brüstet, zu über 90 Prozent katholisch zu sein, diesen Schulstunden fernzubleiben und sich damit dem Verdacht auszusetzen,
kein »richtiger« Pole zu sein?

Auch die Verquickung der katholischen Kirche mit der Idee des
Polentums war für die geistige Entwicklung der Gesellschaft
keineswegs nur segensreich, sondern förderte immer auch den
Nationalismus. Die Toleranz gegenüber Andersgläubigen und
Andersdenkenden zählt nicht zu ihren Stärken. Während des
Wahlkampfes vom Frühsommer 1989 sprachen sich nicht wenige
Priester von der Kanzel herab gegen die jüdischen und atheistischen Kandidaten der Solidarność aus. Heute werden in man

chen Gotteshäusern ganz offen antisemitische Broschüren verkauft. Außerdem hält die Kirche weiterhin an der nationalistischen Interpretation der polnischen Geschichte fest. So wies etwa
der Leiter der katholischen Hörfunk- und Fernsehstationen die
Journalisten im Frühjahr 1991 in einem internen Papier an, beim
Papstbesuch im pommerschen Köslin (Koszalin) die deutsche Vergangenheit dieser Stadt mit keinem Wort zu erwähnen. Statt dessen sollten sie auf die »Denkmäler der slawischen Kultur« in
diesem Landstrich hinweisen und bei der Beschreibung der im
14. Jahrhundert erbauten Kösliner Marienkirche den Begriff »bal-
tische Gotik« verwenden. Im übrigen hielt sich auch der Papst
während seines Aufenthaltes an diese Version – und verpaßte damit eine Chance, Akzente in der Völkerverständigung zu setzen.

Den »Nationalismus im Ornat« fürchten nicht zuletzt die religiösen Minderheiten in Polen, die etwa 2,7 Prozent der Bevölkerung ausmachen. In der kommunistischen Ära besetzten fanati-
sierte polnische Katholiken immer wieder einmal die protestantischen Gotteshäuser in den ehemaligen deutschen Ostgebieten, um
die Übergabe an den eigenen Klerus zu erzwingen. Meist hatten
sie Erfolg. Nach dem Systemwechsel setzte sich diese Tendenz
fort. Anfang 1991 versprach Johannes Paul II. der griechisch-katholischen Glaubensgemeinschaft im Land, die etwa 400 000 Mitglieder zählt, die Rückgabe der Kathedrale im südostpolnischen
Przemyśl, die bis zum Zweiten Weltkrieg ihre Bischofskirche gewesen war. Eine Reihe römisch-katholischer Polen wollte das
nicht hinnehmen, besetzte das Gotteshaus und veranstaltete einen
Hungerstreik. Der Papst teilte den griechisch-katholischen Chri-
sten daraufhin eine andere – kleinere – Kirche in Przemyśl zu.

Das vielleicht Bestürzendste an diesen Auseinandersetzungen
ist die ungeheuer simplifizierende Sprache, der sich beide Seiten
bedienen. Jene Kreise, die für eine strikte Trennung von Kirche
und Staat eintreten, setzen den Katholizismus häufig mit dem
kommunistischen Totalitarismus gleich – und schießen damit
über das Ziel hinaus. Böse Worte von der »Klerikalisierung« und
»Khomeiniisierung« Polens machen die Runde – und leisten aggressiven Strömungen Vorschub, die ihre ganze Verzweiflung
über den schleppenden Verlauf der Reformen auf die Kirche als

Teil des Establishments entladen. Die »Gegenseite« macht es keineswegs besser. Sie brandmarkt jede, selbst gutgemeinte Kritik an
der Institution Kirche nur zu gern als »Strategie der Kräfte des
alten Systems«. Der Papst verglich die Abtreibung mehrfach mit
dem Völkermord an den Juden. Als Regierungschef Bielecki den
Vize-Gesundheitsminister entließ, weil dieser die Homosexualität
öffentlich als »Verirrung« bezeichnet und als Mittel zur Aids-
Vorbeugung statt Kondomen einzig eheliche Treue oder Enthalt-
samkeit gelten ließ, scheute sich Primas Glemp nicht, diese Maßnahme mit der Verhaftung von Kardinal Wyszyński während der
Stalin-Ära gleichzusetzen. Auch der polnische Messianismus
bricht sich erneut Bahn. Aus kirchenhörigen Kreisen tönt es
selbstbewußt, man denke nicht daran, den Einfluß der Kirche auf
ein europäisches Maß zurückzuschrauben – vielmehr müsse Europa von Polen aus wieder missioniert werden.

Die Geschichte der katholischen Kirche Polens war in den letzten beiden Jahrhunderten von Kämpfen gegen fremde Mächte geprägt, die der Nation das Recht auf Religionsausübung streitig zu
machen suchten. Das mag die Hitzigkeit und den Übereifer in den
gegenwärtigen Auseinandersetzungen erklären. Heute verlaufen
die Trennlinien erstmals durch die polnische Gesellschaft selbst,
und noch ist offen, wie dieser »Kirchenkampf« ausgeht. Unmittelbar nach dem Systemwechsel hoffte die Bevölkerung, daß die
Kirche einen wesentlichen Beitrag zur moralischen Erneuerung
leisten möge. In dieser Hinsicht gäbe es für sie unendlich viel zu
tun. Die Erbitterung über das Kriegsrecht, die Untergrundaktivi-
tät in den achtziger Jahren sowie die wachsende materielle Not
haben die Sitten und den Umgangston rauher werden, die Aggressivität, den Egoismus, das Konsumdenken und die Ellenbogen-
mentalität überhand nehmen lassen. Auf karitativer Ebene böte
sich der Kirche nun, da sie nicht mehr von den kommunistischen
Behörden behindert werden kann, ein reiches Betätigungsfeld.

Manche Polen wünschen sich einen Martin Luther herbei, der
seine Thesen an die Türen des Nationalheiligtums Jasna Góra
schlägt, um die polnische Kirche aus ihrer muffigen Selbstzufrie-
denheit zu reißen. Ohne den entscheidenden Druck der katholischen Laien und jener kleinen Gruppe Priester, denen der Totali-

tätsanspruch der eigenen Institution zuwider ist, wird es kaum zu einer Neubesinnung kommen. Dazu fühlt sich der Episkopat viel zu einig mit dem Oberhaupt aller Katholiken, dem Papst, der, ebenfalls ein Pole, ähnliche Positionen vertritt.

Sollte sich die Kirche weiterhin den gesellschaftlichen Anliegen verweigern und auf den äußerlichen Beweisen der Treue gegenüber ihrer Lehre beharren, so würde ihr autoritäres Beispiel im gesamten öffentlichen Leben Maßstäbe setzen und die verbreitete Doppelmoral weiter verfestigen. Damit würde sie ein Hindernis auf dem Weg zur demokratischen Gesellschaft. Und es behielten jene Polen recht, die heute sagen, daß die Kirche, bei all ihren unschätzbaren Verdiensten um die Nation in der Zeit der Unterdrückung, als moralische Kraft in der neuen Situation doch versagt habe.

Hier sind wir frei! – *Das Kloster Jasna Góra zu Tschenstochau*

Für die meisten polnischen Katholiken gehören die Begriffe »gläubig« und »praktizierend« unauslöschlich zusammen. Ihnen käme es nicht in den Sinn, die religiöse Ergriffenheit mit sich selbst abzumachen oder auf das Wort zu verkürzen, wie es Protestanten häufig tun. Zu glauben bedeutet für Polen immer auch, sich zu ihren Hoffnungen, Sehnsüchten und Ängsten an den entsprechenden Orten und im Rahmen der Rituale zu bekennen. Das wirkt auf den ersten Blick umständlich, mitunter recht mechanisch, klischeehaft, oberflächlich oder übertrieben pompös und feierlich. Dennoch sind die kultischen Handlungen alles andere als eine entbehrliche ästhetische Zugabe: Man nimmt sich Zeit für seine Wünsche, verleiht ihnen auf sinnliche Art Ausdruck und befreit sich mit der Gebärde von seinen Sorgen.

Was Wunder, daß das Land mit Gebetsstätten regelrecht übersät ist? Die gut 15 000 Kirchen, die es heute in Polen gibt, genügen den Bedürfnissen in keiner Weise. Während der Wohnungsbau darniederliegt, entstehen überall neue Gotteshäuser. Auf dem

Lande finden sich an vielen Weggabelungen Bildstöcke und Minialtäre, vor denen sich Bäuerinnen und Kinder versammeln, um die Gnade der Mutter Gottes zu erflehen und ihr durch frommen Gesang zu huldigen. Während der Besatzungszeit wurden überall in den Hinterhöfen der Städte Madonnenstatuen aufgestellt – und dort stehen die meisten bis heute. Sie werden abends mit bunten Glühbirnen beleuchtet, und kein Hausbewohner eilt jemals achtlos daran vorbei.

Wahre Besucherströme überschwemmen die unzähligen Wallfahrtsorte zwischen Oder und Bug. Den vom Schicksal hart Geschlagenen – ob Individuum oder Nation – verlangt es immer wieder nach der Gewißheit, daß Mühen und Leiden nicht vergebens sind. Wo aber könnte sich ein Volk, das seit Jahrhunderten daran gewöhnt ist, seinen Glauben im Ritual zu praktizieren, davon besser überzeugen als an jenen heiligen Stätten, an denen sich Gott der Überlieferung nach einem Erdenbürger durch Zeichen und Wunder zu erkennen gegeben hat?

Vier bis fünf Millionen Menschen suchen alljährlich das Kloster auf dem Hellen Berg zu Tschenstochau auf. Doch mit Jasna Góra, wie der Helle Berg in der Landessprache heißt, verbinden die Polen weit mehr als ein individuelles Glaubenserlebnis. Hier, in dem nach der Krakauer Wawelburg bedeutendsten Nationalheiligtum des Landes, befindet sich das Bild der Schwarzen Madonna, der »Königin Polens«. Nach fester Überzeugung ihrer treuen Anhängerschar hat sie in kritischen Momenten der nationalen Geschichte stets zu Polens Gunsten eingegriffen. Und sie wird ihre schützende Hand so lange über dieses Volk halten, wie es im Glauben standhaft bleibt. Dies unter Beweis zu stellen, kommen die Pilgerscharen.

Für einen Besuch von Jasna Góra sollte man sich Zeit nehmen. Von der Stadt führt eine von hohen Bäumen überdachte Allee, die seit jeher den Namen »Unserer lieben Frau« trägt, zum Kloster. An ihrem Ende erhebt sich der Helle Berg, ein sanft ansteigender Kalkhügel, auf dessen Spitze die in ihrer heutigen Form überwiegend aus dem 17. Jahrhundert stammende viereckige Klosteranlage thront: eine Trutzburg mit mächtigen Mauern und einem die Umgebung beherrschenden Turm. Auf dem Hügel haben Pilgerfamilien ihre Decken zum Picknick ausgebreitet. In der Nähe des Eingangstores herrscht dichtes Gedränge. Hier machen die Devotionalienhändler – und einige Taschendiebe – ihre Geschäfte. Die Mutter Gottes und der Papst prangen auf Deckchen, Anstecknadeln und Aschenbechern. Der Kitsch ist mit Händen zu greifen und findet reißenden Absatz.

Als seien sie bei Verwandten zu Besuch, inspizieren Pilger und Touristen mit ungezwungener Neugier die Klosteranlage: die gotische Basilika mit der üppigen, barocken Innenausstattung; die verschiedenen Kapellen und Repräsentationsräume; die Bibliothek mit 40 000 Lederbänden und wertvollen Handschriften; die Dekkengemälde mit Szenen aus der polnischen Geschichte und allegorischen Darstellungen; die Kreuzwegstationen im ehemaligen Befestigungsgraben; das Magazin mit den kostbaren Waffen, die polnische Heerführer von ihren Feinden erbeuteten. Die Schatzkammer, vor der sich lange Schlangen bilden, beherbergt eine der reichsten kunsthandwerklichen Sammlungen in Polen. Beweise der Marienliebe, die hohe Herren hier zusammengetragen haben. Im Museum im ehemaligen Zeughaus sind zwei aktuelle Denkwürdigkeiten zu bestaunen: die Urkunde über die Verleihung des Friedensnobelpreises an Lech Wałęsa samt der dazugehörigen Medaille sowie die Schärpe Johannes Pauls II., die der Türke Ali Ağça bei seinem Attentat auf den Papst durchschoß. Die weißgekleideten Paulinermönche, die in Jasna Góra ihren angestammten Wohnsitz haben, bemühen sich mit bewunderungswürdiger Geduld, des täglichen Besucherandrangs Herr zu werden. An den begehrtesten Plätzen – den Beichtstühlen und den Stellen, an denen geweihtes Wasser ausgegeben wird – müssen sie mitunter energisch werden, damit die klösterliche Würde gewahrt bleibt.

Der einzige Platz in Jasna Góra, an dem eine ergreifende Stille herrscht, ist die Kapelle Mariä Geburt. Hier befindet sich das gnadenspendende Bild, eingelassen in einen Hochaltar aus mit Silber beschlagenem Ebenholz, eine Stiftung des Kanzlers Jerzy Ossoliński an das Kloster aus dem Jahre 1650. Den Rundbogen des Altars umkränzen girlandenhaft die Worte: »Königin Polens, bete für uns.« Die Wände ringsum sind über und über mit silbernen Votivgaben behängt.

Mein erster Eindruck beim Betreten der Kapelle: Noch nie habe ich so viele Menschen dicht gedrängt beieinander stehen sehen, im Anblick eines Bildes erstarrt. Vom Morgengrauen an ist der Raum gefüllt mit »schwarzen Klumpen«, wie Alfred Döblin die zusammengekauerten Weiblein in den polnischen Kirchen einst nannte. Sie reisen am späten Abend an und übernachten auf dem Bahnhof, um in aller Herrgottsfrühe hier zu beten. Im Laufe des Tages schieben sich immer mehr Menschen in die Kapelle; Inbrunst, hoffnungsvolle Erwartung flackert in vielen Augen. Um die Zeit der Mittags- und der Abendmesse kann keine Stecknadel mehr zu Boden fallen, denn dann wird zu den Klängen des Turmliedes der Krakauer Marienkirche das Bild enthüllt: eine streng blickende, in sich gekehrte Madonna, deren bräunliches Antlitz vom jahrhundertelangen Kerzenrauch dunkel gebeizt ist. Tränen der Rührung glänzen in den Augen der Pilger, die vor dem Bild niederknien oder sich, wenn der Platz es erlaubt, davor sogar zu Boden werfen. Eingepfercht in die Menge ergriffener Menschen spürt man viel von der gefühlsbetonten, ins politische Leben hineinreichenden Gläubigkeit der Polen. Man begreift, warum sie Jasna Góra den Ort nennen, »an dem wir frei sind«.

Jeder Pole kennt die eine oder andere Legende, die sich um die Geschichte des Klosters und um das wundertätige Bild ranken. Trotz intensiver Forschungen birgt es immer noch einige Geheimnisse. Angeblich hat es der Evangelist Lukas selbst auf das Lindenholzbrett gemalt, das vom Arbeitstisch der Heiligen Familie in Nazareth stammen soll. Die Schwarze Madonna wäre demnach eine Reliquie, die mit dem Leben Marias auf Erden verbunden ist – und diese zu allen Zeiten gern erzählte Geschichte macht die Verehrung begreiflich, die dem Bildnis seit Jahrhunderten entgegengebracht wird. Aller Wahrscheinlichkeit nach handelt es sich aber um eine ursprünglich byzantinische Ikone, die nicht vor dem 13. Jahrhundert entstand. Fürst Władysław von Opole erwarb – oder raubte – das Marienbild in Ruthenien und schenkte es 1384 dem Paulinerkloster auf dem Hellen Berg, das er zwei Jahre zuvor selbst gegründet hatte.

Im April 1430 drangen hussitische Bilderstürmer in das Kloster ein und zerstörten die Ikone mit ihren Schwertern bis zur Unkenntlichkeit. Was dann geschah, ist nicht mit letzter Sicherheit geklärt. Ruthenische und später auch tschechische Restauratoren sollten das Bild wiederherstellen, doch die Farbe blieb nicht haften. Der Legende nach gelang es erst beim dritten Versuch, die Holzteile wieder zusammenzufügen. Man nimmt an, daß ein unbekannter Künstler das ursprüngliche Bildnis auf der alten Bemalung möglichst getreu wiedererstehen ließ. So präsentiert sich die Ikone heute als eine harmonisch und suggestiv wirkende Mischung aus byzantinischem und gotischen Malstil. Zur Erinnerung an den Hussitensturm wurden auf der rechten Wange der Madonna symbolisch zwei Schwerthiebe angebracht und mit roter Farbe gefüllt. König Jagiełło stiftete eine goldglänzende Blechverzierung, um das Bild vor weiteren Überfällen zu schützen.

Die rätselhafte Restaurierung oder, genauer, fast völlige Neuerschaffung des Bildes, die im Krakauer Rathaussaal stattfand, machte die Schwarze Madonna bekannt. Die größte Bewährungsprobe stand ihr gleichwohl noch bevor – und nach polnischer Überzeugung erbrachte sie dabei den endgültigen Beweis für die besondere Rolle dieser Nation innerhalb der Christenheit. Man schrieb das Jahr 1655. In Polen tobte ein langwieriger, blutiger und erschöpfender Krieg zwischen dem polnischen und dem schwedischen Zweig der Wasa-Dynastie. Es ging vorrangig um Glaubensfragen, aber auch um Macht, und 1655 stand es schlecht für die schwedischen Truppen. Einer ihrer Generäle verfiel auf die Idee, das Kloster auf dem Hellen Berg zu stürmen und sich der dort angehäuften Schätze zu bemächtigen, um die Kriegskasse aufzubessern. Dem Prior von Jasna Góra, Augustyn Kordecki, kam dieses Ansinnen rechtzeitig zu Ohren. Er ließ das gut befestigte Kloster zusätzlich verschanzen und Lebensmittel und Munition einlagern. Alsbald entfaltete er ein strategisches Geschick und schrieb dem schwedischen General, der die Tore zu öffnen befahl, hinhaltende diplomatische Noten. Unterdessen machte seine kleine, aber mutige Besatzung den Belagerern durch allerlei Bravourtaten im Rücken zu schaffen. Nach mehreren Wochen zogen die Schweden – unverrichteterdinge – in aller Stille ab.

Die Geschichte von der erfolgreichen Verteidigung des Klosters verbreitete sich im Nu: Die Jungfrau Maria habe selbst in das Ge-

schehen eingegriffen, damit ihr Bild nicht den Ketzern in die
Hände falle, hieß es. Die fromme Legende fügte sich wunderbar in
die barocke Stimmung der Gegenreformation, während der sich
die Kirche zunehmend der patriotischen Sache verschrieb. Dem
Klerus paßte die Geschichte ins Konzept. Das Wunder ist immer
auch, wie Dostojewski seinen Großinquisitor sagen läßt, ein Instrument kirchlicher Macht. Wenige Monate später, im April
1656, erklärte König Jan Kazimierz die Jungfrau Maria wegen des
»Wunders von Tschenstochau« zur »Königin der Krone Polens«.
Dieser einzigartige Akt erfuhr die Billigung Roms. Im Jahre 1717
huldigte Papst Clemens IX. dem Marienbild und setzte ihm eine
Krone auf. Die Schwarze Madonna fand nun Eingang in Dichtung
und Malerei, zahlreich strömten Pilger zu ihr mit kostbaren Ge-
schenken. Doch erst zur Zeit der polnischen Teilungen, als der
Nation nichts als die Hoffnung und die Erinnerung an glanzvolle
Zeiten geblieben waren, wurde die Mutter Gottes von Jasna Góra
wirklich zum Mythos. Der patriotisch gesinnte Schriftsteller
Henryk Sienkiewicz hatte daran erheblichen Anteil. In seinem
Roman *Die Sintflut* (1886) verklärte er poetisch die Historie. Aus
der militärisch unbedeutenden Verteidigung von Kloster und
Gnadenbild gegen marodierende schwedische Soldaten machte er
die wunderbare Rettung des gesamten Landes und zog daraus den
Schluß: »In Tschenstochau schlägt das unsterbliche Herz der Po-
len.«

Dabei ist es geblieben. Das Wunder von Tschenstochau bildet
den Ausgangspunkt für die Marienverehrung der Polen, die in der
Welt nicht ihresgleichen hat. Denn in der polnischen Vorstellungswelt ist die Gottesmutter auch ein Symbol für die Errettung
des Vaterlandes und die marianische Frömmigkeit somit Bestandteil des Patriotismus. Reproduktionen der Schutzpatronin hängen
in nahezu allen polnischen Haushalten.

Für polnische Katholiken gehört eine Messe in Jasna Góra zu
ihren schönsten Glaubenserlebnissen. Den Höhepunkt des An-
sturms erlebt das Kloster alljährlich zu Mariä Himmelfahrt am
15. August. In den ersten Augusttagen brechen in allen Landesteilen mehrere hunderttausend Menschen auf, um angeführt von
Priestern zu Fuß nach Tschenstochau zu marschieren. Bauern

stellen den Pilgergruppen gegen eine geringe Gebühr ihre Wiesen zum Zelten und Wasser zur Verfügung. Für die Verpflegung hat jeder selbst zu sorgen, das Gepäck wird auf Lastwagen zum jeweiligen Übernachtungsplatz transportiert. Wer gegen die Pilgerregeln verstößt, etwa raucht oder Alkohol trinkt, muß mit strengen Strafen rechnen, die bis zum Ausschluß aus der Gruppe reichen.

Bei den Pilgern sind religiöse und patriotische Motive ineinander verwoben, weil ihrer Auffassung nach ihr individuelles Los vom Schicksal der Nation bestimmt wird. Zur Zeit des Kriegsrechts zauberten die Wallfahrer trotz des Verbots Fahnen und Ansteckadeln hervor, auf denen stand »Maria mit uns – Solidarność mit uns«. Dennoch wenden sich die Polen nicht nur in Zeiten der Bedrängnis an die Schwarze Madonna, um ihren Beistand zu erflehen. In Stunden des nationalen Triumphes feiern sie sie nicht minder inbrünstig als Siegerin. Es war wohl eher ein Zufall, daß Polens letzter kommunistischer Ministerpräsident 1989 zur Zeit der Marienwallfahrt im August zurücktrat. Die Menschen, die sich damals in Jasna Góra versammelt hatten, aber sahen in diesem Zusammentreffen einen erneuten Beweis für die wundersamen Wirkkräfte der Mutter Gottes von Tschenstochau.

Die Kultur

Vom Anschluß des Wortes an die Sache – Land von großer Tränenkultur

Wer in den vergangenen Jahrzehnten nach Polen reiste, war immer wieder berührt und verzaubert von der Begeisterung, mit der sich die Menschen in diesem Land der Kultur widmeten. Meinungen, Urteile, Vorurteile und Geheimtips schwirrten durch die Luft. Man kannte sich aus mit dem Zeitgeist in Ost und West, stellte seine Belesenheit nonchalant mit Zitaten aus der Weltliteratur unter Beweis. Viele schienen keine größeren Sorgen zu haben, als ein bestimmtes Buch oder Karten für eine Theateraufführung zu ergattern, wovon sie sich Einblick in ein neues Universum erhofften. Es war keine Schande, den Namen des amtierenden Finanzministers nicht zu kennen und kein Interesse für die Exportchancen polnischer Pfifferlinge aufzubringen. Wer jedoch weder wußte noch lebhaften Anteil daran nahm, wie der Schriftsteller X oder der Filmemacher Y ein ganz bestimmtes Problem in seinem jüngsten Werk interpretiert hatte, der war gesellschaftlich kompromittiert.

Dennoch umfaßte die Kultur in Polen immer nur einen begrenzten Teil des Daseins. Bis heute stehen das schöngeistige Fluidum und die großen künstlerischen Einzelleistungen vielfach in herbem Widerspruch zur materiellen Alltagskultur. So sind die Wohnungen stets blitzblank geputzt. Doch zwischen den eigenen vier Wänden und der übrigen Welt gibt es in doppeltem Sinne eine dicke Tür. Die Treppenhäuser machen einen verwahrlosten Eindruck, die Fahrstühle sind häufig demoliert. Zwischen den Mietskasernen finden sich, so weit das Auge reicht, Schotter, wild wucherndes Unkraut mit darin verstreuten Hundehäufchen, überquellende Mülltonnen und von den Bauleuten zurückgelassener Schutt, den über Jahre niemand wegzuräumen sich aufgefordert fühlte. Die Scheiben von Eisenbahnzügen und Omnibussen sind mitunter so verdreckt, daß man die Namen der Stationen nicht mehr lesen kann. Die Auslagen der Geschäfte sind lieblos dekoriert, das Design von Möbeln, Geschirr und anderen Gebrauchsgegenständen wirkt einfallslos und unförmig. Selbst teure Restaurants strahlen oft die Gemütlichkeit von heruntergekommenen Bahnhofskneipen aus, und dem Personal scheint es unendliche Mühe zu bereiten, eine Limonade wirklich gekühlt zu servieren.

Für diese eklatanten Widersprüche gibt es natürlich Gründe. Ohne Frage haben viereinhalb Jahrzehnte kommunistischer Herrschaft in Polen auf materiellem und moralischem Gebiet Verwüstungen angerichtet, deren Folgen noch lange nicht überwunden sind. Dennoch reicht die Erklärung allein nicht aus. Seit dem großen politischen Umschwung in Ostmitteleuropa tritt immer deutlicher zutage, daß unter der Glasglocke des Kommunismus durchaus nationale Traditionen fortlebten. Sie gestalteten die Verhältnisse mit, äußerten sich später in der Art und Weise, in der sich diese Völker von dem aufgezwungenen System befreiten, und sie prägen natürlich den Neubeginn mit.

In dem Gefüge polnischer Traditionen spielte die Kultur in den letzten zweihundert Jahren eine bedeutsame Rolle. Das Kultivieren und Pflegen, das in dem Begriff »Kultur« enthalten ist und sich etwa in einem schönen Ambiente oder der Arbeitskultur äußert, war dabei eher zweitrangig. Zum Teil lag es daran, daß es in Polen kein zahlenmäßig starkes Bürgertum gab. In dem Vielvölkerreich der Polnisch-Litauischen Adelsrepublik hatte man den Aufbau der Verwaltung, das Handwerk und das Unternehmertum in der Hauptsache Deutschen und Juden überlassen. Die Polen widmeten sich jenen Tätigkeiten, die ihren Neigungen mehr entsprachen: insbesondere der Politik und der Landwirtschaft. Erst in der zweiten Hälfte des 18. Jahrhunderts breitete sich die Einsicht aus, daß man das Bürgertum allgemein fördern und ihm mehr Rechte einräumen müsse, wenn man Anschluß an die europäische Entwicklung finden wollte.

Der Untergang der Adelsrepublik machte diese Ansätze 1795 wieder zunichte. Fortan wurden die Ziele der polnischen Gesellschaft vorwiegend von Künstlern und Intellektuellen, Priestern,

Gelehrten und anderen Angehörigen der Intelligenz definiert. Da sie im 19. Jahrhundert eine Art geistiger Herrschaft über die dreigeteilte Nation ausübten, bezeichnete man sie, halb im Scherz, als Regierung der Seelen. Was diese Gruppe von Menschen ungeachtet aller Unterschiede verband, war der Wunsch, die nationale Identität zu bewahren und sich in den Dienst der polnischen Sache zu stellen. Darum lag es ihnen fern, unter ihren Landsleuten ausgerechnet das bürgerliche Ethos zu verbreiten. Hätte es doch aller Wahrscheinlichkeit nach dazu beigetragen, die Situation zu stabilisieren und den Wunsch nach Wiedererlangung der Unabhängigkeit allmählich ersterben zu lassen. Um dem entgegenzuwirken, bemühte sich die Regierung der Seelen, die »Herzen zu stärken« und die unterdrückte Nation zum Widerstand gegen die entstandene politische Ordnung zu erziehen.

Während der 123jährigen Fremdherrschaft erfuhr die Kultur in Polen eine nationale Institutionalisierung. Ebenso wie die katholische Kirche zeugte sie davon, daß es den politischen Verhältnissen zum Trotz eine polnische Identität gab. Sie vermittelte der Nation ein Bild von sich selbst. Indem Schriftsteller, Publizisten, Theatermacher, Gelehrte, Maler und selbst Musiker sich praktisch unausgesetzt mit dem Thema Vaterland beschäftigten, trugen sie dazu bei, daß die Polen wie wenige Nationen auf sich selbst fixiert sind. Die Regierung der Seelen suchte vor allem den Blick für das Unrecht zu schärfen, das der Nation von außen her zugefügt worden war. Damit beflügelte sie den Widerstand, vernachlässigte aber die Auseinandersetzung mit dem eigenen Verhalten in Vergangenheit und Gegenwart. In der Nation verankerte sich die Überzeugung, Opfer eines übermächtigen Schicksals und moralisch völlig im Recht zu sein. Die Dichterin Maria Pawlikowska (1894–1945) charakterisierte Polen treffend als »Land von großer Tränenkultur«.

Die Regierung der Seelen propagierte den Erwerb von Bildung und die Beschäftigung mit der Kultur als ein unerläßliches Element für den gesellschaftlichen Fortschritt. Der Theorie aber fehlte in ganz entscheidendem Maße die Verbindung zur Praxis. So galt es schon als patriotische Tat, polnische Gedichte zu schreiben oder zu lesen. Die Positivisten, die die Nation gegen Ende des

19. Jahrhunderts ohne größeren Erfolg für den Selbstverwaltungsgedanken und eine effiziente Organisation des Alltagslebens zu erwärmen versuchten, bestätigten nur die Ausnahme von der Regel. Die Helden der polnischen Literatur sind bis heute Intellektuelle, Bauern und Gestrandete, die unermüdlich über ihre moralische Haltung angesichts der politischen Wirklichkeit ihres Landes nachdenken. Andere klassische Themen, etwa die metaphysischen Ängste des Menschen, die psychologischen und sozialen Aspekte des Lebens und der wirtschaftliche Aufstieg einzelner Personen oder ganzer Familien gerieten darüber aus dem Blickfeld. Niemals wurde etwas in der Art einer polnischen »Forsyte-Saga« geschrieben.

Seit der Wiedererlangung der Unabhängigkeit im Jahre 1918 haben die Künstler und Intellektuellen die Auswirkungen des »gestohlenen« 19. Jahrhunderts immer wieder thematisiert. Der Dichter Witold Wirpsza betont in seinem Buch *Pole, wer bist du?* (1971), daß das Wort in Polen nur mit Mühe Anschluß an die Sache finde. Zum einen liege es daran, daß über lange Zeit einzig die Beziehung »Wort – Wort« real gewesen sei (und nicht die normale Beziehung »Wort – Sache«). Im gleichen Maße aber hätten die »eigenen, schädlichen Mythen« dazu beigetragen. Seit zweihundert Jahren seien sie stärker in das Bewußtsein eingedrungen als nüchterne Einsichten. Obwohl sie von gewissen historischen Ereignissen ihren Ausgang nähmen, hätten sie die »Funktion eines Rauchschleiers, der die eigenen Fehler und Verfehlungen verdunkelt und es nicht zuläßt, die wesentlichen Aufgaben, die vor dem Volk liegen, wahrzunehmen«.

Gleichsam als Illustration dieser Ausführungen liest sich eine Passage aus dem *Warschauer Tagebuch* von Kazimierz Brandys (1984): »Seit Jahren wissen wir nicht, ... wer wir wirklich sind... Wir erkennen die Lüge, doch es wird immer schwerer, die Wahr-

Die »sich selbst beschränkende Revolution« – Demonstration gegen Priestermord

Lech Wałęsa – Der einstige Vorkämpfer für freie Gewerkschaften pflegt als Präsident ein autoritäres Politikverständnis

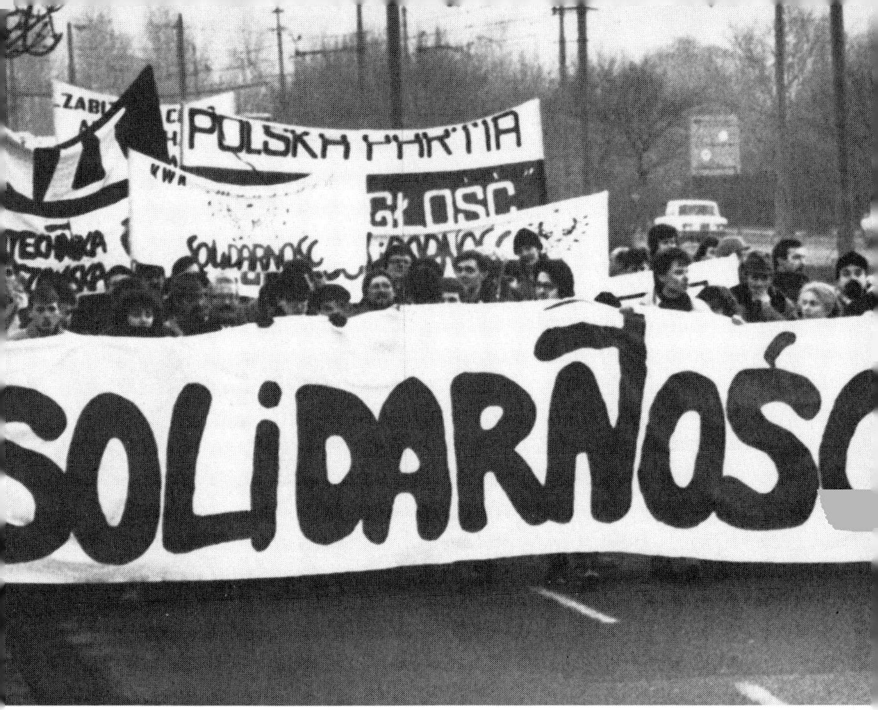
SOLIDARNOŚC

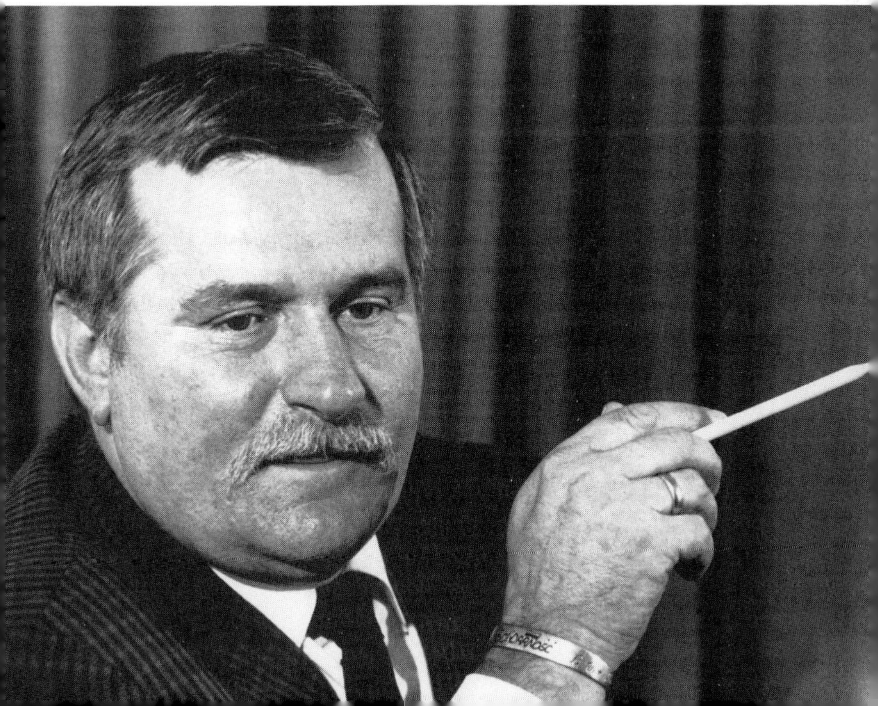

heit auszugraben . . . Bis wir schließlich in einem Winter erfahren, daß es geschneit hat. Da fragen wir uns: Ist das unser Schnee? Sind wir verpflichtet, ihn wegzuschaufeln? Es besteht nämlich der Zweifel, ob dieser Schnee nicht *ihr* Schnee ist, der uns im Rahmen der Freundschaft mit Rußland aufgezwungen wurde, ob sie ihn nicht selbst wegschieben müßten. Man wendet sich an uns und ruft uns zu freiwilligem Arbeitseinsatz auf . . . Und dann stellt sich heraus, daß keine Schaufeln da sind. Wir fragen uns wieder: Wer muß für die Schaufeln sorgen, die Regierung oder das Volk? *Sie* oder *wir*? Wir stehen im Schnee, in Gedanken versunken und doch unfähig zu irgendwelchen Schlußfolgerungen. Der Mangel an Schaufeln demobilisiert nicht nur unsere Energie, er lähmt auch das Denken. «

Rein verstandesmäßig waren viele Polen immer bereit, solche Worte zu unterschreiben. Das Leben im real existierenden Sozialismus aber ließ sie in mancher Hinsicht zu Gefangenen ihrer selbst werden und machte es ihnen nahezu unmöglich, die frühere Tränenkultur zu überwinden. Dabei vollbrachte der Kommunismus, der sich ja zumindest in seinen theoretischen Grundlagen von der Aufklärung herleitete, in Polen gerade auf kulturellem Gebiet manche Elementarleistungen. Dies wird heute gern in Abrede gestellt, weil sich die Menschen einseitig an dem aktuellen westlichen Stand messen und die Verhältnisse, die früher in ihrem Land herrschten, zu wenig berücksichtigen. Unbestreitbar ist, daß die Kommunisten in Polen kein Postulat ihrer Ideologie so ernsthaft zu erfüllen versucht haben wie jenes, allen Schichten der Gesellschaft einen möglichst uneingeschränkten Zugang zu Kultur und Bildung zu verschaffen.

So wurde das Analphabetentum nach dem Zweiten Weltkrieg binnen weniger Jahre überwunden, keine geringe Leistung, wenn man bedenkt, daß noch 1935 rund 25 Prozent der erwachsenen Polen weder lesen noch schreiben konnten. Die kommunistische Regierung baute das Bildungssystem aus und gründete zahlreiche neue Volks-, Ober-, Hoch- und Fachschulen. Zugleich überzog sie das Land mit einem Netz kultureller Institutionen, von Bibliotheken über Theater, Konzertsäle und Volkshochschulen bis zu den Kulturhäusern, die in Dörfern und Kleinstädten als kulturelle

Vielzweckzentren dienten. Sie stellte Unsummen für den Wiederaufbau zerstörter historischer Gebäude bereit. Die hohen staatlichen Subventionen in diesem Sektor erlaubten allen Einkommensschichten die Teilnahme am kulturellen Leben. Von den Schulanfängern bis zu den Bewohnern von Altenheimen wurden alle Gruppen der Bevölkerung regelrecht ermuntert, sich mit Kultur zu beschäftigen. Sie sei nicht nur ein Mittel der Freizeitgestaltung, hieß es oft, sondern ein Wert an sich, der den Lebensinhalt bestimme.

Bauern- und Arbeiterkindern wurde der Zugang zum Studium durch sogenannte Präferenzpunkte für ihre Herkunft erleichtert. Natürlich spielten auch hierbei ideologische Gründe mit: Das Regime wollte sich eine neue, loyale Intelligenz heranziehen, denn in Polen war diese Schicht im 19. Jahrhundert vor allem aus dem Adel hervorgegangen, und bis Kriegsende hatte sie in ihrer Mehrheit nicht mit den Kommunismus sympathisiert. Das immer wieder angefeindete Präferenzsystem war zunächst ein Gebot der Stunde. Insgesamt hatten nur etwa 80 000 Polen mit höherer Bildung den Zweiten Weltkrieg überlebt, und es herrschte ein empfindlicher Mangel an technischem Wissen.

Diese »sozialistische Variante der Massenkultur«, wie die Ideologen ihr Konzept voller Stolz nannten, hatte ihre besonderen Tücken. Da der Staat neben sich keine anderen Kulturmäzene duldete, meldete jedermann bei ihm seine Ansprüche an. Sie alle zu erfüllen, hätte vermutlich einen Krösus überfordert. Davon abgesehen ließ sich jedoch das eigentliche Ziel jeder staatlichen Kulturpolitik, nämlich Menschen in die Lage zu versetzen, ihre Situation in der Welt kritisch zu bedenken und das gesellschaftliche Leben selbständig zu gestalten, nicht einmal annähernd verwirklichen. Dieses Ziel wurde allenfalls indirekt, im Widerstand gegen das Regime, erreicht. Es konnte auch nicht anders sein. Wiederum fehlte die Verbindung vom Wort zur Sache. Das sozialistische System brachte viele gebildete und belesene Menschen hervor. Doch hatte es weder Platz für ein unternehmerisch orientiertes Bürgertum noch für eine politisch unabhängige Intelligenz. Der Rahmen für das, was gut und was schlecht war, wurde von der Ideologie abgesteckt und mit repressiven Methoden aufrechterhalten.

Heute weist Polen, umgerechnet auf die Bevölkerungszahl, in Europa eine der höchsten Quoten an diplomierten Künstlern auf. Jahr für Jahr flüchteten sich Tausende, die mit ihrem Wissen und ihren Talenten theoretisch auch die Staatsverwaltung hätten perfektionieren können, ins »Asyl« der Kultur.

Diese Entwicklung setzte erst mit den Jahren ein, weil auch die Kulturschaffenden ihre Existenz in gewisser Hinsicht dem sozialistischen Staatswesen verdankten. Ihren Lebensunterhalt sicherte ein ausgeklügeltes System aus vergleichsweise gut dotierten staatlichen Aufträgen, Preisen, Wettbewerben, Stipendien und diversen Beraterpöstchen, die wenig Kraft und Zeit in Anspruch nahmen. Berufsverbände kümmerten sich um ihre sozialen Belange, von der Kranken- und Altersversorgung über die Vermittlung preiswerter Arbeitsräume bis zu Aufenthalten in verbandseigenen Erholungsheimen. In den Genuß dieser Privilegien gelangten natürlich nur jene, die dem Regime gegenüber Loyalität bekundeten.

In den ersten Jahren nach der kommunistischen Machtübernahme war ein Teil der Kulturschaffenden durchaus bereit, der totalitären Ideologie samt ihrer Kunstdoktrin, dem Sozialistischen Realismus, zu huldigen. Wie viele ihrer Landsleute sahen sie dieses System als eine Chance, in Polen die längst überfälligen wirtschaftlichen und sozialen Reformen durchzuführen. Insgesamt freilich war die stalinistische Konzeption der Kultur viel zu platt und grobschlächtig, um anspruchsvolle Geister künstlerisch herauszufordern. So äußerte sich in Polen schon bald nach dem Tod des sowjetischen Diktators (März 1953) der Unmut.

Mit einemmal wurde man gewahr, wie sehr man der künstlerischen Entwicklung im Westen, jener Himmelsrichtung, der sich Polen kulturell seit jeher zugehörig gefühlt hatte, hinterherhinkte. Die Maler begannen mit dem damals modernen Abstraktionismus zu liebäugeln. Die Musiker drängten darauf, zum Beispiel Jazz spielen zu dürfen, der vom Regime als Inbegriff westlich-amerikanischer Dekadenz verteufelt wurde. Die größte Resonanz freilich fanden wie schon im 19. Jahrhundert all jene, die sich des Wortes bedienten. Schriftsteller, Dichter, Publizisten, Theater- und Filmemacher wurden sich ihrer Verantwortung als Anwalt der Sprachlosen bewußt und entdeckten die Vielstimmigkeit der Gesellschaft. Immer unverhohlener prangerten sie in Gedichten, Artikeln und anderen Schriften die durch übermäßige Ideologisierung verursachte Armut des Kulturlebens an, aber auch den Terror des Sicherheitsdienstes und die Privilegien der Funktionäre. Diese »Abrechnungen der Intellektuellen« förderten in ganz erheblichem Maße die Entstalinisierungsbewegung in Polen.

Mit dem politischen Umschwung vom Oktober 1956 verringerte sich vor allem der Druck, den die Staatsorgane in allen Bereichen des öffentlichen Lebens ausgeübt hatten. Es gab nun keine normative Ästhetik mehr. Um am Kulturbetrieb teilzunehmen, genügte es, nicht offiziell gegen das System zu sein. Die Zensur blieb jedoch ebenso erhalten wie die weitreichende Abhängigkeit vom staatlichen Mäzen.

Diese Situation führte zu mannigfach gebrochenen Lebensläufen. Teils aus aufrichtiger politischer Überzeugung, teils aus Opportunismus, teils in der Hoffnung, auf diese Weise Veränderungen herbeiführen zu können, verhielt sich die Mehrheit der Künstler und Intellektuellen dem Regime gegenüber loyal. Künstler von Rang, wie etwa der Regisseur Tadeusz Kantor, der Vater des polnischen Avantgardetheaters, der Filmemacher Andrzej Wajda, Komponisten wie Krzysztof Penderecki und Witold Lutosławski oder die Vertreter der polnischen Plakatschule wußten den neuen Freiraum souverän zu nutzen, um mit Hilfe der Kunst ihre Vision von der Welt zu entwerfen. Andere berauschten sich an Experimenten mit der Form, erprobten das absurde Theater, durchlitten den Existentialismus, diskutierten über Metaphysik, Esoterik und Philosophie. Die Probleme der unmittelbaren Gegenwart wurden nur von wenigen angegangen. Allenfalls deuteten sie sie in elegant-ironischer Parabelsprache an, präsentierten sie im historischen Gewand oder in Gestalt von Satiren, Grotesken oder Science-fiction. Die Mehrheit der Gesellschaft hatte zu dieser elitären Kunst keinen Zugang. Deshalb konnte es ihnen nicht auffallen, daß der geistige Freiraum mit der Zeit immer enger wurde, bis Studenten und Intellektuelle schließlich im März 1968 in Warschau auf die Straße gingen.

Die Staatsmacht machte angebliche zionistische Kreise für die
März-Unruhen verantwortlich und ließ die Demonstrationen nie-
derknüppeln. In der polnischen Intelligenz löste dieses Vorgehen
einen langanhaltenden Schock aus. Viele bekannten im nachhinein, daß sie damals ihren Glauben an die Reformierbarkeit des
sozialistischen Systems verloren hätten. Zu den ersten, die die
allgemeine Apathie und Frustration zu überwinden suchten, gehörte eine Gruppe junger Dichter. Der »Neuen Welle« werden
unter anderem Stanisław Barańczak, Lothar Herbst, Julian Korn-
hauser, Ewa Lipska, Leszek Szaruga und Adam Zagajewski zugerechnet. Ihr auffälligstes gemeinsames Merkmal ist ihr starker
ethischer Impuls, der sich zunächst in lyrischen Aufschreien ent-
lud, in denen sie ihre Sehnsucht nach Wahrheit, Freiheit und Individualität zum Ausdruck brachten. Bald darauf setzte sich die
Neue Welle auch in Aufsätzen und Manifesten kritisch mit der
Kultur des Landes auseinander. Große Resonanz fand die Artikel-
sammlung *Die nicht-dargestellte Welt* (1974) von Julian Korn-
hauser und Adam Zagajewski. Darin warfen die Autoren der zeitgenössischen polnischen Literatur recht provokant ihren geringen
Erkenntniswert vor. Es fehle ihr an ideologisch-moralischer Re-
flexion. Gesellschaftlichen Fragen weiche sie aus und gebe sich
statt dessen ästhetischen Spielereien hin.

Auf allen Ebenen des staatlichen Kulturapparates gab es Menschen, die sich dafür einsetzten, daß hin und wieder Kunstwerke
erscheinen konnten, die die Gegenwart kritischer beleuchteten.
Auch die Zensur stellte kein unüberwindliches Hindernis dar,
sondern wandte in der Regel ein hierarchisches Prinzip an. Der
stärksten Kontrolle unterlagen die überregionalen Zeitungen, der
Rundfunk und das Fernsehen. Je kleiner jedoch der Kreis der
Adressaten war, desto offener konnte man seine Meinung sagen.

Den jungen Schriftstellern genügte die relative Freiheit nicht
mehr. Mit ihrem Leitspruch »Wir wollen zeitgenössisch und nicht
poetisch sein« stieß die Neue Welle schnell an die Grenzen des
Erlaubten. Sie wollten nicht mehr mit Lektoren, Redakteuren und
Zensoren um jeden kritischen Satz feilschen und sich am Ende
wieder auf einen günstigeren Zeitpunkt für die Veröffentlichung
vertrösten lassen. Die Möglichkeit vorangegangener Autorenge-

nerationen, die brisanteren Texte in polnischen Exilverlagen zu publizieren, lehnten sie ab, da diese Schriften in der Heimat immer nur einem begrenzten Kreis zugänglich waren. Am meisten fürchteten sie die »Schere im eigenen Kopf«, die den Schreibenden veranlaßt, bestimmte Begriffe und Ansichten, welche die Zensur erfahrungsgemäß nicht passieren, noch während des Schreibens in vorauseilendem Gehorsam wieder zu verwerfen. Von da war es nur ein Schritt bis zu der Idee, eigene, vom staatlichen Mäzen und von der Zensur unabhängige Verlage zu gründen. Nach den Streiks von Radom und Ursus im Sommer 1976 setzten Vertreter der Neuen Welle diesen Plan gemeinsam mit oppositionellen Intellektuellen vom Komitee zur Verteidigung der Arbeiter in die Tat um. Zunächst druckten die Untergrundverlage Bulletins und Flugblätter, in denen die Verhaftungen von Bürgerrechtlern und Übergriffe der Miliz penibel notiert wurden. Bald darauf brachten sie Essaybände zur Geschichte, Kultur und Wirtschaft Polens sowie Werke der schönen Literatur heraus, die in den Staatsverlagen nicht erscheinen durften.

Leszek Szaruga, ein Vertreter der Neuen Welle, rechtfertigte diesen »zweiten Literaturumlauf« später einmal als »Akt des zivilen Ungehorsams, der aus der tiefsten Überzeugung resultierte, daß man nur auf diese Weise den Reichtum der nationalen Kultur bewahren könne«. Es sei demütigend, fährt er fort, »sich über das eigene Land mit Hilfe von ausländischen Rundfunksendern zu informieren . . . Es ist demütigend, wichtige Leute im Gespräch voller Trauer sagen zu hören: ›Sie verstehen das doch . . .‹ Nein, ich verstehe nicht. Und ich will auch nicht . . . Im Konflikt zwischen Kultur und Politik habe ich keine Wahl. Ich muß die Kultur verteidigen . . . Es ist meine Pflicht, meine eigene Wahrheit über die Welt zu verkünden. «

Diese moralisch begründete Oppositionshaltung fand mit der Zeit in der polnischen Gesellschaft ein immer größeres Echo. Nicht zuletzt deshalb vermochte die Staatsmacht gegen die Untergrundbewegung wenig auszurichten. Sie verhaftete einige der führenden Köpfe, beschlagnahmte illegale Schriften und Druckpressen, dennoch ließen sich in den siebziger Jahren Künstler und Intellektuelle immer zahlreicher vom Mut ihrer jungen Kollegen

anstecken. In offenen Briefen an die politische Führung protestierten bekannte Autoren unter Berufung auf die Menschenrechte oder auf die Prinzipien der christlichen Ethik gegen bestimmte Mißstände. Die Künstler thematisierten in ihren Werken
das Problem der nationalen Identität, die Idee der Freiheit, die Me-
chanismen der Macht und der Geschichte sowie die moralische
Verantwortung des einzelnen. Die Filmemacher kreierten das
»Kino der moralischen Unruhe«, das die Korruption und die Ver-
logenheit im Lande sowie die Selbstherrlichkeit vieler Funktionäre
entlarvte. Selbst Theaterkritiker lenkten ihr Augenmerk kaum
mehr auf die ästhetischen Qualitäten einer Inszenierung, sondern
erörterten lang und breit die in dem Stück enthaltenen moralischen Wertvorstellungen.

In der zweiten Hälfte der siebziger Jahre wurde es in Polen zu
einer regelrechten Manie, in allen Sparten der Kunst und im Jour-
nalismus moralische und politische Botschaften zu transportieren.
Mit dieser Form der Kultur konnte sich die Bevölkerung mühelos
identifizieren. Sie ging in ihrer Anteilnahme so weit, daß sich alsbald die Wertbegriffe in absurder Weise verkehrten: Druckte ein
Staatsverlag ein Buch in so geringer Auflage, daß es allenfalls »unter dem Ladentisch« zu haben war, nahmen das viele schon als
Ausweis für seine Qualität. Um wieviel besser mußte der Text
sein, wenn der Autor nur im Untergrund publizieren konnte. Wer
eine Ausstellung moderner Kunst besuchen wollte, erkundigte
sich als erstes, wie viele Bilder »sie« abgehängt hätten. Je zahlreicher die Eingriffe der Zensur, desto größer das Ansehen des
Künstlers. Die Tendenz verstärkte den Drang nach einer Politik,
die den bislang unterdrückten nationalen Werten Rechnung
trüge, einen Drang, der schließlich zur Entstehung der Solidarność führte.

Nach der Niederschlagung dieser nationalen Aufbruchsbewegung durch die Verhängung des Kriegsrechts im Dezember 1981
ließ sich die alte Ordnung nicht wiederherstellen. Eine ganze
Reihe Künstler und Intellektuelle, die sich hinter die Erneuerungsbewegung gestellt hatten, wurden zusammen mit den Gewerkschaftsfunktionären interniert, die Berufsverbände der Kulturschaffenden suspendiert, aufgelöst und neugegründet oder

umstrukturiert. Daneben verloren angesehene Persönlichkeiten des öffentlichen Lebens ihren Posten. Abertausende Bürger mußten schriftlich ihre Loyalität erklären, wenn sie ihren Arbeitsplatz behalten wollten.

Den »Krieg«, wie der Ausnahmezustand im Volksmund hieß, beantwortete die Gesellschaft mit einem durchschlagenden »Boykott der Hirne«. Wiederum spielten Künstler und Intellektuelle dabei eine führende Rolle. Sie wandten sich jetzt mehrheitlich – nicht nur jene, die über die Landesgrenzen hinaus bekannt waren – von der Staatsmacht ab. Ganze Berufsstände, allen voran die Schauspieler, aber ebenso Regisseure, Schriftsteller und ein Teil der Journalisten, weigerten sich, für das Fernsehen zu arbeiten. Selbst Parteimitglieder hielten sich zurück. Maler, Graphiker und Bildhauer lehnten es ab, in staatlichen Räumen auszustellen. Kein Künstler, der auf sich hielt, trat den neuen Berufsverbänden bei. Manch einer zog es vor, für eine Weile ins Ausland zu gehen. Parallel dazu begann die geistige Elite, sich neue Publikationsmöglichkeiten zu erschließen. Als Zufluchtsort bot sich vor allem die katholische Kirche an. In Gotteshäusern und Gemeindezentren fanden Ausstellungen, Theateraufführungen, Dichterlesungen und Kunstauktionen statt. Bald war das Untergrundsverlagswesen nicht mehr zu überblicken. In Privatwohnungen und Kellern rotierten die Druckmaschinen.

Der Boykott der Hirne wäre indessen kaum halb so wirksam gewesen, hätte ihn die Bevölkerung nicht tatkräftig unterstützt. In Massen strömten die Bürger zu den Kulturveranstaltungen in den Kirchen. Die staatlichen Zeitungen blieben in den Kiosken liegen. Eine Zeitlang begaben sich zahlreiche Polen pünktlich um 19.30 Uhr, dem Beginn der Tagesschau im polnischen Fernsehen, demonstrativ zu einem Spaziergang auf die Straße. Unbarmherzig wurden all jene als »Kollaborateure« und »Opportunisten« gebrandmarkt, die sich auf General Jaruzelskis Seite gestellt hatten. Schriftsteller, die sich für eine Zusammenarbeit mit der Staatsmacht aussprachen, erhielten von den Lesern ihre Bücher zurückgeschickt. Schauspieler, die sich des gleichen »Vergehens« schuldig gemacht hatten, wurden durch langanhaltendes Husten oder brausende Ovationen am Auftreten gehindert. Erst nachdem die unmißverständliche Haltung der Gesellschaft eine gewisse Liberalisierung erzwungen hatte, flaute der Widerstand allmählich ab.

Wer das Treiben der polnischen Kulturschaffenden aus der Distanz betrachtete, fühlte sich zuweilen an Max Webers Ausspruch von der »ins Leere verlaufenden Romantik des intellektuell Interessanten« erinnert. Ein solches Urteil würde jedoch die befreiende Wirkung verkennen, die das Wort in jenen Staaten hatte, in denen die Partei das Meinungsmonopol für sich beanspruchte. Der polnische Aphoristiker Stanisław Jerzy Lec meinte einmal: »Man muß die Anzahl der Gedanken derart vervielfachen, daß die Anzahl der Wächter für sie nicht ausreicht.« Gerade im Bereich des Wortes überschritten Künstler und Intellektuelle mutig die Grenzen des Erlaubten – und übernahmen damit eine Rolle, die in vielem an die der Regierung der Seelen erinnerte. Sie suchten die fehlenden oder unzureichend funktionierenden demokratischen Institutionen zu ersetzen, eine Art kritischer Öffentlichkeit herzustellen und hoben die allgemeinen Prinzipien der Ethik sowie die geistigen Werte der Nation hervor. In dem Maße, wie sich das kommunistische System seinem Untergang näherte, wurden sie zu moralischen Autoritäten, deren Worten die Polen mehr Vertrauen schenkten als denen der Regierenden.

Im Zuge des Systemwechsels vom Sommer 1989 erschien es daher nur folgerichtig, daß einige aus ihrer Mitte politische Aufgaben übernahmen. Sie rückten als Abgeordnete der Solidarność in den Sejm und den Senat ein, stellten mit Tadeusz Mazowiecki den ersten nichtkommunistischen Ministerpräsidenten Polens und besetzten Kabinettsposten sowie Schlüsselpositionen in der Verwaltung, im diplomatischen Dienst und in den Medien. Doch der Kredit, den die polnische Gesellschaft ihrer geistigen Elite eingeräumt hatte, war unerwartet schnell aufgezehrt.

Einmal mehr wirkt sich die polnische Kalamität aus – um erneut den Begriff von Witold Wirpsza aufzugreifen –, den Anschluß des Wortes an die Sache herzustellen. Etliches erscheint nicht minder improvisiert und undurchsichtig wie zuvor. Selbst mit dem lange herbeigesehnten Pluralismus taten sich die Schöngeister schwer. Die Parteienbildung kommt bis heute nur stockend voran, obwohl die Widersprüche innerhalb der Solidarność-Bewegung bald nach dem Systemwechsel offenbar wurden. Ein Großteil der Presse und der Medien hielt sich aus falsch verstandener Solidarität mit Kritik an Regierungschef Mazowiecki und seinem Kabinett zurück. Lech Wałęsas Ausfälle gegen die Intellektuellen während des Präsidentschaftswahlkampfes, sein Drängen auf eine straffe Führung finden bei einem Großteil der Bevölkerung, dem es wirtschaftlich keineswegs besser geht als vorher, durchaus Anklang.

Dennoch läßt sich die politische Einstellung der Polen nicht unbedingt an ihrem Bildungsstand festmachen. Die Differenzen ziehen sich quer durch alle Schichten. Künstler, Intellektuelle und Angehörige der Intelligenz neigen vielleicht eher liberalen und sozialdemokratischen Positionen zu, doch sie sind ebenso im nationalkonservativen Lager anzutreffen. Letzteres scheint mittlerweile auf dem Vormarsch zu sein. Seit dem Zusammenbruch des kommunistischen Regimes finden in allen Institutionen, die die geistige Ausrichtung einer Gesellschaft formen, Kämpfe um die Macht und um die Seele der Nation statt. Ein eklatantes Beispiel ist das staatliche Fernsehen. Nach dem Systemwechsel übernahm Andrzej Drawicz, ein renommierter Slawistik-Professor, der jahrelang verfolgt war, die Leitung dieser Institution. Der liberale Intellektuelle bemühte sich, allen politischen Strömungen Gehör zu verschaffen. Doch ließ er es mehrfach zu, daß die Regierung Mazowiecki die Ausstrahlung von Beiträgen, die ihr unbequem oder zu kritisch waren, verhinderte.

Nach Wałęsas Amtsantritt wurde der Dokumentarfilmer Marian Terlecki zu Drawicz' Nachfolger ernannt. Der neue Intendant entließ nicht nur jene politischen Redakteure, die noch während der kommunistischen Ära eingestellt worden waren und die sein Vorgänger wegen ihrer Qualifikation weiterbeschäftigt hatte. Auch Journalisten, die nach dem Systemwechsel die Arbeit beim Sender aufgenommen hatten, sahen sich plötzlich vor die Tür gesetzt. Sicherlich mußten nicht alle, die sich als Opfer von Wałęsas »Danziger Mafia« empfinden, allein wegen ihrer politischen Haltung gehen. Das staatliche Fernsehen ist wie andere öffentliche Einrichtungen in Polen ein Moloch und wird schwerlich rentabel arbeiten können, wenn es seinen riesigen Mitarbeiterstab nicht drastisch verringert.

Solche Maßnahmen wirken sich jedoch einigermaßen verheerend auf das Niveau aus. Die Fernsehjournalisten unterwerfen sich freiwillig einer Art Zensur. Nach und nach verschwinden kritische Sendungen aus dem Programm. Statt dessen nimmt die katholische Kirche darin einen dominierenden Platz ein. Sie wirkt an Kinderprogrammen mit, produziert eigene Familienserien und ist in Diskussionsrunden stets stark vertreten. In Wałęsas Amtssitz wurde ein Aufnahmestudio eingerichtet, in dem der Präsident seine Verlautbarungen abgibt. Ein eigens für ihn abgestelltes Kamerateam begleitet ihn auf Schritt und Tritt im In- und Ausland und hat strikte Anweisung, den Präsidenten im besten Licht darzustellen. Da das Staatsfernsehen keine andere Berichterstattung über den Präsidenten ausstrahlt, sprach die liberale Warschauer Tageszeitung *Gazeta Wyborcza* mit einigem Recht von »institutionalisierter Hofberichterstattung«.

Wo immer man hinhört, wird über den Mangel an finanziellen Mitteln geklagt. Die Solidarność-Regierung erklärte, die Kultur müsse sich jetzt weitgehend selbst finanzieren und strich die Subventionen drastisch zusammen. Mittlerweile gibt es kleinere Stiftungen und einige Privatmäzene, die sich konkreter Projekte wie der Restaurierung eines historischen Gebäudes oder der Produktion eines Musicals annehmen. Das ist nicht mehr als der berühmte Tropfen auf den heißen Stein. Schon werden Befürchtungen laut, daß Polen sich mit der Zeit in eine zivilisatorische Wüste verwandeln könne. Täglich bringt die Presse neue Horrormeldungen: da wird die Zahl der Schüler in den Klassen erhöht, um Lehrpersonal einzusparen; da werden Volkshochschulen zu Hotels und Nachtbars umgebaut, Kinos geschlossen und als Geschäftsräume vermietet. Bibliotheken und Forschungsinstitute vegetieren vor sich hin. Zeitungen und Verlage gehen bankrott.

Hinter den Klagen über den Geldmangel verbirgt sich nicht selten eine gewisse Orientierungslosigkeit, denn die Widerstände, gegen die man bislang anrannte, sind weggebrochen. Früher trug das Publikum aufmüpfige Künstler und Intellektuelle auf Händen. Heute müssen sie sich gegen eine vielfältige Konkurrenz behaupten. Im Westen, früher wegen ihrer opposi-

tionellen Haltung hofiert, haben viele ihren Ausnahmestatus eingebüßt. Auch das will verarbeitet sein.

Der Hang, sich der nationalen Sache zu verschreiben, ist in Intellektuellenkreisen keineswegs geschwunden. Es werden neuerliche
Anstrengungen unternommen, um die verhängnisvolle Tränenkultur zu überwinden. Damit Polen zu einer modernen demokratischen Gesellschaft wird, ist es unerläßlich, die Auseinandersetzung
mit der eigenen Geschichte voranzutreiben und die Menschen zu
eigenverantwortlichem Handeln anzuhalten. Daneben halten es
viele Polen für außerordentlich wichtig, in der Kultur die eigene
Perspektive herauszuarbeiten und das Typische zu bewahren, um
sich gegen den westlich-amerikanischen Kulturbrei, der auch ihr
Land zu überschwemmen droht, zu behaupten. Der Presse stellt
sich die Aufgabe, die Unternehmungen der Regierung aus kritischer Distanz zu kommentieren, zumal da sich das Fernsehen als
Instrument der politischen Führung mißbrauchen läßt.

Alle Bemühungen auf diesem Sektor kommen nur langsam
voran. Das liegt in erster Linie natürlich am Geld. Den Bürgern,
die früher erkleckliche Summen für die Kultur ausgaben, sitzt der
Złoty nicht mehr locker. Sich beispielsweise mehrere Zeitungen
zu halten, ist für Durchschnittsverdiener, zu denen ein Großteil
der Intelligenz gehört, nahezu unerschwinglich. Spielfilme, die
nationale Anliegen transportieren könnten, werden in Polen fast
nur noch als Koproduktionen mit ausländischen Partnern gedreht.
Im Fernsehen läuft hauptsächlich amerikanische Dutzendfilm-
ware, die billig zu bekommen ist, aber mit den spezifisch polnischen Problemen wenig zu tun hat.

Davon abgesehen ist das polnische Publikum heute gar nicht
mehr so erpicht auf die Wahrheiten der Künstler und Intellektuellen, erst recht nicht, wenn diese unbequem sind. Die frühere Begeisterung für die Kultur wurde zu einem guten Teil aus dem Protest gegen die politische Situation gespeist. Man nahm an ihr aus
den gleichen Gründen Anteil, aus denen heraus man sich zur katholischen Kirche bekannte. Nun aber brechen sich ganz unter-
schiedliche kulturelle Bedürfnisse Bahn. Die Mehrheit verlangt es
heute nach leichter Kost, nach Amüsement und Entspannung –
das um so mehr, als es hierin einen Nachholbedarf gibt. Folglich

läßt sich damit in Polen Geld verdienen. Der Markt für Freizeit und Unterhaltung floriert.

Ohne Frage werden die Politiker der Dritten Polnischen Republik viel Fingerspitzengefühl benötigen, um die knappen Subventionsmittel so zu verteilen, daß der Zugang zur Kultur und der Erwerb von Bildung nicht wieder zum Privileg bestimmter Schichten wird. Die Künstler beklagen zwar die »Kommerzialisierung« der Kultur. Die Mehrheit aber scheint sich längst auf die neue Situation eingestellt zu haben. Die einen verdingen sich im Ausland (was freilich die Patrioten auf den Plan ruft, die ein »Ausbluten« der nationalen Kultur befürchten). Andere finden mit der bislang verachteten Gebrauchskunst ihr Auskommen, machen Werbung, eröffnen Verlage, Galerien oder Künstleragenturen – und bemühen sich auf ihre Weise um den Anschluß des Wortes an die Sache.

Die ambitionierte Kunst führt im Gegensatz zu früher eher ein Dasein am Rande, doch sie bleibt keineswegs unbeachtet. Überall dort, wo sich mit geringen Mitteln etwas machen läßt, blüht neues Leben, in Kabaretts und auf Avantgardebühnen ebenso wie bei Videokünstlern und Experimentalfilmern oder Graphikern. Ein ganz neuer »zweiter Literaturumlauf« ist im Entstehen begriffen: Dichter, die keinen Verlag finden, ziehen ihre Verse auf einer Handpresse in Auflagen von fünfzig Stück ab, um sie ihren Freunden in die Hand zu drücken. Theater mit anspruchsvollen Stücken finden wieder ihr Publikum, denn ein Teil der Gesellschaft ist der seichten Unterhaltungskost überdrüssig. Man wird sich daran gewöhnen müssen, daß die Kultur in Polen den unterschiedlichen Bedürfnissen und Geschmäckern ihrer Macher wie auch der Bürger Rechnung trägt.

Rebellion gegen die Form –
Witold Gombrowicz

Nach Polen kam ich zum erstenmal Ende der siebziger Jahre, um Material für eine Arbeit über Witold Gombrowicz zu sammeln. Mit den Werken dieses Schriftstellers war ich einigermaßen vertraut. Doch über das Land, aus dem er stammte, wußte ich damals recht wenig. Nicht im Traum wäre mir eingefallen, daß die bloße Ankündigung meines Vorhabens in Polen wie ein Zauberwort wirken würde. »Mit Gombrowicz haben Sie sich ja einen unserer ganz Großen ausgesucht«, bekam ich anerkennend zu hören. »Sie sollten sich unbedingt die neueste Gombrowicz-Inszenierung in Danzig ansehen. Sie könnten dort bei meinen Bekannten übernachten.« – »Meine Schwägerin fiebert geradezu nach Menschen, mit denen sie sich über Gombrowicz unterhalten kann. Wollen Sie sie nicht mal besuchen?« – »Ach, so eine Schwägerin... In Warschau leben noch einige jener Schriftsteller, die vor dem Krieg an dem berühmten Tisch von Gombrowicz im Café Ziemiańska saßen. Mit ihnen vor allem müssen Sie sich treffen. Ich werde das sogleich arrangieren.«

Ratschläge und Empfehlungen prasselten auf mich ein, doch es gab auch Skepsis, sogar Ratlosigkeit. »Über diesen Schriftsteller kann eigentlich nur ein Pole etwas schreiben«, meinte ein älterer Literaturprofessor, der mit seinen Essays über Gombrowicz immer wieder für Wirbel gesorgt hatte, und musterte mich dabei kritisch durch seine Brillengläser. »Ein überzeugter Marxist, der mit dem realen Sozialismus überquer liegt, müßte sich des Gombrowicz' annehmen«, seufzte hingegen ein Dramaturg, der mir, auf einem eingegipsten Fuß humpelnd, den wiederaufgebauten Breslauer Marktplatz zeigte. Nachdem wir dann viele Stunden lang wodkatrinkend über den Gegenstand unseres gemeinsamen Interesses diskutiert hatten, verehrte er mir die Kopie seines jüngsten Manuskripts über Gombrowicz, das in der gegenwärtigen Situation keinerlei Chancen habe, gedruckt zu werden, und mit dem ich mich daher besser nicht erwischen ließe. Nur der Chef eines Einmann-Reparatur-Unternehmens, der sich interessiert nach dem Grund meiner Anwesenheit in Polen erkundigte, während er mein Auto wieder flottmachte, bekannte: »Eigentlich weiß ich gar nichts über Gombrowicz.« Das schien ihm selbst merkwürdig vorzukommen, denn er fügte wie entschuldigend hinzu: »Vielleicht liegt es daran, daß er bei uns nicht zur Schullektüre gehört.«

Witold Gombrowicz stellte im kommunistischen Polen ein Phänomen dar. Er kam 1904 in Małoszyce bei Sandomir (Sandomierz) zur Welt, studierte in Warschau Jura und begann in den dreißiger Jahren erste Erzählungen, Feuilletons sowie einen Roman zu veröffentlichen. Während einer Reise nach Argentinien vom Ausbruch des Zweiten Weltkriegs überrascht, entschloß er sich, in Buenos Aires zu bleiben. Ein Stipendium des Berliner Künstlerprogramms ermöglichte ihm erst 1963 die Rückkehr nach Europa. Polen aber sah er niemals wieder. 1969 starb er in Vence / Südfrankreich.

Den Polen in der Volksrepublik war er weithin nur als »Schöpfer ohne Werk« bekannt. Während des Tauwetters vom Oktober 1956 wurden seine bis dahin entstandenen Romane, Schauspiele und Erzählungen verlegt – und waren im Nu vergriffen. Das *Tagebuch* jedoch, das Gombrowicz von 1953 an in regelmäßigen Abständen in dem Pariser Emigrantenverlag Kultura publizierte (wo auch sein übriges Werk im polnischen Original erschien), wollten die Warschauer Zensoren allenfalls in einer »bereinigten« Fassung passieren lassen. Darauf mochte sich Gombrowicz nicht einlassen und verfügte, daß in seiner Heimat fortan entweder alles oder nichts gedruckt werden dürfe. So kam es über Jahrzehnte weder zu Neuauflagen noch zu weiteren Ausgaben.

Dennoch war Gombrowicz in Polen stets auf vielfältige Weise präsent. In den siebziger Jahren wurde er zu einem regelrechten Mythos. Die Bände der Pariser Kultura-Ausgabe gelangten auf verschlungenen Wegen ins Land und wurden später auf den Untergrundpressen vervielfältigt. An den Universitäten entstanden unzählige Magister-, Doktor- und Habilitationsarbeiten über Gombrowicz. Als besonders erfindungsreich erwiesen sich die Theatermacher, denn aufgrund ihres begrenzten Adressatenkreises waren sie keiner übermäßig strengen Zensur unterworfen. Immer wieder inszenierten sie Gombrowicz' Schauspiele, brachten sogar Szenen aus dem *Tagebuch* sowie aus den Romanen auf die Bühne. Die Programmhefte steckten voller Gombrowicz-Zitate. So wurde er selbst für Menschen ein Begriff, die nie eines seiner Werke gelesen hatten.

Kurzum, die Situation erinnerte an eines der Leitmotive in Gombrowicz' Roman *Ferdydurke*: »Und die Wirklichkeit verwandelte sich allmählich zur Welt des Ideals.« Gombrowicz galt in

Polen als Symbol des intellektuellen Ungehorsams. Manch einem genügte schon die Tatsache, daß dieser Schriftsteller auf dem Index stand, um ihn als Gesinnungsgenossen zu empfinden. Hätten sie sein Werk genauer gekannt, wäre es vielen Polen vermutlich reichlich exotisch vorgekommen. Von wenigen Ausnahmen abgesehen lasen ihn selbst jene, die freien Zugang zu seinen Büchern hatten, häufig selektiv und verengten seine Aussage gern auf ihre eigene Auseinandersetzung mit dem kommunistischen Regime.

Gombrowicz hatte gegenüber Polen ein zwiespältiges Verhältnis. »Das ganze Leben habe ich darum gekämpft, kein ›polnischer Autor‹, sondern ich selbst, Gombrowicz, zu sein«, heißt es im *Tagebuch*. Polen war für ihn ein zweitrangiges Thema, »eines der Hindernisse, die mir das Leben erschweren«. Doch litt er nicht nur darunter, durch seine Nationalität definiert zu sein und sich als Schriftsteller ohne lebendigen Kontakt zu einer gleichsprachigen Leserschaft durchsetzen zu müssen. Seinem Heimatland verdankte er zweifellos entscheidende Impulse für sein eigentliches Thema: die Rebellion gegen die Form.

Die »Form« ist in Gombrowicz' Werk der Zentralbegriff, der zugleich universale Bedeutung besitzt. Er schließt alles ein, was das Verhalten der Menschen untereinander bestimmt: Familie, Erziehung, Kultur, Tradition, Religion, Moral, Geschichte, Wissenschaft, Theorien, Weltanschauungen, aber auch die Kleidung, Worte, Gesten, Taten sowie Situationen und dominante Persönlichkeiten, die den einzelnen zwingen, sich so und nicht anders zu benehmen. Die Form verleiht dem Menschen bei Gombrowicz in bestimmten Momenten eine bestimmte Gestalt. Doch sie verformt ihn auch, da sie seine komplexe Natur auf etwas konkret Umrissenes verengt und es ihm unmöglich macht, sich im Einklang mit seinem innersten Wesen auszudrücken. Sein ganzes Werk hindurch, über rund 3000 Seiten hinweg, erkundet Gombrowicz in immer neuen Variationen die Wirkung der Form im Zusammenleben der Menschen – entlarvt die Falschheit und die Künstlichkeit, die daraus entsteht. Schönheit und Wahrheit dagegen sucht er hartnäckig in jenen Bereichen, die sich eigentlich überhaupt nicht in Worte fassen lassen und von Menschen, denen die Form als höchster Wert gilt, gemeinhin verschwiegen werden: in den niederen Sphären, im Häßlichen, in Bekenntnissen zu dem, was in ihm selbst unreif ist, aber auch in der Spontaneität und Biegsamkeit der Jugend, in der Nacktheit und der Barfüßigkeit sowie generell im Neuen, Unbekannten sowie in dem Versuch, in die vielschichtige Wirklichkeit einen anderen Sinn als den allgemein üblichen hineinzulesen.

Gombrowicz führt keinen Kampf gegen die Gesellschaft schlechthin. Denn konsequent zu Ende gedacht, könnte das nur in die Einsamkeit einer Robinson-Crusoe-Insel oder in zerstörerischen Egoismus münden. Die Form verbindet die Menschen auch. »Der ganze Rest, unsere Unreife, ist Schweigen«, schreibt er einmal. Seiner Ansicht nach kennt niemand sein wahres Ich. Es ist unter Formen verschüttet; es verändert sich in Abhängigkeit von der Situation, birgt in seinen Tiefen so viel Überraschendes, das sich nur in einem ständigen Erkenntnisprozeß erfahren läßt. »Ich weiß nicht, wie ich wirklich bin«, schreibt Gombrowicz, »aber ich leide, wenn man mich deformiert. Also weiß ich wenigstens, wer ich nicht bin. Mein ›Ich‹, das ist lediglich mein Wille, ich selber zu sein, nichts weiter.« Ziel kann es daher nur sein, für sich eine Form zu finden, sich eine eigene Wirklichkeit zu schaffen, wie er es oft nennt, in der die Vielfalt der eigenen Persönlichkeit gelebt werden kann. Und das heißt: für die Deformierung empfindlich zu werden und sich ihrer zu erwehren, aber zugleich zu versuchen, die etablierten Formen aufzubrechen und in das eigene Leben gleichsam spielerisch möglichst viele »nicht-geformte« Elemente zu integrieren.

Als eine Form begriff Gombrowicz auch das Polentum. Er sah darin eine spezifische Art der Wirklichkeitsflucht. In ganzer Schärfe formuliert er das in einem Essay aus dem Jahre 1953: »Nehmt unsere Literatur aus dem 16. und 17. Jahrhundert zur Hand, und ihr werdet euch überzeugen, daß sie fast immer die Schönheit mit der Tugend gleichsetzte.« Die Tugend an sich sei jedoch uninteressant. Sie könne »nur lebendig werden als Überwindung der Sünde, die außerdem original ist, die etwas ist, das uns unterscheidet und bezeichnet«. Die polnische Form sei daher zu einer Karikatur geworden. Im 18. Jahrhundert schließlich seien die

Adligen gezwungen gewesen, »sich mit solchem Ersatz wie dem Zeremoniell, Honneurs, Würden zufriedenzugeben und sich in einem feierlichen Ritual zu entladen, während Freßsucht, Lüsternheit und Eitelkeit« in Wahrheit keine Grenzen mehr gekannt hätten.

Dieser »qualvolle Konflikt mit der Form, die uns feindlich geworden war«, hätte die Polen vielleicht zu »wichtigen Entdeckungen«, zu »fruchtbaren, neuen Ideen« geführt, fährt Gombrowicz fort, »wenn... wenn nicht Mickiewicz gewesen wäre. Leider! Mickiewicz hat uns die Schmerzen gelindert, uns eine neue Schönheit gelehrt, die auf lange Jahre verpflichtend wurde, und hat bewirkt, daß wir wieder mit uns zufrieden wurden. (...) Da wir die Unabhängigkeit verloren hatten und schwach waren, verbrämte er unsere Schwäche mit dem Federbusch der Romantik, machte Polen zum Christus der Völker, stellte unsere christliche Tugend dem Unrecht der Eroberer gegenüber und besang die Schönheit unserer Landschaften. Wieder also wurde die Tugend für uns zum Fundament der Schönheit – und eilfertig unterwarfen sich die Polen dieser Kosmetik, ohne darauf zu schauen, daß dies auf Kosten des Lebens geschah.«

Das »Dilemma Tugend – Lebenskraft« kennzeichnet für Gombrowicz die ganze polnische Literatur nach Mickiewicz und wurde auch mit der Wiedergeburt des Staates im Jahre 1918 nicht wirklich aufgelöst. Zu jener Zeit formte sich sein Weltbild, und zwar, wie er behauptet, im Widerspruch zur nationalen Kultur. Die Zwischenkriegszeit sei eine »Orgie der Unwirklichkeit«, eine »Große Maskerade« gewesen, heißt es im *Tagebuch*. »Das damalige Polen trugen wir auf der Brust wie den Panzer Don Quijotes, und wir wollten auf jeden Fall seine Festigkeit lieber nicht prüfen. (...) Die Unabhängigkeit hatte uns keineswegs die Freiheit wiedergegeben: weder die Freiheit des Fühlens noch die Freiheit des Sehens. (...) Alle suchten fieberhaft irgendeine Form, um nicht zu zerfließen.«

Er selbst hingegen, versichert Gombrowicz in *Eine Art Testament*, habe sich von frühester Jugend an in nichts wirklich verankert, sondern stets »zwischen« allen Formen gefühlt. Er wuchs in einer Adelsfamilie auf dem Land auf. Schon damals bewunderte er insgeheim das »Niedere« – die gleichaltrigen Bauernjungen, die

ihm, dem Herrensöhnchen und Anführer im Reiten, Springen und
Auf-Bäume-klettern überlegen waren. »Ja, ich verabscheute den
Salon und verehrte im stillen die Anrichte, die Küche, den Stall, die
Knechte und Mägde (…), und meine frühzeitig erwachte Erotik
(…) fesselte mich an diese an harte Arbeit gewöhnten und schmut-
zigen Körper«, heißt es im *Testament*.

Das Gefühl des »Dazwischenseins« verließ ihn nie. Seine Heimat Polen empfand er als ein Land, wo »Europa nicht mehr gänzlich Europa ist«. Obwohl er gern in der Rolle eines polnischen
Landedelmanns auftrat, verbrachte er die entscheidenden Jahre in
großen Städten unter Künstlern und Intellektuellen. Mit der Emigration geriet er zwischen die Sprachen und die Kontinente, zwischen Heimat und Fremde und verlor überdies seine materiell relativ gesicherte Existenz. Erst in den sechziger Jahren, kurz vor
seinem Tod, als seine Bücher in mehrere europäische Sprachen
übersetzt wurden und das Theater ihn entdeckte, besserte sich
seine finanzielle Lage ein wenig. Gombrowicz lebte wohl auch
zwischen den Geschlechtern und umgab sich, je älter er wurde,
desto lieber mit jungen Leuten. Er gefiel sich in der Pose des überlegenen Spötters und war doch jemand, der – zweifelnd, innerlich
zerrissen und zuweilen sehr einsam – vor allem nach dem eigenen
Glück suchte.

Gegenüber seinen Selbstbekenntnissen wie auch seinen Auseinandersetzungen mit der polnischen Form ist freilich Vorsicht
geboten. Gombrowicz lebte in mehreren Wirklichkeiten zugleich.
Keine erschien ihm wirklicher als die andere. Jede gebar ihre eigenen Zwänge, wo er nur er selber sein wollte. Deshalb suchte er sich
seine eigene Wirklichkeit schreibend zu erschaffen. Die Literatur
könne nicht den Ruhm der Wissenschaft beanspruchen, meinte er
einmal, »aber ohne die Literatur würde niemand jemals wissen,
wie die private Wirklichkeit von Menschen beschaffen ist«, und
das sei ihr »einziger echter Wert«.

Ein für allemal gültige Wahrheiten über ihn selbst sucht man in
seinen Werken vergeblich. »Gerade die Künstlichkeit erlaubte mir
die Aufrichtigkeit«, betont Gombrowicz. Ausgehend von seinen
ureigenen Antinomien entwickelte er ein hochartifizielles Programm, um die Welt zu erkennen und sich in ihr zu behaupten.

In dem 1937 erschienenen Roman *Ferdydurke* (der Titel ist ein Nonsenswort, das für vielfältige Deutungen Raum läßt) steht noch die Abhängigkeit von der Form im Vordergrund. Der Held des Romans, der dreißigjährige Schriftsteller Józio, möchte ein Werk schreiben, das unmittelbar aus ihm selbst entspringt. Der Pauker Pimko, eine der unsterblichen Figuren der polnischen Literatur, hält sein Geschreibsel jedoch für unreif. Er verkleinert Józio zum Sechzehnjährigen und expediert ihn zurück auf die Schulbank. Von dort gelangt der Held zu der modernen Intellektuellenfamilie Jungmann und schließlich auf das Landgut seiner adligen Verwandten. Auf seiner Wanderung durch die verschiedenen polnischen Milieus der Zwischenkriegszeit findet Józio nirgends die erhoffte Authentizität. Überall wird ihm eine »Fresse« gezeigt, wie Gombrowicz in diesem Roman die aufgepfropfte Form nennt, welche die Persönlichkeit auf einen einzigen und obendrein falschen Ausdruck festlegt.

Dieser Erziehungsroman *à rebours* besteht aus einem Strom absurd-grotesker Szenen, der immer wieder von Passagen unterbrochen wird, in denen Józio in Gombrowicz-Manier die Künstlichkeit des zeitgenössischen Kulturmilieus aufs Korn nimmt. *Ferdydurke* brach radikal mit der Tradition des Romans als »Spiegel des Lebens«. Gombrowicz ähnelt darin Stanisław I. Witkiewicz, dem »Vater der polnischen Avantgarde«, und Bruno Schulz, dem »polnischen Kafka«, den einzigen polnischen Zeitgenossen, denen er selbst sich in gewisser Weise verwandt fühlte. Darüber hinaus kehrte mit *Ferdydurke* ein ganz neuer Ton in die polnische Literatur ein. Damals war schon nicht mehr zu übersehen, daß sich die großen Hoffnungen, welche die Nation mit der Unabhängigkeit verknüpft hatte, nicht erfüllen wollten. Die Schriftsteller deuteten diese Entwicklung als »tragisch« aus; oder sie suchten die Verhältnisse so »realistisch« wie möglich abzubilden. Gombrowicz hingegen traktierte die polnische Wirklichkeit in *Ferdydurke* erstmals konsequent auf »spöttische« Weise – und begründete damit eine Tradition, die in der Literatur, dem Theater und der Malerei Polens bis heute eine zahlreiche Gefolgschaft hat.

Von der Kritik, die ihn teils bewunderte, teil polemisch auspfiff, als »Rebell gegen die Reform« abgestempelt, wollte er dieser

»Fresse« entkommen, indem er sich neue Horizonte erschloß.
Deshalb brach er nach Argentinien auf. Im Roman *Trans-Atlantik*
(1947) hat Gombrowicz seine Empfindungen in den ersten Wochen nach seiner Ankunft literarisch verarbeitet. In dieser köst-
lichen, barock-absurden Posse beschwört die polnische Kolonie
von Buenos Aires auf der Pampa in feierlichen Ritualen die Größe
ihres Vaterlandes, das gerade vor Hitler hatte kapitulieren müssen. Den Helden hingegen, einen Schriftsteller namens Witold
Gombrowicz, zieht es zu dem »werdenden, entstehenden, unbekannten Sohnland«. Dieses glaubt er in zwei Knaben zu entdek-
ken, die auf Geheiß eines argentinischen Päderasten einen Polen
ermorden sollen.

Trans-Atlantik wurde von vielen Polen als Skandalon empfunden, hatte der Autor doch in vollem Wissen um die Ereignisse in
seiner Heimat der Tragödie frech ins Gesicht gelacht. Gerade die
Emigranten, die in den ersten Nachkriegsjahren praktisch seine
einzigen Leser waren, vermerkten es ihm übel, daß er die »nationale Messe« als »Ausgeburt der Hölle« bezeichnete. Gombrowicz
konterte, daß er sich als gebürtiger Pole ebenfalls als Ausdruck des
polnischen Geistes verstehe.

Der Roman *Trans-Atlantik* endet völlig unerwartet: in satani-
schem Gelächter. Damit befreite sich Gombrowicz von dem my-
thischen Über-Polen in ihm. Danach begann er vor allem mit dem
Tagebuch seine Persönlichkeit zu erschaffen. Unablässig duelliert
er sich auf dem Papier mit tatsächlichen oder vermeintlichen Geg-
nern. Die diversen Anfeindungen sind ihm ein willkommener Anlaß, sich selbst immer wieder neu zu umreißen.

Gombrowicz' Stil ist ungeheuer virtuos und packend vielgestal-
tig; er ist unverhohlen individualistisch und zugleich voller Ironie
gegenüber sich selbst. Darüber könnte man fast vergessen, wie
viele Szenen, Begegnungen mit Menschen und Büchern, wie viele
genaue Beobachtungen über den Zustand der Welt im allgemeinen und Polens im besonderen dieses über Jahre geschriebene
Werk enthält. Das Thema des *Tagebuchs* ist – natürlich – die
Form, genauer: die Kultur in Gegenüberstellung mit Gombrowicz. »Ich wurde mutig, da ich absolut nichts zu verlieren hatte«,
bekennt er einmal. Unbekümmert um Verleger, Kritiker, Leser

oder Verwandte, überdenkt er die Welt im *Tagebuch* auf »eigene Rechnung«. Tastend, fühlend, hörend, sehend, schmeckend, Lust oder Schmerz empfindend überprüft er, inwieweit die zeitgenössische Literatur und Kunst, der Existentialismus, der Marxismus, der Katholizismus, der Strukturalismus und andere »Formen« dem menschlichen Maß entsprechen. Meist ist das Ergebnis enttäuschend.

Seinen Landsleuten empfahl Gombrowicz immer wieder die gleiche »Lauheit«. Überhaupt war er, seinen anders lautenden Beteuerungen zum Trotz, von seinem Heimatland auf sympathische Weise besessen. Ein winziger Artikel in der Warschauer Presse war ihm unter Umständen Anlaß genug, um die Polen aufzufordern, sich der verknöcherten Form zu erwehren und zumal in der Kunst nicht wertvolle Zeit für den Wettlauf mit Europa zu verlieren: »Bemüht euch, euer wahrhaftiges Empfinden zu organisieren, damit es in der Welt zu objektivem Sein gelangt, findet eine Theorie, die mit eurer Praxis übereinstimmt.« Oder: »Hört auf, die Kunst zu verehren, behandelt sie nach polnischer Art, von oben herab, unterwerft sie euch, dann wird Originalität in euch frei, (...) und ihr werdet das Wertvollste, das Fruchtbarste gewinnen: eine eigene Wirklichkeit.«

Der traditionellen Rolle des polnischen Schriftstellers als »Führer des Volkes« suchte er sich freilich zu entziehen. »Ich bin kein Lehrer«, schrieb er, »ich kann lediglich mit meiner Daseinsart ansteckend wirken.« Das ist ihm gelungen. Viele polnische Intellektuelle lasen sein *Tagebuch* wie eine Art Bibel. Während sie sich dem kommunistischen Kollektivismus unterwerfen sollten, verteidigte hier ein Pole vehement das Recht auf Individualität. Während sie die einfachen Wahrheiten der totalitären Doktrin glauben sollten, zog hier ein Landsmann souverän und intelligent die aufgeblasenen, falschen Größen in Zweifel und entwickelte daraus einen eigenständigen literarischen Kosmos, der an Originalität nicht nur in Polen seinesgleichen sucht.

Seit dem Zusammenbruch des kommunistischen Regimes allerdings scheint sein Mythos in Polen im Verblassen begriffen. Obwohl der Krakauer Verlag Wydawnictwo Literackie 1986 mit der Herausgabe der ersten offiziellen Gesamtausgabe seiner Werke begann, ist es im Land um Gombrowicz relativ still. Unter den Intellektuellen und den Theatermachern hat er gewiß treue Verehrer. Seine Sicht der polnischen Form aber verträgt sich offenbar schlecht mit jenen Gefühlen, die die Nation seit dem Systemwechsel bewegen. Schon 1954 empfahl Gombrowicz seinen Landsleuten im *Tagebuch*: »Wir müssen uns gefühlsmäßig und intellektuell darum von Polen losreißen, um im Verhältnis zu ihm mehr Freiheit des Handelns zu gewinnen, um es gestalten zu können.« Ist das nicht gerade jetzt, da sie sich neu formieren und dabei manchmal in ihre alten Fehler verfallen, hoch aktuell? Ersetzt man »Polen« durch den Begriff der »Form« – dann ganz gewiß nicht für Polen allein.

Gombrowicz' Leben und Werk zeugen davon, daß sich im Individuellen immer ein Weg finden läßt. Vorausgesetzt, man begnügt sich nicht damit, eine ungeliebte Form durch eine andere zu ersetzen, sondern bewahrt sich eine Empfindlichkeit gegenüber scheinbar noch so eigenen Formen und verschließt die Augen nicht vor dem Neuen, Unbekannten.

Zwischen Kunst und patriotischer Pflicht – Andrzej Szczypiorski

Im deutschen Kulturbereich erzielt ein Schriftsteller, der nicht aus den EG-Ländern oder Nordamerika stammt, selten einen wirklich großen Erfolg. Manchmal geschieht es doch wie im Falle Andrzej Szczypiorskis. Im Frühjahr 1988 erschien sein Roman *Die schöne Frau Seidenman* auf dem deutschen Büchermarkt, und binnen kurzem rückte es an die Spitze der Bestenliste vor. Der Autor wurde mit mehreren Literaturpreisen ausgezeichnet. Kein anderer lebender polnischer Schriftsteller gewann in den achtziger Jahren beim deutschen Lesepublikum soviel Aufmerksamkeit. Nicht einmal Czesław Miłosz, der 1980 – nach Henryk Sienkiewicz (1905) und Władysław Reymont (1924) – als dritter Pole in der Geschichte den Literatur-Nobelpreis erhalten hatte.

In der *Schönen Frau Seidenman* erzählt Szczypiorski von den schicksalhaften Verstrickungen zwischen Polen, Juden und Deutschen im Zweiten Weltkrieg. Dieses Thema sowie der packende, niemals schwarzweißmalende Stil trugen entscheidend zu dem außerordentlichen Erfolg seines Romans in Deutschland bei. Der Autor trat alsbald auch selbst in Erscheinung. In mehreren Fernsehinterviews und Talkshows präsentierte sich ein stattlicher, nahezu makellos deutsch sprechender Pfeifenraucher mit silbernem Haar. Die Jahre hatten ihn weder seiner temperamentvollen Gestik noch einer jugendlichen Verschmitztheit beraubt. Im Gespräch gibt er sich mal geistreich, mal polemisch, mal ironisch distanziert und weise. Ein fest in seinem Polentum verankerter Intellektueller schälte sich heraus, der den Westen gut kennt und einen erfrischenden Blick auf die Dinge offenbart.

Um so verwunderlicher ist es, warum Andrzej Szczypiorski, der vor der *Schönen Frau Seidenman* in Polen bereits eine beachtliche Zahl von Romanen, Hörspielen und Erzählungen publiziert hatte, im Westen über Jahrzehnte unbekannt war. Zum Teil mögen dafür die marktwirtschaftlichen Prinzipien in unserem Verlagsgeschäft verantwortlich sein – aber sie erklären nicht alles. Immerhin erschienen in der alten Bundesrepublik Jahr für Jahr rund zwanzig Titel polnischer Literatur in Übersetzung – mehr als in Frankreich, England, Spanien und Italien zusammengenommen. Der »Markt in der Kultur« sei, so Szczypiorski »eine abscheuliche Erfindung«. Aber er sehe darin »gewisse anzuerkennende Werte«, hält er jenen Landsleuten entgegen, die heute über die Kommerzialisierung der Kultur klagen. Im Westen sei im Grunde nie »ein wirklich großes Kunstwerk im schnellfließenden Strom der Billigware« untergegangen. Im Osten hingegen, wo der Staat als Kulturmäzen fungierte, habe der Mangel an Markt dazu geführt, »daß falsche Wertmaßstäbe entstanden, (...), daß die Dummheit und das Ideologisch-Banale triumphierten«.

Das Bestechende an Szczypiorski ist neben seiner Fabulierkunst ohne Zweifel seine Haltung gegenüber der Welt. Mit ihr landet man freilich ziemlich sicher zwischen den Stühlen, nicht zuletzt in Polen, dessen Denkweise in den letzten zweihundert Jahren eher dualistisch und polar als differenzierend ausgerichtet war. Szczypiorski ist immer bemüht, die Wirklichkeit vorurteilsfrei zu erfassen und sie im Vertrauen auf seinen Verstand und sein Gefühl zu beurteilen. Die Märtyrerpose ist ihm fremd, obwohl er in seinem Leben manches zu erleiden hatte. Andrzej Szczypiorski kam 1924 zur Welt und wuchs in Warschau in einem großbürgerlichen Intelligenzmilieu auf. Im Zweiten Weltkrieg schloß er sich der Heimatarmee, der nichtkommunistischen Widerstandsbewegung, an und nahm 1944 am Warschauer Aufstand teil. Seine Schwester fand dabei den Tod. Er selbst wurde verhaftet und ins KZ Sachsenhausen deportiert. Bei Kriegsende wanderte er, auf 48 Kilo abgemagert, zu Fuß nach Polen zurück, wo ihn der zweite Totalitarismus erwartete, wie er sagt.

Seine »geistige Welt« beschrieb Szczypiorski einmal als »die des Westens, des Individuums und nicht des Kollektivs; es ist die christliche, personalistische Welt«. Sein Thema ist der Mensch angesichts der totalitären Herausforderung, dem alles überwölbenden Erlebnis seiner Generation. Der Konflikt zwischen Künstler und Staatsmacht war damit vorprogrammiert, machte sich aber keineswegs gleich bemerkbar. Wie die überwiegende Mehrheit seiner Landsleute war auch Szczypiorski anfangs bereit, das neue System in Polen zu akzeptieren und dabei über manche Unvollkommenheiten hinwegzusehen. Nach dem Tauwetter vom Oktober 1956 stand er mit dem Regime zunächst auf gutem Fuß. Damals wurde er Presse- und Kulturattaché der polnischen Botschaft in Dänemark. Nach eineinhalb Jahren gab er den Posten wieder auf, da die Politik ihn gelangweilt habe. Er schrieb neben Romanen, Erzählungen und Hörspielen auch Krimis unter Pseudonym und erhielt mehrere staatliche Auszeichnungen. Bekannt wurde er jedoch als ein streitbarer Publizist des polnischen Rundfunks, der sich mitunter von seiner eigenen fabelhaften Rhetorik habe fortreißen lassen, wie sich seine früheren Kollegen nicht ohne Süffisanz erinnern.

Erst die Ereignisse vom März 1968 veranlaßten Szczypiorski, sich vom kommunistischen Regime zu distanzieren. Gleich anderen polnischen Künstlern und Intellektuellen war er empört darüber, daß die politische Führung jene Studentendemonstrationen für mehr Freiheit und Demokratie als »Werk der Zionisten« hinstellte. Sein Roman *Eine Messe für die Stadt Arras* handelt

von einem Judenpogrom im Mittelalter. Den Zensurbeamten, die
sein Buch 1971 für den Druck freigaben, sei durchaus bewußt gewesen, daß es sich dabei um eine Parabel auf das stalinistische
System in Polen handelte, meinte Szczypiorski. Wegen der historischen Verkleidung aber hätten sie ihre Hände in Unschuld waschen können. In Polen sei eben alles »aerodynamisch«. Mit
diesem Begriff umschreibt Szczypiorski das Unvollendete, Un-
klare, aufgrund dessen die Trennlinien nur scheinbar kategorisch
sind. Immer gibt es Hoffnungsfünkchen, Einsicht und Verständnis bei einzelnen Menschen; darum ist es oft schwer, sich in dem
Ganzen zu orientieren.

Mit den Jahren stellte sich Szczypiorski immer eindeutiger auf
die Seite der Opposition. Im 19. Jahrhundert habe die polnische
Nation den Schriftstellern auferlegt, »Wächter des nationalen Gewissens« sowie »Lehrer der staatsbürgerlichen Tugenden« zu sein
und das Recht des Schwächeren gegenüber dem Stärkeren zu verteidigen. Sich dieser Pflicht zu entziehen, gelte als Treulosigkeit,
und er habe sich ihr niemals entzogen. Er begann in der Untergrundpresse zu veröffentlichen und offene Briefe an die politische
Führung zu unterzeichnen, blieb aber, was wohl nur in Polen
möglich war, Mitglied im Präsidium des polnischen PEN-Clubs.
Während der Solidarność-Ära arbeitete er an der Neufassung des
Zensurgesetzes mit und gehörte zu den Initiatoren des Kongresses
der unabhängigen Kultur.

Bei der Verhängung des Kriegsrechts im Dezember 1981 wurde
auch Szczypiorski interniert. Nach vier Monaten kam er wieder
frei, durfte aber mehrere Jahre lang nicht ins Ausland reisen. Er
begann seinen Glauben wieder zu praktizieren und beteiligte sich
am Boykott der Hirne. Er trat nicht im Fernsehen auf und schloß
sich nicht dem Schriftstellerverband an, der unter Kriegsrecht erst
suspendiert und dann unter regimetreuer Leitung wiedererstanden war. Statt dessen bewegte er sich im Milieu der unabhängigen
Kultur, hielt Lesungen in Kirchen und veröffentlichte in Unter-
grundverlagen.

»Der Kriegszustand erforderte Zivilcourage, weil die Menschen
auf alles verzichteten, was ihnen lebensnotwendig erschienen
war«, schrieb Szczypiorski später. »Vielleicht wußten sie damals

noch nicht, daß dieser moralische Protest ihnen ihre innere Freiheit zurückgab.« Dem vereinfachten Weltbild vieler Oppositioneller, die oft nur die Unterscheidung in »wir«, die moralisch auf-
rechte Nation, und »sie«, die böse Staatsmacht, kannten, erlag er
nicht. Er nahm durchaus wahr, daß die kommunistische Führung
dem Widerstand mit allmählicher Liberalisierung ihrer Politik
begegnete. In einem Essay, der 1983 in der *Weltwoche* erschien,
bezeichnete er seinen Schreibtisch noch als seine »letzte Barri-
kade«. Ende 1984 bekannte er dann in der *Frankfurter Allgemeinen Zeitung*, daß er »mit dem leichten Schauder sündhafter
Erregung« die Regierungspresse lese und damit »in den Augen der
prinzipiellen Opposition« Kollaboration betreibe. Auch wenn er
die Methoden der Staatsmacht keineswegs billige, halte er nicht
alles, was die Regierung tue, für »sinnlos«.

Mit der 1984 entstandenen *Frau Seidenman* geriet Szczypiorski
vollends in Opposition zu dieser »prinzipiellen Opposition«. Die
Titelfigur, eine blonde Jüdin, lebt während des Zweiten Weltkriegs im besetzten Warschau mit falschen Papieren, die sie als
polnische Offizierswitwe ausweisen. Mit ihrem Schicksal sind die
Geschichten von einem Dutzend Warschauer Bürger verknüpft.

Szczypiorski kratzte mit diesem Buch gründlich an dem ideali-
sierten Bild, das die polnische Gesellschaft von der eigenen Vergangenheit besitzt. Nach 1945 haben polnische Romanciers und
Filmemacher den Zweiten Weltkrieg vorwiegend als Epos über
den heroischen Widerstand und das heldenhafte Sterben der Nation dargestellt. Szczypiorski hingegen erzählt in der *Schönen
Frau Seidenman* von den alltäglichen moralischen Dilemmata der
Warschauer Bürger während der Okkupationszeit, und er beraubt
seine Figuren dabei nicht ihres Eigenlebens. Wie in vielen seiner
Werke schildert er die Menschen mitsamt ihren Schwächen voller
Warmherzigkeit und trotz des düsteren Hintergrunds häufig mit
einem Anflug von Humor. Er klagt sie nicht an, sucht vielmehr in
sie einzudringen und ihre jeweilige Entscheidung begreiflich zu
machen.

In diesem Roman geht es Szczypiorski nicht allein um die Vergangenheit. Als allwissender Erzähler beleuchtet er auch den
weiteren Lebensweg seiner Figuren episodenartig bis in die Gegen-

wart. Nicht die Zugehörigkeit zu einer bestimmten Nation macht sie automatisch zu »Schuften« oder »Heiligen«, sondern in jeder Phase ihres Lebens ihre ureigene Natur. »Ich glaube, daß sich die historischen Situationen ändern, aber die Menschen ändern sich nicht so sehr«, sagte Szczypiorski 1989 in einem Interview der *Süddeutschen Zeitung.* »Natürlich haben wir immer die Möglichkeit zu wählen zwischen ›Gut‹ und ›Böse‹. Aber wir wählen *nicht* die historische Situation. Die historische Situation ist uns gegeben, und in *diesem* Rahmen müssen wir wählen.«

Szczypiorski steht mit seinen Ansichten im eigenen Land nicht allein. Er artikulierte die in der polnischen Gesellschaft vorhandenen Widersprüche nur mutiger als viele andere. Deshalb fand dieser Roman, der Mitte der achtziger Jahre im Untergrund erschien, eine lauwarme bis gehässige Aufnahme. Noch heute argwöhnen bekannte polnische Intellektuelle, der Erfolg der *Schönen Frau Seidenman* bei deutschen Lesern sei wohl in erster Linie darauf zurückzuführen, daß dieses Buch es ihnen erlaube, sich mit dem darin dargestellten »guten Deutschland« zu identifizieren und ohne Scham vom polnischen Antisemitismus zu sprechen.

Ein halbes Jahr vor Erscheinen der deutschen Ausgabe äußerte sich Szczypiorski in der *FAZ* zu der negativen Resonanz im eigenen Land. In seiner mokanten Art verglich er die polnischen Intellektuellen mit den heiligen Kühen Indiens. Ihre Nichtpräsenz im öffentlichen Leben bewirke, daß »der geistige Boden unfruchtbar wird; das Feld ist den Opportunisten, Karrieristen und kleinen Prahlern überlassen«. Freilich müsse ein jeder dieses Dilemma auf eigene Rechnung lösen. An Emigration dachte er offenbar nie: »Feinde machen schöpferisch.«

Ungeachtet dieser Querelen wurde Szczypiorski vom Bürgerkomitee der Solidarność für die Parlaments- und Senatswahlen vom Juni 1989 aufgestellt. Bedarf es noch eines weiteren Beweises für das »Aerodynamische« an Polen? Die Gewerkschaftsbewegung mußte in ihren Wahlkampf möglichst viele bekannte Persönlichkeiten einspannen. Als Symbol- und Identifikationsfiguren sollten sie das lediglich in groben Umrissen existierende politische Programm repräsentieren. Andrzej Szczypiorski kandidierte zusammen mit Gustaw Holoubek, einem durch das Fern-

sehen im ganzen Land berühmten Theaterschauspieler, in der
südpolnischen Woiwodschaft Krosno für den Senat. Der Schriftsteller konnte neben dem imposanten Mimen bestens bestehen.
Im Nu hatten die Solidarność-Kandidaten weit mehr als die erforderlichen 3000 Unterschriften beisammen. Die Partei suchte dieses Konzept zu imitieren und umwarb namhafte Künstler. Doch
die Gefragten winkten ausnahmslos ab.

Die Aufstellung für den Senat stürzte Andrzej Szczypiorski in
einen inneren Konflikt. Sie zwang ihn, zwischen »Eigenliebe und
Liebe zu meinem Volk« zu wählen. Schon damals schien er zu
ahnen, daß die Realität ihn ebenso wie viele andere politisch aktive
Künstler und Intellektuelle bald ernüchtern würde. Noch bevor er
gewählt war, meinte er: »...übers Jahr oder zwei werden sie
schroff zu mir sagen: Warum zum Teufel vergeuden Sie Ihre Zeit
mit diesem Gerede im Senat, statt für uns Bücher zu schreiben?
(...) Eine solche Wendung ist so sicher wie das Amen in der Kirche. Denn den Polen kann man es nie recht machen. Eben deshalb
sind sie so verführerisch.« Doch Szczypiorski ist sein Leben lang
auf dem Grat zwischen Kunst und patriotischer Pflicht gewandelt,
und so wird er nicht allzu lange gezögert haben, in diesem historisch entscheidenden Moment die ihm angetragene politische
Aufgabe zu übernehmen.

Gefragt nach seiner Arbeit im Senat, sagte er einmal: »Ich mache das eher wie ein Schriftsteller und beschäftige mich mehr mit
moralischen als mit politischen Fragen.« Wie in seinen Büchern
suchte er nun auf den verschiedensten Veranstaltungen einen
Ausgleich zwischen den nationalen und ideologischen Antagoni-
sten herbeizuführen. Er bemühte sich, seinen Landsleuten die
Furcht vor dem vereinten Deutschland zu nehmen und ihnen be-
wußtzumachen, daß die europäische Integration nicht allein ein
wirtschaftliches Problem sei, sondern gleichfalls eine »Beschränkung unserer Ansprüche auf Andersartigkeit, Besonderheit und
die frisch wiedererrungene Souveränität« verlange. Unermüdlich
warnt er vor der »Bolschewisierung« des polnischen Geistes-
lebens: »Ein Mensch, der lange Jahre zum Umgang mit einer totalitären Konzeption des gesellschaftlichen Lebens gezwungen war,
unterliegt – gegen seinen Willen – der Gewohnheit, totalitär zu

denken und auf die Realität zu reagieren.« Darin sieht er die große Aufgabe für die gegenwärtige polnische Kultur. Sie müsse schleunigst eine eigene Sprache finden, die sich nicht an den Lauheiten der Politik orientiere.

Auch durch das eigene Beispiel setzt er Maßstäbe. Während viele der frischgebackenen Funktionsträger nunmehr ihr tatsächliches oder angebliches Leiden unter den Kommunisten herausstreichen, bekennt er, in seinem Leben habe es Momente gegeben, »in denen ich geschwiegen habe, obwohl man hätte aufschreien müssen«. In einem Beitrag für die *Polityka* mahnte er: »Der Wiederaufbau des Landes muß damit beginnen, die Dinge beim Namen zu nennen.«

Es ist tröstlich zu wissen, daß es im heutigen Polen, wo vieles verworren und überhitzt wirkt, solche Stimmen gibt, die zur rechten Zeit das rechte Wort finden. Der Erfolg hat Andrzej Szczypiorski in seiner Haltung gegenüber der Welt nicht verändert. Nur für die Literatur blieb ihm wenig Zeit. Er nennt das Schreiben seine »erste Pflicht«, und von allen öffentlichen Ämtern, die er in seinem Leben bekleidete, ist er nach einer Weile stets zu seinem ureigenen Metier zurückgekehrt. Nach der ersten Amtsperiode hat er sich nicht wieder für den Senat aufstellen lassen. Wenn es wahr ist, daß »ein einziger guter Roman«, wie Szczypiorski behauptet, »für das Leben eines Volkes mehr als tausend politische Parlamentsreden« bedeutet, dann war das sicherlich eine richtige Entscheidung.

Nicht breiter, sondern tiefer –
Krzysztof Kieślowski

Interviews gibt Krzysztof Kieślowski am liebsten am »Arbeitsplatz«: im Gestühl eines dunklen, leeren Kinos oder gleich am Drehort, nebenher ein Brötchen kauend; allenfalls huscht er für das Gespräch eben mal von den Dreharbeiten fort auf eine Bank in einem Park. Er spricht sehr schnell, faßt sich in seinen Aussagen kurz. Dann wartet er – sein Gegenüber ernst und nachdenklich durch seine Brille musternd – gespannt auf die nächste Frage. Das Filmemachen scheint ihn keine Minute loszulassen.

Im Ausland wurde der polnische Regisseur Krzysztof Kieś-lowski mit *Dekalog* bekannt, einem Zyklus über die Zehn Gebote, den er in der zweiten Hälfte der achtziger Jahre realisierte. Der Dokumentarstreifen von Helmut Meewes über die Dreharbeiten stellt einen konzentriert arbeitenden Mann vor. Geduldig erläutert Kieślowski seinem Team seine Sicht der Dinge, geht auf Vorschläge ein, probt, verwirft, konzipiert neu. Schauspieler und Kameraleute beteuern, sie hätten lange davon geträumt, mit diesem Regisseur zusammenzuarbeiten. Fixiert auf hohe Präzision, zwinge er die Schauspieler, die Wahrheit in sich selbst zu suchen. Ein anderer lobt Kieślowskis »inspirierende Sachlichkeit«. Die Lüge und die Heuchelei, die im polnischen Filmgeschäft allgemein anzutreffen sind, seien ihm fremd. Die Rezeption des *Dekalogs* in Polen war – ganz im Gegensatz zu der des Auslands – denkbar schlecht. In der achten Episode dieses Films sagt eine New Yorker Jüdin, die in Polen nach ihren Wurzeln sucht: »Das ist ein komisches Land.« So sieht es wohl auch Kieślowski. Früher habe er sich bemüht, dem Ausland zu zeigen, wie die polnische Wirklichkeit beschaffen sei. Heute wisse er, daß man sie nur erleben könne.

Ein Stück polnische Wirklichkeit möchte zum Beispiel Filip zeigen. Der Held in Kieślowskis 1979 gedrehtem Spielfilm *Der Amateur* ist ein kleiner Fabrikangestellter, der das Leben mit seiner Schmalfilmkamera einzufangen sucht. Filip hat keine »Schere im Kopf«. Mit »naivem« Blick führt er vor, »was ist«, dabei nie ganz davor gefeit, die Wirklichkeit zu manipulieren. Seine Besessenheit richtet ein mittleres Chaos an. Betroffen richtet Filip zum Schluß die Kamera auf sich selbst und beginnt, von seinen Erlebnissen als Hobbyfilmer zu erzählen.

Kieślowskis *Amateur* ist eine Betrachtung über die Ästhetik des Films, die Moral und die Ziele ihrer Macher wie auch über die Bedingungen, unter denen sie seinerzeit in Polen zu arbeiten hatten. Die polnischen Filmregisseure fühlten sich ebenso wie die

Johannes Paul II. ist der erste slawische Pontifex in der Geschichte

Vertreter anderer Kunstsparten der nationalen Sache verpflichtet, sahen sich jedoch stets stärkeren Zwängen ausgesetzt als jene. Schriftsteller, Maler, Musiker und Theaterleute konnten ihre politisch unbequemen Werke notfalls mit geringen Mitteln auf inoffiziellem Wege verbreiten. Der Film hingegen braucht einen vergleichsweise aufwendigen Apparat, von den Studios bis zu den Kinos. Diesen Apparat konnte in den sozialistischen Ländern nur der Staat zur Verfügung stellen, der auf diese Weise die Filmemacher gern gängelte.

Den *Amateur* kann man als eine Art Selbstporträt des Regisseurs begreifen. Kieślowski wurde 1941 in Warschau geboren. 1969 machte er sein Diplom an der Staatlichen Filmhochschule in Łódź, die zum Ansehen des polnischen Films nicht wenig beigetragen hat. An der 1948 gegründeten Schule werden neben Film- und Theaterregisseuren Kameraleute und Schauspieler ausgebildet. Zu den Dozenten gehören angesehene Künstler aus dem In- und Ausland. In der schöpferisch-dichten Atmosphäre dieser Schule gedeihen sowohl handwerkliches Können als auch Diskussionsfreude, Experimentierlust sowie eine gewisse Weltoffenheit. Die berühmte »polnische Schule«, die sich Ende der fünfziger Jahre formierte, ist ein Kind dieser Geisteshaltung. Ihr werden Filme von Regisseuren verschiedener Generationen und Temperamente zugerechnet, die sich jedoch alle differenziert mit dem Schicksal des Menschen vor dem Hintergrund der großen historischen Prozesse und den nationalen Illusionen auseinandersetzen.

Ende der sechziger Jahre, als Kieślowski in Łódź studierte, war von dieser Aufbruchsstimmung freilich nicht mehr allzuviel zu spüren. Die allgemeine politische Stagnation schlug sich auch im Filmmilieu nieder. Es wurde taktiert, zensiert und die brisante Gegenwartsproblematik weitestgehend ausgeklammert. Der Amtsantritt von Parteichef Gierek schien wieder mehr Spielraum zu verheißen. Auf dem Kurzfilmfestival in Krakau 1971 protestierte Kieślowski zusammen mit einer Gruppe junger Regisseure gegen das »Kino der Väter«. Auf eine Kurzformel gebracht, forderten sie wie Filip im *Amateur*, daß der Film endlich »das, was ist«, zeigen müsse. Auf dem Festival wurde ihnen applaudiert, doch an der Gängelei durch den Staat änderte sich kaum etwas.

Kieślowski drehte anfangs ausschließlich Kurz- und Dokumentarfilme. Von 1973 an begann er, die Wirklichkeit auch zu Spielhandlungen zu verdichten. Dabei entwickelte er allmählich eine eigene Filmsprache, die sich unverkennbar an seinen Anfängen als Dokumentarist orientiert. Bei Kieślowski scheint nichts beschönigt oder speziell für den Film arrangiert. Es gibt keine billigen Effekte, keine plakative Moral. Gemächlich, aber ohne Schnörkel erzählt er Geschichten über gewöhnliche Menschen, die in unwirtlichen Trabantenstädten, düsteren Straßen und deprimierenden Industrielandschaften leben. Sie scheinen mehr vom Zufall Getriebene als aktiv Handelnde und drohen an den Kompromissen, die ihnen die Umwelt aufzwingt, innerlich zu zerbrechen. Immer wieder rückt die Kamera alltägliche Dinge ins Blickfeld. Mitunter verweilt sie lange auf den Gesichtern, macht sie von innen heraus faßbar, zeigt ihre Ratlosigkeit, ihre Unsicherheit und offenbart schonungslos jeden Makel wie Leberflecke oder einen großen Adamsapfel. Die Kamera sei ziemlich unbarmherzig, sagt Kieślowski. Unabhängig von unseren Intentionen fange sie das ein, was ist; auch die Unordnung und den Schmutz, die sich für ihn leider mit Polen verbänden.

Dank seiner präzisen Erzählweise wurde Kieślowski zu einem bedeutenden Vertreter des »Kinos der moralischen Unruhe«. So nannte man eine ganze Reihe von Spielfilmen, die sich in den siebziger Jahren zwar nicht gegen den Sozialismus richteten, aber für eine humanere Gesellschaft mit einer neuen Ethik eintraten, die ein jeder selbst finden müsse. Das Kino der moralischen Unruhe war ein Vorbote der Aufbruchsbewegung vom August 1980. Es zeigt eine Welt voller Ungerechtigkeit, Korruption und Beziehungsklüngelei, in der es kaum möglich ist, anständig zu bleiben. In der Regel erklärt eine Filmfigur den allgemeinen Mangel an Moral mit den Verhältnissen, die keine andere Wahl ließen. Diese Filme erfuhren ein unterschiedliches Schicksal. Einige gelangten fast umgehend in die Kinos, andere hielt die Zensur über Jahre zurück. Die Regisseure schien das wenig zu bekümmern. Hauptsache, der Film ist gedreht, sagten sich viele. Kieślowski kam bei seinem *Amateur* – der neben Andrzej Wajdas *Mann aus Marmor*, Krzysztof Zanussis *Tarnfarben*, Agnieszka Hollands *Provinz-*

schauspielern und Feliks Falks *Entertainer* zu den wichtigsten
Werken dieser Richtung zählt – der Zufall zu Hilfe. Bald nach dem
Ende der Dreharbeiten entstand die Solidarność. Die Zensur lok-
kerte sich beträchtlich, ließ diesen und viele andere Filme passieren, wenn auch keineswegs alles, was 1980/81 im ersten Über-
schwang gedreht wurde.

Die unverhoffte Freiheit, von der niemand ahnte, daß sie abrupt
enden würde, stellte die polnischen Künstler erstmals vor neue
Aufgaben. Kieślowski äußerte sich dazu in einem Aufsatz, der
1981 in der Zeitschrift *Polnische Perspektiven* erschien: »Ich bin
der Meinung, daß es in den siebziger Jahren die höchste Pflicht des
Künstlers und vor allem des Filmkünstlers war, die Wirklichkeit
zu beschreiben.« Die Wahrheit über die Welt, sei zwar »gestern
wie heute eine Grundbedingung«, genüge aber in der gegenwärtigen Situation nicht mehr: »Man muß nach dramatischeren Situationen Ausschau halten, man muß Schlüsse ziehen, die über die
alltäglichen Erfahrungen hinausgehen, und Diagnosen von größerer Universalität und Klugheit formulieren. Natürlich müssen wir
jene Bereiche beschreiben, die wir bislang nicht beschreiben durften, aber man muß es unter einem breiteren Blickwinkel tun und
den eigenen Standpunkt dabei deutlicher definieren. (...) Man
muß Methoden finden, damit Filme über Probleme zu Filmen
über Menschen werden. (...) Ich würde die Richtung dieser Entwicklung folgendermaßen formulieren: tief statt breit, von innen
her statt von außen.«

Das klingt schon fast wie ein Exposé zu *Dekalog*. Damit seine
Filme tatsächlich von individuellen Menschen anstatt von der nationalen Problematik handeln konnten, mußte Kieślowski wohl
zunächst seinen Glauben an die Möglichkeiten der Politik begraben. Es wird ein langer, schmerzlicher Prozeß gewesen sein, denn
er hatte sich nicht nur mit seinen Filmen, sondern von 1978 bis
1981 auch als Vizepräsident seines Berufsverbandes für politische
Veränderungen eingesetzt. In diesem Prozeß spielte die Verhängung des Kriegsrechtes Ende 1981 gewiß ebenso eine Rolle wie die
Entwicklung der polnischen Gesellschaft in den Jahren danach.
Das läßt sich allenfalls aus seinen Filmen erahnen. Kieślowski
selbst spricht meist nur vom Resultat. »Die Politik ist der Teil des

Lebens, der mich womöglich am meisten enttäuscht hat«, sagte er zum Beispiel der Berliner Zeitschrift *City Life* im Juli 1989. »Natürlich ist das eine Sache der Naivität und der Dummheit, bei mir ebenso wie überhaupt bei uns allen in Polen, daß wir glaubten, mit Hilfe der Politik könne etwas geschehen, etwas sich verändern. Indessen bin ich zumindest in diesem Moment der Überzeugung, daß die Politik gar nichts verändert. Das bedeutet nicht, daß es Politik nicht geben sollte. Politik muß sein. Aber es heißt nicht, daß mich das etwas angehen muß. Mich geht das gar nichts an.«

Daß Kieślowskis Filme in den achtziger Jahren an Tiefe gewannen, mag daneben der Zusammenarbeit mit Krzysztof Piesiewicz zu verdanken sein. Ein eher ungewöhnliches Team, denn Piesiewicz ist ein jüngerer Warschauer Strafverteidiger, der unter Kriegsrecht viele der angeklagten Solidarność-Funktionäre vor Gericht vertrat. Aufgrund seiner beruflichen Tätigkeit wisse Piesiewicz Dinge über das Leben, die er selbst niemals wissen werde, sagt Kieślowski. Die Zusammenarbeit begann mit dem Drehbuch für *Ohne Ende*, einem beklemmend-verschlungenen Film, den Kieślowski 1983 drehte. Er handelt vom Scheitern der Solidarność-Träume und ist durch die Verknüpfung des Schicksals der Hauptpersonen mit den politischen Ereignissen noch ganz der publizistischen Tradition des polnischen Kinos verhaftet.

Von Piesiewicz stammte auch die Idee, die Zehn Gebote zu verfilmen. Der *Dekalog* stellt nicht nur in Kieślowskis bisherigem Schaffen, sondern ebenso für den polnischen Film der achtziger Jahre das gigantischste Projekt dar: Es sind zehn einstündige Filme; zwei davon kamen zusätzlich in einer verlängerten Kinoversion heraus; jede Episode ist mit anderen Schauspielern und anderen Kameraleuten gedreht. Als Produzent wurde 1987 das polnische Fernsehen gewonnen. Sehr bald aber ging das Geld aus. Dem Sender Freies Berlin und der von ihm gewährten materiellen Unterstützung ist es zu verdanken, daß *Dekalog* überhaupt fertiggestellt werden konnte.

Es mag sein, daß sich das staatliche polnische Fernsehen deshalb auf dieses Mammutunternehmen einließ, weil es der Gesellschaft einen Spiegel vorhalten wollte. Bekanntlich war die katholische Kirche nicht eben zur Freude der kommunistischen Obrigkeit zur

einflußreichsten nationalen Institution herangewachsen, ohne
daß sich die Bürger freilich in ihrem Alltag entsprechend tugend-
haft verhalten hätten. Doch selbst wenn es derartige propagan-
distische Nebenabsichten gegeben haben sollte, so setzte sich Kieślowski meisterlich darüber hinweg. Und damit gelang ihm etwas
sehr Seltenes: Im *Dekalog* entwirft er eine radikal eigene Weltsicht.

Diese zehn Filme haben genaugenommen mit Polen nichts zu
tun. Die Zehn Gebote interessieren Kieślowski nicht als göttliches
Gesetz, sondern als moralische Normen, die seit 2000 Jahren das
Zusammenleben der Menschen bestimmen. Während der langen
Dauer seiner Existenz habe bislang niemand den Dekalog in seiner
Grundaussage für falsch befunden, sagt Kieślowski. Die Situationen, die er zusammen mit Piesiewicz ersonnen hat, fügen sich
zu einer Anthologie über die Ethik unserer Zeit zusammen. Sie
zeigen, wie eine Gesellschaft beschaffen ist, die es mit den Geboten
nicht so genau nimmt. Die Episoden spielen in Polen. Doch mit
geringfügigen Änderungen in Details könnten sie ebensogut von
Menschen in einem beliebigen Land handeln.

Das gilt gerade auch für die fünfte – und berühmteste – Episode
des *Dekalogs*. Ein junger Mann namens Jacek erdrosselt einen Taxifahrer und wird dafür zum Tod durch den Strang verurteilt.
Kieślowski setzt die Hinrichtung ebenso minutiös in Szene wie
zuvor den Mord. Dem Zuschauer bleibt nichts erspart. Weder das
Blut und das Röcheln des Taxifahrers noch die Penibilität, mit der
die Henker den Raum für die Vollstreckung vorbereiten und die
den Verurteilten anherrschen, er solle sich nicht anstellen. Der
suggestiven Kraft der Bilder kann sich der Zuschauer nicht entziehen. Der als erster der *Dekalog*-Reihe im westlichen Ausland er-
schienene Film wurde als ein verzweifelter Aufschrei aus einem
geschundenen Land verstanden, als ein Werk über die hoffnungs-
lose Situation polnischer Jugendlicher und als Plädoyer gegen die
– in Polen damals existierende – Todesstrafe. Auch wenn Kieślowski selbst eine gewisse Kühle und nüchterne Distanziertheit
ausstrahlt, so leidet er wie im Grunde alle seine Landsleute an dem
Schmutz und der oft hohen Aggressivität im polnischen Alltag.
Daraus entwickelt er seine Geschichten.

Zahnschmerzen täten im Kommunismus ebenso weh wie im Kapitalismus, pointierte Kieślowski einmal seine Weltsicht. Was heißen soll, daß sich die menschliche Natur unabhängig von soziologischen und kulturellen Hintergründen entwickelt. Jacek, der seine Tat im nachhinein selbst nicht begreifen kann, sucht nach Rechtfertigungen und weiß doch selbst, daß keiner der von ihm angeführten Gründe seinen Bruch des fünften Gebots »Du sollst nicht töten« wirklich erklärt. Diesen mit Worten schwer zu erfassenden Empfindungen gibt Kieślowski virtuos mit filmischen Mitteln Ausdruck. Vor dem Mord streunt Jacek ziellos durch Warschau. Die Kamera fängt die Welt dabei mit seinen Augen ein. Sie saugt sich an Käfern fest, die über ein Stück Brot krabbeln, an einer toten Ratte in einer Pfütze, an einer gehenkten Katze. Straßen und Plätze wirken verödet, Passanten huschen wie Schemen vorbei. Die natürliche Farbenvielfalt ist kunstvoll auf ein tristes Graubraun reduziert. Wer die Welt derart verfremdet wahrnimmt, in dem muß etwas Irreparables zerbrochen sein.

Es ist bezeichnend für Kieślowskis Weltsicht, daß die Kirche im *Dekalog* lediglich einige Male als Ornament, als Ritual, das zum polnischen Leben gehört, auftaucht, aber niemals als hilfreiche, trostspendende Institution.

Als der *Dekalog* im polnischen Fernsehen lief, schaltete ein Großteil der Zuschauer empört, gelangweilt oder enttäuscht ab. Sie erblickten darin in erster Linie ihren bis zum Überfluß bekannten grauen Alltag. Auch die Kritik wußte dazu nicht viel zu sagen; sie bemängelte den fehlenden Bezug zur aktuellen politischen Lage.

Verwunderlich ist das nicht. Seit dem Sturz des kommunistischen Regimes ergehen sich viele polnische Künstler in immer neuen Variationen darin, darzustellen, welche Verwüstungen diese Zeit in den Gemütern angerichtet hat – und stärken damit wie gewohnt die Herzen. Kieślowski geht mit dem *Dekalog* statt in die Breite in die Tiefe. Die Botschaft des Christentums, daß dem Menschen der freie Wille gegeben ist, daß er folglich für sein Tun verantwortlich ist, nimmt er ganz wörtlich. Ohne den moralischen Zeigefinger zu erheben, stellt er seine Figuren in Situationen, in denen sie eine Wahl treffen müssen, und dabei kommen sie nicht umhin, der Welt, die sie um sich herum errichtet haben, ins Auge zu blicken. Der eigentliche Adressat ist der Zuschauer. Der *Dekalog* ist ein Aufruf zu Eigenverantwortlichkeit, mitmenschlicher Solidarität und Konfliktfähigkeit. Er wirkte freilich kaum derart eindringlich, wenn Kieślowski ihn nicht in Bilder von asketischer Schönheit gekleidet hätte.

Den demokratischen Komfortgesellschaften ist Kieślowskis Botschaft durchaus vertraut, obschon sie die Bürger dort als nicht weniger unbequem empfinden. Für die Polen aber war sie ein Novum. Sie müssen sich erst daran gewöhnen, daß jemand die Kamera auf sie selbst richtet und aufdeckt, in welch entscheidendem Maße sie durch ihr persönliches Tun oder Unterlassen auf den Zustand der Welt Einfluß nehmen. Sie sind aufgefordert, die Ideale, die sie während der Unfreiheit auf den Lippen führten, nun in die Praxis umzusetzen und die Krise als Chance zu begreifen, um neue Paradigmen zu entwickeln. In diesem Sinne ist der 2000 Jahre alte *Dekalog*, wie ihn Krzysztof Kieślowski verfilmte, eines der modernsten Kunstwerke, die in Polen während des politischen Umbruchs entstanden sind.

Streiflichter aus dem Alltag

Von den Donnerstags-Diners zur Pantoffelpost –
Die Gesprächsfanatiker

Polen – das ist ein Meer von Worten. Jeder, so scheint es, kennt jeden, möchte mit jedem reden. Es gibt immer etwas zu erfahren; Neuigkeiten, Gerüchte, Klatsch. Mancher will nur mal wieder ein bißchen Luft ablassen. Nach längerem Aufenthalt in diesem Land kommt einem der Rest der Welt öde vor. Man vermißt fortan die liebenswürdigen kleinen Geplänkel und die großen hitzigen Diskussionen, die zum polnischen Leben gehören wie zu einem Rummelplatz der Lärm, das Gedränge, die Gerüche. Nahezu unmöglich, daß zwischen Oder und Bug zwei Menschen aufeinandertreffen, ohne wenigstens ein paar Worte zu wechseln, sei es mit der Nachbarin im Treppenhaus, mit der Garderobenfrau im Theater oder dem Nebenmann im Omnibus. Mitten in der hastenden Menge finden sich kleine Grüppchen zu Straßenkonferenzen zusammen, wird eindrucksvoll gestikulierend aufeinander eingeredet. Genauso in den Cafés und Restaurants und auf den Ämtern, wo die Angestellten die Büroarbeit gern für ein Schwätzchen unterbrechen – was unter den Wartenden erregte Dispute auslöst.

Eine Höflichkeit zwischen Unbekannten kann in lange Unterhaltungen ausarten. In einem Hotel in Breslau gab ich meinen deutschen Paß ab – für den Mann an der Rezeption ein willkommener Anknüpfungspunkt: »Haben Sie schon von unserem berühmten Breslauer Germanisten gehört?« Mit Mühe konnte ich ihn davon abhalten, mir sogleich dessen Nummer aus dem Telefonbuch herauszusuchen. Von dem Germanisten kamen wir auf die Deutschen und den Krieg, auf die Zerstörung der Stadt und den Wiederaufbau. Von damals auf heute – und so weiter.

Natürlich offenbaren Fremde, die ins Gespräch kommen, einander nicht sogleich ihr Innerstes. Die unsicheren Zeitläufte ließen immer eine gewisse Vorsicht angebracht erscheinen. Der Gesprächslust der Polen tat das indes keinen Abbruch. Sie finden genügend allgemeine Themen, über die man sich abtasten kann. Zudem verstehen sie es meisterlich, ihre Position mit Gebärden, Mimik und Anspielungen zu unterstreichen. Es liegt ein großer Reiz darin, auf diese Weise herauszufinden, wie und was der andere ist. Das geht stundenlang. Nächtelang.

Sich verplaudert zu haben, gilt fast überall in Polen als plausible Entschuldigung für eine Verspätung. Und es ist das größte Lob für den Gastgeber. Überhaupt die Gastfreundschaft. Fremde preisen sie seit Jahrhunderten als eine der liebenswürdigsten polnischen Eigenschaften. Darunter lediglich das Angebot von Speisen und Getränken zu verstehen, hieße die Polen völlig mißverstehen. Die Stärkung für den Körper dient der Regsamkeit des Geistes. »Fall mal wieder ein!« – lautet die wörtliche Übersetzung der gängigen polnischen Abschiedsformel. Diese Einladung ist auf Dauer gültig. Niemand wundert sich, wenn jemand Monate oder Jahre nichts von sich hören läßt und dann plötzlich, ohne Voranmeldung und womöglich mit einem Schwung Gäste, mal wieder »einfällt«. Jeder, der den Alltag aufzuheitern verspricht, ist willkommen. Es ist keineswegs unüblich, bei dem unbekannten Freund eines Freundes zu klingeln, von diesem Grüße auszurichten – und wie eine Erbtante bewirtet zu werden.

Überhaupt wird gern jede Minute mit Gesprächen ausgefüllt. »Komm doch zum Flughafen!« schlug mir eine Freundin in Warschau vor. »Ich muß eine halbe Stunde vor dem Abflug dort sein. Da können wir noch reden...« Die Polen sind seit eh und je Gesprächs- und Geselligkeitsfanatiker gewesen. Das läßt sich bis in jene Tage zurückverfolgen, da sie noch im besten aller Staaten zu leben meinten. In der alten Agrargesellschaft vertrieb man sich die Zeit mit Erzählen. Oft war es die einzige Art, um die Welt kennenzulernen. Jeder Gast versprach Neuigkeiten und unterhaltsame Abwechslung. Aus diesem geselligen Zeitvertreib erwuchs eine eigene Literaturgattung – die *gawęda* (Plauderei). Sie gedeiht bis heute nur in Polen. Es sind weiträumige Erzählungen, bei denen keine Gelegenheit zu wunderlichen Abschweifungen ausgelassen wird, so daß sich das Hauptthema bald verliert, bald wiederfindet.

Polens letzter König, Stanisław August Poniatowski, war ein
großer Liebhaber des Gesprächs. Seine »Donnerstags-Diners«, zu
denen er Dichter und Gelehrte, Maler und Architekten, Geistliche
und Staatsmänner einlud, sind in die Geschichte eingegangen. Die
Bezeichnung ist irreführend; Essen und Trinken waren, wenngleich stets reichlich angeboten, nicht die Hauptsache. Donners-
tags wurde bei Poniatowski in dem aufklärerischen Geist, der das
Leben an seinem Hof prägte, über alle möglichen die Zeit be-
wegenden Fragen diskutiert. Hier reifte die Idee heran, den *Mo-
nitor*, die erste literarische Zeitschrift in Polen, zu gründen sowie
eine Erziehungskommission ins Leben zu rufen. Es entstanden
Pläne zur Verschönerung Warschaus, so auch der Entwurf für
das Łazienki-Palais. Poniatowskis politische Berater, aber auch
die Literaten, denen die Ehre einer Einladung nicht zuteil wurde,
meinten spitz, der König solle sich lieber intensiver um die
Staatsgeschäfte als um die Schöngeister kümmern. Von vielen
Adelsfamilien jedoch wurden die Donnerstags-Diners alsbald
imitiert.

Wieviel Bedeutung die Polen in den vergangenen Jahrhunderten der Geselligkeit beimaßen, belegt eine Notiz Heinrich Heines,
1822: »Das polnische Landleben ist nicht so geräuschlos und ein-
samlich wie das unsrige, da die polnischen Edelleute sich auf zehn
Stunden weit besuchen, oft wochenlang mit der sämtlichen Familie zusammenbleiben, mit wohleingepackten Betten nomadisch
herumreisen; so daß es mir vorkam, als sei das ganze Großherzog-
tum Posen eine große Stadt, wo nur die Häuser etwas meilenweit
voneinander entfernt stehen.«

Zur Leidensgeschichte der Polen gehört der Kampf um den Gebrauch ihrer Sprache. Die Muttersprache ist für sie der urtümliche
Ausdruck von Heimat. Alle fremden Besatzer sahen darin eine
unzulässige Manifestation des Nationalbewußtseins und den
Keim des Widerstandsgeists. Im 19. Jahrhundert suchten die Teilungsmächte das Polnische durch Gesetze aus den Behörden,
Schulen, Universitäten, dem gesamten öffentlichen Leben, zu ver-
bannen. Die Polen pflegten gerade deshalb ihre Muttersprache in
der Familie, in illegalen Organisationen, in der Kirche und vor
allem in der Literatur.

Der Zweite Weltkrieg brachte dem Volk die vierte Teilung ihres Landes, Deportationen, Massenerschießungen, Hunger, und Elend und obendrein eine grausame Neuauflage des Kampfes gegen ihre Sprache und Kultur. Während Stalin sich später damit »begnügte«, die Bildungsstätten in dem von ihm besetzten Ostpolen marxistisch umzugestalten, wollten die Nationalsozialisten in ihrem Rassenwahn ganze Arbeit leisten. Himmler schrieb in einer Denkschrift an Hitler vom Mai 1940: »Für die nichtdeutsche Bevölkerung des Ostens darf es keine höhere Schule geben als die vierklassige Volksschule. Das Ziel dieser Volksschule hat lediglich zu sein: einfaches Rechnen bis höchstens 500, Schreiben des Namens, eine Lehre, daß es ein göttliches Gebot ist, den Deutschen gehorsam zu sein und ehrlich, fleißig und brav zu sein. Lesen halte ich nicht für erforderlich...« Mehr als eine Primitivversion der deutschen Sprache war unerwünscht. Ein Volk, das sich in einer fremden Sprache verständige, sei schwer zu überwachen, befand die Gestapo. Lernten die Polen jedoch richtiges Deutsch, könnten sie sich womöglich als Deutsche ausgeben. Und selbst von polnischen Klängen witterten die Okkupanten noch Gefahr: Im Generalgouvernement war es bei Strafe verboten, Chopins Musik zu spielen.

Obgleich die Polen um den Fortbestand ihrer Sprache seit langem nicht mehr bangen müssen, ist das Gespräch ihr Element geblieben. »Autorenabende«, manchmal noch scherzhaft Donnerstags-Diners genannt, bei denen einem kleineren Kreis das Werk eines Schriftstellers vorgestellt und anschließend mit dem Publikum diskutiert wird, erfreuen sich großer Beliebtheit. Die allgemeine Freude an der Geselligkeit spielt dabei eine nicht zu unterschätzende Rolle. Handfeste Gründe lieferte im sozialistischen Polen auch die Wirklichkeit. Zwar galt Polen im Ostblock als das Land mit der größten Meinungsfreiheit. Die Bürger aber maßen sich in dieser Hinsicht, wie in vielem anderen ebenfalls, am Westen und beurteilten ihre Situation daher anders. Das macht einer ihrer alten Witze deutlich: Napoleon wird gefragt, welche Errungenschaften der modernen Zivilisation er gern besäße. Seine Antwort: »Die polnischen Massenmedien.« – »Warum?« – »Dann hätte die Welt bis heute nichts von Waterloo erfahren.«

Die Polen selbst ausgenommen. Aufgrund langer bitterer Erfahrung haben sie eine geradezu erstaunliche Form der privaten Nachrichtenübermittlung entwickelt, die sie nicht umsonst »Pantoffelpost« nennen. Daran sind alle beteiligt, die nicht an den Schaltstellen der Macht sitzen und über Augen, Ohren, ein Mundwerk und zwei Beine verfügen. Als zum Beispiel die Streikenden von Danzig im August 1980 unter anderem den Abbau der Privilegien für hohe Parteifunktionäre und die Miliz forderten, wußten sie, wovon sie sprachen. Schließlich hatten polnische Arbeiter die Zementsäcke für die Villen und Swimmingpools der Bonzen angekarrt und dort Stein auf Stein geschichtet. Solcherlei auszuplaudern, gilt als erste Bürgerpflicht.

Weil sich die Gesellschaft den Mund nicht verbieten ließ, gibt es heute in Polen keine staatlichen Tabus mehr. Die Neugier und der Hunger nach Informationen sind trotzdem nicht geringer geworden. »Was gibt's Neues?« – ist in Polen keine abgenutzte Begrüßungsformel, sondern die herzliche Bitte zu erzählen, was von Interesse sein könnte. Sogar wenn Besuch da ist, läuft meist der Fernseher nebenher, allerdings ohne Ton. Nicht informiert zu sein gilt als Manko.

Bei den schwierigen Lebensbedingungen leistet die Pantoffelpost nach wie vor wertvolle Dienste. Der Gang zur Nachbarin, um zwei Teebeutel zu borgen, läßt sich mit der Frage verbinden, ob sie jemanden kenne, der jemanden kennt, der der Schwiegermutter meiner Freundin schnell einen Termin bei einem guten Augenarzt vermitteln kann. Die Nachbarin verspricht, sich umzuhören. Im Augenblick weiß sie nur von einem Bekannten von Bekannten, der privat Waschmaschinen repariere und Zugang zu entsprechenden Ersatzteilen besitze. Ihr Sohn habe zudem einige interessante Schriften ausgeliehen, die ich unbedingt lesen müsse.

Die große Zahl von Personen, die in manchen polnischen Haushalten ein und aus geht, erklärt sich aus der Telefonsituation. Bislang verfügen nur wenige Wohnungen über einen eigenen Anschluß. Glücklich kann sich schätzen, wer einen öffentlichen Fernsprecher findet, der funktioniert. Mitunter sind ganze Stadtteile tagelang nicht zu erreichen, weil die Telefonkabel beschädigt wurden. Mit manchen Orten im Inland und vielen Städten im

Ausland kann man nur über das Fernamt nach langen Wartezeiten Verbindung bekommen, und dann klingt die Stimme am anderen Ende der Leitung oft so blechern, als käme sie vom Mars. Kein Wunder, daß viele, anstatt zum Hörer zu greifen, sich lieber selbst auf den Weg machen.

In Polen besteht vorläufig nicht die geringste Gefahr, daß einer das Reden verlernen könnte. Wie gesprochen wird, das veranschaulicht eine treffliche Schilderung von J. C. F. Schulz. In seiner 1795/96 erschienenen *Reise nach Warschau* heißt es: »Die Polen reden sehr geschwind und wissen drei bis vier Mitlaute hintereinander so schnell zu streifen, daß sie wie ein Hauch auf die folgenden Selbstlaut fallen und durch ihn Ton bekommen. Ihre längsten Wörter werden dadurch um die Hälfte kürzer, und ein Wort, das auf dem Papier oft kein Ende nimmt, ist so leicht gesagt wie ein deutsches zwei- oder dreisilbiges. Die dazu nötige Geschwindigkeit der Sprechwerkzeuge kann man nur durch Übung, die in zarter Jugend ihren Anfang genommen hat, sich verschaffen... Der Pole durchläuft, wenn er im gemeinen Leben spricht, alle Noten der Tonleiter und nimmt häufig die Fistel zu Hilfe. Erzählt er etwas Lächerliches; ist er in irgendeiner nicht zu starken Bewegung der Freude, des Zorns, des Schmerzes, so hört man nichts als helle Töne; ist er verliebt, sagt er seiner Geliebten schöne Sachen, so weiß er diesen hellen Tönen eine unbeschreibliche Weichheit mitzuteilen, aber sie werden sogleich pfeifend, kreischend und schneidend, sobald irgendein heftiges Gefühl aus ihm spricht. Wenn die Beugungen der natürlichen deutschen Stimme langsam, kaum merkbar, sich erheben oder sinken, so hüpfen die Beugungen der polnischen ungefähr so, wie wenn ein Deutscher unter Lachen etwas erzählt.«

Der polnische Redefluß hat von seinem atemberaubenden Tempo seither nichts eingebüßt. Insbesondere die Damen bringen wahre Wortkaskaden hervor, so daß man dauernd befürchtet, ihre Stimmbänder könnten Schaden nehmen. Das Tempo mag aus einer spezifisch polnischen Ungeduld herrühren, aber nicht minder aus der – in diesem Land häufig richtigen – Überzeugung, den anderen nur durch einen massiven Redeschwall zum Zuhören bewegen zu können. Die Liebenswürdigkeit ist hingegen heute keineswegs mehr auf die Stunden mit der Geliebten beschränkt. Im öffentlichen Leben, in den Geschäften und auf Polizeirevieren, geht es gewiß oft ruppig zu. Bei allen anderen Begegnungen aber kommt man sich meist wie ein umworbener Operettenstar vor. »Glauben Sie den Polen nicht alles, was sie so daherschwatzen«, gab mir eine ältere, seit langem in der Bundesrepublik lebende Polin mit auf den Weg, bevor ich zum erstenmal in ihr Heimatland aufbrach. »Wir neigen ähnlich wie die Italiener zur Überschwenglichkeit, versuchen aber auch oft, den anderen durch Schmeicheleien zu überfahren.«

Ein liebenswürdiger Ton ist überall dort geboten, wo persönliche Bindungen bestehen – oder geschaffen werden sollen. Gewiß sind nicht alle Artigkeiten, die Polen in ihre Rede einflechten, so aufrichtig gemeint, wie sie zunächst klingen mögen. Um etwas zu erreichen, ziehen sie sämtliche Register, überschütten den anderen mit Schmeicheleien und Komplimenten oder appellieren an seine Ritterlichkeit und seinen Beschützerinstinkt. Manch einer versucht es auch mit einem frechen Befehlston – und kommt unter Umständen ebenfalls zum Ziel. Sachlich ruhige Töne hört man in Polen in solchen Fällen ziemlich selten.

Bei dem in der Regel ehrerbietigen Umgang miteinander spielen die Anredeformeln eine große Rolle. Polen unterscheiden hier sehr strikt zwischen offiziellem und privatem Bereich. Die unverbindliche Form der Anrede mit dem Nachnamen, wie im deutschen Sprachraum üblich, ist äußerst selten. Im Berufsleben wird der Höherstehende nur mit dem Titel angesprochen: »Herr Ingenieur«, »Herr Redakteur«, »Herr Magister«, »Herr Rechtsanwalt« und so fort. Jedes Mitglied eines Lehrkörpers, vom Volksschullehrer aufwärts, wird »Herr Professor« tituliert. Eine wahre Allerwelts- und Zauberformel zugleich ist *Panie kierowniku*. Im Grunde kommt dieser Titel nur einem Geschäftsführer oder Abteilungsleiter zu. Doch Tag für Tag werden Zehntausende in Polen im Gespräch in diesen Rang befördert. Will man etwa bei einem Kellner im angeblich überfüllten Lokal oder bei dem Kartenabreißer einer offenbar ausverkauften Kinovorstellung etwas erreichen, eröffnet der Bittsteller seine Rede in jedem Fall mit *Panie kierowniku*. Sobald sich zwei Menschen ein wenig kennen und auf annähernd gleicher Stufe stehen, sich aber nicht duzen mögen, reden sie sich mit *Pan* (Herr) oder *Pani* (Frau) plus Vornamen an. Meist wird davon sogleich eine der unzähligen, unübersetzbaren Koseformen abgeleitet, deren Schlußvokale sich bei Bedarf unendlich schwingend in die Länge ziehen lassen, so daß sie schon selbst wie eine kleine Schmeichelei klingen. Mir zum Beispiel wurden in solchen Situationen die folgenden Anreden zuteil: »Pani Lisawetko«, »Pani Lizo« oder auch – ganz »eingepolnischt« – »Pani Elżuniu«.

Die liebenswürdigen Floskeln ergänzen viele Polen durch betont gute Manieren, die mitunter übertrieben wirken. Die Herren begrüßen die Damen mit so graziösen Handküssen, daß sich Vertreter anderer Nationen daneben wie Tolpatsche ausnehmen. Man macht einander fortlaufend Komplimente über das Aussehen, bewundert einen liebevoll gedeckten Tisch und bringt zu jeder Gelegenheit kleine Aufmerksamkeiten mit. Der Gast bedankt sich artig für alles, was ihm geboten wird. Manche beginnen damit schon in dem Moment, in dem sie sich vom gemeinsamen Mittagstisch erheben. Andere bedanken sich sogar bei wildfremden Leuten, daß sie mit ihnen im Fahrstuhl gefahren sind.

Diese Umgangsformen zeugen nicht nur von der langen Adelstradition. Unter den polnischen Bedingungen erfüllen sie eine wichtige Funktion: Sie entschädigen für manche Unbill. Es mag vielleicht lächerlich klingen, doch als ich in Warschau lebte und wie alle anderen oft ganz erschöpft war, weil wieder nichts geklappt hatte, empfand ich es zum Beispiel als überaus wohltuend, daß niemand, der vor mir durch eine Tür ging, sei es in einem Studentenwohnheim, auf einem Postamt oder sonstwo, diese einfach zufallen ließ, sondern jeder auf seinen Hintermann achtgab und ihm oft noch freundlich zulächelte.

Auf Fremde wirkt die polnische Gesellschaft wie eine verschworene Notgemeinschaft. Die Kontakte der Menschen untereinander scheinen bewunderungswürdig dicht, intensiv und herzlich. Unstimmigkeiten, Eifersüchteleien und Intrigen sind jedoch ebenfalls an der Tagesordnung. Polen sind genauso eitel, selbstsüchtig und ehrgeizig wie Menschen anderer Nationalität. Zudem zwingt sie die Not, ihre Bedürfnisse auf nicht immer ganz legalen Wegen zu befriedigen. Das geht nicht ohne Reibungen ab. Ein Streit geht schnell unter die Haut; schließlich hockt man ziemlich dicht aufeinander und kennt sich sehr gut. Flüche und Schimpfwörter, an denen die polnische Sprache reich ist, finden ausgiebigst Verwendung. Ist das persönliche Ehrgefühl getroffen, wird nicht mit Verleumdungen und kriegerischen Posen gespart. Wut und Zorn halten indessen selten lange vor. In einem Land, in dem niemand zu den staatlichen Regelsystemen Zutrauen hat, ist man einfach gezwungen, tolerant und pfleglich miteinander umzugehen.

Gleichwohl ist es eine Nähe auf Distanz. »Wir Polen sind keine Unterhosenschnüffler«, brachte es ein Warschauer Bekannter auf den Nenner. Wenn jemand über Privates nicht reden mag, wird das akzeptiert. Mehr noch, in der Regel gilt es sogar als taktlos, in jemanden mit persönlichen Fragen zu dringen. Das mag eine spezifische Prüderie sein, die sowohl aus der katholischen Tradition herkommt als auch vom marxistischen Gesellschaftssystem gepflegt wurde. Im allgemeinen schmücken sich Polen lieber mit einer intellektuellen Aura, als daß sie sich mit privatem Kleinkram unnötig lang aufhalten. Die Gedanken sprudeln nur so hervor. Es ist nicht ungewöhnlich, in zwei Sätzen drei Themen anzuschneiden – von den Ursachen für das Fehlen von Toilettenpapier über die Politik des amerikanischen Präsidenten bis zur jüngsten Kinopremiere. Verwegene Abstraktionen mischen sich mit schillernden Anekdoten, in denen unvermittelt ein Stückchen philosophischer Weisheit – jeglichem Determinismus abhold – aufblitzt, erwecken den Eindruck, als dächten Polen laut. Von der Gegenwart kommt man auf die Geschichte, von der Politik auf die Poesie, vom Weltlichen auf das Mystische – und wieder zurück.

Der Faszination dieses Gesprächsstils kann sich kaum jemand entziehen. Walter Höllerer, der im Rahmen des internationalen Künstlerprogramms in Berlin die Besucher betreute, erklärte einmal, warum ihn die Polen am meisten angezogen hätten: »Sie hatten einen Bezugspunkt in ihrem Dichten und Denken, den man nicht anders als mit dem Wort ›Unschuld‹ bezeichnen kann, und sie schützten diese Unschuld durch ein diffiziles Geflecht von Logik, Witz und Blackout-Einfällen . . . Sie waren Gesprächs-

partner, die mir einerseits nahestanden, die mich andererseits in
Neugier hielten.«

Das Reden ist für Polen zu einem guten Teil Selbstzweck. Gewiß
werden dabei Informationen und Wertvorstellungen ausgetauscht
sowie phantastische Pläne geschmiedet. Der Sinn aber liegt im
Miteinander – oder auch im Gegeneinander. Polen lieben es, ihr
Gegenüber gleichsam spielerisch unter Aufbietung all ihrer Gei-
steskräfte zu provozieren, um daran ihre eigenen rhetorischen und
intellektuellen Fähigkeiten zu erproben. Sie haben das Gespräch bis
zur Kunst verfeinert, und hier gelingt ihnen ein Grad von Selbstverwirklichung, der im praktischen Leben noch schwer zu erringen
ist. Als Devise könnte ein Satz von Adam Zagajewski dienen: »Daß
wir in Sklaverei geraten, kann vorkommen. Eines aber muß man
um jeden Preis vermeiden – zum Sklaven zu werden.« Meisterliche
Erfinder ihrer selbst, verstehen es Polen, sich durch wundersame
Geschichten souverän über den Durchschnitt zu erheben. Deshalb
kann eine absurde These zum Ausgangspunkt einer nächtelangen
Diskussion werden. Deshalb wird alles und jedes kritisiert. Diese
Angewohnheit ist derart verbreitet, daß selbst ein Bäuerlein im
abgelegensten Dorf nichts für bare Münze zu nehmen gewillt ist.
Alles durchschaut er, hinter jedem Ereignis wittert er ein Komplott,
für das er eine eigene Theorie parat hat. Exakte Kenntnisse sind
selten gefragt. Interpretationen der Wirklichkeit halten Polen allemal für fesselnder als dürre Fakten. Die divergierenden Meinungen, die ewigen Nörgeleien wirken auf den Ausländer verwirrend.
Es dauert ein Weilchen, bis er begreift, daß der einzelne sich mit
einem originellen Standpunkt eher aus der Masse heraushebt als
mit einem noch so fundierten Redebeitrag.

Beinahe unnötig zu sagen, daß auch der politische Witz blüht.
Noch typischer ist ein Galgenhumor, der sich in rasanter Schlagfertigkeit, meisterlichen Wortspielen, künstlich gesetzten Mißver-
ständnissen und sophistischen Spitzfindigkeiten äußert. Das ist die
Stärke der vielen brillanten Kabaretts. Polen können in einer Weise
über ihre existentiellen Erfahrungen spotten, die sie die Ursache der
Bitterkeit fast vergessen macht. Es ist eine Form des romantischen
Protests, der individuellen Empörung über Dinge, die sie nicht
ändern können.

Einem Fremden, der die polnische Sprache nicht beherrscht, wird bei einem Aufenthalt in diesem Land manches entgehen. Doch die Polen wissen, daß ihre Sprache überaus schwierig ist. Wie die Bürger anderer Staaten in vergleichbarer Lage sind sie äußerst sprachbegabt. Sie finden immer einen Weg, um sich mit jemandem zu verständigen. Und wenn sie einen Freund mitten aus einer Examensarbeit reißen, damit er dolmetscht. Er wird sich kaum sträuben, denn er ist mit Sicherheit ebenfalls ein Gesprächsfanatiker.

Weichsel-Aphrodite mit Familie – Die Polinnen

Ein früher Morgen in der Cafeteria des Ost-Berliner Flughafens: Die Gäste dösen über ihren Kaffeetassen oder gähnen hinter ihren Zeitungen. Mit einemmal scheinen sie zu erwachen. Wie gebannt lenken sie ihre Blicke auf die Eingangstür, durch die soeben eine Dame hereintritt. Sie ist weder besonders schön noch auffallend elegant gekleidet. Sie verharrt einen Moment an der Tür, um die Szenerie unter ihrem breitkrempigen Hut hervor zu mustern, stöckelt dann geräuschvoll, graziös ihre schwarze Pelerine schwingend auf einen von einem einzelnen Herrn besetzten Tisch zu und läßt sich auf dem freien Stuhl nieder. Ihren Begleiter, der neben ihr ziemlich verblaßt, schickt sie mit einer Handbewegung zum Selbstbedienungsbüfett, während sie eine Zigarette hervorholt und den am Tisch sitzenden Herrn mit den Augen auffordert, ihr Feuer zu reichen. Das muß eine Polin sein, durchzuckt es mich, noch ehe sie überhaupt den Mund aufgetan hat. Und richtig...

Es gibt verschiedene Ansichten darüber, worauf sich die Ausstrahlung der Polinnen eigentlich gründet. Alfred Döblin meinte, die Polinnen wüßten die Pfeile des Cupido zu zielen. Von der Natur kaum reichlicher mit physischer Schönheit bedacht als andere Frauen verstehen sie es jedoch bestens, etwas aus sich zu machen. Und ihr – gelegentlich überbordendes – weibliches Selbstbewußtsein verfehlt die Wirkung auf die männliche Umgebung nicht.

Eine jede tut es natürlich auf die ihr eigene Weise. Da sind die Damen, die große Auftritte lieben und mit lässiger Grazie üppige Pelze, pfiffige Hüte, auffälligen Modeschmuck und großes Make-up spazierenführen. Oder die koketten Püppchen, die gern herzhaft kichern und unschuldig die Augen verdrehen. Dazwischen rührend aufgedonnerte Madonnen, temperamentvolle Grazien und sanfte, in sich ruhende Schönheiten. Eine nicht zu unterschätzende Spezies sind die polnischen Mütter, die sich ewig sorgen, daß mit dem Nachwuchs etwas nicht so laufen könnte, wie sie es sich wünschen, und sogleich ein nationales Unglück heraufziehen sehen.

Die Kunde von den liebreizenden Polinnen verbreitete sich im 19. Jahrhundert in ganz Europa. Byron, Shelley und Lenau huldigten ihnen in Gedichten. Heinrich Heine schwärmt in seinem Polen-Bericht aus dem Jahre 1822: »Hätte ich den Pinsel Raphaels, die Melodien Mozarts und die Sprache Calderons, so gelänge es mir vielleicht, Ihnen ein Gefühl in die Brust zu zaubern, das Sie empfinden würden, wenn eine wahre Polin, eine Weichsel-Aphrodite vor Ihren hochbegnadeten Augen leibhaftig erschiene. Aber was sind Raphaelsche Farbkleckse gegen diese Altarbilder der Schönheit, die der lebendige Gott in seinen heitersten Stunden fröhlich hingezeichnet! Was sind Mozartsche Klimpereien gegen die Worte..., die aus den Rosenlippen dieser Süßen hervorquellen.«

In der Literatur des 20. Jahrhunderts finden sich vergleichbare dichterische Gefühlsaufwallungen nur noch selten. Dennoch sind die modernen Polinnen um nichts weniger begehrt und umschwärmt als ihre Ahninnen. Sie tragen zum Ansehen ihres Landes in der Welt erheblich bei. Kaum ein deutscher, englischer oder französischer Polenkenner wird es in einem Gespräch über diese Nation versäumen, verträumt lächelnd zu stammeln: »Oh, dort gibt es Frauen..., Frauen, sage ich...«

Dem aufmerksamen Beobachter springt freilich sehr bald ein

Marienburg – das »Symbol des preußischen Imperialismus«
ist heute ein polnisches Museum

Über zwei Jahrhunderte entwickelte sich die katholische Kirche
zum Bollwerk des Polentums

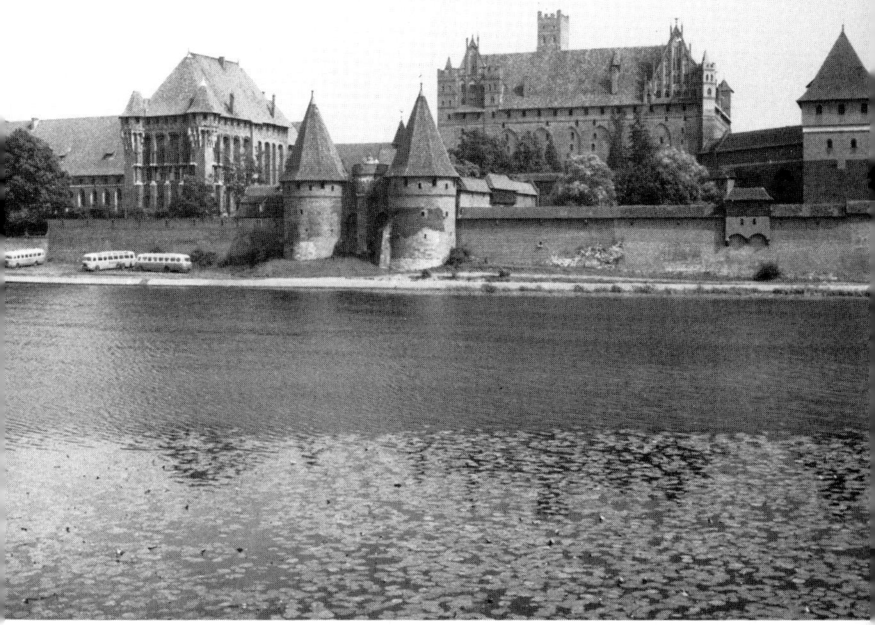

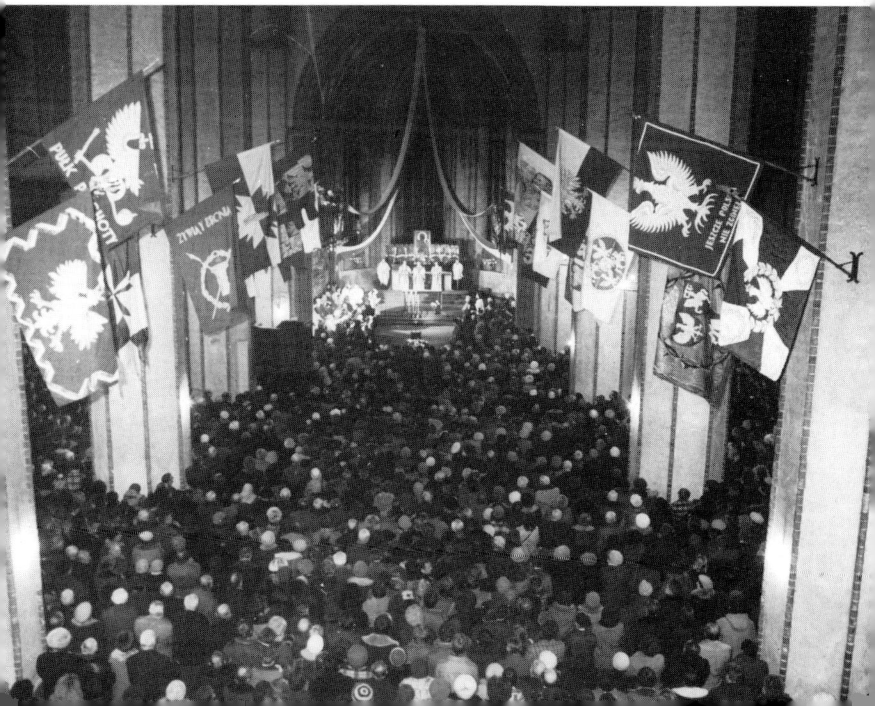

PULK

merkwürdiger Widerspruch in die Augen: Die heutigen Polinnen sind charmant, selbstbewußt, oft sogar recht dominant, geistvoll, zielstrebig, tüchtig und glänzend organisiert. Man muß sich einmal vorstellen, wieviel Kraft es erfordert, sich in diesem Land des Mangels so sorgfältig zurechtzumachen, wie es die Mehrheit von ihnen tut. Im öffentlichen Leben jedoch besitzen sie praktisch keinen Einfluß – und das, obwohl in den letzten Jahrzehnten rund 80 Prozent der Polinnen im erwerbsfähigen Alter berufstätig waren. In den Führungspositionen in der Politik, der Wirtschaft und der Verwaltung muß man sie mit der Laterne suchen. Eine Frauenbewegung, wie sie sich in den westlichen Staaten seit den siebziger Jahren formierte, gibt es nicht in dem Land, das ansonsten jede westliche Mode gierig adaptiert. Schlimmer noch, wer derartige Gedanken in die Diskussion einzubringen wagte, erntete in der Regel nichts als Spott, Verachtung und Unverständnis.

»Der Feminismus ist eine völlig falsch verstandene Form der Emanzipation! Diese abscheuliche Verirrung wird uns hoffentlich erspart bleiben, denn dadurch brechen doch nur die Familien auseinander, und das wäre Polens Ende!« faucht mich eine junge Architektin an. »In Polen sind die Frauen anders als bei euch schon seit langem gleichberechtigt!« ereifert sich ein Journalist. »Bereits im 19. Jahrhundert kämpften sie Seite an Seite mit den Männern im Widerstand. Heute herrscht bei uns das Matriarchat! Jawohl, bei uns regieren die Frauen! Gewiß, im öffentlichen Leben sind sie nicht so präsent. Aber das will eine richtige Polin auch gar nicht! Sie spielt in der Familie die Hauptrolle, und deshalb haben die Frauen Macht über uns alle.« Eine Angestellte wundert sich: »Was sollte speziell uns der Feminismus noch bringen? Unsere Männer respektieren uns doch in unserer Frauenrolle! Wenn häufig etwas nicht so läuft, wie es sollte, dann liegt das vor allem an der von den Kommunisten angerichteten Misere!« Ein Student gibt sich überzeugt: »Bei den westlichen Feministinnen handelt es sich nur um frustrierte Frauen! Wenn die dortigen Männer sie so verehren würden wie wir unsere Frauen, würden sie schnell von ihren unweiblichen Ideen Abstand nehmen! Ich wette, du wärst am liebsten selbst eine Polin!«

Bis heute wird in der polnischen Gesellschaft ein Frauenbild kultiviert, das eng mit der politischen Situation des Landes zu Beginn des 19. Jahrhunderts, in der es entstand, verknüpft ist. Die Liebesgeschichte zwischen Napoleon und der polnischen Gräfin Maria Walewska ist dafür das bekannteste Beispiel. Als dem Franzosenkaiser nach seinem Einzug in Warschau im Januar 1807 die Damen der polnischen Gesellschaft vorgestellt wurden, rief er überrascht aus: *Oh, qu'il y a de jolies femmes à Varsovie!* Unter den anwesenden Lieblichkeiten weckte die junge Ehefrau des Gutsbesitzers Walewski offenbar sein besonderes Wohlgefallen, und anderntags sandte er ihr ein Billett: »Ich habe nur Sie gesehen, ich habe nur Sie bewundert, ich begehre nur Sie. Eine schnelle Antwort wird meine ungeduldige Glut stillen.«

Ebenso wie die meisten ihrer Landsleute schwärmte auch Maria Walewska für Napoleon, von dem sich die Polen die Wiederherstellung ihrer staatlichen Unabhängigkeit erhofften. Die unverhohlene Aufforderung, seine Geliebte zu werden, versetzte ihr jedoch keinen geringen Schrecken. Erst als hochrangige Würdenträger an ihr patriotisches Gefühl appellierten und ihr bedeuteten, sie könne den Franzosenkaiser auf diese Weise zugunsten Polens beeinflussen, überwand sie ihre Scheu. Das erzwungene Verhältnis verwandelte sich in eine wirkliche Romanze, die mehrere Jahre dauerte. Ihre vaterländische Aufgabe vermochte Maria Walewska freilich nicht zu erfüllen. Dennoch ranken sich gerade um diesen Punkt bis heute in Polen die Legenden. Zu gut paßt die Geschichte der Walewska, die für das Vaterland ihre Tugend über Bord wirft, in das Bild von der polnischen Frau, die willig ihren Part im Kampf um die Wiedererlangung der Unabhängigkeit übernimmt.

Neben Maria Walewska und Emilia Plater (die 1831 als junge Frau in einer Partisanenabteilung der Aufständischen mitkämpfte) wurde im 19. Jahrhundert jedoch vor allem die polnische Mutter zum weiblichen Idealbild verklärt. Der *Matka Polka* widmete Adam Mickiewicz 1830 einen Hymnus, in dem er sie an ihre Pflicht gemahnt, die Kinder patriotisch zu erziehen. Viele polnische Generationen sahen darin eine Art Katechismus. Nach dem Untergang des Staates sorgten die Mütter für den Erhalt der geistigen Souveränität des Volkes, ebensooft wie für das materielle Überleben der Familie. Die Männer waren selten zu Hause. Sie schlugen sich für die Freiheit des Vaterlandes, nahmen an Verschwörungen und Aufständen teil, wofür sie ins Gefängnis gesteckt, hingerichtet, nach Sibirien verbannt oder in die politische Emigration getrieben wurden.

Heimlich unterrichteten die Mütter neben den eigenen Kindern oft auch die der Dorfgemeinschaft in polnischer Sprache, Literatur und Geschichte. Die Jungen wurden auf den Kampf vorbereitet, die Mädchen auf ihre künftige Rolle als Ehefrauen und Mütter von Helden. Und »ganz nebenbei« führten die Frauen die Wirtschaft, eröffneten kleine Geschäfte, organisierten Wohltätigkeitsbasars und entwickelten ein treffliches Gespür dafür, sich jeweils um das Nächstliegende zu kümmern. Die Männer verloren ihren Autoritätsstatus. Kehrten sie von ihren erfolglosen Schlachten heim, fügten sie sich meist in das mittlerweile entstandene häusliche Regiment.

Nach der Wiedererlangung der Unabhängigkeit im Jahre 1918 gab es keine Ursache, um dieses Rollenverständnis grundsätzlich zu überprüfen. Die Mehrheit der Bevölkerung war vollauf mit dem Existenzkampf beschäftigt. Die Gleichberechtigungsideen, die einzelne Familien zu leben versuchten, drangen nicht ins allgemeine Bewußtsein vor. Ehefrauen und Mütter versorgten weiterhin den Haushalt. Die Männer frönten außerhalb des Hauses, vor allem in der Armee, ihren Idealen von Männlichkeit, Ehre und Tapferkeit. Im Zweiten Weltkrieg wurde die Familie wiederum zur nationalen Institution unter der Obhut der Frauen. Ehemänner und Söhne kämpften im Untergrund gegen die Besatzer. Mütter und Töchter boten den Koordinatoren des Widerstandes in den Wohnungen Unterschlupf, hielten dort geheimen Unterricht ab, versteckten Flüchtlinge und versorgten Verwundete.

Die Gleichberechtigung der Geschlechter wurde nach der kommunistischen Machtübernahme in der Verfassung festgeschrieben. Im Alltag war davon allerdings wenig zu spüren. Die Polinnen erhielten zwar erheblich bessere Bildungschancen. Viele von ihnen begannen erstmals einer Lohnarbeit nachzugehen. Dahinter aber standen von Anfang an handfeste ökonomische Zwänge. Ebenso wie in Deutschland mußten nach 1945 in Polen die Frauen für die im Krieg gefallenen Männer einspringen. Zudem erforderte das stalinistische Industrialisierungsziel Massen billiger Arbeitskräfte, die sich unter den Frauen am leichtesten anwerben ließen. Infolge der sozialistischen Wirtschafts- und Lohnpolitik reichte ein Gehalt bald nicht mehr aus, um eine Familie zu ernähren, so daß die meisten Polinnen mitverdienen mußten.

Mit den Jahren drangen die Frauen in nahezu alle Berufssparten vor. Heute stellen sie rund die Hälfte der Studierenden. Dennoch wurden sie kaum jemals wirklich gleichbehandelt. Trotz vergleichbarer Arbeitsleistung erhalten sie vielfach einen geringeren Lohn als die Männer. Die weitaus meisten Frauen arbeiten in schlecht bezahlten Berufen im Dienstleistungssektor, in Büros, Schulen und Krankenhäusern, sowie in der Leichtindustrie. Der Aufstieg wurde ihnen mit dem Argument verwehrt, wegen der familiären Verpflichtungen könnten sie ihre Kraft nicht im vollen Umfang einer verantwortungsvollen Stellung widmen.

Und in gewissem Sinn stimmte das durchaus. Unter der kommunistischen Herrschaft kam der Familie in Polen eine ähnliche Bedeutung zu wie während der Teilungszeit. Sie war einerseits das persönliche Refugium, andererseits eine Art Selbsthilfegruppe, die das Überleben in der Mangelwirtschaft garantierte. In Polen widmeten sich wie eh und je die Frauen der Organisierung dieses Lebensbereiches. Niemand kam es in den Sinn, daß Frauen Menschen mit eigenständigen Bedürfnissen und Interessen sind, die sich vielleicht in der Sorge um Mann, Haushalt und Kinder realisieren können, aber sich darin nicht zwangsläufig erschöpfen müssen.

Die parteiabhängige »Liga der Frauen« zum Beispiel setzte sich für ihre Klientel in der Regel nur im Zusammenhang mit den Belangen der Familie ein. Sie protestierte etwa gegen die mangelhafte und zeitraubende Versorgungslage oder forderte mehr Krippen- und Kindergartenplätze, mit denen Polen sehr viel schlechter ausgestattet war als beispielsweise die DDR. Daneben organisierte die Liga Aktionen wie die Demonstration gegen die Eröffnung eines Alkoholladens, weil er die Männer von ihrem Heim fernhalten könnte. Die Mitglieder der Kommunistischen Partei hingen zum Teil selbst einem altväterlichen Frauenbild an und wollten es sich keinesfalls mit der katholischen Kirche verderben. Auch wenn die Polen auf die gesellschaftspolitischen Vorstellungen ihrer kommunistischen Führung niemals allzuviel gaben, als alternatives Wertsystem bot sich ihnen nur die Kirche an, die vom Primas bis hinab zum Dorfpfarrer ein Frauenbild verficht, das sich eher an der Jungfrau Maria orientiert als an den Möglichkeiten, die Frauen in der zweiten Hälfte des 20. Jahrhunderts offenstehen. Diese seltsame Allianz von Partei und Kirche führte dazu, daß die Familie in Polen bis heute salbungsvoll als heiliges Gut gepriesen wird, und die traditionellen Vorstellungen von der Rollenverteilung der Geschlechter weiterhin das Denken beherrschen.

Unvergeßlich ist mir ein Erlebnis mit der Mutter meiner Warschauer Freundin Genia. Mitten im Gespräch begann die alte Dame plötzlich zu erzählen, daß sie im nächsten Jahr nach Tschenstochau pilgern wolle, damit ihre Tochter endlich einen Mann bekomme. Im Beruf allein könne eine Frau keine Erfüllung finden. Ihre Bestimmung sei es, Kinder zu haben und einem Mann ein behagliches Heim zu bereiten. Auf dem Heimweg machte sich die Freundin Luft: »Nicht nur meine Mutter, auch Altersgenossen glauben, ich müsse wohl irgendeinen Defekt haben, weil ich mit meinen dreißig Jahren noch nicht verheiratet bin. Ich bin nicht prinzipiell dagegen... Doch bislang habe ich nur Schwächlinge, Feiglinge, Säufer und Faulpelze kennengelernt, die ihre Füße unter einen gedeckten Tisch stellen wollen. Natürlich sind sie meist sehr galant, versprechen einem das Blaue vom Himmel herunter und überschütten einen mit Komplimenten. Nicht daß ich das geringschätze, gibt es doch in unserer überaus schwierigen Situation dem Leben einen gewissen Witz. Aber zum Abwaschen kriegt man sie leider nie!«

Frauen wie Genia, die ihre Tätigkeit als Chemikerin als Teil ihrer Selbstverwirklichung begreift, ohne dabei das Dasein eines Mauerblümchens zu führen, sind zwischen Oder und Bug eine ziemliche Ausnahmeerscheinung. Unzählige Polinnen haben keineswegs eine höhere Meinung von gewissen Eigenheiten ihrer männlichen Landsleute. Dennoch werden die Ursachen für die eigene Unzufriedenheit vor allem in der von den Kommunisten angerichteten Wirtschaftsmisere gesucht. Es fehlt an den meisten Dingen, die die Haushaltsführung in westlichen Ländern erleichtern, von Einmalwindeln für Säuglinge über elektrische Geräte und Telefone bis zu gut sortierten Lebensmittelgeschäften und genießbaren Fertigprodukten. Seitdem Warschau die Prinzipien der freien Marktwirtschaft einzuführen versucht, sind viele Konsumartikel jetzt erhältlich, aber für Durchschnittsverdiener nicht zu bezahlen. Schon die Bewältigung der einfachsten Lebensprobleme zehrt die Kräfte auf. Damit junge Leute Distanz zu den Verhaltensmodellen ihrer Eltern gewinnen und Partnerschaften auf einer eigenen Basis aufbauen könnten, müßte es auch mehr Wohnraum geben. Bislang leben vielfach zwei oder drei Generationen unter einem Dach zusammen. Die ständige Nähe sorgt dafür, daß die alten Rollenklischees lebendig bleiben.

Der polnischen Nation fehlt auch die Erfahrung, daß sich selbst in demokratischen und wohlhabenden Staaten die Dinge selten von allein regeln, sondern meist erst durch einen gewissen Druck der Betroffenen in Bewegung geraten. Die jungen Leute haben nie erfahren, wie man Konflikte bewältigt. In der kommunistischen Ära gab es weder Bücher noch Zeitschriften oder Fernsehsendungen, die sich in psychologisch einfühlsamer Weise mit Partnerschaftsproblemen oder gar mit Themen wie der Homosexualität befaßten. In Schulen und Universitäten herrschte das Pauksystem vor: Die Lehrer fragten Wissen ab, Diskussion und Anleitung zum selbständigen Denken waren unerwünscht. Schließlich leistete auch die katholische Kirche wenig praktische Lebenshilfe. Sie zwängt ihre Mitglieder in ein Korsett enger Ehe- und Sexualvorschriften, die sich nur zu oft an den Ecken und Kanten der Wirklichkeit brechen und die Menschen entweder in Gewissensqualen stürzen oder – sehr viel häufiger – die doppelte Beichtmoral (erst tun, dann bereuen) fördern.

Ein eklatantes Beispiel dafür ist die hohe Zahl der Schwangerschaftsabbrüche in Polen. Auf der einen Seite werden Kinder als die Hoffnung der Nation gepriesen. Doch Jahr für Jahr werden ebenso viele Babys geboren wie abgetrieben, nämlich rund 600 000. Die Ursachen für diese traurigen Rekordzahlen reichen natürlich in alle gesellschaftlichen Bereiche hinein. Zum einen waren Verhütungsmittel wie alles andere knapp und oft von zweifelhafter Qualität. Zum anderen besteht in der Gesellschaft eine seltsame Scheu, über intime Fragen offen zu sprechen. Infolgedessen ist der Grad der sexuellen Aufklärung unter polnischen Jugendlichen verhältnismäßig gering. Um diesem Mißstand abzuhelfen, wollte die kommunistische Regierung 1988 ein Sexualkundebuch an den Schulen einführen. Der Episkopat reagierte mit scharfem Protest, da das Lehrbuch die Moralvorstellungen der katholischen Bevölkerungsmehrheit zuwenig berücksichtige und zu sehr auf die biologischen Vorgänge abstelle. In ihrem Haß auf alles Kommunistische ließ sich die polnische Gesellschaft willig in die kirchliche Kampagne einspannen und zwang durch empörte Leserbriefe und andere Aktionen die Schulbehörde zur Rücknahme der Aufklärungsfibel.

Geholfen war damit niemandem. Für die Kinder, die in Polen geboren werden, gibt es viel zuwenig Wohnraum und viel zuwenig Plätze in Krippen, Kindergärten und Grundschulen. Es fehlt an vitaminreicher Babynahrung und Medikamenten. Die in den letzten Jahrzehnten gewachsene Umweltverschmutzung wirkt sich belastend, wenn nicht sogar schädigend auf den Organismus aus. Nicht zuletzt deshalb nimmt die Sterblichkeitsrate polnischer Säuglinge in Europa einen der obersten Plätze ein. Ein Kind zu bekommen verlangt einer Polin zahlreiche persönliche Opfer ab. Ledige Mütter stoßen in dieser katholischen Gesellschaft auf einen Wall von Vorurteilen. Zwar gibt es seit der Solidarność-Ära von 1980/81 einen dreijährigen Erziehungsurlaub. Die meisten Frauen aber haben keine Wahl: Sie müssen die drei Jahre nach der Geburt eines Babys zu Hause absitzen, weil die raren Krippenplätze in erster Linie Alleinerziehenden zugute kommen. Das Geld, das die Frauen in dieser Zeit vom Staat erhalten, reicht freilich kaum aus, um sich davon jeden Morgen ein paar Brötchen zu kaufen, wie mir eine polnische Freundin einmal vorrechnete.

Obgleich diese Mißstände jedermann bekannt sind, werden die Mädchen weiterhin zu richtigen Püppchen erzogen und lernen früh, ihre weiblichen Reize einzusetzen. Zumal junge, gut ausgebildete Polinnen klagen häufig darüber, daß ihre männlichen Chefs sich gern als Schürzenjäger aufspielen und mehr ihr Äußeres als ihre Leistungen beurteilen. An diesen Zuständen wird sich wenig ändern, solange die überwiegende Mehrheit aus Überzeugung oder Resignation das Spiel mitspielt und sich nach wie vor durch den Mann definiert. Andere Frauen werden als Konkurrentinnen angesehen, alles ist darauf angelegt, dem starken Geschlecht zu gefallen und im möglichst wohlsituierten Hafen der Ehe zu landen. Manch eine Polin setzt alles daran, um sich einen westlichen Ehemann zu angeln, der ihr den Weg in das Konsumparadies eröffnet. Nach meinem Eindruck sind in diesem Land überdurchschnittlich viele Frauen mit zwanzig, dreißig Jahre älteren Männern verheiratet, die es, wie man so sagt, im Leben zu etwas gebracht haben.

An den herrschenden Verhältnissen werden die polnischen Männer natürlich als letzte rütteln. Sie treten gern als große Verehrer der Weiblichkeit auf und gefallen sich in der Pose des vollendeten Kavaliers. Doch kaum ein Pole macht einen Hehl daraus, daß Frauen, die freiwillig auf Nachwuchs verzichten, ihm suspekt vorkommen. In der Regel sind polnische Väter in ihre Sprößlinge regelrecht vernarrt. Bei der Hausarbeit freilich machen sie sich rar. Oder sie stellen sich derart tölpelhaft an, daß die Frauen, wie sie es von ihren Müttern gelernt haben, diese Dinge lieber gleich selbst tun.

Das Macho-Gebaren der meisten Polen ist ein Relikt jenes Männlichkeitsbildes, das die ganze nationale Geschichte hindurch kultiviert wurde. Unter den gegenwärtigen Bedingungen bleibt es allerdings auf das galante Gebaren und gelegentliche Leistungen als Heimwerker beschränkt. Materiell kann ein polnischer Mann der Frau seines Herzens in der Regel so gut wie nichts bieten. Sie mag sich glücklich schätzen, wenn er die Familie ernähren kann. Die Frauen, die neben Kindern und Haushalt noch mitverdienen, erscheinen sogar oftmals als die Stärkeren. Das bekommt der Partner mitunter scharfzüngig zu spüren. Hingegen kann man selbst junge polnische Mütter vor Stolz fast bersten sehen, wenn sich ihre kleinen Söhne schon wie »richtige« Männer gebärden. Was Wunder, daß die Polen sich in der Praxis noch viel hartnäckiger an die traditionellen Rollenmuster klammern als die Polinnen.

Die Unzufriedenheit wird entweder hinuntergeschluckt, oder sie sucht sich individuelle Auswege. Polen, denen ihre Frauen in den Ohren liegen, daß sie sich zuwenig um die Familie kümmern, entfliehen gern ihren vier Wänden. Sie sind in tatsächlichen oder angeblichen Geschäften unterwegs, gehen einer Schwarzarbeit nach oder verbringen ihre Zeit mit Freunden beim Wodka. Andere entschließen sich, im Ausland hinzuzuverdienen und finden mitunter nur schwer den Weg zurück zu Frau und Kindern. Erotikmagazine und Sexfilme, die das Land seit dem Zusammenbruch des Kommunismus überschwemmen, erfreuen sich in der Männerwelt großer Beliebtheit. Seitensprünge und außereheliche Verhältnisse gehörten schon früher dazu. Kaum jemand stößt sich ernstlich an dieser Doppelmoral, solange die Institution Familie nicht in Frage gestellt wird. Seit Jahren steigt die Scheidungsrate merklich an. Aber oft wird ein zweites oder drittes Mal geheiratet, meist auf Betreiben der Frauen, die als Geschiedene in dieser katholischen Gesellschaft einen schweren Stand haben.

Anders als zu erwarten gewesen wäre, versagte sich die Solidarność dem Kampf gegen die Doppelmoral in den Partnerschaftsbeziehungen wie der Befreiung der Frauen von den traditionellen Rollenmustern. Die Oppositionsbewegung hatte sich im Schutz der katholischen Kirche entwickelt, weshalb sich derartige Themen von selbst verbaten. Seit dem Systemwechsel verstärkt sich der Eindruck, als sollten die fundamentalistischen Ehe- und Sexualvorstellungen des Episkopats zum verbindlichen Gesetz für alle Bürger Polens gemacht werden. In diese Richtung weisen Bestrebungen, den Verkauf von Verhütungsmitteln ebenso wie Ehescheidungen und den seit 1956 legalen Schwangerschaftsabbruch wieder zu verbieten.

Die Versuche der Politiker, die ohnehin geringen Möglichkeiten der Frauen zur Selbstbestimmung unter das kommunistische Maß zurückzuschrauben, ließen die Polinnen erstmals öffentlich Front gegen die Männer machen. Auf Demonstrationen und in Leserbriefen forderten sie, in der Abtreibungsfrage nichts »über uns ohne uns« zu entscheiden. Unter den Solidarność-Abgeordneten, zu denen bezeichnenderweise kaum Frauen gehören, haben sie einige Verbündete, die die hohe Zahl der Schwangerschaftsabbrüche lieber durch gezielte staatliche Hilfen für alleinerziehende Mütter und vor allem durch eine verstärkte Aufklärungsarbeit verringern würden. Die heftigsten Angriffe kommen von jenen Parlamentariern, die die katholischen Positionen aus aufrichtiger

Überzeugung vertreten, wie auch solchen, die sich die Unterstützung ihrer Karriere durch die einflußreiche Kirche erhalten wollen.

Ob die Kontroverse um den Schwangerschaftsabbruch zum Katalysator einer polnischen Frauenbewegung wird, bleibt abzuwarten. Einerseits zwingt die anhaltende ökonomische Misere einen Großteil der Frauen in die Familie zurück, denn im Zuge des wirtschaftlichen Umbaus verlieren sie als erste ihren Arbeitsplatz. Berufstätige Mütter können sich oft die Krippen- und Kindergartenplätze für ihren Nachwuchs nicht mehr leisten. Nachdem immer mehr Frauen die frühere Abhängigkeit zu überwinden suchen, geraten die traditionellen Partnerschafts- und Familienbeziehungen in Bewegung. Ein negativer Aspekt dieser Tendenz ist die steigende Prostitution. Die Geburtenrate, die früher weit über dem europäischen Durchschnitt lag, sinkt. Vielversprechend hingegen sind die Ansätze von Frauen, die sich voller Mut und Phantasie selbständig machen, indem sie etwa Boutiquen eröffnen oder kleine Firmen gründen. Vielleicht ist es ihr Verdienst, daß allmählich mehr Ehemänner einmal am Kochtopf anzutreffen sind, was sie mit dem halb resignierten, halb stolzen Satz quittieren: »Meine Frau ist halt ehrgeizig.«

Trotzdem fällt es schwer, sich die Polin der Zukunft nur noch als nebenamtliche Mutter oder gar als glühende Feministin vorzustellen, die ihre Erfüllung im Beruf findet. Zu stark scheinen die Traditionen, zu groß vorerst die wirtschaftlichen Probleme. Zu sehr ist ein erheblicher Teil der Bevölkerung noch von dem Leben auf dem Land geprägt, wo die Sitten strenger und die Familienbande fester sind als in Warschau, Krakau oder Posen.

Aus einem kleinen Dorf stammt zum Beispiel Maria. Den Sprung in die Stadt hat sie noch keinen Tag bereut. Die Zeit der Freiheit, als sie in der Fabrik arbeitete und nebenher ausgiebig Tanzveranstaltungen, Kinos und Theater besuchte, währte nur kurz. Nach einem Jahr verlobte sie sich mit einem Werkzeugmacher aus ihrem Betrieb. Bald darauf wurde, wie es sich gehört, zu Hause auf dem Land drei Tage lang Hochzeit gefeiert. Seither ist die Küche ihr Reich. Es gibt keine Widerrede. Obgleich wir nur auf einen Sprung hereinschauen wollten, müssen wir am Küchentisch Platz nehmen und ihren *Barszcz* probieren. »Er ist mir diesmal ausnehmend gut gelungen«, ermuntert sie uns. Marias Rote-Rüben-Suppe ist wirklich eine Köstlichkeit, doch wie bei den meisten polnischen Traditionsgerichten erstreckt sich die Herstellung über mehrere Tage.

Nicht minder stolz ist Maria auf ihre sechs Kinder, die bis auf den ältesten Sohn fröhlich in der Küche umherwuseln. »Władek verdient schon ein bißchen Geld«, erklärt sie uns. »Zusammen mit einem Freund geht er von Wohnung zu Wohnung und erbittet die leeren Pfandflaschen, um sie in den Laden zurückzutragen.« Es werde immer schwerer, seufzt sie, ihre vielköpfige Familie durchzubringen. Den Gedanken, daß sie sich vielleicht mit weniger Kindern hätten begnügen sollen, weist die junge Frau weit von sich: »Ach was, gibt Gott Häschen, gibt er auch Gräschen!« Bald nach der Geburt ihres Jüngsten hat Maria wieder hinzuzuverdienen begonnen. Sie putzt bei einer Professorenfamilie und hat obendrein eine Heimarbeit angenommen. Um der Kinder willen stecke sie gern zurück. Die Frau Professor hingegen hänge seltsamen Emanzipationsidealen nach, und Maria fragt sich, ob aus deren beiden Kindern wohl einmal »etwas Ordentliches« werde. Das große Vorbild unserer Gastgeberin ist Danuta Wałęsa; ihr Foto hängt einträchtig neben einem Bild des Papstes in der Küche. »Acht Kinder hat die Frau unseres Präsidenten geboren und aufgezogen. Und jetzt repräsentiert sie unser Land mit so viel Anmut und Würde. Dabei hat sie nur Blumenbinderin gelernt«, schwärmt Maria. Danuta Wałęsa sei eben eine richtige Polin, eine, die es geschafft habe.

Auskommen mit dem Einkommen – *Kombinierer, Spekulanten und Privatunternehmer*

Als in Polen noch die Kommunisten regierten, waren viele Bürger dieses Staates der Überzeugung, sie seien wie geschaffen dafür, um sich in einem kapitalistischen System zu behaupten. Schließlich zwang sie das Leben im real existierenden Sozialismus dazu,

unablässig als Unternehmer in eigener Sache unterwegs zu sein,
wenn sie an jene Dinge herankommen wollten, die die heimische
Planwirtschaft nicht oder in zu geringen Mengen produzierte.

Das Geschick, das die Polen dabei an den Tag legten, nötigte
einem Fremden Bewunderung ab. Was der kommunistische Ar-
beitgeber Staat seinen Werktätigen an Lohn zugestand, reichte
zwar für eine kleine Wohnung, die tägliche Busfahrt zur Arbeit
und die Befriedigung der Grundbedürfnisse. Doch eine westliche
Jeans kostete einen halben monatlichen Durchschnittslohn. Für
langlebige Konsumgüter wie Waschmaschinen, Kühlschränke
oder Farbfernseher gingen gleich mehrere Gehälter drauf. Wer
gar einen kleinen Fiat Polski sein eigen nennen wollte, mußte dafür den Verdienst von eineinhalb Jahren auf den Tisch legen. Ungeachtet dessen, wie schwer »Luxusgüter« zu beschaffen waren,
hatte jeder nahezu alles, was das Leben annehmlich macht. Die
Preise schienen keine zentrale Rolle zu spielen. Die Geschäfte waren leer, Wohnungen und Schränke aber gut gefüllt.

Wer das Geheimnis dieser wundersamen Vermehrung von
Geld und Waren zu erkunden trachtete, erhielt oft ein verschmitz-
tes Achselzucken zur Antwort oder einen Satz, der unter Polen
alles erklärt: »Ich habe eben gut kombiniert!« Das polnische Verb
kombinować steht für eine Geisteshaltung, die sich etwa folgendermaßen übersetzen ließe: Wenn du auf normalem Weg nicht an
das gelangen kannst, was du brauchst, dann denke dir gefälligst
etwas aus. Richte deine ganze Geisteskraft auf das angepeilte Ziel.
Sprich alle Menschen an, die dir in dieser Sache weiterhelfen
könnten. Überlege, was du als Gegenleistung anbieten kannst.
Vor allem: Laß dich nicht entmutigen! Es gibt immer einen Weg,
du mußt ihn nur finden!

Das Kombinieren war eine Form der Tauschwirtschaft, die unter den sozialistischen Bedingungen ihre ureigenen Gesetze entwickelte. Da Lebensmittel und Konsumartikel die Geschäfte in zu
geringen Mengen und noch dazu in unregelmäßigen Abständen
erreichten, bildeten sich nach jeder Lieferung sogleich lange
Schlangen. Während der Arbeitszeit gingen auch die Angestellten
»eben mal kurz« weg, um zu schauen, was sie »gerade geworfen«
hatten. Niemand nahm daran Anstoß, denn nach Büroschluß wa-

ren die Läden wie leergefegt. Da sich auf diesem Weg nur ein Teil
der Bedürfnisse befriedigen ließ, wurden für die knappen Güter
und Dienstleistungen überall in Polen »Aufpreise« gezahlt. Dabei
handelte es sich um kleinere oder größere Beträge, *łapówka*
(Handgeld) genannt. Üblich waren aber ebenso Blumen oder andere »kleine Aufmerksamkeiten«. Von einem Durchschnittslohn
konnte kein Mensch die Sonderausgaben bestreiten. Daher suchten viele Polen nach Wegen, sich irgendwelches Tauschgut zu beschaffen. Geld gab es für Ware, Ware gegen Ware, Ware gegen
Dienstleistung, Ware gegen Amtshandlung, Gefälligkeit gegen
Gefälligkeit: die Möglichkeiten des Kombinierens waren schier
unerschöpflich. Wer diese Art des Handels pfiffig betrieb, und das
waren nicht wenige, konnte sich ein schönes Zubrot verdienen.

Reichlich Gelegenheit, an Tauschgut zu gelangen, besaßen alle,
die über ihren Arbeitsplatz einen »Zugang« zu Mangelwaren hatten. »Zugang« besaß darüber hinaus jeder, der in Polen den Mangel zu verwalten hatte, ob er Wohnungen, Telefonanschlüsse oder
Rohstoffe vergab, Genehmigungen für den Bau von Einfamilien-
häusern oder die Eröffnung einer privaten Arztpraxis erteilte,
Plätze in Ferienheimen oder Fahrschulen zuwies oder darüber zu
befinden hatte, ob ein Bittsteller sein Anliegen direkt dem Abteilungsleiter unterbreiten durfte oder nicht. Auch das staatliche
Gesundheitssystem hält sich bis heute dank dem Kombinations-
geschick der Beteiligten über Wasser. Wem an gewissenhaften
Laboruntersuchungen liegt oder wer im Krankenhaus die Bettwäsche gewechselt haben möchte, tut gut daran, das miserabel be-
zahlte medizinische Personal durch kleine Geschenke an seine
Pflichten zu erinnern. In manch ausgebuchtem Hotel entdeckt der
Mann an der Rezeption urplötzlich ein freies Plätzchen, nachdem
der Gast einen Schein über den Tresen geschoben hat. Selbst Ord-
nungshüter lassen sich durch einen entsprechenden Obulus mitunter dazu bewegen, über gewisse Gesetzesverstöße hinwegzusehen. Das »Handgeld«, meinte ein Pole einmal, sei im Grunde eine
Art Steuer, ohne die viele Staatsangestellte längst davongelaufen
wären.

Wer beruflich keinen »Zugang« hatte, mußte dennoch nicht
leer ausgehen. Für jemanden, der Zeit hatte, war es am einfach-

sten, sich für begehrte Güter anzustellen und diese gegen Aufpreis weiterzuverkaufen. Über die professionellen Schlangesteher konnte man praktisch alles beziehen: von Glühbirnen über Fleisch bis zum Gasherd, von Ersatzteilen bis zu Eintrittskarten für begehrte Filmvorführungen. Ein Tauschgut, das dem zweiten Wirtschaftskreislauf über Jahrzehnte seine eigene Dynamik verlieh, waren die sogenannten »harten« Devisen. Jeder wollte wenigstens ein paar Dollar, D-Mark oder Francs sein eigen nennen, um davon in speziellen Läden westliche Importwaren zu erwerben. In dem Maße, wie die Inflation zu galoppieren begann, waren westliche Devisen die einzig krisenfeste Kapitalanlage – und entsprechend heiß begehrt. Erst nach der Legalisierung des privaten Valutahandels im März 1991 trocknete der Devisenschwarzmarkt allmählich aus.

Allem kombinatorischen Geschick zum Trotz produzierte der polnische Markt stets zuwenig Waren, als daß sich die Bedürfnisse seiner Bürger auf dem Weg einer bloßen Umverteilung hätten befriedigen lassen. Deshalb gewann mit den Jahren der grenzüberschreitende Schwarzhandel immer größere Bedeutung. Der »Beschaffungstourismus« erfreut sich in allen osteuropäischen Staaten großer Beliebtheit, zumal sich auf diese Weise relativ schnell ein Vielfaches des heimatlichen Monatslohns einnehmen läßt. Da die Polen stets am ungehindertsten reisen durften, haben sie es auf diesem Gebiet zu wahrer Meisterschaft gebracht.

Wer ihren Geschichten lauscht, dem schwirrt bald der Kopf. Da ist die Rede von Äpfeln, die in Bangkok gegen Pornohefte eingetauscht werden, welche man in Singapur für die in Polen begehrten Videogeräte und Computer verhökern kann. Polnische Autobesitzer verkaufen ihre nagelneuen Reifen in der Tschechoslowakei, lassen sich dort alte aufziehen und erwerben von dem Gewinn die daheim fehlenden Kinderschuhe und Elektrogeräte. Kartoffeln, Digitaluhren und Turnschuhe gelangen aus Polen privat in die GUS-Staaten, wofür man dort günstig Gold und Farbfernseher bekommt. Nach Schweden werden Wodka, Kaviar und Zigaretten geschmuggelt; der Erlös kehrt in Form von Kaffee, Kleidung und Kosmetika ins Land zurück. Die Liste der Waren, mit denen sich über die Grenzen hinweg erklecklicher Handel treiben läßt, ändert sich von Zeit zu Zeit. Ein echter Kombinierer aber ist über die aktuelle Marktlage stets auf dem laufenden.

Strenggenommen war das Kombinieren niemals legal. Alle Versuche, diese Art des Nebenerwerbs durch Gesetze, Kontrollen oder die Einführung von Rationierungsmarken zu bekämpfen, blieben ohne nennenswerten Erfolg. Denn im Grunde nahm jeder in irgendeiner Form am zweiten Wirtschaftskreislauf teil. Alles war miteinander verzahnt und funktionierte nach dem Prinzip, daß eine Hand die andere wäscht. Natürlich ließ sich niemand gern daran erinnern, daß er selbst zum beklagten Chaos und der Ungerechtigkeit beitrug, indem er etwa mit defizitären Gütern Handel trieb oder während der Arbeitszeit seinen privaten Geschäftchen nachging. Man schimpfte immer nur über die anderen.

Geschicktes Kombinieren ist eine Möglichkeit, den Lebensstandard zu heben, eine andere ist der Einsatz der eigenen Arbeitskraft. Nach Feierabend und an den Wochenenden wird in Wohnungen, Schrebergärten und auf Hinterhöfen gewerkelt, um das herzustellen, was auf dem heimischen Markt fehlt, von Gummidichtungen über Plastikflaschen, Federetuis, Schulranzen, Blumenzwiebeln bis zu Socken, Bettwäsche, Bekleidung und Möbeln.

Tomasz ist durch sein Hobby auf eine einträgliche Marktlücke gestoßen. Er unternimmt gern ausgedehnte Bergtouren, die er von seinem Gehalt als Biophysiker niemals bestreiten könnte. Irgendwann entdeckte er, daß Schlafsäcke in Polen Mangelware sind. Also besorgte er sich eine Nähmaschine. »Zu Anfang sah es in meiner Wohnung wie in einem Hühnerstall aus; bis ich den Dreh heraus hatte, wie man die Daunen am besten in den Nylonbezug kriegt«, erzählt er. »Jetzt schaffe ich fünf bis zehn Schlafsäcke pro Monat.« Wenn Tomasz die Produktion bislang nicht zu seinem Haupterwerb gemacht hat, so liegt es daran, daß er an seinem erlernten Beruf hängt. Bestellungen hat er jedenfalls für ein halbes Jahr im voraus.

Gar nicht wenige, die ähnlich begonnen hatten, sattelten mit der Zeit um und eröffneten mit staatlicher Genehmigung ein privates Unternehmen. Die ersten Weichen dafür hatte das polnische Parlament bereits nach dem Umschwung vom Oktober 1956 gestellt. Anfangs wurden nur einige Handwerks- und Dienstleistungsbetriebe zugelassen, die gewisse Engpässe zu überbrücken helfen sollten. Da sich die Versorgungslage jedoch nicht grundlegend besserte, unternehmerische Polen aber immer neue Marktnischen entdeckten, nahm der private Wirtschaftssektor mit den Jahren an Umfang zu. Basare und Flohmärkte entstanden, wo alles einigermaßen Transportable den Besitzer wechselte. Private Restaurants, Arztpraxen und Taxifahrer kamen hinzu sowie zahlreiche Kleinproduzenten und Dienstleistungsanbieter.

Aus ideologischen Gründen mußte der Privatsektor eine Enklave inmitten der verstaatlichten Wirtschaft bleiben. Schwer zu sagen, inwieweit Polens kommunistische Führung dabei aus eigenem Antrieb handelte oder auf die Wünsche des sowjetischen Verbündeten Rücksicht nahm. Die Tatsache, daß die Landwirtschaft in Polen überwiegend von privaten Kleinbauern betrieben wurde, war für Moskau ein ständiger Stein des Anstoßes. Die Kremlführung wurde nicht müde, den Warschauer Genossen vorzuwerfen, sie fördere geradezu das »bourgeoise Element« in ihrem Land. Mit den Jahren entstand eine immer paradoxere Situation. Ohne die »Privatinitiative«, wie dieser Sektor lange Zeit genannt wurde, wäre die Versorgungslage sehr viel schlechter gewesen. Zugleich drängten sich immer mehr Polen danach, private Unternehmen zu gründen.

Nicht zuletzt wegen dieses doppelten Drucks aus der Gesellschaft lockerten sich die Bestimmungen für die Gründung privater Unternehmen mit den Jahren beträchtlich. Im Privatsektor sammelten sich phantasievolle Individualisten mit Organisationstalent und Mut zum Risiko. Das Startkapital für ihr Unternehmen erwarben sie sich häufig durch ein paar Monate Schwarzarbeit im Westen. Sie suchten sich gute Beziehungen an den einschlägigen Stellen zu verschaffen, fuhren im ganzen Land umher, um Rohstoffe und Materialien zu besorgen und achteten darauf, daß nichts, wie in den Staatsbetrieben, verschwendet wurde. Sein Erfolgsgeheimnis brachte der Inhaber einer privaten Werkstatt auf die Formel: »Schließlich geht niemand mit seinen eigenen Stiefeln im Schlamm spazieren.«

Trotz mannigfaltiger Initiativen gelang es nur einigen wenigen, sich nach oben zu boxen. Viele konnten sich gerade eben als

Kleinsthändler oder Einmannbetriebe über Wasser halten. Wer
seinen Tätigkeitsbereich auszudehnen versuchte, dem stellten sich
für gewöhnlich tausend Hindernisse in den Weg. Nach offizieller
Lesart war der Privatsektor den Staatsbetrieben und Genossenschaften gleichgestellt. Die Praxis aber sah meist anders aus. Da
war für jeden herzustellenden Gegenstand eine amtliche Genehmigung einzuholen, die bei der geringfügigsten Änderung erneu-
ert werden mußte. Mangels klarer Anweisungen zeigten sich die
Behörden wenig kooperativ. Sie verweigerten Konzessionen,
Rohstoffe, Werkstatträume und zusätzliche Arbeitskräfte oder
schoben die Entscheidung auf die lange Bank und erfanden schika-
nöse Kontrollen. Plötzliche Gesetzesänderungen und überra-
schende Steuererhöhungen drohten den Privatunternehmern fast
die Luft abzuschnüren. Manch einer, der gerade erst seine Nase in
den Wind der Marktwirtschaft gehängt hatte, machte seinen Laden enttäuscht wieder dicht.

Als die Solidarność die Regierung übernahm, knüpften daran
nahezu alle Polen die Erwartung, daß es mit den halbherzigen Reformen nun ein Ende haben und ihre gesamte Wirtschaft alsbald
nach kapitalistischen Prinzipien funktionieren werde. Der neue
Finanzminister Leszek Balcerowicz legte binnen kurzem ein Programm vor, mit dem vor allem die Inflation, die 1989, im Jahr
des Systemwechsels, die Tausend-Prozent-Marke überschritten
hatte, gebremst werden sollte. Als erstes wurde der allmonatliche
Lohnanstieg im staatlichen Sektor auf einen minimalen Prozent-
satz begrenzt; die Konsumgüterpreise wurden freigegeben und
die immensen Subventionen für Lebensmittel und Energie in
mehreren Stufen nahezu restlos gestrichen. Der Balcerowicz-Plan
sieht vor, die bisherige Planwirtschaft durch Privatisierungen der
Staatsbetriebe, Steuer-, Etat- und Bankenreformen sowie durch
die Schaffung eines Devisen-, Kapital-, Aktien- und Arbeitsmark-
tes Zug um Zug auf die Marktwirtschaft umzustellen. Polen leitete damit von allen postkommunistischen Staaten das ehrgeizig-
ste und radikalste Reformprogramm in die Wege. Das könne man
sich leisten, hieß es, weil die Bevölkerung nun hinter der Regierung stehe und es dank dem Privatsektor, der in Polen während
der kommunistischen Ära weit umfangreicher gewesen sei als in

den sozialistischen Bruderstaaten, bereits zahlreiche marktwirtschaftliche Ansätze gebe.

In einer gewissen Weise hat sich diese Einschätzung durchaus bestätigt. Die neuen Freiheiten beflügeln den Unternehmungsgeist vieler Polen. Einige meiner polnischen Bekannten und Freunde drückten mir in den letzten Jahren plötzlich prächtige Visitenkarten mit der Bemerkung in die Hand, sie hätten endlich ihren langgehegten Traum wahrgemacht und eine eigene Firma gegründet. Im ganzen Land schießen kleine private Unternehmen wie Pilze aus dem Boden, die auf Genossenschaftsbasis oder in Zusammenarbeit mit ausländischen Partnern geleitet werden. Kaum zu zählen sind die neugegründeten Restaurants, Wechselstuben, Spielcasinos, Reparaturwerkstätten, Schneidereien und Wäschereien. Beliebt sind auch Consulting-Firmen, die sich erbieten, ausländischen Investoren den Weg durch die Tücken des polnischen Marktes zu ebnen und sich als Ausweis ihrer Weltläufigkeit gleich einen englischen Namen zulegen. Dienstleistungsbereiche wie die Telekommunikation, das Bankenwesen oder die öffentliche Verwaltung, deren Modernisierung große Summen erfordert, werden noch lange nur unter Ächzen und Knarren funktionieren.

Nach der Freigabe der Preise verschwanden praktisch über Nacht die Schlangen vor den Geschäften. Mit dem durch jahrelange Übung erworbenen kombinatorischen Geschick begannen umtriebige polnische Geschäftsleute in größerem Stil all das herbeizuschaffen, was irgendwie einen Käufer finden könnte. Knapp zwei Jahre nach dem Systemwechsel war der Handel schon zu 75 Prozent in privaten Händen. In den Innenstädten von Warschau, Posen, Krakau und Danzig reihen sich Boutiquen und Kunstgalerien aneinander. Zahlreiche Geschäfte bieten westliche Importwaren feil. Freundliche Verkäuferinnen laden zum Geldausgeben ein. Auch auf Bürgersteigen und freien Plätzen wird überall gehandelt. Freilich können sich immer mehr Menschen immer weniger leisten, weil die Preise nach der Freigabe in allen Bereichen explodierten, die staatlichen Löhne und Gehälter damit aber nicht Schritt halten dürfen. Immerhin hat sich die Inflation durch die drastische Einschränkung des Geldumlaufs verlangsamt.

Noch haben sich die großen Hoffnungen auf eine rasche wirtschaftliche Belebung nicht annähernd erfüllt. Verantwortlich dafür ist ein ganzes Knäuel äußerer und innerer Faktoren. Seitdem
der Warenverkehr zwischen den Staaten des früheren Rates für
Gemeinsame Wirtschaftshilfe (RGW) auf Devisenbasis abgewickelt wird, sind den Polen ihre traditionellen Exportmärkte großenteils weggebrochen. Einerseits müssen sie für Rohstoff- und
Energieimporte aus den GUS-Staaten Weltmarktpreise zahlen.
Andererseits können sie auf den östlichen Märkten immer weniger Ware absetzen, da es überall an Kaufkraft fehlt.

Auch im Westhandel läßt sich zur Zeit nicht allzuviel verdienen. Die Produkte der postkommunistischen Staaten sind kaum
konkurrenzfähig. Zudem schützt die Europäische Gemeinschaft
ihren Markt durch zahlreiche Einfuhrbeschränkungen. Die
enorme Preissteigerung drückt aber die Nachfrage im eigenen
Land und bewirkt einen Rückgang der Industrieproduktion; in
Polen sank sie im Jahre 1990 gegenüber 1989 um rund ein Drittel.
Aufgrund der hohen Arbeitslosigkeit fällt auch das Steuerauf-
kommen geringer als erwartet aus. Dadurch kommt es zu ständig
neuen Einsparungen selbst in so wichtigen Bereichen wie dem Bil-
dungs- und dem Gesundheitswesen oder dem Umweltschutz.

Um diesen Teufelskreis zu durchbrechen, müßten nicht nur die
Handelsbeschränkungen gelockert, sondern vorrangig große
Mengen frischen Kapitals investiert werden. Es kann im benötigten Umfang nur aus dem Ausland kommen. Gerade die Polen hatten sich über Jahre in der Vorstellung gesonnt, daß der Westen
sich regelrecht darum reißen werde, ihnen beim Aufbau ihres
Landes unter die Arme zu greifen, wenn sie den Kommunismus
entschieden genug bekämpften. Sehr bald nach dem Systemwechsel an der Weichsel aber brach der gesamte Ostblock in sich zusammen, so daß nun gleich eine ganze Reihe von Ländern auf
westliche Finanzhilfe wartet. Der fünfzigprozentige Schuldenerlaß, den die westlichen Gläubigerstaaten dem Land im März 1991
gewährten, befreite die Nation zumindest von einem großen
psychologischen Druck, auch wenn die erhofften Großinvestitio-
nen aus dem Ausland bislang auf sich warten lassen.

Um die Kapitalbildung voranzutreiben, beschloß die War-

schauer Regierung, einige hundert Staatsbetriebe in Aktiengesell-
schaften umzuwandeln und die Mehrheit der Anteile an volljäh-
rige Bürger Polens zu verschenken. Noch ist freilich ungewiß, ob
die Millionen von Kleinaktionären einen entsprechenden Um-
strukturierungsdruck auf das Management auszuüben vermögen.
Doch damit wäre kaum ein Bruchteil der Probleme gelöst. Rund
7000 Staatsbetriebe, 40 Prozent des Gesamtbestandes, gelten als
unrentabel. Sofern sie nicht stillgelegt werden müßten, erforder-
ten ihre viel zu kostspieligen und die Umwelt extrem belastenden
Produktionsverfahren Rationalisierungs- und Modernisierungs-
maßnahmen.

Bislang fehlt es in dieser Hinsicht jedoch an Entschiedenheit.
Anfangs vertraute die polnische Regierung sehr auf die Eigendynamik der Marktkräfte. Doch die wirtschaftliche Gesamtsitua-
tion wird sich schwerlich verbessern, solange der Staat nicht die
Rahmenbedingungen für eine freiheitliche Wirtschaftsordnung
schafft. Wer sein Geld in die Industrieproduktion stecken will,
sieht sich einer Steuer- und Zollpolitik gegenüber, die eher ab-
schreckt als ermuntert. Die Rechtslage ist vielfach unklar, weil
entsprechende Gesetze entweder nicht verabschiedet wurden oder
die Vorschriften einander widersprechen. Vor allem westliche Investoren zögern, sich in einem Land finanziell zu engagieren, dessen Reformtempo nach dem ehrgeizigen Beginn wieder an
Schwung zu verlieren droht.

Den zahlreichen im polnischen Parlament vertretenen Parteien
scheint es unendliche Mühe zu bereiten, in wichtigen Fragen
einen Konsens herzustellen. Einige Politiker, allen voran Präsident Wałęsa, fordern deshalb Sondervollmachten für die Regierung, um den Umbau im ökonomischen Bereich zu beschleunigen. Bislang haben sich die Abgeordneten diesem Ansinnen
widersetzt. Denn der Begriff weckt nicht nur ungute Erinnerungen an die eben erst abgeschaffte Kommandowirtschaft. Es ist auch
fraglich, ob Sondervollmachten gegen die Mentalität des *homo
sovieticus*, wie ein derzeit beliebter Terminus der polnischen Intellektuellen lautet, etwas ausrichten können. In den gut vier Jahrzehnten der kommunistischen Herrschaft, so heißt es, sei den
Bürgern das selbständige Denken und Handeln regelrecht aberzo-

gen worden. Allen verbalen Bekenntnissen zum Kapitalismus
zum Trotz seien sie extrem egalitaristisch eingestellt. Schließlich
hatte ihnen das realsozialistische System eine materiell relativ
gesicherte Existenz, wenn auch auf vergleichsweise niedrigem
Niveau, ermöglicht. Jetzt hingegen wollten sie die Angleichung
an den westlichen Lebensstandard erreichen und ihren östlichen
Lebens- und Arbeitsstil beibehalten.

Der *homo sovieticus* findet sich in allen Schichten, Berufsgruppen, Altersstufen und politischen Lagern. Die Arbeiter beispielsweise, die für den Kapitalismus gekämpft haben, widersetzen sich
nun häufig massiv den realen Folgen der »Vermarktwirtschaf-
tung«. Hartnäckig streiken sie für höhere Löhne, wollen aber
in ihren Betrieben nichts ändern. Es fehlt an Führungskräften,
die die neue Selbständigkeit zu nutzen und in einer offenen
Wirtschaft zu agieren verstehen. In den Direktionsetagen der
Staatsbetriebe scheint den wenigsten bewußt zu sein, daß sie
selbst dafür sorgen müssen, daß ihre Betriebe effizienter werden.
Anstatt den verschwenderischen Umgang mit Energie, Rohstoffen und menschlicher Arbeitskraft zu beschneiden, meint man,
mit der Modernisierung des Maschinenparks wäre bereits die
Umstrukturierung der Wirtschaft erreicht. Anstatt die Produktion zu verbessern, fordern viele Staatsbetriebe, wie im übrigen
auch die Bauern und das Handwerk, die Einführung von Schutz-
zöllen, damit ihre Erzeugnisse auf dem heimischen Markt konkurrenzfähig bleiben. Seit dem Systemwechsel gingen mehrere
einigermaßen rentable Staatsfirmen wegen Mißmanagement
bankrott.

In den Behörden herrscht noch weithin das alte Denken, obgleich die Führungskräfte inzwischen großenteils ausgewechselt
wurden. Private Unternehmer werden wie eh und je durch schi-
kanöse Kontrollen und Dutzende von Verwaltungsvorschriften
behindert. Die Kriterien, nach denen die Banken Kredite verge-
ben, sind undurchsichtig. Politische Prämissen und private
Seilschaften scheinen dabei öfter ausschlaggebend als die wirtschaftliche Potenz des Antragstellers. In der Presse häufen sich
Berichte über die Verschleuderung staatlicher Immobilien, zum
einen fühlt sich niemand aufgefordert, die Interessen der Staats-

kasse zu schützen, zum andern fordern zahlreiche Gesetzeslücken
solche Praktiken geradezu heraus.

Die Kriminalität hat ein besorgniserregendes Ausmaß angenommen. Gut organisierte Banden treiben ihr Unwesen im Land
und erpressen beispielsweise von privaten Unternehmern Schutz-
gelder. Der Auto-, Gold- und Drogenschmuggel nimmt ebenso zu
wie die Zahl der Einbrüche. Die Polizei hat viel zuwenig Mitarbeiter, kaum Fahndungscomputer und nicht einmal genügend Ein-
satz- und Streifenfahrzeuge. Sie kann die Delikte aufnehmen,
aber immer seltener aufklären.

Die »moralische Krise«, wie einige Publizisten den Hang ihrer
Landsleute, sich auf jede erdenkliche Weise zu bereichern, beschö-
nigend nennen, durchzieht alle Schichten. Seit dem Bestehen der
Dritten Polnischen Republik sind einige große Finanzaffären an
der Spitze von Behörden und Ministern aufgeflogen. Von daher
ist der Vorschlag polnischer Intellektueller, die Staatsdiener künftig besser zu besolden, bedenkenswert. Infolge der langen politischen und nationalen Unterdrückung gibt es keine gewachsene
Beamtentradition. Die kargen Staatsgehälter machen anfällig für
Korruption. Fähige Leute wandern aufgrund der wesentlich höheren Verdienstmöglichkeiten ins freie Unternehmertum ab. Ein
Minister beispielsweise trug in Polen Ende 1991 sechs bis sieben
Millionen Złoty im Monat nach Hause – soviel wie eine Sekretärin
in der Privatwirtschaft; die Chefs dieser Unternehmen verfügen
meist über das Zehnfache. Lehrer, Polizisten und Zöllner dagegen
mußten sich durchschnittlich mit weniger als zwei Millionen
Złoty – knapp 300 DM – begnügen. Ein Lastwagenfahrer verdiente doppelt soviel. Doch die Kassen des Staates sind leer, und
die Gesellschaft hegt eine tiefe Abneigung gegen alle institutionalisierten Privilegien – und sei es für die von ihr gewählte Regierung.

Wie egalitaristisch die Polen denken, zeigt sich unter anderem
an den Debatten um die Reprivatisierung. Unmittelbar nach dem
Systemwechsel meldeten unzählige Bürger Ansprüche auf ihre
nach 1945 enteigneten Immobilien an. Apotheker, Müller, ehemalige Besitzer kleinerer Betriebe erhielten ihre Gebäude mittlerweile zurück. Die Angehörigen des früheren Adels jedoch, die kei-

nen städtischen Immobilienbesitz, lediglich ihre ungenutzten Schlösser und das Land aus den Staatsgütern zurückhaben wollen, stoßen auf öffentliche Ablehnung. Die Regierung will ihnen allenfalls Obligationen auf einstiges Eigentum einräumen.

Dennoch ist nicht zu übersehen, daß sich in Polen nach rund einem halben Jahrhundert wieder eine materiell stark differenzierte Gesellschaft herausbildet. Zehn Prozent der Bevölkerung gelten als ausgesprochen kaufkräftig. Zwar gab es auch früher Polen, die als Künstler, Sportler oder Privatunternehmer gut verdienten. Doch erst seit der Kapitalismus seinen Einzug hielt, wird ungeniert konsumiert. Geld auf die hohe Kante zu legen, lohnt sich nicht. Ihre Gewinne, die überwiegend aus Handelsgeschäften stammen, in den Aufbau von Produktionsbetrieben zu stecken, ist vielen Neureichen schlichtweg zu mühselig. Sie wollen erst einmal das Versäumte nachholen und kopieren nach Kräften den westlichen Lebensstandard.

Zwischen Oder und Bug macht sich neben ungehemmter Freude am Luxus erschreckende Armut breit, verteilen sich doch auch die Lebenschancen immer weniger nach dem egalitären Prinzip. Wer es sich leisten kann, ernährt sich von importierten Lebensmitteln, die weniger schadstoffbelastet sind als die einheimischen Produkte. Seine Kinder schickt er in eine der aus dem Boden schießenden Privatschulen, die besser ausgestattet sind als die staatlichen, kleinere Klassen haben und – wegen der guten Bezahlung – einen hochmotivierten Lehrkörper.

Während die Reichen im Zuge des Systemwandels ihren Reichtum mehren, werden die Armen immer ärmer. 1991 lagen 60 Prozent der polnischen Einkommen unterhalb des Durchschnittslohns. In diese große Gruppe gehören vor allem Rentner, Invaliden, kinderreiche Familien und alleinerziehende Mütter, aber auch ein Teil der Staatsangestellten. Ende 1991 waren zwei Millionen Polen, 10 Prozent aller Erwerbstätigen, ohne Beschäftigung. Sie haben kaum Aussicht, in naher Zukunft einen neuen Arbeitsplatz zu finden.

Meine Äcker gehören mir allein! –
Bei den Bauern

Es war auf der Fahrt von Lublin nach Sandomir (Sandomierz), als Janusz vorschlug, doch bei Antek hereinzuschauen, der hier in der Nähe wohne. Gesagt, getan. Wir biegen von der Hauptstraße in südöstlicher Richtung ab, und wie meist, wenn man in Polen Nebenwege einschlägt, verändert sich sogleich das Bild. Im Einzugsgebiet der Städte reihen sich entlang den großen Einfallstraßen gläserne Treibhäuser und zweistöckige Betonwürfelhäuser aneinander. Zeichen des Fortschritts und eines gewissen Wohlstands, aber die Eintönigkeit ermüdet das Auge.

Abseits der großen Verkehrsschlagadern hat der Fortschritt kaum sichtbar Einzug gehalten. In Südostpolen, wo die winzigen Privatbauernwirtschaften überwiegen und unter vielen Dächern die Armut zu Hause ist, scheint die Zeit vor dreißig, ach fünfzig Jahren stehengeblieben zu sein. Über Kopfsteinpflaster und Sandwege mit Schlaglöchern rumpeln wir durch die leicht gewellte Landschaft. Sanft schmiegen sich alte Holzhäuser in sie hinein. Ihr himmelblauer Anstrich soll die Mücken abhalten. Anderen haben Wind und Wetter eine graugrüne Färbung verliehen. Die schon recht kräftigen Strahlen der untergehenden Frühlingssonne tauchen das Erdreich in warmes Gold, das mit dem frischen Grün von Wäldern und Hecken lebhaft kontrastiert. Unser Weg schlängelt sich um Ackerzipfel, Haine und Bächlein herum. Wir überholen mehrere Pferdefuhrwerke, *Furmanka* genannt, und werden immer wieder durch Gänse- und Schafherden aufgehalten.

Nach einer knappen halben Stunde ist Anteks Dorf erreicht. Etwa achtzig Häuser gruppieren sich zu beiden Seiten der Durchfahrtsstraße. Manche drohen in malerisch wucherndem Unkraut zu versinken; andere schmücken sich mit winzigen Vorgärtchen. Auf jedem zweiten Dach nistet ein Storchenpaar. Vom Zentrum des Ortes grüßt eine Kirchturmspitze herüber. Anteks Anwesen unterscheidet sich kaum von denen seiner Nachbarn. Das hölzerne Wohnhaus zeigt zur Straße hin drei Fenster. Man betritt es von der Rückseite über eine lauschige Veranda; davor ein großer

Platz aus festgestampften Sand, um den herum sich Schuppen und
Stallungen gruppieren. Vier Jungen spielen Greifzeck um den
Brunnen im Hof. Die Ankunft des fremden Fahrzeugs läßt sie
neugierig innehalten; dann stürmen sie johlend ins Haus.

Gleich darauf kommt Elka, die Bäuerin, heraus. Sie trägt ein
gelbes, im Nacken geknotetes Kopftuch; ihr rundliches Gesicht
wirkt erhitzt. Die Hände an der blauen Kittelschürze abtrocknend,
ruft sie strahlend: »Janusz, wie nett! Und sogar einen Gast hast du
mitgebracht!« Bald darauf kommt ihr Mann aus einem der Ställe
herbei und begrüßt uns mit großer Geste. Nachdem die ersten
Fragen nach dem Woher und Wohin beantwortet sind, zaubert der
Hausherr eine Flasche Wodka herbei, um uns »nach alter polnischer Sitte willkommen zu heißen«. Elka schnauft ein wenig, sie
mag die Trinkerei nicht. »Aber«, seufzt sie resigniert, »womit
kann man seine Gäste schon erfreuen, wenn ringsumher alles immer trostloser wirkt?«

»So schlimm wie jetzt war es noch nie«, pflichtet Antek ihr bei
und schenkt gleich noch einmal ein. »Die meisten Bauern wissen
nicht, wie sie über die Runden kommen sollen. Dabei könnte es
auf dem Land so schön sein. Pole bedeutet nicht ohne Grund Feld-
bewohner. Jedem von uns ist die Liebe zur Natur angeboren. Jahrhundertelang haben wir von der Landwirtschaft gelebt, bis zum
Zweiten Weltkrieg auch mit Gewinn unsere Agrarprodukte ins
Ausland verkauft. Wie aber sieht es heute aus?« Antek hat sich in
Eifer geredet. »Obwohl Polen über reichlich guten Boden verfügt,
der doppelt so viele Menschen ernähren könnte, importieren wir
Getreide und Lebensmittel. Eine Schande! Die Kommunisten haben Fortschritt immer mit rauchenden Schloten gleichgesetzt!«

An der Landwirtschaftspolitik der Kommunisten läßt heute in
Polen niemand mehr ein gutes Haar. Vergessen ist, daß Hunderttausende Landbewohner von dem Systemumbruch nach 1945 zunächst durchaus zu profitieren schienen. Anteks Familie hatte bis
zum Zweiten Weltkrieg einen knappen halben Hektar Land besessen, kaum mehr als einen großen Garten. Sie wurstelten sich als
Tagelöhner und Hilfsarbeiter durch und hofften vergeblich auf
eine Agrarreform. Zwischen den Kriegen gehörte fast die Hälfte
der gesamten Nutzfläche einer Handvoll Großgrundbesitzer. In-

dustrien gab es kaum. Sechs bis acht Millionen Menschen, rund ein Drittel der Landbevölkerung, hungerten sich in den Dörfern irgendwie durch, da sie nirgends Arbeit fanden. Die Sterblichkeitsrate war eine der höchsten in Europa. Einige Millionen Polen wanderten nach Westeuropa und Amerika aus. Andere verdingten sich Jahr um Jahr in den Nachbarstaaten als Erntehelfer.

Die Bodenreform der Kommunisten erfolgte nach dem Prinzip, das Ackerland »jenen, die darauf arbeiten«, zu überantworten. Wer mehr als 100 Hektar Grund- oder mehr als 50 Hektar Nutzfläche besaß, wurde enteignet. Viele der großen Besitzungen, vor allem in den ehemaligen deutschen Ostgebieten, wurden in Staatsgüter umgewandelt und einer Zentralverwaltung unterstellt. Bauern und Landarbeiter, die zuvor wenig oder gar nichts besessen hatten, erhielten Land zugeteilt. Im Zuge der Bodenreform entstanden 814000 neue Bauernwirtschaften, 254000 wurden erweitert. Es war die größte Landumverteilung in der polnischen Geschichte.

In mancher Hinsicht aber war es Bauernfängerei. Gemäß Stalins Diktat investierten Polens Kommunisten von Anfang an vor allem in die Schwerindustrie. Millionen neuer Arbeitsplätze behoben binnen kurzem die frühere ländliche Überbevölkerung. Damit fehlten aber die Mittel, um die bäuerlichen Privatbetriebe, die im Schnitt nur sechs Hektar umfaßten, mit den notwendigen Maschinen auszurüsten. Ab Juli 1948 suchte die Partei das Heil in der Kollektivierung: Pflichtablieferungen und Steuererhöhungen sollten die Bauern veranlassen, ihren Boden in Landwirtschaftliche Produktionsgenossenschaften einzubringen und gemeinschaftlich zu bewirtschaften. Es kam zu einem ersten Machtkampf zwischen Regierung und Teilen der Bevölkerung. Wer ein Stück Land sein eigen nennt, besitzt nach polnischer Auffassung zugleich ein Stück vom Vaterland. Er hat es pfleglich zu behandeln, gegen fremde Eroberer zu verteidigen und an die nächste Generation weiterzugeben. Diesen neugewonnenen Status als Bodeneigentümer fürchteten viele Landwirte wieder zu verlieren, wenn sie sich den Genossenschaften anschlössen. So war es schließlich den Bauern in der Sowjetunion am Ende der zwanziger Jahre ergangen. Um es nicht soweit kommen zu lassen, unterliefen sie die

Zwangsabgaben: Sie ließen einen Teil ihrer Felder brachliegen;
bei den Abgabestellen lieferten sie die schlechteren Erzeugnisse
ab, während sie die besseren unter der Hand teuer vertrieben. Die
Behörden suchten vergeblich, durch Verhaftungen einiger »Kula-
ken« den Widerstand zu brechen. Die Folge war, daß wohlhaben-
dere Bauern ihr Land unter ihren Angehörigen aufteilten, um
möglichst arm zu erscheinen und die hohen Steuern zu umgehen.
    Die Sabotage der Bauern, die unzureichende Mechanisierung
der Betriebe sowie verschiedene Mißernten brachten Polen an den
Rand einer Hungersnot, die das politische Umdenken beschleunigte. Als die Bauern im Oktober 1956 hörten, daß Władysław
Gomułka wieder Parteichef geworden war, knieten viele von ihnen spontan nieder, um Gott für die Schicksalswendung zu dan-
ken. Sie hatten nicht vergessen, daß Gomułka sich bis zu seiner
Entmachtung im September 1948 gegen die Zwangskollektivierung ausgesprochen hatte. Im Oktober 1956 konnte er dann
die Drei-Sektoren-Landwirtschaft durchsetzen. Einige tausend
Staatsgüter und Genossenschaften blieben bestehen. Der Großteil
der Nutzfläche, nämlich 70 bis 75 Prozent, wird seither von rund
drei Millionen Individuallandwirten bewirtschaftet, wie die Privatbauern im offiziellen polnischen Sprachgebrauch heißen.
    Trotzdem blieb die Ernährung der Bevölkerung während der
gesamten kommunistischen Ära ein heikles Problem. Bis in die
achtziger Jahre hinein führten die Landwirtschaft und der sich
daran anschließende Ernährungssektor ein Aschenputteldasein.
So kam die Flurbereinigung in den Jahrzehnten ebensowenig vom
Fleck wie die Verbesserung des Wasserhaushalts. Mitte der achtziger Jahre verfügte nur ein Drittel der Privatbauernhöfe über
einen Wasseranschluß und sanitäre Anlagen. Viele Brunnen sind
ausgetrocknet. Im Sommer fahren häufig Tankwagen über Land,
um die Dörfer mit Wasser zu beliefern. Der Ausbau des Trans-
port- und Verkehrssystems wurde sträflich vernachlässigt. Bei
Regenwetter bleiben die Fuhrwerke auf den unasphaltierten Wegen im Morast stecken. Nutzfahrzeuge rosten aus Mangel an
Ersatzteilen vor sich hin. In ganz Polen fehlt es an Veterinärge-
nossenschaften, Schlachthöfen, Molkereien, Ziegeleien und Bau-
stoffabriken. Anhänger mit Getreide und Zuckerrüben stehen

oft tagelang ungeschützt vor Silos, Trockenhäusern, Mühlen und Verarbeitungsfabriken herum, weil die Kapazitäten zur Aufnahme der Ernte nicht ausreichen. Aufgrund zu geringer Mengen von Pestiziden und Herbiziden vernichteten Unkraut und Schädlinge alljährlich fast 30 Prozent der polnischen Ernte, ein Viertel der Feldfrüchte verdarb auf dem Weg zum Markt.

In den siebziger Jahren, als mit den Westkrediten Geld ins Land kam, steckten die Staatsplaner unter Parteichef Edward Gierek lieber Unsummen in die Entwicklung eigener Autotypen und Farbfernsehgeräte. Die kärglichen Mittel, die für den Ernährungssektor vorgesehen waren, flossen in einige prätentiöse Großprojekte. In Warschau entstand eine der größten Molkereien Europas, obwohl in der Umgebung der Hauptstadt der Obst- und Gemüseanbau dominiert. Die Milch muß aus entfernten Landesteilen herangeschafft werden. Mitunter ist sie schon sauer oder verunreinigt, bevor sie in die Verarbeitung gelangt, denn es fehlt an geschlossenen Kühlketten, selbst an Wasser und Desinfektionsmitteln, um die Kannen vor dem Einfüllen zu säubern. Blaustichige Milch, ranzige Butter und mit Bakterien angereicherter Käse fordern ihren Tribut: In den Sommermonaten häufen sich die Lebensmittelvergiftungen. Eine Steigerung erfuhr in jenen Jahren der Pro-Kopf-Verbrauch an Fleisch. Das für die Viehfütterung notwendige Getreide aber wurde wie eine ganze Reihe anderer Lebensmittel in zunehmendem Maße importiert. Insgesamt verschlangen die Agrareinfuhren 40 Prozent der Darlehen, die Polen in den siebziger Jahren erhielt.

Entgegen ihren Beteuerungen schien die kommunistische Führung insgeheim weiter an dem Kollektivierungsziel festzuhalten. Die Privatbauern wurden allenfalls unter dem Eindruck größerer Versorgungskrisen von der Regierung jeweils für kurze Zeit gehätschelt. Der Löwenanteil der landwirtschaftlichen Investitionen ging an die Staatsgüter und Genossenschaften, ohne daß sich diese durch eine größere Rentabilität ausgezeichnet hätten. Das Statistische Jahrbuch Polens belegt im Gegenteil Band für Band, daß die Individuallandwirte höhere Hektarerträge erzielten als der sozialisierte Agrarsektor.

Dennoch hinkten die polnischen Privatbauern hinter dem Lei-

stungsniveau der westeuropäischen Landwirtschaft hoffnungslos
hinterher. Zum Teil wirtschaften sie bis heute mit archaischen
Gerätschaften. Selbst einfachste Dinge wie Eimer, Säcke, Schleif-
steine für Sensen, Mistgabeln oder Schnur zum Binden der Gar-
ben standen nie ausreichend zur Verfügung. Desgleichen kam
man an Dünger, eiweißhaltiges Futter, Unkrautvertilgungsmittel,
Kohle oder Baumaterialien häufig nur über Beziehungen heran.
Noch immer sind im Land rund eine Million Pferde im Einsatz.
Selbst wenn mehr Maschinen angeboten worden wären, hätten
viele Kleinbauern sie sich gar nicht leisten können. Um dem Mißstand abzuhelfen, hatte Gomułka 1957 die »Agrarzirkel« ins Leben gerufen. Diese lockere Form der Genossenschaft, deren Mitglieder sich den Besitz von Landmaschinen teilen, bewährte sich
jedoch nicht. Den Agrarzirkeln gelang es niemals, sich wirklich
selbst zu verwalten. Sie lebten von der Gnade der kommunistischen Verteilungsbürokratie und konnten wegen zuwenig Maschinen, fehlender Ersatzteile und knappen Treibstoffs jeweils nur
rund 60 Prozent der Dienstleistungen erbringen, deren die Bauern
bedurften. Der allgemeine Mangel aber senkt die Effizienz. Während zum Beispiel eine Kuh in der alten Bundesrepublik rund
10000 Liter Milch im Jahr gibt, bringt es eine polnische Kuh im
Schnitt auf 3000 Liter.

Ein weiterer Grund für die Stagnation der polnischen Landwirtschaft lag darin, daß die Privatbauern ihre Betriebe praktisch nicht
vergrößern konnten. Der Staatliche Bodenfonds, der Höfe ohne
Nachfolger aufkaufte, vergab die freigewordenen Nutzflächen
meistens an die Staatsgüter. Erst in den achtziger Jahren änderte
sich diese Praxis allmählich. Die kommunistische Führung unter
General Jaruzelski erarbeitete verschiedene sinnvolle Projekte zur
Förderung der Landwirtschaft, die großenteils an den leeren Kassen scheiterten. Während die Durchschnittsgröße der privaten
Landwirtschaftsbetriebe in Westeuropa nach dem Krieg überall
kontinuierlich gestiegen ist (in der alten Bundesrepublik zum Bei-

In Jasna Góra erflehen die Pilger den Schutz der Schwarzen Madonna,
der »Königin Polens«

spiel auf heute 18 Hektar), ist sie in Polen sogar gesunken – von
6,2 Hektar in 1950 auf 5,8 Hektar in 1989. Sofern eine solche
Fläche nicht gerade mit Treibhäusern bebaut ist, reicht sie allenfalls für die Eigenversorgung. Damit ein Betrieb Überschüsse produzieren kann, sind unter den polnischen Bedingungen mindestens zehn Hektar erforderlich. Diese Größe besaßen 1989 knapp
ein Sechstel der drei Millionen Privatbauernwirtschaften. Knapp
eine Million Höfe hatten weniger als zwei, weitere 770 000 Betriebe zwischen zwei und fünf Hektar. Da die kleinbäuerliche
Struktur keine Entfaltungsmöglichkeiten bot, wanderten die jungen Leute in die Städte ab oder suchten sich einen Nebenerwerb.
In gut der Hälfte aller Betriebe verdient heute wenigstens ein
Familienmitglied außerhalb der Landwirtschaft hinzu. Die Haupt-
arbeit auf dem Hof bleibt deshalb häufig an einer Person, meist der
Ehefrau oder dem Altbauern, hängen. Mitte der achtziger Jahre
waren etwa 70 Prozent der aktiven Landwirte im Rentenalter und
hatten lediglich die Grundschule besucht. Vielfach wirtschaften
sie noch altväterisch. Nach Berechnungen polnischer Experten erzielen ausgebildete Landwirte im Schnitt um 30 Prozent höhere
Erträge.

Ein ausgebildeter Landwirt kommt mit der gesamten Betriebs-
führung besser zurecht, wofür unser Gastgeber Antek ein Beispiel
ist. Er studierte in Lublin Agrarwissenschaften, 1971 begann er
auf dem väterlichen Hof zu arbeiten. Edward Gierek hatte damals
gerade Gomułka als Parteichef abgelöst und machte den Bauern
einige Zugeständnisse. Die Zwangsabgaben wurden abgeschafft
und die privaten Landwirte in das staatliche Gesundheitssystem
einbezogen. Antek zeigte Mut zum Risiko, nahm Kredite auf und
pachtete zu seinen fünf Hektar drei Hektar hinzu. Außerdem ließ
er sich auf das neue System der Vertragskäufe ein; er verpflichtete
sich, dem Staat alljährlich eine bestimmte Menge Milch, Getreide
und Fleisch zu verkaufen. Dafür konnte er einen Traktor und andere Betriebsmittel erwerben, die auf dem freien Markt – wenn
überhaupt – kaum erschwinglich waren. Den übrigen Teil seiner
Erzeugnisse, vor allem Spargel und Frühkartoffeln, begann er mit
gutem Gewinn über die privaten Wochenmärkte zu vertreiben.

Antek hat starke Arme und besaß immer einige gute Beziehungen. Damit ließ sich manches Defizit überbrücken. Er spannte Frau und Söhne ein und arbeitet selbst mindestens zwölf Stunden am Tag. Alljährlich zur Ernte kam sein Bruder aus der Stadt, denn solange Polen von den Kommunisten regiert wurde, durften die Privatbauern keine Lohnarbeitskräfte, sondern nur Familienangehörige beschäftigen. Den Gewinn hat Antek zum Bedauern seiner Frau meist umgehend investiert. »Wenn der Laden laufen soll, muß die Familie zurückstehen«, lautet seine Maxime. Diese Tüchtigkeit zahlte sich aus. Antek ist heute stolzer Eigentümer von gut 15 Hektar Land und besitzt die notwendigsten Maschinen. Betriebe wie der seine haben gute Chancen, die gegenwärtige Krise zu überstehen und aus ihr sogar gestärkt hervorzugehen. Dennoch hat sich auch Antek in jüngster Zeit gefragt, ob sich die Plakkerei überhaupt noch lohne.

Nach der Übernahme der Regierung durch die Solidarność konnten die Bauern für ihre Erzeugnisse theoretisch jeden Preis verlangen, da gleichzeitig die Preise freigegeben wurden. Doch der Lebensmittelmarkt stabilisierte sich relativ schnell. Einerseits klappte mit einem Mal das Verteilungssystem wesentlich besser als früher, da private Zwischenhändler den Transport der Agrarprodukte mit eigenen Lieferwagen in die Städte besorgten. Gleichzeitig gelangten auch immer mehr ausländische Lebensmittel auf den Markt. Sie lockten die Verbraucher nicht allein mit ihrer attraktiveren Verpackung. Insbesondere die Milch aus den EG-Ländern ist von höherer Qualität als die polnische. Importgetreide ist zum Teil sogar billiger als einheimische Sorten. Und da die Kaufkraft im Land abnimmt, pendelten sich die Lebensmittelpreise auf einem bestimmten Niveau ein. Die Nachfrage, zumal nach polnischen Erzeugnissen, ging überall zurück.

Die Kosten zur Aufrechterhaltung des bäuerlichen Betriebs stagnierten hingegen nicht. Im Vergleich dazu boten die Händler und Aufkaufgesellschaften den Landwirten immer weniger für die Früchte ihrer Arbeit. 1990 entsprach zum Beispiel eine Tonne Roggen noch dem Gegenwert von zwei Tonnen Zement. Im Jahr darauf stand das Verhältnis schon eins zu eins. Ähnliche Rechnungen ließen sich für Dünger, Saatgut, Traktoren und so weiter aufmachen. Auch die Genossenschaften schraubten die Gebühren für die Benutzung der Maschinen drastisch herauf. Vielen Bauern blieb nach dem Verkauf der Ernte unter dem Strich so gut wie nichts übrig. Hielten sie anfangs deshalb Vieh und Korn zurück, machten sie – als das nichts fruchtete – mit Protestaktionen und Verkehrsblockaden auf ihre Existenznöte aufmerksam.

»Die Situation wurde wirklich immer unhaltbarer«, erzählt Antek. »In den Städten gab es Avocados, Kiwis, Granatäpfel, Krabben, Salatsoßen in Flaschen und anderen importierten Schnickschnack, aber immer weniger Lebensmittel aus unserer heimischen Erzeugung. Meine Gurken wurde ich nicht mehr los und verfütterte sie an die Kühe.«

In der Hoffnung, etwas verändern zu können, trat er der »Land-Solidarität« bei. Wie in den anderen Bauernparteien sammelten sich dort vor allem die unzufriedenen Kleinbauern, die ganz andere Interessen verfolgen: »Im Grunde werden auf den Versammlungen immer nur Forderungen aufgestellt. Alle wollen von der Regierung mehr Geld für den Ausbau ihrer Betriebe und der landwirtschaftlichen Infrastruktur, wo in der Tat viel nachzuholen ist. Ebenso hartnäckig aber verlangen sie garantierte Mindestankaufpreise für ihre Erzeugnisse sowie eine Anhebung der Zölle für Importlebensmittel. Als ob sich mit solchen Maßnahmen die Qualität unserer Produkte und die Rentabilität verbessern würden.«

Während beispielsweise in der alten Bundesrepublik heute vier Prozent der Erwerbstätigen in der Landwirtschaft arbeiten, sind es in Polen fast 30 Prozent oder rund fünf Millionen Menschen. Der Agrarsektor erwirtschaftet aber derzeit nicht einmal 20 Prozent des polnischen Nationaleinkommens. Um das Leistungsniveau zu steigern, wird das Land um einen einschneidenden Strukturwandel nicht herumkommen. Freilich können die Kleinbauern jetzt, da die Arbeitslosenzahlen ständig steigen, nicht alle mit einem Schlag ihre Höfe aufgeben. »Eben deshalb müßten wir uns zusammenschließen, um beispielsweise die vorhandenen Maschinenkapazitäten untereinander besser zu nutzen«, sagt Antek. »Außerdem könnten wir die noch vorhandenen Monopole der Agrarhandelsgesellschaften zerschlagen, indem wir eigene Vertriebsorganisationen und Verarbeitungsfabriken, eventuell auf der Basis von Joint-ventures, gründen.« Abgesehen davon, daß die Mehrheit der

Kleinbauern keine Ahnung habe, wie sich derartige Projekte aufziehen ließen, hegten sie noch immer ein abgrundtiefes Mißtrauen gegenüber allen gemeinschaftlichen Investitionen. Statt dessen klammerten sie sich an die alte Redensart: »Das Land gehört uns allen, aber meine Äcker gehören mir allein.«

Aus diesen Gründen schlagen Experten vor, daß die Staatsgüter mit gutem Beispiel vorangehen und sich genossenschaftlich umstrukturieren könnten. Noch ist ungeklärt, was mit den derzeit 1300 Betrieben geschehen soll. Der Verband der ehemaligen Gutsbesitzer, der sich nach dem Systemwechsel formierte, will den Kleinbauern ihr Land nicht fortnehmen, wenngleich er die Rückgabe der nach 1945 in Staatsgüter umgewandelten Besitzungen fordert. Siebzig Prozent der Staatsgüter befinden sich auf einstmals ostdeutschem Gebiet, wo sich nach dem Krieg nur wenige polnische Privatbauern ansiedeln mochten. Für diese Betriebe böten sich genossenschaftliche Lösungen durchaus an. Vorläufig entwickelten die Angestellten freilich ebensowenig Eigeninitiative wie ihre Kollegen in den übrigen Branchen der verstaatlichten Wirtschaft.

Antek interessieren diese Themen nur noch am Rande. Er hat der großen Politik inzwischen den Rücken gekehrt und vertraut wieder auf sich selbst. Er macht Pläne, erarbeitet Bilanzen, führt Verhandlungen mit Behörden, beschäftigte während der Ernte erstmals einige Russen und Ukrainer, die als Schwarzarbeiter nach Polen drängen – und ist voller Zuversicht. Denn die massiven Proteste der Bauern haben immerhin etwas in Bewegung gebracht. Die Weltbank versprach, den Ausbau des landwirtschaftlichen Genossenschaftswesens finanziell zu fördern. Die Warschauer Regierung erklärte sich bereit, allen Bauern, die sorgsam erstellte Modernisierungspläne für ihre Betriebe vorlegen, günstigere Kredite zu gewähren. Darauf arbeitet Antek hin. Sein Ziel ist es, eine spezialisierte Tier- und Pflanzenproduktion aufzubauen und eines Tages »einen Betrieb nach Art der amerikanischen Farmer« zu besitzen.

Seine Frau Elka hegt andere Träume: »Unser Alltag ist hart und eintönig. Es gibt keinen urbanen Komfort. Ein Telefon werden wir wohl erst im 21. Jahrhundert bekommen. Abwechslung bieten einzig das Fernsehen und die Kirchenfeste, manchen bleibt nur der Alkohol.« »Wie bald sich das einrenkt, hängt vor allem von uns selbst ab«, sagt Antek.

Die älteren Brüder –
Polen und seine Juden

Am Vorabend des Zweiten Weltkriegs lebten in Polen mehr als drei Millionen Juden. Es war die (nach den USA) zweitgrößte jüdische Gemeinde der Erde – und fraglos die vitalste und vielschichtigste in ganz Europa. Alfred Döblin notierte 1924 nach dem Besuch einer jüdischen Bibliothek in Polen: »Was ging in diesen scheinbar kulturarmen Ostlandschaften vor. Wie fließt alles um das Geistige. Welch ungeheure Wichtigkeit mißt man dem Geistigen, Religiösen zu. Nicht eine kleine Volksschicht, sondern eine ganze Masse geistig gebunden. In diesem Religiös-Geistigen ist das Volk so zentriert wie kein anderes in seinem . . . Sie haben sich selbst zum Tempelvolk gemacht. Zum Volk, das den Tempel in sich trägt. Ein beispielloser Vorgang. Nur unter so künstlichen, langwirkenden Bedingungen war es möglich.«

Langwirkende Bedingungen waren es in der Tat. Vom 12. Jahrhundert an wanderten Juden immer zahlreicher nach Polen ein. In den deutschen Ländern, in Böhmen und in Westeuropa wurden sie schikaniert und verfolgt. Die polnischen Herrscher aber begannen um jene Zeit ihre Ansiedlung durch Schutzbriefe und Privilegien zu fördern. Insbesondere sicherten sie ihnen nahezu ungehinderte wirtschaftliche Betätigung sowie den Zusammenschluß in selbstverwalteten Gemeinden zu. Diese außergewöhnlich toleranten Maßnahmen trugen Polen den Ruf ein, das »Paradies der Juden« zu sein, und entsprangen natürlich nicht der reinen Nächstenliebe. Das bäuerliche Polen sollte nach dem Willen seiner Fürsten von den Juden, die in ihrer Mehrzahl Handwerker waren oder sich im Handels- und Finanzwesen auskannten, die entsprechenden Impulse für eine allgemeine ökonomische Belebung empfangen. Bald waren die Juden aus dem Wirtschaftsleben der Adelsrepublik nicht mehr wegzudenken. Sie zogen als Händler und Hausierer von Dorf zu Dorf und brachten neben Waren auch Neuigkeiten aus der Stadt mit. Sie pachteten oder verwalteten die Güter der Adligen und betrieben deren Branntweinschänken, wo nebenher stets Geschäfte abgewickelt wurden. Sie zogen für ihre Brotherren bei den Bauern die Steuern ein und verliehen Geld. Obgleich man einigermaßen gut miteinander zurechtkam, waren die Juden niemals wirklich integriert. Die überwiegende Mehrheit betrachtete ihre Schtetln als ihre eigentliche Heimat. Diese lagen meist in unmittelbarer Nachbarschaft christlicher Ansiedlungen, waren aber autonom, so daß die Juden hier ihr Leben ungehindert nach eigenen religiösen und sozialen Grundsätzen einrichten konnten.

Erst im 17. Jahrhundert, als die Adelsrepublik von zahlreichen Kriegen heimgesucht wurde, nahmen die Konflikte zwischen Polen und Juden zu. Viele Bauern empörten sich gegen die Abhängigkeit von den Gutsherren und ließen ihren Zorn gern an deren jüdischen Verwaltern und Steuereinnehmern aus. Es kam zu Plünderungen und Pogromen, zumal die katholische Kirche während der Gegenreformation die konfessionellen Gegensätze schürte. Sie hetzte die Bevölkerung gegen die »Mörder Christi« auf und wies ihnen die Schuld an Brunnenvergiftungen und anderen ungeklärten Vorfällen zu. Der polnische Adel beschäftigte die Juden weiterhin auf seinen Gütern, lieh bei ihnen Geld und stand mit »seinem« Juden meist auf recht vertrautem Fuß. Im Parlament aber verabschiedete er Gesetze, die die Entfaltungsmöglichkeiten der Juden, die ihm vor allem auf wirtschaftlichem Gebiet zunehmend Konkurrenz zu machen drohten, allmählich einschränkten.

Aufgrund der zahlreichen Restriktionen verarmte die Mehrheit der Juden zusehends. Als Reaktion darauf kapselten sich die meisten in ihren Schtetln ab und suchten den Widrigkeiten des Daseins mit der Kraft ihres Glaubens zu trotzen. Dennoch muß es im Alltag in aller Regel toleranter zugegangen sein als in den anderen europäischen Staaten. Um 1900 lebten rund drei Viertel aller Juden auf dem Gebiet des einstigen Doppelreiches Polen-Litauen. Was im Umkehrschluß heißt, daß 75 Prozent aller heutigen Juden in jener Weltgegend Wurzeln haben.

Nach dem Untergang der Adelsrepublik am Ende des 18. Jahr-

hunderts waren polnische und jüdische Intellektuelle erstmals
ernsthaft aufeinander zugegangen und hatten darüber disputiert,
wie sich das bisherige Nebeneinander in ein Miteinander verwandeln ließe, kämpften doch beide Völker nach dem Verlust ihres Staates um die Wahrung ihrer Identität. Obwohl es damals
wie in späteren Zeiten zu verschiedenen jüdisch-polnischen
Symbiosen vor allem auf kultureller Ebene kam, wurde daraus
niemals eine allgemeine Bewegung. Von der zweiten Hälfte des
19. Jahrhunderts an nahm der Antagonismus vielmehr deutlich
zu. Um in dem damals einsetzenden »Kulturkampf« der Teilungsmächte ihre Identität zu bewahren, grenzten sich die Polen
von allen übrigen Völkern ab, auch von jenen, die in keiner
Weise für ihr Schicksal verantwortlich waren. Ökonomische Motive kamen hinzu. Nach der Aufhebung der Leibeigenschaft
strömten Zehntausende polnische Bauern und verarmte Adlige
in die Städte, wo sie mit den ansässigen Juden um Arbeitsplätze
konkurrierten. Auch die katholische Kirche trug zur Verschär-
fung des Konflikts bei. Je mehr sie ihre Macht auf die Formel
»Pole = Katholik« stützte, desto weniger fühlte sie sich bemü-
ßigt, andersgläubige Mitbürger in das christliche Humanitätsge-
bot einzubeziehen. Gerade die Juden wurden von vielen Priestern
zu einer regelrechten Bedrohung des Polentums und seiner
christlichen Grundlagen hochstilisiert.

In dieser Situation begann sich ein kleiner Teil der Juden stärker zu assimilieren, meist jene, die wirtschaftlich erfolgreich oder
vom Gedankengut der Aufklärung beeinflußt waren. Einige sahen wie Rosa Luxemburg im Kommunismus den Weg zu einer
gerechteren Gesellschaft. Andere erwärmten sich für den Zionis-
mus, wie ihn Theodor Herzl 1896 in seiner programmatischen
Schrift *Der Judenstaat* formuliert hatte. Anfangs wirkte diese
Idee nur als Anstoß, sich stärker auf sich selbst zu besinnen. Die
Juden, die von 1880 an in größerer Zahl aus Polen emigrierten,
gingen zunächst nach Deutschland und von dort nach Amerika.
Erst nach dem Ersten Weltkrieg setzte eine stärkere Wanderung
nach Palästina ein. Fast die gesamte Führungselite des 1949 ge-
schaffenen Staates Israel stammte aus den »Gettos zwischen
Minsk und Pinsk«. Die Liste reicht von David Ben Gurion und

Golda Meir über Moshe Dajan und Menachem Begin bis zu Yitz-
hak Schamir und Shimon Peres.

Die Auswanderungswelle flaute während der gesamten Zwischenkriegszeit nicht ab. Den ausgeprägten Antisemitismus in der
Zweiten Republik kann man freilich nicht losgelöst von der Haltung der Polen gegenüber den anderen Minderheiten im Land sehen. Ukrainer, Litauer, Weißrussen, Juden und Deutsche stellten
zusammen ein Drittel der Gesamtbevölkerung. Die Verfassung
garantierte den Minderheiten ein gleichberechtigtes Zusammenleben sowie kulturelle Autonomie. In der Praxis aber regierte Polen den Nationalitätenstaat wie einen Nationalstaat. Wer sich
nicht völlig polonisierte, hatte keinen Zugang zu öffentlichen Ämtern. Der knappe Spielraum, den die Gesetze ließen, wurde oft
genug zuungunsten der Minoritäten ausgelegt. Schon zu Beginn
der zwanziger Jahre verließen einige hunderttausend Deutsche
ihre Heimat im Gebiet von Posen und im westpreußischen »Korridor«. Es kam zu Gewaltakten und Ausschreitungen. Gabriel Na-
rutowicz wurde 1922 wenige Tage nach seiner Wahl zum Staatspräsidenten, für die die Stimmen der Minderheiten den Ausschlag
gegeben hatten, von einem Rechtsradikalen ermordet. Im Jahre
1938 brannten polnische Nationalisten in Galizien 130 orthodoxe
Kirchen nieder und prügelten ganze ukrainische und weißrussische Gemeinden zum lateinisch-katholischen Ritus.

Die Juden, immerhin 10 Prozent der Gesamtbevölkerung, mußten als Sündenböcke dafür herhalten, daß es wirtschaftlich nicht
aufwärtsging, woraus man wiederum das Recht ableitete, sie zu
schikanieren. Ihnen wurden staatliche Subventionen in bestimmten Branchen einfach verweigert. Jüdische Arbeiter waren als erste von Entlassungen betroffen. In vielen Geschäften hingen Pla-
kate mit der Aufschrift »Polen, kauft nicht bei Juden«. Polnische
Verteidiger hatten sie nur im zahlenmäßig kleinen Lager der Liberalen und der Linken. Die politische Rechte hingegen säte Haß
und hetzte gegen die »jüdischen Ausbeuter«. Insbesondere Roman
Dmowski, der Führer der Nationaldemokraten, sah darin ein
probates Mittel, um sozialistische Bestrebungen innerhalb der Arbeiterschaft niederzukämpfen.

Auch von den Kanzeln herab wurde der Antisemitismus geschürt. Primas Hłond schrieb 1936 in einem Hirtenbrief: »Es ist eine Tatsache, daß die Juden die katholische Kirche bekämpfen, in Freidenkerei verharren und die Vorhut der Gottlosigkeit, des Bolschewismus und der Subversion bilden. Es ist eine Tatsache, daß der jüdische Einfluß auf die Sitten verderblich ist und daß ihre Verlage Pornographie verbreiten. Es ist wahr, daß die Juden betrügen, wuchern und Zuhälterei betreiben.«

Gleichsam in einer Gegenbewegung bildeten sich zwischen den Kriegen zahlreiche jüdische Organisationen, die ein neues Selbstbewußtsein zu schaffen und mehr Rechte zu erstreiten suchten. Sie griffen auch zur Selbsthilfe, gründeten eigene Schulen, Gesundheitszentren, Konsumgesellschaften, Volksküchen und Sportklubs, vergaben Stipendien und schufen eine Kibbuzbewegung. Jüdische Literaturzirkel, Bibliotheken, Laienspiel- und Musikgruppen gab es in fast jeder Stadt. Allen Schikanen zum Trotz blühte die jüdische Kultur in Polen wie in einem Treibhaus. Ihre bedeutendsten Zentren waren Wilna und die Universitätsstadt Lublin, die den Ruf eines »jüdischen Oxford« genoß. Zwischen den Kriegen erschienen in Polen 3000 jüdische Periodika, darunter dreißig jiddische Tageszeitungen. Es gab rund zwanzig jiddische Theaterensembles und sogar eine jiddische Spielfilmproduktion. Die Zahl der in Polen geborenen jüdischen Schriftsteller ist kaum zu überblicken. Im 20. Jahrhundert schrieben viele von ihnen polnisch wie Bruno Schulz, Julian Tuwim, Józef Wittlin, Antoni Słonimski oder Bolesław Leśmian. Andere blieben ihrer jiddischen Muttersprache treu wie Isaac B. Singer, der nach seiner Emigration in New York zu dem herausragendsten Chronisten der ostjüdischen Welt werden sollte.

Hatte sich der Antisemitismus unter Piłsudski noch in Grenzen gehalten, verschlechterte sich nach seinem Tod im Mai 1935 die Lage der Juden erheblich. 1937 verbot die Regierung das Schächten, was eine Welle jüdischer Demonstrationen auslöste. Die Berufsverbände der Ärzte, Ingenieure und Architekten schlossen ihre jüdischen Mitglieder aufgrund von »Arierbestimmungen« aus. Verschiedene rechtsextreme Organisationen verbreiteten die gleichen antisemitischen Parolen wie die Nazis. Die Regierung verurteilte zwar die wiederholten Pogrome gegen Juden, duldete aber die Wirtschaftsboykotte, durch die unzählige jüdische Arbeiter ihre Existenz verloren. Das erklärte Ziel dieser Politik war es, den Auswanderungsdruck zu erhöhen. Der polnische Außenminister Józef Beck ließ damals verlauten, das Land habe nur für eine halbe Million Juden Platz. Die übrigen drei Millionen müßten gehen.

Nach dem Zweiten Weltkrieg stellten einige jüdische Historiker die These auf, daß die Nazis die Massenvernichtungslager vor allem deshalb in Polen eingerichtet hätten, weil sie infolge des dort verbreiteten Antisemitismus kaum Widerspruch aus der Bevölkerung befürchten mußten. Diese durch keinerlei Dokumente gestützte Behauptung droht den Blick für die Tatsache zu verstellen, wer den Völkermord in Gang gesetzt und planmäßig betrieben hat. Ganz davon zu schweigen, daß in den Gaskammern von Auschwitz-Birkenau, Treblinka, Bełżec, Sobibór oder Chełmno auch Angehörige anderer Nationen umkamen, nicht zuletzt Polen.

Gerade im besetzten Polen fand sich eine Reihe von Menschen bereit, den Juden zu helfen. Die bürgerliche Heimatarmee versuchte die Weltöffentlichkeit seit Anfang 1942 immer wieder auf das Massenmorden der Nazis aufmerksam zu machen. Ihre Berichte wurden in London und Washington jedoch als Greuelpropaganda abgetan. Auch deshalb gründete die Heimatarmee im September 1942 einen »Hilfsrat für die Juden«. *Żegota*, wie der Tarnname der Organisation lautete, machte Verstecke ausfindig, mietete illegal Wohnungen an, brachte jüdische Kinder in katholischen Waisenhäusern unter, beschaffte Geld, Kleidung, Lebensmittel, ärztliche Versorgung und falsche Papiere.

Doch die Anteilnahme hielt sich insgesamt in Grenzen. Es gab unter den Polen durchaus Menschen, die Juden an die Gestapo verrieten und die Vernichtung dieses Volkes sogar insgeheim begrüßten. Das vorherrschende Moment indessen scheint Gleichgültigkeit gewesen zu sein. Wie die Mehrzahl der Deutschen schauten auch die Polen weg, als ihre Mitbürger zu Opfern wurden.

Der Aufstand im Warschauer Getto machte davon keine Ausnahme. Ende 1940 hatten die Nazis rund 500000 Juden auf einem

zehn Quadratkilometer großen Areal in der Hauptstadt eingepfercht. Die Mehrheit von ihnen starb in den folgenden Jahren
teils an Entkräftung, durch Seuchen oder Terror, teils wurden sie
in die Vernichtungslager abtransportiert. Als SS-Kommandeur
Jürgen Stroop das Getto in der Nacht zum 19. April 1943 in einer
»Blitzaktion« liquidieren wollte, traf er auf unerwarteten Widerstand. Mit Handgranaten, Zündflaschen und Pistolen wehrte sich
eine »Jüdische Kampforganisation« 28 Tage lang; dabei fanden
60 000 Juden den Tod. Dann ließ Stroop das Getto niederwalzen.
Der Aufstand war ein verzweifeltes Fanal, das Europa wachrütteln
und auf die Verbrechen an dem jüdischen Volk hinweisen sollte.
Doch selbst vom polnischen Widerstand wurden die Gettokämpfer
nur halbherzig unterstützt. Die Bevölkerung habe sich gar in der
Rolle von »Zaungästen« gefallen, schreibt Jerzy Andrzejewski in
dem Roman *Warschauer Karwoche*.

Nach dem Ende des Krieges war in Polen wenig Trauer über die
Katastrophe des jüdischen Volkes zu spüren. Über Jahrzehnte
machte die Gesellschaft keinerlei Ansätze, um ihre Haltung gegenüber ihren einstigen Mitbürgern zu überprüfen. Die alten Stereotypen lebten unreflektiert fort und wurden zeitweise sogar als
politisches Kampfmittel benutzt. Dabei handelte es sich diesmal
um ein paradoxes Phänomen, nämlich um einen Antisemitismus
ohne Juden. Nur etwa 10 Prozent der drei Millionen polnischen
Juden haben den Holocaust überlebt. Nicht einmal sie wurden
herzlich empfangen. Viele Polen befürchteten, die Heimkehrer
könnten ihren einstigen Besitz von ihnen zurückverlangen. Die
Mehrheit der Juden wanderte daher sogleich in den Westen oder
nach Palästina aus. Zehntausende andere folgten ihnen, nachdem
es an mehreren Orten zu Tätlichkeiten und Pogromen gekommen
war. In Kielce, einer Stadt südlich von Warschau, erschlug im Juli
1946 eine aufgebrachte Menge 42 Juden, da sie angeblich einen
Ritualmord an einem polnischen Kind begangen hatten. Das ver-
schwundene Kind tauchte bald danach wieder auf.

Eine ungemein wichtige Rolle bei der Abneigung und dem Haß,
der den Juden damals entgegenschlug, spielte das Wort von der
»Judenkommune«, das gleich nach dem Krieg in aller Munde war.
Von katholischen Geistlichen darin bestärkt, waren selbst viele

gebildete Polen nun überzeugt, daß das von Moskau eingesetzte, religionsfeindliche System in ihrem Land hauptsächlich von Juden aufrechterhalten werde. Das war schon rein rechnerisch blanker Unsinn. Während der Stalin-Ära bekleideten in der Tat einige Menschen jüdischer Herkunft hohe Positionen im kommunistischen Machtapparat. Dennoch lebten Ende 1948 nur noch knapp 90000 Angehörige dieser Minderheit in Polen, während die PVAP bereits 1,5 Millionen Mitglieder zählte. Die Vorstellung vom Kollaborateur aus den eigenen Reihen vertrug sich nicht mit dem Mythos von der stets heroisch Widerstand leistenden Nation. Die Juden hingegen waren für diese Rolle bestens geeignet, hatte die Gesellschaft sie doch niemals als »richtige« Polen akzeptiert, sondern in ihnen seit dem 19. Jahrhundert eine Bedrohung ihrer Nation gesehen. Das Stereotyp »Obrigkeit = Jude« war so fest verankert, daß sogar kommunistische Funktionäre, die eindeutig nicht solcher Herkunft waren, als Juden diffamiert wurden.

Nach dem Oktober 1956 beruhigte sich die Lage für einige Zeit. Im Zuge der Entstalinisierungsbewegung verloren viele prominente Kommunisten jüdischer Herkunft ihren Posten. Tausende andere Juden kehrten dem Land für immer den Rücken. In der zweiten Hälfte der sechziger Jahre begann dann die Partei den Antisemitismus zu schüren. Zur gleichen Zeit verschlechterte sich das Verhältnis zwischen der Sowjetunion und Israel. Nach dem Sechstagekrieg vom Juni 1967 brachen alle Ostblockländer, mit Ausnahme Rumäniens, die diplomatischen Beziehungen zum Staat der Juden ab. In Polen, das die offiziellen Beziehungen zu Israel erst im Februar 1990 wiederaufnahm, handelte es sich jedoch um mehr als nur eine Unterwerfungsgeste gegenüber Moskau. Die antisemitische Kampagne, welche die dogmatischen Kräfte um Innenminister Mieczysław Moczar damals anzettelten, verfolgte vor allem ein innenpolitisches Ziel. Sie war Teil eines populistisch-nationalistischen Programms, das dem abgewirtschafteten Regime wieder Sympathien verschaffen sollte.

Den Höhepunkt erreichte dieser Feldzug während der Unruhen im März 1968, als Studenten und Intellektuelle wegen der zunehmenden Einengung der geistigen Freiheit auf die Straße gingen. Um die Demokratiebewegung zu diskreditieren, entfachte die

Presse eine beispiellose Hetzkampagne. Wo immer sich die Gelegenheit bot, wurde die jüdische Herkunft der Oppositionellen
herausgestellt. Rund 9000 Juden wurden aus Partei- und Regie-
rungsämtern sowie aus den Streitkräften entfernt, Zehntausende
aus der Partei ausgeschlossen. Kaum ein Pole trat zu ihrer Verteidigung auf. Nach dem März 1968 verließen rund 13000 Juden
binnen weniger Monate das Land, darunter renommierte Wissenschaftler. Ihnen folgte 1970 der letzte Rabbiner. Zurück blieben
nur einige tausend, meist ältere Menschen, die sich zum Judentum
bekannten und mühsam ein Gemeindeleben aufrechtzuerhalten
suchten. Vom Staat wurden sie in keiner Weise unterstützt. Einziges Alibiprojekt der kommunistischen Führung war die Finanzierung des »Jiddischen Theaters« in Warschau.

Erst in den achtziger Jahren erwachte in Polen ein gewisses
Interesse an der jüdischen Problematik. Mit dem Erstarken der
Demokratiebewegung, dem Willen zu einem staatlichen und gesellschaftlichen Neubeginn nahm das Bewußtsein, daß es das ge-
schichtliche und kulturelle Erbe der polnischen Juden, soweit überhaupt noch möglich, zu bewahren gelte, deutlich zu. Diesem
Thema widmeten sich Schriftsteller, Verleger, Theater- und Filmemacher, Museumsdirektoren und Wissenschaftler. Mehrere Komitees setzten sich für die Restaurierung verwüsteter jüdischer
Friedhöfe und verfallener Synagogen ein. Eine Bürgerinitiative
machte sich für die Errichtung einer Gedenkstätte am »Umschlag-
platz« stark, von dem aus die Warschauer Juden ihre Reise in den
Tod angetreten hatten. Anläßlich des 45. Jahrestages des Aufstands
im Warschauer Getto am 19. April 1988 organisierte ein Bürgerkomitee eine inoffizielle Gedenkfeier, an der mehr als 5000 Polen
teilnahmen. Die Initiatoren stellten sich bewußt in die Tradition
der polnischen Romantiker und überschrieben den Aufruf zu der
Veranstaltung mit dem Satz »Sie waren unsere Brüder«. Während
der Feierlichkeit verglich Zbigniew Bujak, ein bekannter Funktio-
när der damals noch verbotenen Solidarność, den Verlust, den die
Polen durch die Vernichtung der Juden erlitten hätten, mit einem
dem Körper abgetrennten Arm und rief aus: »Was hätten wir mit
diesem Arm vollbringen können!«

Dennoch werden antisemitische Äußerungen und Handlungen

gedankenlos geäußert oder billigend aufgenommen. Seit dem Systemwechsel droht diese Tendenz sogar wieder zuzunehmen. Eine »Nationale Partei« warnt in offiziellen Verlautbarungen vor einem jüdischen Nationalismus, der das polnische Volk zu unterwerfen und den polnischen Staat aufzulösen trachte. Es kommt zu Grabschändungen auf jüdischen Friedhöfen, antisemitische Parolen werden an die Mauern gesprüht. Auch wenn die militanten Kräfte eine recht kleine Gruppe zu sein scheinen, sind doch nicht wenige Polen überzeugt, die neue, aus der Solidarność hervorgegangene Regierung werde von Juden dominiert. Fakten spielen in dieser Argumentation keine Rolle. Wie schon in der Stalin-Zeit werden wiederum all jene als Juden bezeichnet, deren Anschauungen sich nicht mit den eigenen decken – gleichgültig ob sie praktizierende Juden sind, Assimilierte oder einen langen Stammbaum katholischer Vorfahren aufweisen. Offenbar braucht die Volksseele nun, da das alte kommunistische Feindbild nichts mehr hergibt und die ökonomischen und sozialen Probleme zunehmen, erneut einen Prügelknaben, dem sie die Verantwortung dafür zuschieben kann, daß es nicht so schnell wie erhofft aufwärtsgeht.

Daß dieser paradoxe Antisemitismus ohne Juden weiterhin lebendig ist, liegt gewiß nicht allein an den Versäumnissen und Fehlern der Kommunisten, sondern auch an der katholischen Kirche Polens. Wie verbreitet hier die Vorurteile gegenüber den Juden sind, machte in jüngster Zeit der Streit um das Karmeliterinnenkloster in Auschwitz deutlich. Im Jahre 1984 zogen 14 Nonnen dieses Ordens in ein Gebäude am Rande des ehemaligen Konzentrationslagers, um im Gebet der Opfer zu gedenken. Jüdische Organisationen protestierten dagegen, weil sie entsprechend ihrer religiösen Tradition in dem Kloster eine Störung der Totenruhe sahen. Nach langem Hin und Her kamen Vertreter beider Seiten überein, die Karmeliterinnen in einem »Ökumenischen Zentrum« unterzubringen, das in einiger Entfernung vom Lager errichtet werden sollte. Als im Juli 1989 sieben amerikanische Juden mit einem Kamerateam in das Klostergelände eindrangen, weil bis dahin alles beim alten geblieben war, eskalierte der Streit zu Handgreiflichkeiten. »Polen verprügeln Juden in Auschwitz« war daraufhin in westlichen Zeitungen zu lesen.

Vollends schockierend wirkte die Predigt, mit der Primas Glemp im August 1989 in Tschenstochau die Wogen zu glätten versuchte. »Liebe Juden«, sagte der Kardinal vor den versammelten Wallfahrern, »redet nicht mit uns von der Position eines über alle anderen erhabenen Volkes.« Daran schloß er eine Bilanz des polnisch-jüdischen Verhältnisses an, die mit antisemitischen Stereotypen nur so gespickt war. Der »jüdische Ausbeuter« fehlte darin ebensowenig wie der »jüdische Kollaborateur« oder die »Verjudung« der Massenmedien in vielen Ländern. Selbst die Anerkennung jüdischer Verdienste klang verunglückt: »Neben dem (jüdischen) Schankwirt, der die Bauern betrunken machte und neben dem Juden, der den Kommunismus verbreitete, waren unter den Israeliten auch solche, die für Polen ihr Leben gaben.«

Die Empörung, die die Äußerungen des Primas in aller Welt auslöste, stieß in Polen zunächst auf Verwunderung und Unverständnis. Dann aber kam einiges in Bewegung. Der Vatikan, der zuvor beharrlich geschwiegen hatte, sprach sich nun in einem Machtwort für die Verlegung des Karmelklosters aus. Die katholischen Pfarrer sollen künftig im Religionsunterricht verstärkt auf die jüdische Problematik eingehen. Politologen, Soziologen und Publizisten begannen sich in einer wahren Flut von Artikeln und auf Symposien mit dem Phänomen des Antisemitismus im Land auseinanderzusetzen.

Zuletzt beschloß auch Präsident Wałęsa, sich der Sache anzunehmen. Er kündigte Gesetze gegen Antisemitismus und Rassismus an. Bei seinem Staatsbesuch in Israel, in dessen Verlauf er mehrere Handels- und Kulturabkommen unterzeichnete, war er vor allem um Versöhnung bemüht. Insbesondere versuchte er die gleichgültige Haltung vieler Polen gegenüber den Juden während des Zweiten Weltkrieges begreiflich zu machen. Aus eigener Erfahrung wisse er, sagte Wałęsa in der Knesseth, »daß selbst mutige Menschen manchmal zu Zwergen werden ... Hier in Israel, an der Wiege Ihrer Kultur und Ihrer Wiedergeburt, bitte ich Sie um Vergebung.«

Die demokratische Freiheit, die sich die Polen mit soviel Mut erkämpft haben, ist ohne Frage eine Grundvoraussetzung dafür, um ihr Verhältnis zu den Juden selbstkritisch zu analysieren. Daß sie diese Minderheit im Laufe der Zeit zunehmend als Bedrohung empfanden, offenbart im Grunde ihre eigenen Nöte: das Ringen um nationale Eigenständigkeit.

Von daher wäre es ein bemerkenswerter Schritt, wenn sich das neue Polen endlich daranmachte, die bisherige Präsentation des Leidens im Massenvernichtungslager Auschwitz zu überdenken. Die Beklommenheit beim Besuch des einstigen Schreckenszentrums schlägt in hilflose Verzweiflung um, wenn man gewahr wird, wie die Polen als die Verwalter der heutigen Gedenkstätte das Symbol Auschwitz für sich zu vereinnahmen und das jüdische Leid zurückzudrängen suchen. Etwa durch die alphabetische Auflistung der Nationalität der Opfer: Sie beginnt mit den Amerikanern und endet mit den Juden (polnisch: *Żydzi*). Derselbe Impuls kennzeichnet den in Auschwitz gezeigten Film: Seine Helden sind die tapferen polnischen Widerstandskämpfer und die Rote Armee, die das Lager im Januar 1945 befreite. Die Millionen der hier ermordeten Juden wirken dagegen wie Komparsen.

Zwischen Oder und Bug – Touristische Notizen

Einmal reisten wir nach Chełmno, ins frühere Kulm. Die polnische Provinzstadt empfing uns in absoluter Dunkelheit. Der Strom war ausgefallen. »Eine Havarie«, erklärte uns die Dame in der Rezeption gleichmütig, während sie im Kerzenschein unsere Ausweise prüfte. Das Wasser sei ebenfalls abgestellt worden. An ein warmes Abendessen war nicht mehr zu denken. Auch sonst hatte die Hotelküche nichts zu bieten. »Die Lieferungen sind ausgeblieben«, lautete die Auskunft. Eine Angestellte, die zufällig die Halle passierte, wußte Rat. »Meine Freundin, die in einem Restaurant arbeitet, hat jetzt Feierabend und holt mich hier ab. Sie könnte etwas mitbringen.« Wenig später klopfte eine fremde Dame an unsere Tür – und zauberte aus ihrem Beutel zwei Flaschen Bier und kaltes Huhn hervor.

Reisen durch Polen verlaufen nicht immer so. Doch wer nicht

gerade ein Staatsgast ist, einer offiziellen Delegation oder einer Reisegruppe angehört, denen »Pilotinnen« alle Hindernisse aus dem Weg zu räumen suchen, macht mit den Unbilden der polnischen Gegenwart Bekanntschaft. Er steht auf Postämtern, vor Fahrkarten- und Bankenschaltern Schlange. Wie Don Quichote gegen die Windmühlen kämpft er mit dem Telefonsystem, das häufig falsch verbindet und Gespräche willkürlich unterbricht. Er atmet Schmutz, Staub und Krankheitskeime in Mengen ein und landet vor Museen, die mitten in der Saison wegen Reparaturarbeiten, Inventur oder Personalmangels geschlossen sind. Die Straßen in den Städten stecken voller Schlaglöcher und hochragender Kanaldeckel. Für Überlandfahrten empfiehlt sich ein gefüllter Reservekanister, da Tankstellen dünn gesät sind – und eine Portion Geistesgegenwart. Geschwindigkeitsbeschränkungen, Überholverbote und die 0,5-Promille-Grenze werden von polnischen Autofahrern höchst individualistisch ausgelegt. Des Nachts stößt man selbst auf den großen Fernstraßen auf Pferdefuhrwerke und Radfahrer, die ohne Rücklichter vor sich hinzockeln.

Wer auf Betriebe angewiesen ist, die sich nach landläufigem Verständnis der Betreuung von Gästen widmen, ist gut beraten, die Verhältnisse zu nehmen, wie sie sind. Die meisten Restaurants schließen um 22 Uhr. Häufig wird nur an einem Teil der Tische bedient; für die übrigen scheinen weder das Personal noch die Essensvorräte zu reichen. Das Angebot auf den Speisekarten entspricht nicht unbedingt den Tatsachen. Am besten fragt man gleich den Kellner, was er einem empfehlen könne. Nur in den privaten Lokalen, die in letzter Zeit vermehrt entstanden sind, bemühen sich Küche und Bedienung erkennbarer um die Gäste.

Die Einsicht, daß der Tourismus – bei einem entsprechenden Angebot – durchaus eine Einnahmequelle sein kann, dämmerte der kommunistischen Führung erst in den achtziger Jahren. Damals wurde vor allem der Hotelbau forciert, was auch dringend geboten war. 1991 gab es im ganzen Land nur 25 000 Hotelbetten von europäischem Standard. Die paar Luxusherbergen, die mittlerweile zumeist auf der Basis von Joint-ventures entstanden sind, lösen das Problem gewiß nicht. Überall fehlt es an Jugendherbergen, Privatunterkünften und Hotels, die für einen kleinen

Geldbeutel erschwinglich sind. Die Preise nämlich, die Ausländer
für eine Übernachtung zu zahlen haben, haben durchaus Weststan-
dard. Selbst in teuren Hotels ist man nicht davor gefeit, daß aus der
Leitung nur kaltes Wasser kommt, Hähne im Bad tropfen, Fenster
nicht richtig schließen und die Wände zum Nachbarn dünn sind.
Dafür gibt es andere Formen des »Service«. Hotelkellner bieten
ungeniert Kaviardöschen zu Schwarzmarktpreisen feil. Männliche
Reisende erhalten schon mal, kaum daß sie ihr Zimmer im Hotel
erreicht haben, telefonisch »ein bißchen Gesellschaft« angeboten.

All dies gilt freilich nur für den Bereich der öffentlichen Gastlichkeit. Sobald man mit den Polen persönlich in Kontakt kommt,
verwischt sich nahezu alles, was eben noch bedrückend, beschwer-
lich oder seltsam wirkte. »Gast im Haus – Gott im Haus«, sagt ein
polnisches Sprichwort. Jedermann scheint für ihn Zeit zu haben.
Umgehend tischt die Hausfrau auf, was ihre Küche zu bieten hat.
Die Familie versammelt sich, um den Fremden in die landläufigen
Geheimnisse einzuweihen. Sie rückt bereitwillig zusammen, um
ihm ein Nachtlager zu geben, versorgt ihn mit Adressen von Bekannten im ganzen Land. Fast ist man versucht, dem Gerücht zu
glauben, daß die öffentliche Gastlichkeit im Land deshalb darniederliegt, weil die Polen ihre Gäste am liebsten bei sich zu Hause
verwöhnen.

Die Woiwodschaften

Seit Jahrhunderten ist Polen in mehrere Woiwodschaften aufge-
gliedert. Der *Woiwode* (wörtlich: Heerführer) war ursprünglich
der oberste königliche Beamte, der den Monarchen, zumal bei
Feldzügen, vertrat. Im 14. Jahrhundert ging der Titel auf jene
Adligen über, die im Auftrag der Krone die einzelnen polnischen
Länder, die Woiwodschaften, verwalteten. Wie in der Zweiten Republik sind die Woiwoden heute wieder gewählte Oberpräsiden-
ten. Die Provinzgrenzen selbst haben sich mehrfach geändert,
zum letztenmal im Juni 1975. Damals wurden die bestehenden
22 Woiwodschaften in 49 aufgeteilt.

Sehr bald kursierte ein Witz: »Warum ist Polen nach den USA
das zweitgrößte Land der Erde? – In den USA gibt es 50 Bundes-

staaten und den Wilden Westen. Wir in Polen hingegen haben 49 Woiwodschaften und einen wilden Osten.« Die Gebietsreform stieß bei den Bürgern überall dort auf Kritik, wo die neuen Verwaltungsgrenzen traditionsreiche Bande zerschnitten. Zumindest die Gerüchtemacher waren sich alsbald über die wirklichen Motive der Neugliederung einig: Parteichef Gierek habe die wachsende Konkurrenz der Parteisekretäre der Woiwodschaften gefürchtet und, um die Ambitionen der »roten Herzöge« zu neutralisieren, ihre Zahl einfach erhöht.

Dennoch knüpften sich an die Gebietsreform zunächst wirtschafts- und gesellschaftspolitische Erwartungen. Über Jahrhunderte hatte sich das Leben in Polen in der Hauptsache auf dem Land abgespielt. Davon zeugt die Literatur. Die literarische Vorstellungswelt der Polen sei »unheilbar ländlich«, meinte Karol Irzykowski (1873–1944) einmal. Davon zeugen auch einige tausend Schlösser, Paläste und Burgen, die über das ganze Staatsgebiet verstreut sind. Magnatenresidenzen wie Baranów, Gołuchów, Jabłonna, Kozłówka, Kórnik, Krasiczyn, Łańcut, Nałęczów, Nieborów, Rogalin oder Rydzyna, um nur einige der prächtigsten zu nennen, waren Polens gesellschaftliche und kulturelle Zentren. Die Städte blieben demgegenüber, von Ausnahmen wie Posen, Krakau, Warschau und einigen anderen abgesehen, über lange Zeit bedeutungslos. Im Vergleich zu Westeuropa entwickelten sie sich nur langsam. Erst nach 1945, als die Kommunisten das Agrarland in einer gewaltigen Kraftanstrengung in einen Industriestaat verwandelten, breiteten sich manche Städte explosionsartig aus. Überall dort, wo keine Fabriken angesiedelt wurden, aber schien die Zeit stillzustehen.

Die Situation der strukturschwachen Regionen verbesserte sich jedoch auch nach 1975 nur wenig. Das Gefälle zwischen den vergleichsweise gut entwickelten Westgebieten und dem ärmlichen Ostteil blieb ebenso erhalten wie die großen Unterschiede zwischen dem Leben in der Stadt und auf dem Dorf. Zwar trachtete jeder Parteisekretär für seine Woiwodschaftshauptstadt Investitionsmittel zu ergattern, staatliche Institutionen anzuziehen und wollte darüber hinaus zumindest eine Tageszeitung herausgeben. Doch die Gelder wurden weiterhin von der Zentralverwaltung in

Warschau zugeteilt, die auch über alle größeren Investitionen entschied. Was ein Parteisekretär für seine Region herausholte, hing von seinem Durchsetzungsvermögen ab. Überall blähte sich die Bürokratie auf, desgleichen der Kulturapparat. An der Wende zu den neunziger Jahren verfügte Polen über vier philharmonische Orchester und mehrere Dutzend Kleinstadttheater, die alle vom Staat subventioniert wurden.

Die aus der Solidarność hervorgegangene Regierung sucht nicht nur mit diesem, bei der gegenwärtigen Finanzlage unerschwinglichen Luxus aufzuräumen. In ihren Kreisen herrscht auch weitgehend Einigkeit darüber, daß Polen sich von unten her reorganisieren muß, damit die Demokratie Fuß fassen kann. Als erstes wurden 253 Kreise geschaffen und den Kommunalparlamenten mehr Rechte eingeräumt. Geplant ist, die Zahl der Woiwodschaften auf zehn bis zwölf zu reduzieren. Die neuen Regionen sollen, ähnlich wie die deutschen Bundesländer, über eine eigene Regierung und Finanzhoheit verfügen. Damit würde eine ganz neue Tradition begründet. Auch vor dem Zweiten Weltkrieg waren die Woiwodschaften administrative Einheiten, die weitgehend zentralistisch von Warschau aus gesteuert wurden. Vielleicht bekundet die Bevölkerung deshalb für die territoriale Neugliederung und die sich daraus ergebenden Möglichkeiten, die Politik wenigstens im kleinen aktiv mitzugestalten, bislang wenig Interesse. Die Mehrheit blickt weiterhin gebannt auf das, was in der Hauptstadt gemacht wird.

Großpolen und Kleinpolen

Vielleicht ruft die Ansicht Protest hervor: Für mich sind die Polen so etwas wie der Inbegriff der Nation. Auch wenn die politische und die materielle Differenzierung der Gesellschaft seit dem Systemwechsel deutlich zunimmt, ihre Einstellung gegenüber aktuellen Erscheinungen im In- und Ausland, ihre Art, mit der Geschichte und der Kultur umzugehen oder Probleme zu meistern, erweist sich im Kern doch als überraschend homogen. Nachwirkung jener Zeit, als die Menschen sich mit ihrem demonstrativ bekundeten Nationalbewußtsein gegen Dreiteilung und Fremdherrschaft wehrten. Zudem ist Polen durch den zerstörerischen Zweiten Weltkrieg zu einem ethnisch und religiös weithin einheitlichen Staat geworden. Die polnischen Juden fielen größtenteils Hitlers Vernichtungspolitik zum Opfer. Polens Ostgebiete mit ihrem hohen litauischen, weißrussischen und ukrainischen Bevölkerungsanteil verleibte sich damals die Sowjetunion ein. Frühere regionale Unterschiede verwischten sich zum Teil dadurch, daß 1945/46 zwei von drei Polen auf der Suche nach einem Dach über dem Kopf unterwegs waren. Polnische Litauer zogen an die Ostseeküste, polnische Ukrainer nach Schlesien, Warschauer nach Stettin, das nun Szczecin heißt, Dorfbewohner in die Städte.

In Anbetracht des Geschichtsdrucks, der bis heute im ganzen Land zu spüren ist, fällt es manchmal schwer, die einzelnen Landschaften in ihren Farben, Gerüchen und Geräuschen wahrzunehmen. Dennoch hat jede Region ihre Traditionen und ihre Probleme, die die Menschen prägen. Da ist zum Beispiel Großpolen. Es nimmt den mittleren Teil in der Westhälfte der heutigen Republik ein. Der Name geht auf den lateinischen Begriff *Polonia maior* zurück und bezeichnet den historisch älteren Landesteil. Als »Wiege des polnischen Staates« gilt die Stadt Gnesen. Der sagenhafte Polanenführer Lech soll an dieser Stelle einen Horst mit weißen Adlern entdeckt und sich daraufhin hier niedergelassen haben. Auf diese Legende bezieht sich der Adler im polnischen Staatswappen. Verbürgt dagegen ist, daß der Piastenfürst Bolesław I. in seiner Gnesener Residenz die Gebeine des Bischofs Adalbert von Prag beisetzen ließ. Dieser war 997 bei dem Versuch, die Pruzzen zu christianisieren, erschlagen worden. Im Jahre 1000 pilgerte Kaiser Otto III. ans Grab des Märtyrers und gründete in Gnesen das erste polnische Erzbistum. Damit erkannte er die kirchliche und de facto auch die staatliche Unabhängigkeit des Landes an.

In der Geschichte Großpolens spielten die Deutschen eine beträchtliche Rolle – im Guten wie im Bösen. Jahrhundertelang lebten beide Völker in diesem Raum friedlich nebeneinander. Posen ist dafür nur ein Beispiel. Als die Piastenfürsten das Ortszentrum 1253 auf das linke Wartheufer verlegten, holten sie deutsche Kolonisten und Handwerker, die rund um den heutigen Alten Markt eine »Neustadt« mit Straßenzügen im Schachbrettmuster erbauten. Ebenso wie in anderen Städten Großpolens trugen die deutschen Bürger ihr Teil dazu bei, daß das wirtschaftliche Niveau der Region erheblich über dem Landesdurchschnitt lag. Im Bewußtsein der Großpolen hat sich freilich die spätere, unfriedliche Zeit ungleich tiefer eingeprägt.

Auf der anderen Seite werden insbesondere die Posener bis heute halb scherzend, halb stolz als die »polnischen Preußen« bezeichnet. Sie seien fleißig, sparsam, pünktlich, diszipliniert und hervorragend organisiert, heißt es. Großpolen stellt nach wie vor einen bedeutenden wirtschaftlichen Faktor dar. Hier konzentriert sich die Lebensmittel- und Maschinenbauindustrie. Posen gilt als eine der »westlichsten« Städte Polens. Das hängt nicht zuletzt mit der internationalen Handelsmesse zusammen, die hier seit 1925 alljährlich stattfindet. Um den ausländischen Besuchern Polen von der besten Seite zu zeigen, wurde in Posen stets reichlich investiert.

Der politische Schwerpunkt hatte sich allerdings früh von Großpolen in die östliche Landeshälfte verlagert. Im 14. Jahrhundert wurde die Königsresidenz nach Krakau in Kleinpolen verlegt und 1596 nach Warschau. Die heutige Hauptstadt liegt in Masowien, dem dritten polnischen Kernland, das zeitweilig jedoch zum Separatismus neigte und erst nach der Union mit Litauen aufgrund seiner zentralen Lage an Bedeutung gewann. Man könnte meinen, die Posener hätten es niemals ganz verwunden, daß die anderen Regionen ihnen den politischen Rang abliefen, blicken sie doch mit einer gewissen Herablassung auf das übrige Land, mit besonderem Hochmut jedoch auf die Kleinpolen. Die Krakauer, so sagen sie gern, stünden nicht vor zehn Uhr auf und säßen tagein, tagaus in den Cafés herum.

Seit jeher nahm sich Polen desto bunter und vielschichtiger aus, je weiter man nach Osten kam. Die Nachbarschaft zu den Russen, Tataren und Kosaken, die sich keineswegs immer friedlich gestaltete, wie auch die Berührung mit dem charmanten Habsburgerreich erzeugte andere Mischungsverhältnisse. Hier waren die Menschen radikaler in ihren Ansichten, ihre Umarmungsgesten spontaner, weitherziger und phantasievoller.

Auch die wirtschaftlichen, sozialen und kulturellen Unterschiede traten in dieser Gegend krasser hervor. Anders als in Großpolen entwickelte sich hier kein breitgefächerter, unternehmerisch orientierter Mittelstand, der Menschen aus allen Schichten hätte absorbieren können. Die Bauern blieben in ihrer Mehrzahl arm und äußerst traditionsbewußt. Den Fortschritt betrachteten sie mit Skepsis. Der Katholizismus hat bis heute im südostpolnischen Kleinbauerntum seine stärkste Bastion. Hingegen waren es die im Osten ansässigen Adligen, die sich im 19. Jahrhundert immer wieder gegen die Willkür der Teilungen auflehnten. Von den russischen Behörden wurden sie dafür mit Tod, Verbannung oder der Konfiskation ihrer Güter bestraft. Viele ihrer Sprößlinge wandten sich deshalb nach Krakau, Lemberg und Warschau, wo sie allmählich jene Schicht von Intellektuellen und Künstlern bildeten, die die gesamte Nation geistig führte. Bis heute hat die östliche Landeshälfte in dieser Hinsicht das Übergewicht. Der Kulturminister, meinte der frühere kommunistische Regierungssprecher Jerzy Urban einmal, sollte immer aus Krakau kommen, aus dem nüchternen Posen dagegen der Polizeiminister.

Die Umweltkatastrophe: Ist Polen bald doch verloren?

Poetischer als Władysław Reymont zu Beginn dieses Jahrhunderts hat kaum jemand die polnische Landschaft beschrieben. In seinem Roman *Die Bauern* heißt es: »Über den verlassenen Fluren lag Stille, und eine berauschende Süße war in der vom Sonnendunst gedämpften Luft; im hohen blassen blauen Himmel lagen hie und da gewaltige Wolken verstreut, wie Schneewälle, die von Winden aufgeballt und zerfetzt waren. Darunter ruhte, so weit das Auge reichte, graues Ackerland, einer riesigen Schale gleich, die bläuliche Wälder einkerbten – einer Schale, durch die der Fluß, wie ein silbernes Gespinst im Sonnenlicht aufklingend, in Windungen zwischen Erlen und Uferweiden hervorblitzte, ... Hin und wieder ergossen sich Rinnsale von Gold in das silbrige Grau – Lupinenfelder mit gelben, duftenden Blüten ... schläfrig lagen die sandigen

Wege da, und über ihnen strebten Reihen mächtiger Pappeln langsam die Anhöhe empor, den Wäldern entgegen.«

Dem Reisenden bietet sich auf den ersten Blick noch vielfach das gleiche idyllische Bild. Polen ist vergleichsweise dünn besiedelt. Auf 313 000 Quadratkilometern verteilen sich 38 Millionen Menschen. Im Gegensatz zu früher leben nur noch zwei Fünftel der Bevölkerung auf dem Land. Über weite Strecken fährt man durch ein menschenleeres Land. Die Natur wirkt wie unberührt und ist es in manchen Teilen noch. Häufiger aber trügt der erste Augenschein, denn in Polen braut sich eine der größten Umweltkatastrophen in Europa zusammen. Es sind die Folgen der kommunistischen Raubbaupolitik, die einseitig auf den Ausbau der Schwerindustrie setzte und entsprechende Schutzvorkehrungen lange als »kapitalistische« Spielerei abtat.

Heute häufen sich die Schreckensmeldungen. Nach offiziellen Angaben lebt ein Drittel der Bevölkerung in hoch belasteten Regionen. Am größten ist die Giftkonzentration im oberschlesischen Industrierevier, im niederschlesischen Kupfergebiet um Liegnitz (Legnica) sowie in den Gegenden um die Danziger Bucht und um Krakau. Laut einer Untersuchung der Polnischen Akademie der Wissenschaften überschritt die Luftverschmutzung 1985 bei 90 Prozent der Meßstellen im Land die zulässige Norm. Ohne Frage trägt der Wind vom Gebiet der ehemaligen DDR und der Tschechoslowakei zusätzliche Schadstoffe herüber. Das meiste aber ist hausgemacht. Energie wird in Polen zu 80 Prozent aus Kohle erzeugt, und an der Wende zu den neunziger Jahren verfügte noch kein polnisches Kraftwerk über eine Entschwefelungsanlage. Desgleichen blasen die Industriekombinate ihre Abgase nahezu ungefiltert in die Atmosphäre. Die Luft verpestet aber auch der motorisierte Verkehr, für den es keine Abgaskontrollen gibt.

Infolge des sauren Regens war 1989 die Hälfte der polnischen Waldfläche geschädigt. Um die Bodenverhältnisse ist es wegen der vorwiegend miserablen Wasserqualität keinen Deut besser bestellt. Polen gilt als der größte Verschmutzer der Ostsee, denn bis heute leitet das Land 80 Prozent seiner Abwässer ungeklärt oder unzureichend mechanisch gereinigt in Flüsse und Seen. Die Stein-

kohlengruben in Oberschlesien pumpen sogar stark radioaktiv
verseuchtes Grundwasser in Weichsel und Oder. Warschau besitzt als einzige europäische Hauptstadt keine Kläranlage. 1989
entnahm das polnische Gesundheitsministerium 4500 Proben aus
städtischen Wasserversorgungsanlagen. Nur 37,6 Prozent davon
waren in Ordnung.

Die Schadstoffe, die teils eingeatmet, teils über die Nahrung
aufgenommen werden, belasten zunehmend den menschlichen
Organismus. Die Säuglingssterblichkeit ist in Polen in den letzten
Jahren dramatisch gestiegen, die statistische Lebenserwartung
merklich gesunken. Dazu tragen freilich auch Faktoren wie der
verbreitete Alkohol- und Nikotinmißbrauch, die fettreiche Ernäh-
rung und der katastrophale Stand des Gesundheitswesens bei. Es
fehlt schlichtweg an allem, Medikamenten, Operationsmaterial,
technischem Gerät, Krankenhausbetten und nicht zuletzt an Personal, denn Ärzte und Pflegekräfte stehen seit Jahrzehnten am
unteren Ende der Lohnskala.

Das Umweltbewußtsein setzt sich in Polen nur sehr langsam
durch. Die Solidarność brachte das Thema erstmals bei den Streiks
von 1980/81 überhaupt öffentlich zur Sprache. Angesichts der
ökonomischen Misere stellte die kommunistische Führung jedoch
alle ökologischen Bedenken sogleich wieder hintan. Die zensierte
Presse durfte einzelne Umweltsünder anprangern, über die Auswirkungen für die Menschen aber nur begrenzt berichten. Deshalb bauen die Bürger noch immer recht sorglos ihr Gemüse
neben rauchenden Schloten an.

Noch unter Kriegsrecht waren mehrere inoffizielle Öko-Grup-
pen entstanden. Anfangs setzten sie sich vor allem für mehr
Radwege, den Erhalt von Wäldern in Stadtnähe, ein allgemeines
Energiesparen, Importverbot für Giftmüll und die Schließung bestimmter Unternehmen ein, die die Umwelt extrem belasteten.
Einen gewissen Auftrieb gab der Bewegung das Reaktorunglück
von Tschernobyl, von dem Polen stark betroffen war. Doch die
Kritik der Umweltschützer beschränkte sich auf Proteste gegen
den Einbau veralteter sowjetischer Technologie in die polnischen
Atommeiler. Das ehrgeizige AKW-Programm, das die kommuni-
stische Führung zu Beginn der achtziger Jahre eingeleitet hatte

und riesige Investitionen band, hielt die Mehrheit noch für ein notwendiges Übel.

Polen droht neben der Umwelt- auch eine Energiekatastrophe. Stromabschaltungen gehören zum Alltag. Die Weichen wurden in den siebziger Jahren falsch gestellt. Während der damaligen Ölkrise begannen die westlichen Industriestaaten in energiesparende Techniken zu investieren, um dem sprunghaften Anstieg der Strom- und Kohlepreise zu begegnen. In Polen geschah nichts dergleichen. Die Führung hielt es nicht einmal für nötig, die enormen Energiesubventionen abzubauen. Die Folge ist eine gigantische Verschwendung. Allein durch die schlechte Isolierung der Gebäude geht viel Wärme verloren. Das meist unter Volldampf arbeitende Fernheizungssystem ist löchrig wie ein Sieb. Wem es im Raum zu warm wird, der reißt die Fenster auf, denn die Heizkörper haben keine Regulatoren. Laut einer Studie der Weltbank von 1991 könnte Polen seinen Primärenergiebedarf ohne Wachstumseinbußen um zwei Drittel senken – wenn die Produktionsanlagen, die Kraftwerke und die Energieverteilsysteme entsprechend optimiert würden.

Für derartige Maßnahmen sind weder das technische Wissen noch die finanziellen Mittel vorhanden. Daran hat auch der Systemwechsel nichts geändert, obwohl es seither nicht an guten Absichten fehlt. So entschied die Solidarność-Regierung, die beiden im Bau befindlichen Atomkraftwerke vorläufig nicht fertigzustellen. Sie bemüht sich im Ausland um umweltfreundlichere Technologien und kündigte an, auf die Einhaltung der Umweltschutzgesetze zu dringen. Noch ist fraglich, ob angesichts der erforderlichen Produktionssteigerung diesen Worten Taten folgen werden. Aufgrund dieses Dilemmas appellierte Warschau 1991 an seine westlichen Gläubiger, Polen über den geplanten Erlaß von 50 Prozent seiner Auslandsschulden hinaus weitere 10 Prozent zu erlassen, die zur Gründung eines Umweltfonds verwendet werden sollen. Die Bemühungen um Umweltschutz sind hier längst zu einem dramatischen Wettlauf mit der Zeit geworden. Wenn der Westen nicht großzügig hilft, könnte jene Parole wahr werden, mit der polnische Öko-Gruppen – in Verkehrung des ersten Verses der Nationalhymne – für ihre Ziele werben: »Bald ist Polen doch verloren!«

Verliebt in historische Bauten

Zu ihren nationalen Baudenkmälern haben die Polen ein weit in-
nigeres Verhältnis als andere Völker. Die Erhaltung der Zeugnisse
ihrer großen Vergangenheit gilt seit der Fremdherrschaft im
19. Jahrhundert als patriotische Pflicht. Anders als etwa in den
Anfängen der DDR wurden die steinernen Zeugen der Geschichte
in Polen nach 1945 nicht in die Luft gesprengt. Vielmehr stellte die
neue politische Führung immense Mittel für die Wiederherstellung der im Krieg zerstörten Bauten zur Verfügung. Volkswirt-
schaftlich war das der helle Wahnsinn, denn Millionen Polen hatten damals nicht einmal ein Dach über dem Kopf, und Neubauten
wären fraglos billiger gewesen. Triebfeder war das Kalkül, sich als
patriotische Kraft zu profilieren und andere Eigenheiten des Systems zu verdrängen. Die Bevölkerung wußte diese Geste zu
schätzen.

Bislang wurden nahezu alle Arbeiten, von der Bestandsauf-
nahme bis zur schlüsselfertigen Übergabe des Objekts, von der
Werkstatt für Denkmalpflege (PKZ) ausgeführt. Das 1950 gegründete Staatsunternehmen hat in anderen Ländern nicht seinesgleichen. Zu den heute rund 9000 PKZ-Mitarbeitern zählen
Diplom-Konservatoren, die an den Universitäten von Warschau,
Krakau und Thorn ausgebildet werden, daneben Architekten,
Ingenieure, Mikrobiologen, Archäologen und vor allem Handwerker der verschiedensten Sparten. Zusammengenommen verfügen sie über die Fachgeheimnisse von Jahrhunderten. Sie wissen
mit morbide gewordener Bausubstanz umzugehen, seltene Hölzer
zu verarbeiten, Fresken zu konservieren sowie Gemälde, Teppiche
und Gobelins der unterschiedlichsten Epochen zu restaurieren.
Sie sind in der Lage, selbst bis auf die Grundmauern zerstörte Bauwerke einschließlich der Stukkaturen, geschnitzten Treppenauf-
gänge, Kachelöfen, Möbel und Intarsien nach alten Plänen und
Abbildungen originalgetreu zu rekonstruieren. Dank der vom
Staat gezielt geförderten Ausbildung der Konservatoren gewann
Polen ein Potential an künstlerischem und handwerklichen Können, das es seit Jahren mit gutem Gewinn exportiert.

Im Land selbst freilich mußte man sich von Anfang an auf

punktuelle Arbeiten beschränken. Der Wiederaufbau der Hauptstadt Warschau, von den Nazis 1944 dem Erdboden gleichgemacht, als Symbol des nationalen Selbstbehauptungswillens stand außer Frage. Was aber sollte mit den zerstörten Städten der Deutschen geschehen, die nun zu Polen gehörten? Einige wollten die Ruinen als Mahnmal stehenlassen, andere alles abreißen und neu bebauen. Dem Generalkonservator Jan Zachwatowicz gelang es, seine Landsleute davon zu überzeugen, daß es ihre Pflicht sei, auch die deutschen Bauwerke samt der Marienburg der Kreuzritter wieder instandzusetzen.

Vertriebene werden beim Besuch ihrer Heimatstädte deutsche Inschriften und Wappen an den vertrauten Gebäuden vermissen. Man hat sie übertüncht, herausgemeißelt oder weggelassen. Prinzipiell aber orientieren sich die polnischen Konservatoren stets an den ältesten erhaltenen Vorlagen und lassen die oft verschandelnden Anbauten späterer Generationen unberücksichtigt. Viele Gebäude sind sogar schöner wiedererstanden, als sie vor dem Krieg waren. Das gilt zumal für die fast vollständig rekonstruierten historischen Stadtkerne von Warschau, Danzig, Posen und Breslau (Wrocław). Daneben wurden repräsentative Schlösser und Burgen liebevoll restauriert. Sehenswert sind auch die Kleinstädte Sandomir und Zamość, die ihre ursprüngliche Bebauung über Jahrhunderte bewahren konnten und großenteils in den siebziger Jahren Haus um Haus saniert wurden.

Das kommunistische Denkmalpflegekonzept stieß bald an seine Grenzen. Durch die Kriegs- und Nachkriegsereignisse hatte sich der Immobilienbesitz des Staates um ein Vielfaches erhöht. Tausende von Stadthäusern, Landsitzen und Schlössern kamen im Zuge der Enteignungsmaßnahmen hinzu. Gegen die Vielzahl von Bauwerken, an denen unbarmherzig der Zahn der Zeit nagte, war überhaupt nicht anzukommen. Auf dem Land verfiel ein großer Teil der Landhäuser, Gutshöfe und Herrensitze zusehends. Viele wurden geplündert oder niedergebrannt. Andere wurden als »Steinbruch« genutzt, da es an Baumaterialien fehlte. Die Privatinitiative, die dem Verfall der historischen Bausubstanz hätte wehren können, war lange Zeit nicht mit der herrschenden Ideologie vereinbar. Ab den siebziger Jahren überließ der Staat nach und nach Betrieben sowie einer Handvoll zahlungskräftiger Privatpersonen dringend renovierungsbedürftige Häuser mit der Auflage, sie wieder instandzusetzen. Die Nachfrage war allemal größer als die Zahl der angebotenen Objekte.

Einzig die Architekten waren über den historischen Bauboom wenig glücklich. Ihre Entwürfe landeten meist in der Schublade. In den achtziger Jahren entstanden zwar hie und da Gotteshäuser, die geradezu futuristisch wirken. Der Staat jedoch, der über Jahrzehnte praktisch ihr einziger Auftraggeber war, ließ an modernen Bauten, neben einigen Renommierprojekten wie dem Warschauer Hauptbahnhof, ausschließlich seelenlose Fabrikhallen, nüchterne Verwaltungsgebäude und Wohnblocks aus zusammengeschraubten Betonplatten errichten, bei denen zudem an allen Ecken und Enden gespart wurde. Gesichtslose Trabantensiedlungen verschandeln die Peripherie der Städte. Unweit davon weiden mitunter noch Kühe. Dennoch muß sich glücklich schätzen, wer hier unterkommt. Je nach Region wartet ein Pole heute fünf bis zwanzig Jahre auf eine eigene Wohnung. Um so mehr liebt die Nation die in altem Glanz erstrahlenden Straßenzüge, Plätze und Paläste. Angesichts der Tristesse in den übrigen Stadtteilen sind sie wahre Oasen für das Gemüt.

Die Vorliebe der Polen für historische Bauten hat auch den Systemwechsel überdauert. Es haben sich zahlreiche Komitees gebildet, die die finanziellen Mittel für den Erhalt bestimmter Bauwerke aufzutreiben versuchen. Da die moderne Architektur über Jahrzehnte vernachlässigt wurde, halten die privaten Bauherren gemeinhin an Bewährtem fest. Wer sich ein eigenes Häuschen leisten kann, baut den Einheitswürfel, dessen fertige Pläne preisgünstig zu haben sind. Die Neureichen bevorzugen Villen im traditionellen Landhausstil mit reichen volkstümlichen Schnitzereien. Auch viele Städter würden sich gern ein altes Haus auf dem Land herrichten.

Seit dem Ende der Parteiherrschaft scheitern solche Träume nicht mehr an den Bestimmungen, sondern am Geld. An Objekten herrscht kein Mangel. Die Angehörigen des früheren Adels hoffen auf die Rückgabe zumindest ihrer ungenutzten Gutshöfe, Schlösser und Landsitze. Die Regierung gibt diesen Ersuchen

dann statt, wenn bei der Enteignung nach 1945 die damals geltenden kommunistischen Gesetze verletzt wurden. Bislang
konnten nur einige wenige einen solchen Tatbestand nachwei-
sen. Ein Mitglied der Aristokratenfamilie Lubomirski beispielsweise erhielt im Jahre 1990 den Sitz seiner Väter in der Nähe von
Tschenstochau in Erbpacht zurück. Da sich das kommunistische
Denkmalpflegekonzept als undurchführbar erwiesen hat, andererseits unter den Polen die Vorliebe für altes Gemäuer sehr
verbreitet ist, werden in den kommenden Jahren gewiß viele der
historischen Bauten in irgendeiner Form in private Hände über-
gehen.

Als beispielhaft gilt die Art, in der sich Krzysztof Penderecki
seines Besitzes annahm. Der polnische Komponist, der seit den
sechziger Jahren in aller Welt als Leitstern der Avantgarde-Musik
gefeiert wird, war einer der wenigen Privatleute, die unter den
Kommunisten ein renovierungsbedürftiges historisches Anwesen
erwerben durften. Sein Gutshof in Lusławice südöstlich von Krakau liegt inmitten eines uralten Parks. Penderecki ließ den aus
dem 17. Jahrhundert stammenden Komplex von Grund auf
restaurieren und richtete das Schlößchen liebevoll mit Antiquitäten und alten Gemälden ein. Der Hausherr, zugleich Förderer ern-
ster Musik, lädt regelmäßig junge Talente zu privaten Festivals zu
sich ein. Wer einmal an einem Ort wie Lusławice gewesen ist,
begreift, wonach Polen sich sehnen.

Auf der Marienburg

Malbork – Marienburg an der Nogat. Der Deutsche Orden schuf
sich dieses Bauwerk am Ende des 13. Jahrhunderts. Der polnische
Herzog Konrad von Masowien hatte ihn 1225/26 gerufen, um die
Pruzzen, einen wilden, baltischen Volksstamm, der auf dem Gebiet des heutigen Masurens lebte und immer wieder raubend und
plündernd in sein Land einfiel, zu christianisieren. Als Gegenleistung versprach er dem Orden das Kulmer Land. Die Kreuzritter
unterwarfen die Pruzzen und errichteten auf deren Territorium
einen eigenen Staat namens »Preußen«, dessen »Regierungszen-
trum« die Marienburg wurde. »Symbol des preußischen Imperia-

lismus« heißt es dazu in meinem polnischen Reiseführer. Das
muß man sich genauer ansehen.

Ich schließe mich einer polnischen Besuchergruppe an. Eine
jüngere Dame zeigt uns Wehrhöfe, Türme und Verteidigungs-
anlagen, führt uns in einen Saal mit Ausstellungsvitrinen. »Diese
uralten slawischen Gebrauchsgegenstände wurden bei Ausgra-
bungen in der Umgebung gefunden. Und das beweist doch, daß
wir hier schon vor den Deutschen gesiedelt haben!« sagt sie mit
blitzenden Augen. Die Gruppe nickt höflich, wie über Altbekann-
tes. Stammen die frühesten der in dieser Gegend nachgewiesenen
Spuren nicht von den Goten? Ist slawisch gleich polnisch?

Oh, diese unselige Aufrechnerei! Die Geschichte nahm ohnehin ihren Lauf. Der Ordensstaat entwickelte sich bald zu einem
blühenden Wirtschaftsraum, in dem sich viele Bauern, Bürger
und Adlige aus den deutschen Ländern, aber auch aus Polen ansiedelten und sich mit den Pruzzen vermischten. Mit ihrer Steuer-
politik, ihrer rücksichtslosen Diplomatie und ihrem Expansionsdrang brachten die Kreuzritter sowohl die eigene Bevölkerung als
auch die umliegenden Länder gegen sich auf. Im 15. Jahrhundert
versetzten sie mit vereinten Kräften dem Orden mehrere entscheidende Niederlagen auf dem Schlachtfeld. Im Zweiten Thorner Frieden (1466) mußten die Ritter das Kulmer Land, Pommerellen, das
Ermland und Danzig an Polen abtreten und für ihr übriges Gebiet
die polnische Lehnshoheit akzeptieren, die der inzwischen säkulari-
sierte Staat erst 1656 abschüttelte.

Nach 1466 diente die Marienburg mehr als dreihundert Jahre
lang den polnischen Königen als Residenz. Bei der Ersten Teilung
Polens (1772) kam sie mitsamt dem Umland wieder zu Preußen,
das die Burg zunächst als Kaserne und dann als Kornspeicher
nutzte. Nach dem Zweiten Weltkrieg wurde aus dem »Symbol des
preußischen Imperialismus« ein polnisches Museum. Wir besich-
tigen das Remter, den Kreuzgang, die Küche, die Kapelle und ein
Wunderwerk von einer Heizung noch aus Ritterzeiten, bleiben
schließlich vor einem großen Schwarzweißfoto stehen, das die
1945 nach heftigen Kämpfen weitgehend zerstörte Marienburg
zeigt. Ein Herr um die Sechzig betrachtet es interessiert und meint
dann: »Eigentlich müßte man gleich zu Beginn der Besichtigung

einen Film über den Wiederaufbau der Marienburg zeigen. Es kommen doch auch viele deutsche Touristen hierher. Sie sehen aber nur das wiederinstandgesetzte Bauwerk und bekommen gar keinen richtigen Eindruck davon, was uns Polen all das gekostet hat.« Die anderen murmeln beifällig, die Führerin verspricht, die Anregung weiterzugeben.

Warschau: Weltstadt zwischen Tradition und Fortschritt

Selten ist mir meine Nationalität auf so schmerzliche Weise bewußt geworden wie beim Besuch im Warschauer Stadtmuseum. Der Rundgang durch die Ausstellungsräume macht deutlich, daß in der polnischen Hauptstadt auch früher viel Pulver und Blei verschossen wurden: 1655 bis 1660 Schwedeneinfälle; 1794 Kämpfe zwischen Kościuszko-Anhängern und zaristischen Truppen; 1830/31 und 1863/64 Aufstände gegen die russischen Zwingherren; 1905 bis 1907 Revolutionskämpfe. Im Ersten Weltkrieg herrschten die Deutschen in der Stadt; nicht zum erstenmal. Von 1795 bis 1806 hatte Warschau zum preußischen Teilgebiet gehört.

Doch das Vorangegangene nimmt sich klein aus gegenüber der deutschen Besatzung von September 1939 bis Januar 1945. *Und doch wieder Warschau* ist der Titel eines Films, der täglich im Museum gezeigt wird. Die Bilder stammen zumeist von Kameraleuten der Nazis, die das Vernichtungswerk präzise dokumentierten. Durch den Krieg verloren insgesamt 800 000 Warschauer ihr Leben. Achtzig Prozent der Gebäude wurden teils durch Bombenangriffe, teils planmäßig nach den Aufständen von 1943 und 1944 zerstört. Deutsche Soldaten sind zu sehen, die mit Flammenwerfern und Sprengsätzen ganze Straßenzüge Haus um Haus in Schutt und Asche legen. Nach dem Film stolpere ich benommen aus dem Museum auf den Alten Markt hinaus – und glaube anfangs, Zeuge eines Spuks gewesen zu sein. Die Bürgerhäuser aus dem 17. Jahrhundert, die ich eben noch auf der Leinwand in sich zusammensinken sah, stehen wieder in Reih und Glied da und sind von buntem Leben erfüllt.

Mit ihrer Entscheidung, Warschau wieder aufzubauen und die Hauptstadt nicht, wie ein anderer Vorschlag lautete, in das weitgehend unzerstörte Łódź zu verlegen, erwarb sich die kommunistische Führung in der Bevölkerung große Sympathien. In den ersten Nachkriegsjahren zweigte die Regierung für dieses Vorhaben 60 Prozent des nationalen Investitionsvolumens ab. Nur die Altstadt mit dem Schloß sowie der »Königspfad« wurden originalgetreu wiederhergestellt. Er verbindet den historischen Kern mit Schloß Wilanów im Süden und zieht sich über gut zehn Kilometer hin, entlang an einstigen Magnatenpalästen, der Universität, Kirchen, dem Sejm sowie den Herrscherresidenzen Ujazdowski, Belvedere (wo der Staatspräsident seinen Sitz hat) und Łazienki mit seinem prachtvollen Park.

In der übrigen Stadt stehen heute überwiegend moderne Gebäude. Schön kann man das moderne Warschau nicht nennen. Stalin nötigte der Stadt den monströsen Kulturpalast im Zuckerbäckerstil auf, der bis zur Spitze 227 Meter mißt. Unter Gomułka und Gierek wurde rund um das historische Zentrum ein Wall aus grauen Blöcken und rauchumwölkten Industrieanlagen errichtet. Die Menschen, die in der neuen Innenstadt hin und her hasten, haben den Kopf voll mit anderen Dingen. Zu den heute gut 1,6 Millionen Einwohnern kommen täglich Zehntausende Auswärtige hinzu. Es sind Pendler aus dem Umland, Händler, Dienstreisende, potentielle Touristen, die sich in den ausländischen Konsulaten ein Visum besorgen wollen, und nicht zuletzt Besucher aus anderen Orten, die in der stets besser versorgten Hauptstadt das zu finden hoffen, was es bei ihnen daheim nicht gibt. Wer hier lebt, besitzt als Grundausstattung zumeist mehrere Feldbetten (oder weiß, bei wem er sie sich borgen kann), denn die Gäste aus der Provinz rücken oft in Familienstärke an.

Warschau ist der Nabel der polnischen Welt. Hier hat die Regierung ihren Sitz, der Primas, das Fernsehen und ein Großteil der Presse. Die Stadt zieht Künstler, Wissenschaftler und Geschäftemacher aller Art wie ein Magnet an. Daher sieht sich Polen aus dieser Perspektive nicht immer sehr ähnlich. Die Atmosphäre ist weltoffener, knisternder und von einer spezifischen Hektik erfüllt. Hier bündelte sich manches, das künftige Entwicklungen vorausahnen ließ. Der Epochenumbruch, den das Land derzeit erlebt, zeichnet sich in Warschau deutlicher als anderswo ab. Im

Stadtbild zeugt noch vieles von der alten Tristesse, doch daneben bricht sich das Neue Bahn. Im Zentrum schießen Wolkenkratzer aus dem Boden. Manch einer befürchtet bereits eine »architektonische Überfremdung«. Der ehemalige Konferenzsaal des Zentralkomitees der aufgelösten Kommunistischen Partei beherbergt nun die Wertpapierbörse. In Stalins Kulturpalast richten ausländische Unternehmen ihre Büros ein. Der Aufmarschplatz rund um das Gebäude, der 700 mal 500 Meter mißt, hat sich in einen riesigen Markt verwandelt, auf dem sich vor allem Bürger der GUS-Republiken tummeln. Für sie ist Polen und insbesondere Warschau bereits Teil des goldenen Westens.

Sichtbarer als im übrigen Land springt einem in Warschau die Kluft zwischen Arm und Reich ins Auge. Im Zentrum schießen elegante Geschäfte aus dem Boden. In einigen Restaurants wird man schon für ein Frühstück einen durchschnittlichen polnischen Monatslohn los. Für die Ärmsten der Armen hat das Rote Kreuz im Herbst 1989 in der Nähe des Hauptbahnhofs die erste Suppenküche in der Hauptstadt eingerichtet. Einige Straßen weiter erhebt sich ein zur selben Zeit eröffnetes Luxushotel, zu dessen Attraktionen das Spielcasino zählt. Hier tummeln sich Polens Neureiche. Herren im Smoking und Damen in raffinierten Abendkleidern werfen gelassen Hundertdollarnoten und Złotyscheine gleich päckchenweise auf die Roulette- und Black-Jack-Tische. Die Ober servieren lautlos Kaviar und Champagner. Vor der Tür parken chromglänzende Karossen westlichen Fabrikats mit polnischen Kennzeichen.

Nach dem Systemwechsel wurden im ganzen Land Straßen umbenannt und neue Gedenkstätten geschaffen, vor allem in Warschau, dem Aushängeschild des neuen Polen. Vorerst kommen die bislang unterdrückten Traditionen zu ihrem Recht. So entstand am Rande der Altstadt ein Denkmal zu Ehren des Warschauer Aufstands von 1944. Frühere Protagonisten hingegen stürzten vom Sockel, etwa Feliks Dzierżyński (1877–1926). Lenin hatte den polnischen Landadligen nach der Oktoberrevolution zum Organisator und Chef seiner gefürchteten Geheimpolizei Tscheka berufen, dem Vorläufer des KGB. Ursprünglich sollte sein Denkmal wegen der U-Bahn, an der Warschau seit Jahren baut, vorübergehend in einem Magazin untergebracht werden. Beim Abtransport brach das tonnenschwere Monument auseinander und zersprang unter dem Jubel zahlreicher Schaulustiger beim Aufprall auf das Pflaster in tausend Stücke. Der Platz in der Innenstadt, dem Dzierżyński 38 Jahre lang seinen Namen gab, heißt wieder – wie vor dem Krieg – Bankenplatz.

Allerheiligen

Jedes Jahr zu Allerheiligen haben Millionen von Polen nur ein Ziel – den Friedhof. Eine Vielzahl reist zu den weiter entfernt liegenden Gräbern ihrer Angehörigen. Schon vom frühen Vormittag an sind Menschenscharen mit Blumen, Kerzen und Tannenzweigen unterwegs. Nirgendwo anders aber herrscht an diesem arbeitsfreien Tag eine solche Geschäftigkeit wie vor den Toren des Warschauer Powązki-Friedhofs. Bei Einbruch der Dämmerung verdichtet sich der Menschenstrom zur Völkerwanderung. Die Polizei hat die Zufahrtsstraßen schon in den Morgenstunden abgesperrt. Brachliegende Grundstücke dienen als provisorische Parkplätze. Für die Aufbewahrung des Fahrzeugs ist ein unchristlicher Preis zu entrichten. Über Lautsprecher wird die Abfahrt von Sonderbussen bekanntgegeben. An kleinen Ständen bieten Händler Grabkerzen feil. Die ausladenden Tonschüsselchen, gefüllt mit rotem, braunen oder gelben Wachs, aus dem ein dicker weißer Docht emporragt, wirken vertrauenerweckend: Sie werden dem Wind wohl standhalten, der um diese Jahreszeit schon recht kräftig bläst.

Hat sich der Besucher erst einmal durch das schmale Eingangstor an der Powązkowska-Straße geschoben, ist alle Betriebsamkeit plötzlich wie fortgeblasen. Unwillkürlich stockt der Menschenstrom, um das Bild in sich aufzunehmen: Abertausende Kerzen verwandeln das Reich der Toten in ein rötlichgelbes Lichtermeer. Darüber wiegen sich, im Takt des flackernden Feuerscheins, die ausladenden Kronen jahrhundertealter Bäume. Die abseits des Hauptstromes zwischen den Grabreihen entlanggehenden Menschen wirken wie Schemen. Die Luft ist erfüllt vom Duft des verbrennenden Wachses und rußigem Rauch, der in den Augen beißt. Laub raschelt unter den Füßen.

Der Powązki-Friedhof ist eine der ältesten, größten und kunstgeschichtlich interessantesten Begräbnisstätten in Europa. 1790 schenkte Melchior Szymanowski den Warschauern das 43 Hektar große Gelände, dem nach dem Ersten Weltkrieg im Nordwesten noch ein sogenannter Militärfriedhof angeschlossen wurde. Innerhalb von zweihundert Jahren fanden hier mehr als eine Million Menschen ihre letzte Ruhestätte. Familiengruften und Mausoleen der verschiedensten Stilepochen stehen neben Marmorstatuen bekannter polnischer Bildhauer und kunstvoll geschmiedeten Eisenkreuzen. Neuere Grabmale, überwiegend schlichte Gedenksteine, auf denen neben den persönlichen Daten oft noch ein Foto des Verstorbenen angebracht ist, sind in der Minderheit. Polen bewahren ihren Toten ein treues Angedenken und pflegen die Gräber über Generationen, manchmal jahrhundertelang. Deshalb rücken die Friedhöfe immer weiter vor die Stadttore hinaus. Aber noch aus einem anderen Grund erhält ein Normalsterblicher auf dem Powązki heute nur ausnahmsweise einen Platz. Dieser Friedhof ist im Laufe der Zeit zum bevorzugten Bestattungsort für die Elite der Nation geworden, für Menschen, die in den Geschichtsbüchern stehen, weil sie für das Vaterland kämpften oder dessen Ruhm durch unsterbliche Kunstwerke mehrten.

Die Besucher kommen vor allem zu Ehren dieser prominenten Toten. Schulter an Schulter schieben sie sich an den monumentalen Grabsteinen verdienter Politiker und berühmter Künstler in der »Ehrenallee« des Powązki vorbei. Sie verweilen in dem Birkenwäldchen, in dem reihenweise Kreuze für die Gefallenen des Januar-Aufstands von 1863 stehen, und versammeln sich schweigend an den Plätzen, an denen Gedenksteine für die Soldaten und Generäle beider Weltkriege aufragen. Erst wenige Jahre vor dem endgültigen Zusammenbruch des Regimes gestatteten es die Behörden, hier mit einem gesonderten Denkmal an die 15 000 polnischen Offiziere zu erinnern, die 1940 vom sowjetischen Geheimdienst in Katyń und anderswo ermordet worden waren. In den Jahrzehnten davor brannten für diese Toten in einer kleinen, nach außen durch nichts gekennzeichneten Mulde auf dem Friedhof stets unzählige Lichter. An allen Gräbern, die dem Powązki-Besucher am Herzen liegen, entzündet er eine

Kerze, legt Blumen oder ein Fähnchen in den Nationalfarben nieder. Nicht selten falten sich die Hände zum Gebet. Der tausendfache Lichterschein beleuchtet andächtig in sich versunkene Gesichter.

Das oberschlesische Industrierevier

In Oberschlesien, so sagt man in Polen, hat alles ungleich größere Dimensionen als im übrigen Land. Die reichen Schätze, die hier unter der Erde lagern, zogen bereits im 19. Jahrhundert unter den Teilungsmächten eine Fülle von Industrieansiedlungen nach sich. Nach 1945 setzte Polens kommunistische Führung den Ausbau der Region getreu dem Stalinschen Schwerindustrieprogramm in großem Stil fort.

Edward Gierek ließ sich gern als Schöpfer des »polnischen Katanga« feiern. Bevor er 1970 das Amt des Parteichefs übernahm, wirkte er dreizehn Jahre lang als erster Sekretär der Woiwodschaft Kattowitz, deren Gebiet sich in etwa mit dem »Revier« deckt. Unter seiner Ägide verwandelte sich die Region in atemberaubendem Tempo. Wenige Landstriche in Europa sind heute ähnlich dicht besiedelt und industrialisiert. Auf einer Fläche von gut 1000 Quadratkilometern drängen sich 2,5 Millionen Menschen und mehr als 2800 Betriebe. Kattowitz wuchs mit zwölf der umliegenden Ortschaften praktisch zu einer Stadt zusammen, die lediglich administrativ unterteilt ist. Fördertürme, Zecheneingänge, Eisen-, Stahl- und Buntmetallhütten, Kraftwerke und Fabriken mit rauchenden Schloten bestimmen das Bild. Hier werden 98 Prozent der Steinkohle des Landes gefördert, Blei und Zink sogar zu 100 Prozent. Von hier stammt die Hälfte der polnischen Produktion an Stahl und Energie.

Im oberschlesischen Industrierevier, schrieb 1989 die *Polityka*, sei »das stalinistische Wirtschaftsmodell in seiner reinsten Form zum Vorschein gekommen: immer mehr, mehr, mehr, ohne Rücksicht auf Menschen und Umwelt«. Die Oberschlesier waren sich lange Zeit nicht darüber im klaren, was sich über ihren Köpfen zusammenbraute. Um ihren vergleichsweise hohen Lebensstandard wurden sie von vielen Landsleuten beneidet. Unter Gierek

schossen in Kattowitz und Umgebung moderne Wohnviertel aus
dem Boden. Viele Straßen wurden gleich vierspurig angelegt, die
Geschäfte waren besser mit Lebensmitteln und Konsumartikeln
versorgt. Die Bergleute erhielten Spitzenlöhne, um die Produktion von Polens wichtigstem Energieträger und Exportartikel, der
Kohle, nicht zu gefährden. Mehr als einmal wurde den Schlesiern
von ihren Landsleuten vorgeworfen, sich »für einen Zipfel Wurst
zu verkaufen«. Tatsächlich nahm keine der Streikbewegungen im
»Revier« ihren Ausgang. Erst in der Solidarność-Ära 1980/81
formierte sich auch hier der Widerstand. Nach der Ausrufung des
Kriegsrechts wehrten sich Bergleute tagelang erbittert gegen die
Militarisierung ihrer Betriebe. Als schließlich Miliz- und Armee-
Einheiten die Gruben stürmten, kamen in der Kattowitzer Zeche
Wujek neun Arbeiter ums Leben.

Ungeachtet des in den achtziger Jahren allgemein gestiegenen
Umweltbewußtseins ließ die Notwendigkeit zu produzieren, die
Verantwortlichen alle Bedenken vom Tisch fegen. Die Woiwodschaft Kattowitz produzierte 1988 rund 60 Prozent aller polnischen Industrieabfälle, 40 Prozent der Abgas- und 30 Prozent der
Staubemissionen. Nadelbäume gibt es hier praktisch nicht mehr.
Im »Schwarzen Schlesien« sind Krebserkrankungen 30mal und
Atemwegskrankheiten 47mal häufiger als im Landesdurchschnitt. Mutationen der Erbsubstanz sind keine seltenen Ausnahmen mehr. Nahezu alle Kinder, die hier aufwachsen, gelten
als rachitisch, lärmgeschädigt und übernervös. Die durchschnitt-
liche Lebenserwartung war 1991 in Kattowitz auf 42 Jahre gesunken!

Darüber hinaus machen noch andere Folgen des Raubbaus den
Oberschlesiern zu schaffen. Wegen des Produktionsdrucks werden die Sicherheitsvorkehrungen unter Tage oft genug vernachlässigt, was bislang rund hundert Grubenarbeitern jährlich das
Leben kostete. Obgleich die Kohlevorräte theoretisch noch für
Jahrzehnte reichen, wird es immer schwieriger, an die Flöze her-
anzukommen. So gräbt man heute zunehmend unter den Städten,
sichert aber die Stollen nach der Ausbeutung selten fachmännisch
ab. Infolgedessen verschieben sich Eisenbahnschienen; unterirdi-
sche Entwässerungssysteme bersten. In Beuthen (Bytom) zeigen

die Wohnhäuser über den Gruben tiefe Risse oder sind durch
Bodensenkungen sogar unbewohnbar geworden.

Zu den bisherigen Sorgen hat sich in jüngster Zeit die Arbeitslosigkeit hinzugesellt. Aus ökonomischen und ökologischen Er-
wägungen wurden einige der unrentablen und unmodernen Betriebe bereits geschlossen. Mittlerweile sind in der Woiwodschaft
Kattowitz Obdachlosenasyle und Suppenküchen für Rentner und
Jugendliche entstanden, die von ihren Angehörigen nicht mehr
versorgt werden können. Die politische Radikalisierung nimmt
zu, ebenso aber die stille Resignation, die häufig dazu führt, daß
ein Oberschlesier seine deutschen Vorfahren entdeckt und sich in
den Strom der Aussiedler einreiht.

Die deutsche Minderheit: Aussiedeln oder bleiben?

Zwischen 1950 und 1991 kamen in mehreren Wellen rund eineinhalb Millionen Aussiedler aus Polen in die Bundesrepublik. Der
Wunsch, als Deutscher unter Deutschen zu leben, steht im Gegensatz zu früher nur noch selten im Vordergrund. Damit ist freilich
mehr über die Verhältnisse in Polen gesagt als über die nationale
Zugehörigkeit der Aussiedler. Diese läßt sich mit den heute gülti-
gen Gesetzen selten vollständig erfassen. Wie die meisten Mittel-
europäer haben sie recht verschiedene ethnische Wurzeln. Gäbe es
im Staatsbürgerschaftsrecht wenigstens einen »Sowohl-als-auch-
Paragraphen« oder hätte man viel früher in europäischen Kategorien zu denken begonnen, hätten sich in der Vergangenheit viele
Probleme vermeiden lassen.

Ein Beispiel dafür ist Oberschlesien. Aus diesem Raum, der sich
verwaltungsmäßig in die Woiwodschaften Kattowitz und Oppeln
(Opole) gliedert, stammt die überwiegende Mehrheit jener polnischen Staatsbürger, die einen Anspruch auf Einbürgerung in die
Bundesrepublik haben. In der Fachliteratur werden die Oberschlesier als »schwebendes Volkstum« bezeichnet. Es ist das Ergebnis
einer wechselvollen Territorialgeschichte, die im 10. Jahrhundert
mit einem polnischen Piastenfürstentum erstmals klarere Kontu-
ren gewann. Die Herzöge holten vom 13. Jahrhundert an deutsche
Siedler ins Land. In einem Vertrag von 1335 trat der polnische

König alle Ansprüche auf Schlesien an Böhmen ab. Seit 1526 unterstand die Provinz den Habsburgern; 1742 fiel sie – bis auf den Südteil Oberschlesiens – an Preußen.

Der westliche Landesteil, Niederschlesien, erfuhr mit der Zeit eine vorwiegend deutsche Ausprägung. Freilich lebten hier, insbesondere in der Hauptstadt Breslau, stets auch Polen. In der östlichen Hälfte, in Oberschlesien, mischte sich dagegen Polnisches, Deutsches und Böhmisches bunt durcheinander. Viele sprachen »Wasserpolnisch«, ein Gemisch aus allen drei Idiomen. Klare ethnische Grenzen ließen sich bald kaum mehr ziehen, da sich die Völker im Lauf der Generationen immer weiter untereinander versippten und verschwägerten. Zudem waren sie – im Gegensatz zu anderen Regionen, in denen Polen und Deutsche gemeinsam siedelten – fast alle katholisch. Der Frage nach ihrer Volkszugehörigkeit entwanden sich die Menschen daher oft, indem sie sich als »Schlesier« bezeichneten. Erst als Polen 1918 wiedererstand und zwangsläufig Gebiete der bisherigen Teilungsmächte beanspruchte, mußte sich die ansässige Bevölkerung in einer Volksabstimmung plötzlich national definieren. Polnische und deutsche Oberschlesier verwickelten sich daraufhin in kriegerische Auseinandersetzungen, die mitunter sogar Familien spalteten. Schließlich teilte der Völkerbund das Gebiet gemäß den Abstimmungsergebnissen so gut wie möglich auf.

Als Folge des Zweiten Weltkriegs fiel – neben Hinterpommern und dem südlichen Ostpreußen – ganz Schlesien an Polen. Von dem Beschluß, die in diesen Gebieten lebende deutsche Bevölkerung auszuweisen, nahm die kommunistische Führung Polens lediglich die »Autochthonen« (Alteingesessene) aus. In der Praxis hieß das, deutsche Staatsbürger durften in ihrer Heimat bleiben, wenn sie ihre polnische Abstammung in einem speziellen Verifizierungsverfahren nachgewiesen hatten. In diese Kategorie fielen – neben den Kaschuben, Ermländern und Masuren, die in der Region um Danzig siedeln und ebenfalls zum großen Teil beiden Kulturen verhaftet sind – vor allem die Oberschlesier. Sicherlich spielte bei dieser Entscheidung in Warschau die Überlegung mit, daß die vielen deutschen Bergleute und Industriearbeiter im Kattowitzer Revier nicht von einem Tag auf den anderen zu ersetzen waren. Viele der Betroffenen schienen dieser Regelung anfangs den Vorzug vor einer ungewissen Zukunft im Westen zu geben. Bis Ende 1946 ließen sich rund eine Million Menschen, davon etwa 860000 in der oberschlesischen Woiwodschaft Oppeln, von den polnischen Behörden ihre »Alteingesessenheit« attestieren.

Auf ihre Umstellungsprobleme nahm jedoch niemand Rücksicht, im Gegenteil. Während die Polen der weißrussischen und der ukrainischen Minderheit im Land gestatteten, sich zu ihrem Volkstum zu bekennen, sollten die Autochthonen nach 1945 samt und sonders zwangsassimiliert werden. Die deutsche Kultur in Vereinen oder bei Gottesdiensten zu pflegen, war ihnen verboten, von deutschen Schulen ganz zu schweigen. Die Behörden polonisierten ihre Vor- und Zunamen und ließen deutsche Inschriften auf den Grabsteinen ihrer Vorfahren herausmeißeln. Jeder erlebte diese Zeit auf seine Weise, doch die Schilderung einer älteren Aussiedlerin aus Oberschlesien ist kein Einzelfall: »Insgesamt entstand eine Situation, daß wir fast keine Deutschen mehr sein mochten. Wir wurden von unseren polnischen Mitbürgern im Beruf und bei der Wohnungsvergabe benachteiligt, meine Kinder in der Schule wegen ihrer schlechten polnischen Aussprache gehänselt. Die Miliz horchte sogar unter den Fenstern, ob wir nicht etwa zu Hause Deutsch sprachen. Immer wieder rief man uns ›Schwabe‹, ›Fritz‹ und ›Hitlerist‹ hinterher – die übelsten polnischen Schimpfwörter für die Deutschen.«

Die nationalen Spannungen nahmen im Lauf der Zeit merklich ab, denn die junge Generation der Autochthonen wuchs immer mehr in die polnische Kultur hinein. Heute besitzt sie nur noch geringe deutsche Sprachkenntnisse. Der Strom der Aussiedler riß trotzdem nicht ab. Vor allem in Oberschlesien nahm die Lage immer dramatischere Formen an. Familien wurden zerrissen, Häuser leerten sich. In manchen Bereichen begann es spürbar an Arbeitskräften zu fehlen. Schließlich schritten die Oberschlesier zur Selbsthilfe. Von 1984 schlossen sie sich in »Deutschen Freundeskreisen« zusammen, um ihre Anerkennung als nationale Minderheit zu ertrotzen. Sehr bald hatten sie auch die Bonner Regierung, die Polen zuvor eigentlich immer nur gemahnt hatte, die Deutschen ausreisen zu lassen, in ihr Vorhaben eingespannt.

Die wiederholte Behauptung von Bonner Politikern, daß zwischen Oder und Bug mehrere hunderttausend Deutschstämmige leben würden, rief in Polen eine Welle der Entrüstung hervor. Sie erfaßte die kommunistische Führung ebenso wie die katholische Kirche (die nach 1945 eifrig an der Polonisierung der von den Deutschen übernommenen Gebiete mitgewirkt hatte) und die Bürger, denen über Jahrzehnte eingetrichtert worden war, Schlesier, Kaschuben, Ermländer und Masuren seien Mischvölker, die in der Hauptsache slawische Wurzeln hätten. Noch heute argwöhnen zahlreiche Polen, daß die Mehrheit der Aussiedler »niemals daran gedacht hätte, Deutscher zu werden, wenn es leichter wäre, Pole zu sein«, wie es ein Warschauer Journalist formulierte. Was viele nicht hindert, die Eheschließung mit Frauen und Männern, die Anspruch auf Einbürgerung in der Bundesrepublik haben, eben deshalb als gute Partie anzusehen.

In dem Maße, wie der gesamte Ostblock aus den Fugen geriet, nahm die Einsicht zu, daß es undemokratisch ist, Menschen, die sich aus welchen Gründen immer zu einer anderen Kultur als die Mehrheit bekennen möchten, daran zu hindern. Was das bedeutet, erfuhren die Polen sozusagen am eigenen Leib. Zu jener Zeit nämlich durften sie erstmals nach dem Krieg in die ehemals polnischen Ostgebiete in der Sowjetunion reisen – und stellten dabei empört fest, welchem Assimilierungsdruck ihre dort lebenden Landsleute nach 1945 ausgesetzt waren. Dieser Umstand schärfte ihr Problembewußtsein.

So kamen Dinge in Bewegung, die wenige Jahre zuvor noch undenkbar gewesen wären. Vom September 1988 an durfte in den beiden oberschlesischen Woiwodschaften Oppeln und Kattowitz, wo die Mehrheit der schätzungsweise 700000 Deutschstämmigen in Polen lebt, Deutsch in den Schulen zumindest wieder als Fremdsprache gelehrt werden. Im übrigen Land war das immer möglich gewesen. Auf Initiative des Oppelner Bischofs Alfred Nossol finden seit Juni 1989 auf dem oberschlesischen Annaberg jeden Sonntagnachmittag deutsche Messen statt. Nossol, ein gebürtiger Oberschlesier, der zweisprachig aufwuchs, knüpfte damit an eine alte Tradition an. Die Reliquienstatue der Heiligen Anna Selbdritt in der Wallfahrtskirche auf dem Annaberg hatten Polen und Deutsche über Jahrhunderte gemeinsam verehrt. Erst im Zuge der Volksabstimmung von 1921 wurde der Ort zu einem national blutig umkämpften Symbol. Damals versuchten polnische Verbände vergeblich, den Annaberg zurückzuerobern, dessen Gemeinde sich mit knapper Mehrheit für Deutschland ausgesprochen hatte. Trotzdem wurde hier bis 1938 im sonntäglichen Wechsel auf deutsch und auf polnisch gepredigt.

Bischof Nossol setzte sich mit seiner Initiative über die nationalistisch verengte Sicht des polnischen Primas Glemp hinweg, der kurz zuvor erklärt hatte, es gebe im Land keine deutsche Minderheit und folglich keinen Bedarf an Gottesdiensten in dieser Sprache. In Teilen der polnischen Gesellschaft rührte die Einrichtung der deutschen Messen zwar alte Empfindlichkeiten auf. Doch sie haben sich längst wieder gelegt, nicht zuletzt weil die Solidarność-Regierung in dieser Hinsicht ziemlich eindeutig Stellung bezog. Gleich nach dem Systemwechsel gestand sie den »polnischen Bürgern deutscher Abstammung« einen Quasi-Minderheitenstatus zu, der im deutsch-polnischen Nachbarschaftsvertrag vom Juni 1991 formell anerkannt wurde. Schon in den Monaten davor hatte sich die Situation der Deutschen verbessert. Zwar reichten die Mittel nicht aus, um allen Interessierten deutschen Sprachunterricht zu erteilen. Doch eigene Kulturabende und Zeitungen gehören zum festen Besitzstand der Deutschstämmigen. Seit dem Frühjahr 1990 amtieren in 25 Gemeinden im Oppelner Land deutsche Bürgermeister. Bei den Wahlen vom Oktober 1991 rückten acht Vertreter der deutschen Minderheit in das polnische Parlament ein.

Sowohl Warschau als auch Bonn haben großes Interesse daran, die junge Generation in Polen zu halten. Der Minderheitstatus allein reicht dafür freilich nicht aus. Um die Lebenschancen in der Region zu verbessern und ausländische Investoren anzuziehen, haben beide Regierungen umfangreiche Zuschüsse in Aussicht gestellt. Sie sollen, wie immer wieder betont wird, der gesamten oberschlesischen Bevölkerung zugute kommen. Denn da die meisten Deutschstämmigen von ihren in der Bundesrepublik arbeitenden Verwandten unterstützt werden, sind sie in der Regel wohlhabender, was in der Vergangenheit häufig Neidgefühle weckte.

Die Mehrheit der jungen Menschen in Polen, gleich welcher

Abstammung sie sind, ist nicht mehr derart nationalistisch eingestellt wie viele der älteren. Die Deutschen wissen, daß ihre Situation nur in enger Zusammenarbeit mit den Polen lebenswert werden kann. Unter den Polen hingegen breitet sich zunehmend die
Überzeugung aus, daß ihr Weg nach Europa über Deutschland
führt und daß die Oberschlesier mit ihrer Zweisprachigkeit dabei
eine wertvolle Brückenfunktion einnehmen können. So besteht
Anlaß zu der Hoffnung, daß sich eines Tages erfüllt, was der Oppelner Bischof Alfred Nossol 1991 in einem Hirtenbrief schrieb: »Wir
sind dazu bestimmt und befähigt, für das ganze Land ein Modell
echter deutsch-polnischer Versöhnung auszuarbeiten.«

Krakau: Mit der Geschichte auf du und du

»Wer seinem Kind heute noch einen wirklich wunderlichen Kauz
zeigen möchte, muß nach Krakau fahren«, schrieb Agnieszka
Osiecka 1989 in der *Polityka*. »Bis vor kurzem gab es dort zum
Beispiel einen Jüngling, einen Dichter natürlich, der Flügel trug.
Offenbar hatte ein sehr guter Schneider ihm für den Winter einen
solchen speziellen Mantel genäht... Ich ging mit meiner Tochter
Agata ins ›Pod Baranami‹ (das berühmte Krakauer Kabarett ›Zu
den Widdern‹). Dort lernte sie (den Direktor) Piotr Skrzynecki
kennen. Er trug eine schwarze Melone. Bot er dem kleinen Mädchen etwa Kekse an? Nein, er spendierte ihm einen Whisky, erzählte eine Geschichte von Mönchen, die weiße Pfauen spazierenführen, und anschließend bat er das Kind um die Hand. Er bekam
keinen Korb.«
    Leider gebe es in Polen immer weniger sonderbare Gestalten,
klagt Agnieszka Osiecka. Das Fernsehen, die Demokratie und der
Pragmatismus, ließen diese Gattung allmählich aussterben:
»Schwerlich werden uns Flügel wachsen, wenn wir uns fortwährend darüber unterhalten, daß es jemandem in Łódź gelungen ist,
für zehntausend Złotys ein gutes Stück Rindfleisch ohne Knochen
zu kaufen.« Geblieben sind Krakau und seine Künstler, die anders
als alle anderen seien: »In ihrem Blick spürt man die Gegenwär-
tigkeit des Mythos. Sie sind erleuchtet, intelligent, mit der Historie verbrüdert. Sie erwecken den Eindruck, als hätten sie Shake-

speare persönlich gekannt und sich mit Wyspiański, versteht sich,
geduzt.«

Künstler, Intellektuelle und Studenten prägen seit Jahrhunderten den Krakauer Geist. Gemeinhin billigt man dieser Stadt die
höchste Kultur in ganz Polen zu. Wo sonst gibt es pro Quadratmeter derart viele Museen mit kostbaren Schätzen, Galerien, Theater, Kabaretts, Kirchen und Hochschulen? Wenngleich die Stadt
mit ihren heute 750 000 Einwohnern die drittgrößte im Land und
zugleich ein bedeutendes Industriezentrum ist, herrscht hier keine
hektische, anonyme Metropolenatmosphäre. Die Bürger wissen,
was sie ihrem Ruf schuldig sind. Alles wirkt hier kultiviert, romantisch, weniger unerbittlich.

Dieser Lebensstil wird durch die vielen historischen Bauten
zweifellos entscheidend mitgeprägt. Krakau gehört zu den wenigen Städten in Mitteleuropa, deren mittelalterlicher Kern niemals
verändert wurde. Das Zentrum bietet sich als ein einzigartig harmonisches Ensemble aufeinanderfolgender Stilepochen von der
Romanik bis zum Jugendstil dar. Viele Völker haben daran mitgewirkt, neben Polen vor allem Deutsche und Juden, die sich hier
schon im Mittelalter in großer Zahl ansiedelten. In der Renaissance brachte die aus Italien stammende Königin Bona Sforza
zahlreiche Architekten aus ihrer Heimat mit. Zum internationalen Flair der Stadt trug in bedeutendem Maß die 1364 gegründete
Universität bei. Einer ihrer berühmtesten Schüler war der Astronom Nikolaus Kopernikus. Um seine nationale Zugehörigkeit
streiten sich heute Polen und Deutsche. Damals spielten derartige
Fragen praktisch keine Rolle. Im 19. Jahrhundert wurde Krakau
zur Hochburg des Polentums. Aus dem dreigeteilten Land strömten Künstler und Intellektuelle herbei, denn dank der liberalen
Politik Österreichs, dem dieses Gebiet unterstand, konnte sich die
polnische Kultur hier nach 1848 nahezu ungehindert entfalten.
Das Lebensgefühl der Stadt erinnert in vielem an beste k. u. k.-
Zeiten.

Viele moderne Polen reisen nach Krakau, um sich, wie sie sagen, geistig und patriotisch zu regenerieren. Schon der Anblick
des Wawel läßt ihre Herzen höher schlagen. Auf diesem 25 Meter
hohen Kalkfelsen erhebt sich eine prächtige Residenz der polni

schen Herrscher samt Kathedrale. Von 1320 an Krönungsort der
polnischen Könige, aber ebenso Begräbnisstätte der Großen der
Nation; neben den Staatsoberhäuptern wurden zum Beispiel die
Dichter Adam Mickiewicz und Juliusz Słowacki hier beigesetzt.
Der vorläufig letzte, den man dort zu Grabe trug, war Marschall
Piłsudski im Mai 1935. Seine Gruft ist stets mit frischen Blumen
geschmückt.

In der düstersten Epoche der polnischen Geschichte war Krakau
ein vergleichsweise glückliches Los beschieden. Nach dem Ausbruch des Zweiten Weltkrieges nahm Hans Frank, Hitlers Gene-
ralgouverneur für die besetzten polnischen Gebiete, auf dem
Wawel Quartier. Viele Kunstschätze wurden »heim ins Reich«
transportiert, darunter der berühmte spätgotische Flügelaltar, den
der Nürnberger Meister Veit Stoß von 1477 bis 1489 in Krakau für
die Marienkirche geschnitzt hatte. Bevor jedoch die Deutschen die
Stadt zerstören konnten, wurde sie im Januar 1945 durch die Rote
Armee befreit.

Nach dem Krieg suchten die Kommunisten den traditionellen
Geist Krakaus zu brechen. So zumindest erklären es sich die Polen,
daß ihre Staatsführung 1949 in Nowa Huta, unmittelbar vor den
Toren der Stadt, mit dem Bau eines gigantischen Eisenhütten-
werks begann. Die Wahl des Standorts widersprach allen ökonomischen Gesichtspunkten. Das Eisenerz, das hier verarbeitet wird,
muß aus dem Ausland bis fast in die Landesmitte transportiert
werden. Die Kohle rollt über etliche Bahnkilometer aus Oberschlesien an. Allem Anschein nach glaubten die stalinistischen
Planer, das konservativ geprägte Krakau durch eine kräftige Bei-
mischung proletarischen Blutes neutralisieren zu können.

Dazu paßt es, daß die Behörden über Jahrzehnte alle Anträge
zum Bau einer Kirche in Nowa Huta ablehnten. Die Hüttenarbei-
ter wollten nicht zur Sonntagsmesse nach Krakau hineinfahren
und errichteten unverdrossen ein Kreuz an jener Stelle, an der ihr
Gotteshaus stehen sollte. Heute gibt es in Nowa Huta fünf Kirchen. Die erste wurde 1977 von Karol Wojtyła geweiht. Sie ist
besonders groß und wirkt wie eine Arche; ihre Außenhaut zieren
zwei Millionen Kieselsteine, die Gläubige in ganz Polen als Zeichen ihrer Unterstützung gesammelt hatten.

Heute wird Krakau in ganz anderer Weise von Nowa Huta bedroht. Die giftigen Emissionen des metallurgischen Kombinats zehren an der historischen Bausubstanz. Stein- und Metallfraß breiten sich unaufhaltsam aus. In vielen der alten Wohnhäuser wird noch mit rußenden Kohleöfen geheizt. Bis vor kurzem wälzte sich auch der gesamte Verkehr durch das Zentrum. Die Gefahr wurde zu spät erkannt. Selbst mit viel Geld lassen sich die angegriffenen Gemäuer kaum hinreichend konservieren. Im Grunde müßten alle Industriebetriebe und Kraftwerke in der Umgebung stillgelegt werden.

Dennoch ist Krakau eine Stadt, in der sich jeder auf Anhieb wohlfühlen kann. Dafür sorgen unter anderem traditionsreiche Lokale. Eines der berühmtesten ist das »Jama Michalika« in der Floriańskastraße. Um die Jahrhundertwende vom Konditor Jan Michalik eröffnet, wurde dieses Café zum beliebten Treffpunkt der Krakauer Maler, Schauspieler, Schriftsteller und Journalisten. Ihre Zeche bezahlten sie häufig mit Geschichten, Chansons und Bildern, die sie gleich an die Wände malten. Um 1907 entstand hier das erste literarische Kabarett in Polen, der »Grüne Ballon«, dessen Texte bald im ganzen Land gesungen wurden.

Die Wandmalereien und das Inventar haben sich im »Jama Michalika« fast vollständig erhalten, ebenso wie die Qualität seiner Backwaren. Tee und Kaffee werden, wie überall in Polen, in Gläsern ohne Henkel serviert, und es bedarf einiger Übung, um sich beim Trinken die Finger nicht zu verbrennen. Der Mann am Klavier spielt liebliche Weisen. Die Tische stehen eng zusammen. Nur zu gern mischt man sich in die Unterhaltung nebenan ein. Wie eh und je nehmen hier Klatschgeschichten ihren Ausgang. Aber wie viele revolutionäre Ideen und literarische Werke mögen im Dunstkreis von Kaffee und Zigarrenrauch ebenfalls hier entstanden sein? In Krakau ist man mit der Geschichte überall auf du und du.

Zakopane: Urlauber, Góralen und Bohémiens

Die Sommerferien verbringen Polen meist an der See. Im Winter
ist Zakopane ihr liebstes Ziel. Das Dreißigtausendseelendorf liegt
am Fuße der Tatra. Die imposanten Berge ringsum sind die einzige
Region in Polen, in der Skiläufer alpine Gegebenheiten vorfinden.
Von Januar bis März strömen Hunderttausende von Urlaubern
nach Zakopane. In »Polens Winterhauptstadt« wird jedem etwas
geboten.

Das Ortszentrum hat seinen ursprünglichen Charakter bewahrt. Die alten hölzernen Villen, deren tiefes Braun naß im
Sonnenlicht glänzt, erinnern mit ihren Schneehauben an Scho-
koladentorten mit Zuckerguß. Scharen dick vermummter Spa-
ziergänger tummeln sich auf den sanft hügeligen Straßen. Man
schimpft über die Schwierigkeiten, ein Quartier zu bekommen,
die hohen Preise, den Mangel an Restaurants und Sessellifts.
Doch der Schnee, der wunderbar unter den Stiefeln knirscht,
taucht alles in ein gnädiges Licht, verschönt selbst die Imbißbu-
den am Straßenrand. Die Glöckchen der vorbeifahrenden Pferde-
schlitten untermalen das muntere Stimmengewirr.

Von Zakopane aus gondeln wir mit der Seilbahn auf die Gubałówka, einen der Tatra vorgelagerten Berg. Rechts und links
sausen Skiläufer talwärts, ab und zu einen Hasen aufschrek-
kend. Füchse, Wölfe und sogar Bären soll es hier geben. Auf
der Gubałówka faulenzen wir in Liegestühlen und genießen das
Gebirgspanorama. Längs des Kammes der Hohen Tatra verläuft
die Grenze zur Tschechoslowakei. Frauen in ländlicher Tracht
wecken uns aus unserer Weltvergessenheit. Sie bieten Schafs-
käse und Sahne feil: »Hausgemacht und garantiert frisch!«
Zugleich unterhalten sie ihre Kundschaft mit Geschichten. Der
Giewont uns gegenüber, erzählt eine, heiße wegen seines Profils
auch »schlafender Ritter«. Gerate Polen in Gefahr, werde er
aufstehen und das Land retten. Das Stahlkreuz auf dem 1909
Meter hohen Berg sei 1901 errichtet worden. Anfangs wollten
die Arbeiten nicht recht vorangehen. Da habe der Pfarrer in
seiner Sonntagspredigt gesagt: Demjenigen, der die meisten
Teile für das Kreuz hochtrage, würden die meisten Sünden ver-

geben. Vor allem die Frauen seien daraufhin wie die Wiesel gelaufen.

Die Góralen, wie die einheimischen Bergbauern heißen, bilden ein eigenes Völkchen. Als einzige Gruppe in Polen sprechen sie einen schwer verständlichen Dialekt. Angeblich sind sie vor Urzeiten aus Rumänien herübergekommen, doch sie gehören längst zum polnischen Panorama, gelten sogar als besonders patriotisch, traditionsbewußt und religiös. Die Tatra-Region ist ein lebendiges Reservoir der polnischen Volkskunst. Geschnitzte Holzplastiken, knorrige Wanderstöcke, Stickereien, Keramikwaren und bemalte Ostereier werden in den Dörfern ringsum angefertigt. Die Góralen tragen ihre bunten Trachten nicht nur für die Touristen, sondern auch bei ihren traditionellen Hochzeits- und Begräbniszügen. Früher waren sie bitterarm. Nicht wenige zogen als Räuber umher, andere wanderten nach Amerika aus. Dank den Verwandten im Ausland, dem Tourismus und ihrer eigenen Geschäftstüchtigkeit sind die Góralen heute fast wohlhabend zu nennen.

Als »Entdecker« von Zakopane gilt der Naturwissenschaftler Tytus Chałubiński. Er propagierte das besonders gute Klima in diesem Bergdorf, das 1866 offiziell zum Luftkurort erklärt wurde und fortan Scharen von Sommerfrischlern, Bergsteigern und Tbc-Kranken anzog. Der Skitourismus entwickelte sich erst nach dem Ersten Weltkrieg.

Den legendären Ruf Zakopanes haben jene Künstler und Intellektuellen begründet, die am Ende des vorigen Jahrhunderts von dem Ort Besitz ergriffen. Im Sommer waren die Straßen und Bergwiesen von exotischen Gestalten bevölkert, die den »Zakopaner Stil« lebten, eine Mischung aus Bohéme, angespannter Intellektualität, Dandytum und exzessiven Verrücktheiten. Die Berge, die sie als etwas wahrhaft Unverfälschtes empfanden, versetzten sie in metaphysisches Entzücken.

Unter all den Berühmtheiten, deren Namen sich mit Zakopane verbinden, kommt Vater und Sohn Witkiewicz ein besonderer Ehrenplatz zu. Stanisław Witkiewicz (1851–1915) war ein bekannter Maler, Kritiker und Kunsttheoretiker, der zugleich den »Zakopaner Baustil« kreierte. Er entwarf die ersten jener prächtigen Holzvillen im Ort, die eine Verbindung zwischen der traditionellen

Góralen-Bauweise mit Elementen des Jugendstils darstellen. Häuser vom Typ »Witkiewiczówka« werden bis heute im ganzen Land errichtet. Sie gelten als Inbegriff der Behaglichkeit.

Der Sohn, Stanisław Ignacy Witkiewicz (1885–1939), der sich Witkacy nannte, sollte den Vater an Berühmtheit noch übertreffen. Zu seinen Lebzeiten konnten jedoch nicht einmal seine Landsleute seinen Untergangsvisionen etwas abgewinnen. Witkacy sah eine »nivellistische« Epoche heraufziehen und fürchtete, sie werde die Menschen in gesättigte Tiere verwandeln und jegliche individuellen Ausdrucksformen ersticken. Den totalen Zerfall der europäischen Kultur könne einzig die »Kunst der Reinen Form« aufhalten, das heißt eine Kunst, die durch die Logik ihrer formalen Elemente im Betrachter ein »metaphysisches Erleben« auslöse. Der Inhalt hatte dahinter zurückzustehen. Um ein Ganzes zu schaffen, sei es notwendig, »vollkommen ungehindert das Leben oder die Welt der Phantasie zu deformieren«.

Seine Theorien, die Witkacy in dickleibigen philosophischen und ästhetischen Abhandlungen darlegte, durchziehen auch sein künstlerisches Werk. Es umfaßt vierzig Dramen, vier Romane sowie unzählige Gemälde, Zeichnungen und Fotos. Der unersättliche Hunger nach (De)Form(ation), der zu einer Chiffre für sein Werk geworden ist, erfüllte seine gesamte Persönlichkeit. Er erschien in stets wechselnden Verkleidungen, experimentierte mit Drogen, improvisierte wild auf dem Klavier, ließ angekettete Hunde frei, schockierte nur zu gern die Leute, stopfte sich Spiegeleier und Schnitzel in die Taschen. Um seine orgiastischen, provokanten und dämonischen Clownerien ranken sich unzählige Legenden und Skandale. All dies aber fügte sich in seine Überzeugung, daß allein die Kunst die Menschen retten könne. »Man muß schaffen«, schrieb er einmal, »und dabei, möchte ich sagen, bis zum letzten Loch zugeknöpft sein. Allen Mühen zum Trotz kann dabei dennoch Mist herauskommen... Aber es ist immer noch besser, im schönsten Wahnsinn zu enden als in grauer Apathie oder langweiliger Banalität.«

Mit der Zeit verdüsterte sich Witkacys Weltbild weiter. Den politischen Zusammenbruch seines Vaterlandes sah er lange voraus. Nach Hitlers Überfall auf Polen floh er von Zakopane gen

Osten. Einen Tag nach dem Stalins Truppen dort einmarschiert waren, schnitt er sich in der Ukraine die Halsschlagader durch. Dieser Tod, den die ins Symbol verliebten Polen als einen deutlichen Aufruf verstanden, war Grund genug dafür, daß Witkacy nach dem Krieg in seinem Vaterland offiziell als dekadent abgestempelt wurde. Seit den sechziger Jahren aber beschäftigt sich ein Heer von »Witkacologen« in aller Welt mit dem Werk dieses Künstlers, der als einer der Vordenker der europäischen Avantgarde und als Urautor des absurden Theaters gilt. In seinen Romanen hat er auch geradezu prophetisch die Erfahrungen der Osteuropäer mit dem realen Sozialismus vorweggenommen – bis hin zu den Konvulsionen, die sich heute in jenem Teil der Welt abspielen. »Wie bei Witkacy« ist längst zu einem geflügelten Wort unter polnischen Intellektuellen geworden.

Bis heute ist Zakopane einer der wichtigsten Treffpunkte der kulturellen Elite Polens. Doch im Grunde lebt der Ort von seinen früheren Legenden, der Massenurlauberstrom fordert seinen Tribut. Zwischen den Bergbauernhäusern haben sich die üblichen Betonwürfel und einige Hotelklötze breitgemacht. Auch die Vergnügungen sind andere als früher. Wenn es in Zakopane dunkel wird, strömen die Touristen in die Diskotheken oder sie suchen eine der Góralenkneipen auf.

Polens verlorener Osten

Ein Bericht über Polen und seine Bewohner kann an den heutigen Staatsgrenzen nicht haltmachen. Durch den Zweiten Weltkrieg verloren die Polen ihre östlichen Territorien an die Sowjetunion. Zwar waren sie in Ostpolen immer nur eine beachtliche Minderheit; 1939 stellten sie neben Ukrainern, Weißrussen, Litauern oder Juden etwa ein Drittel der 14 Millionen zählenden Gesamtbevölkerung; daneben gab es kleinere Gruppen von Deutschen, Armeniern, Rumänen, Griechen, Tataren und anderen. Dennoch nehmen diese Gebiete einen festen Platz im nationalen Selbstverständnis ein, waren sie doch fast sechs Jahrhunderte mit Polen verbunden und brachten eine reiche Kultur hervor.

König Kazimierz der Große hatte um 1340 einen ersten Vorstoß in die Ukraine unternommen. Doch erst die Union mit Litauen 1386 anläßlich der Eheschließung der polnischen Piastenprinzessin Jadwiga mit Großfürst Jagiełło sollte Polens Herrschaft in diesem Teil Europas begründen.

Das Zusammenleben der vielen Völker, Kulturen und Religionen sorgte für manche Spannungen. Seit dem Ende des 19. Jahrhunderts prallten die Gegensätze heftiger aufeinander. Der Unmut richtete sich nicht allein gegen die Teilungsmächte Rußland und Österreich, sondern auch gegen die Polen. Wo sie die Mehrheit bildeten, wie im litauischen Wilna und im ukrainischen Lemberg, oder als Großgrundbesitzer wirtschaftliche Macht besaßen, ließen sie den übrigen Völkern nicht genügend Raum, um sich zu entfalten. Selbst unter den Litauern, deren Oberschicht sich zunächst vollständig polonisiert hatte, mehrten sich damals die Rufe nach nationaler Eigenständigkeit. Das babylonische Sprachgewirr aber hatte auch seinen Charme und beflügelte den Geist. Der jüdische Arzt Ludwik Zamenhof erfand 1887 in Białystok, im polnisch-weißrussischen Grenzbereich, die erste brauchbare Kunstsprache der Welt – das Esperanto.

Nach Polens Wiedergeburt 1918 hatte die Versailler Friedenskonferenz die Ostgrenze des neuen Staates ausgeklammert. Die Westmächte befürworteten eine von dem englischen Außenminister Curzon vorgeschlagene Linie, die 150 Kilometer östlich von Warschau verlaufen sollte. Marschall Piłsudski wollte jedoch gemäß dem »jagiellonischen Prinzip« Polens Herrschaft im Osten wiederherstellen. In den Jahren 1919/1920 gewann er Polen mit militärischer Macht die Westukraine, das litauische Wilna-Gebiet sowie das westliche Weißrußland hinzu. Insbesondere die Litauer verziehen es den Polen nie, daß sie ihnen die Hauptstadt geraubt hatten.

Die »Curzon-Linie« wurde erst im Gefolge des Hitler-Stalin-Paktes zur polnischen Schicksalsgrenze. Im geheimen Zusatzprotokoll hatten die beiden Diktatoren ihre Interessensphären entlang dieser Linie abgesteckt. Am 17. September 1939 marschierte die Rote Armee in Ostpolen ein. Die Bevölkerung mußte in »freier Entscheidung« der Eingliederung dieser Gebiete in die Sowjetunion zustimmen. Der Stalinsche Besatzungsterror stand dem der

Nazis in nichts nach. Zwischen 1939 und 1941 wurden 1,2 Millionen Ostpolen zur Zwangsarbeit nach Sibirien verschleppt. Ein Großteil der übrigen wurde 1945, oft mit brutaler Gewalt, zur Aussiedlung gezwungen und meist in Westpreußen, Hinterpommern, vor allem aber in Schlesien angesiedelt.

Polens kommunistische Führung erkannte den neuen Grenzverlauf im August 1945 vertraglich an. Die Vertriebenen nannte man offiziell »Repatriierte«. Die Verleugnung der Geschichte ging so weit, daß in den Ausweisen von Bürgern der Volksrepublik, die vor dem Krieg in Ostpolen geboren waren, dem Geburtsort der Zusatz »Sowjetunion« hinzugefügt wurde.

Erst als der Ostblock ins Wanken geriet, zeigte sich, daß die Polen so gut wie nichts vergessen hatten. Von 1988 an machten Tausende von der Möglichkeit Gebrauch, wieder die alten Ostgebiete zu besuchen. In der Presse erschienen reihenweise Artikel, in denen Polen von ihren schlimmen Erlebnissen während der sowjetischen Besatzung in Ostpolen und der Verschleppung nach Sibirien berichteten. Nachdrücklich verlangte nun auch die kommunistische Führung vom Kreml Aufklärung über die Umstände, unter denen damals unzählige ihrer Landsleute ums Leben gekommen waren. Am 17. September 1989, wenige Tage nach dem Systemwechsel, beging Polen erstmals auch den Jahrestag des Einmarsches der Roten Armee in Ostpolen mit Kranzniederlegungen und Gedenkmessen.

Zu ihrer Überraschung mußten die Polen jedoch feststellen, daß Litauer, Ukrainer und Weißrussen anders als sie selber die jahrhundertelange Union ihrer Länder keineswegs als ruhmreiche Epoche ihrer Geschichte empfinden. Unauslöschlich hat sich ihnen die Zwischenkriegszeit eingegraben, als sie ebenso wie die übrigen Minderheiten in der unabhängigen Zweiten Republik einer rigiden Polonisierungspolitik ausgesetzt waren. Als die Rote Armee im September 1939 Ostpolen besetzte, war sie von vielen Ukrainern, Weißrussen und Litauern stürmisch als Befreier begrüßt worden. Die Freude verflog zwar schnell. Nach dem Krieg waren sie jedoch bemüht, in ihren jeweiligen Sowjetrepubliken die Spuren der einstigen polnischen Herrschaft zu tilgen. Darunter hatte vor allem die in diesen Gebieten verbliebene polnische Minderheit zu leiden. Sie sollte sich unter ähnlichem Zwang assimilieren wie die Deutschen in Polen.

Entrüstung und Trauer, die diese Fakten in Polen auslösten, schlugen bald in versöhnliche Aktivitäten um. Schon 1988 bildeten sich die ersten Heimatvereine und Landsmannschaften, die die Kultur der ehemals polnischen Gebiete pflegen wollen. Austauschprogramme wurden vereinbart, Komitees zur Erhaltung polnischer Denkmäler jenseits von Bug und San gegründet und Rechte für die dortige Minderheit angemahnt. Ihre Gesamtzahl gaben die sowjetischen Behörden immer mit 1,2 Millionen Menschen an, von denen rund 250 000 in Litauen, 100 000 in Weißrußland und 500 000 in der Ukraine leben. In Warschau hingegen rechnet man mit bis zu sechs Millionen, da viele Polen in der Sowjetunion ihre Nationalität bislang lieber verschwiegen hätten. Für die kommenden Jahre wird ein Strom von Übersiedlern erwartet.

Eine sorgsame Aufarbeitung der Vergangenheit steht indessen noch aus. Während die Polen ihren verlorenen Osten wiederentdeckten, begannen die Litauer energisch ihren Austritt aus der Sowjetunion zu betreiben. In Polen stießen diese Bestrebungen von Anfang an auf viel Sympathie und Anteilnahme. Delegationen reisten hin und her, Hilfsgüter wurden entsandt, Gespräche über die Aufnahme von Handels- und Kulturbeziehungen sowie über den Austausch von Botschaftern geführt. Die Verträge mit Litauen aber drohten immer wieder daran zu scheitern, daß die national orientierte Sajudis-Bewegung den Polen in ihrem Land zunächst keineswegs mehr Rechte als bisher zugestehen wollte. Aktionen und Gegenaktionen waren die Folge, alte Vorurteile fanden neue Nahrung. Erst im Oktober 1991 einigten sich Wilna und Warschau plötzlich darauf, der jeweiligen Minderheit in ihrem Staat einen Status gemäß den internationalen Normen zuzubilligen.

Auch künftig wird es in dieser Region zahlreiche Konflikte geben. Der Nationalismus war schließlich eine der wichtigsten Triebkräfte für den politischen Aufbruch der Ostmitteleuropäer. Dennoch hegen die Ostmitteleuropäer füreinander andere Gefühle als etwa die Polen gegenüber den Deutschen. Das Verhältnis zu den westlichen Nachbarn zu verbessern, ist für die Polen eine Sache der Vernunft. Mit den Litauern, Ukrainern, Weißrussen und den anderen Völkern, die ebenfalls lange unter der sowjetischen Herrschaft leben mußten, fühlen sie sich viel eher in einer Schicksalsgemeinschaft verbunden, in der es allen Spannungen zum Trotz zusammenzuhalten gilt.

Das mag auch die Tatsache erklären, daß es in Polen heute keine nennenswerten revisionistischen Bestrebungen gibt. Wie überall träumen einige nationalistische Gruppierungen von einer Generalrevision der Grenzen in Mitteleuropa. Jegliche Gebietsveränderung aber wäre nur auf Kosten der Nachbarn möglich und würde neues Unrecht schaffen. Die Solidarność-Regierung hat daher von Anfang an erklärt, daß die polnischen Grenzen in West *und* Ost unantastbar seien, und diese Auffassung mittlerweile durch verschiedene Grenzanerkennungsverträge mit den östlichen Anrainern zementiert.

Die Völker entdecken sich erst langsam wieder. Ihre gegenwärtigen Konflikte sind vor allem eine Reaktion auf jene Zeit, in der alle nationalen Fragen offiziell als gelöst galten. Am Ende dieses Selbstfindungsprozesses kann nur ein multikulturelles Europa stehen, in dem sich jeder zu seinen Wurzeln bekennt und zugleich die des anderen respektiert.

Die Reise nach Sycewice – Von Deutschen und Polen

»Kannst du nicht schneller fahren?« – »Unmöglich! Warum bist du so ungeduldig?« – »Du bist es doch auch, frag dich selbst nach dem Grund!« – »Hm, schau lieber mal nach, wie weit es noch ist.« Meine Schwester nimmt sich zum wiederholten Male die Karte vor, fährt mit dem Finger darauf entlang, rechnet: »Also gleich kommt Sslupsk, und dann sind es noch höchstens fünfzehn Kilometer.« – »Das heißt Słupsk, mit hartem ›ł‹.« Ela übt den Laut, ich verbessere sie. Wieder und wieder. Eines unserer Ablenkungsmanöver.

Die Spannung ist erst allmählich gestiegen. Am frühen Vormittag sind wir von unserem Danziger Hotel aufgebrochen und rollen nun auf der Straße Nummer 52 in Richtung Westen, in Richtung Pommern. Eine Landschaft zum Gernhaben. Wolkenmassive ballen sich am kalten Märzhimmel und stoßen irgendwo am Horizont mit den noch kahlen Feldern zusammen. Nur ab und zu wird flache Landschaft von einem Hügel, einem Wäldchen oder einem Dorf unterbrochen.

Je näher wir unserem Zielort kommen, desto weniger achten wir auf die Gegend, desto stärker ergreift ein seltsam flaues Gefühl von uns Besitz... als ob man gleich ein Examen zu bestehen hätte. Wir rasen durch Słupsk, eine Stadt, die so verschlafen wirkt, wie sie es vermutlich schon vor dem Krieg war, als sie Stolp hieß und von den Hinterpommern als »Klein-Paris« bezeichnet wurde. Die letzten Kilometer ziehen sich unerträglich hin, bis schließlich das grüne Ortsschild mit der weißen Inschrift »Sycewice« am Straßenrand auftaucht. Erlöst schweift der Blick in die Runde: einige ältere und mehrere neue Gebäude inmitten von Feldern, ein Dorf, für polnische Verhältnisse ein recht modernes. Was hatten wir eigentlich erwartet, als wir uns zu dem Ort aufmachten, aus dem der väterliche Teil unserer Familie stammt?

Über Sycewice, das bis zum Ende des Zweiten Weltkrieges Zitzewitz hieß, ist in einem 1980 erschienenen polnischen Reiseführer zu lesen: »Schwach bewaldetes Agrargebiet. Bahn- und Busstation, Post, Laden, Kiosk, Gesundheitsstelle, Schule, Club-Café, Forstwirtschaft, Unternehmen für Landwirtschaftsbauwesen, Staatsgut, Brennerei. Alte pommersche Siedlung. Im Dorf moderne, in den letzten Jahren errichtete Agrarobjekte: Ställe für tausend Kühe, mit automatischen schwedischen Melkvorrichtungen. Hohes Niveau der Feldbestellung.«

Wir gelangen an eine Straßenkreuzung – den Ortskern. Verwitterte, rote Backsteingebäude stehen hier in buntem Wechsel neben neuen, violett, rosa und resedagrün bemalten Würfelhäusern um einen Teich herum. Daneben eine ungepflasterte Allee, die auf ein neues Eisengittertor zuführt. Am Pfosten ein rotes Schild: »Staatlicher Landwirtschaftsbetrieb Sycewice. Unbefugten Zutritt verboten.«

Während wir noch überlegen, ob wir »befugt« sind, kommt über den Hof ein Herr mit einem Fahrrad auf uns zu und fragt höflich: »Kann ich Ihnen helfen? Ich bin der Brennereimeister.« Erfreut sage ich: »Wir würden gern das Gelände und vor allem den Park dort hinten ansehen, aber das ist wohl nicht gestattet?« Der Brennmeister schiebt seine Mütze in den Nacken und mustert uns freundlich: »Sie sind wohl mit diesem Ort irgendwie verbunden?« Ich nicke nur, die passenden Worte fallen mir nicht ein. »Ja, ja«, sagt unser Gegenüber, »immer wieder einmal kommen einige der früheren Bewohner vorbei.« Er selbst sei erst vor einigen Jahren nach Sycewice gekommen und stamme aus der Ukraine. »Schauen Sie sich ruhig alles an«, meint er dann. »Falls Sie jemand anhält, sagen Sie, ich, der Brennmeister, hätte es Ihnen erlaubt.« Damit nickt er uns herzlich zu, schwingt sich auf sein Rad und tritt in die Pedale.

An alten und neuen Wirtschaftsgebäuden vorbei gehen wir über den menschenleeren Hof, bis sich vor uns die Weite des Parks eröffnet. Seine einstige gepflegte Schönheit kennen wir von Fotos, nichts ist davon übriggeblieben außer den Bäumen. Unter unseren Füßen spüren wir etwas Hartes, Geröll und zerborstene Ziegelsteine. Hier muß das Haus gestanden haben, bei näherem Hinsehen entdecken wir einige Kellerstufen und dahinter eine himmelblau gestrichene Wand. Dieses Haus, das nun eine überwucherte Trümmerwüste ist, hatte unser Urgroßvater um 1900 erbauen lassen. Unsere Großeltern zogen nach seinem Tod Anfang 1938 mit ihren Kindern aus dem nahen Notzkow (heute: Noskowo) hierher. Anfang März 1945 richtete die Rote Armee in diesem Gebäude eine Militär- und Gutsverwaltung ein, die die Übergabe des Gebiets an die Polen vorzubereiten hatte. Aus den Großeltern und ihren Kindern wurden Flüchtlinge – mit allen Erlebnissen, die ein solches Schicksal mit sich brachte.

Die Enkelin des damaligen Zitzewitzer Maurers hat mir erzählt, was danach im Dorf geschah. Sie war zu jener Zeit etwa zwölf Jahre alt und mußte bei den sowjetischen Offizieren putzen: »Fragen Sie mich nicht, wie es da zuging. Unbeschreibliche Orgien wurden im Schloß gefeiert. Aber man mußte ja... Eines Tages befahlen die Russen meinem Großvater, ihnen auf jeder Etage

Kochherde einzubauen. Offenbar waren sie zu bequem, um zum Teekochen jedesmal in die Küche im Kellergeschoß zu gehen. Mein Großvater weigerte sich, bei all den Holzverkleidungen im Inneren des Gebäudes seien Herde mit offener Flamme viel zu gefährlich; außerdem gebe es keine richtigen Abzüge. Aber was half's? Zwang ist Zwang... An einem heißen Augustmittag 1945 gellte plötzlich der Ruf durchs Dorf: ›Das Schloß brennt!‹ Vielleicht war die Täfelung beim Kochen in Brand geraten. Später hieß es auch oft, die Russen hätten das Schloß angezündet, da sie ständig Vieh und Schnaps verschoben und die Bücher niemals ordnungsgemäß hätten übergeben können. Wir schnappten uns alle Eimer und schafften Wasser zum Löschen herbei. Die Feuerwehr kam erst Stunden später aus dem Nachbardorf und pumpte fast den ganzen Teich leer. In der Nacht aber flackerte das Feuer erneut auf, und das Schloß brannte bis auf die Grundmauern nieder. Was dann kam, war schlimm: Die Russen hatten ihre ganze Habe und vor allem ihr Dach über dem Kopf verloren. So mußten wir alle zusammenrücken und sie mitsamt ihren Liebchen bei uns aufnehmen. «

Die Maurersenkelin wurde 1947 wie die meisten Zitzewitzer in den Westen ausgesiedelt. Die letzten Deutschen verließen Sycewice Ende der fünfziger Jahre. Im ganzen Ort erinnert praktisch nichts mehr an sie. Meine Schwester und ich stehen auf den Trümmern, die hier wohl noch genauso liegen, wie sie vor mehr als vierzig Jahren in sich zusammensackten. Mit den Füßen wenden wir einige Steine um, als hofften wir, darunter irgend etwas zu finden, das uns die Geschichte lebendig machen könnte. Erinnerungen an aufgeschnappte Gesprächsbrocken und ein paar gerettete Fotos aus der Vorkriegszeit steigen in uns auf, doch mit dieser Wirklichkeit lassen sie sich nicht verknüpfen.

Wir überlegen, ob wir, wären wir hier geboren und aufgewachsen, wohl zu den Heimwehtouristen gehören würden. Mit dieser Form des Heimatverlusts, wie ihn mehrere Millionen Deutsche, aber auch Polen in der Kriegs- und ersten Nachkriegszeit erlebten, mußte jeder auf seine Weise fertig werden. Menschen, die nach Jahren ihre alte Heimat besuchen, durchleben Wechselbäder der Gefühle. Sie registrieren den Fortschritt ebenso sorgsam wie den

Verfall. Sie spüren die letzten Deutschen auf und freunden sich mit
den Polen an, die heute hier leben. Sie sind traurig oder ergrimmt,
wenn ihnen der Zutritt zum einstigen Besitz verwehrt wird, und
freuen sich, wenn es ihnen dank der Hilfe von Einheimischen in der
Regel doch gelingt. Diese Heimat aber ist Fremde. Und manchmal
kann ihnen nur noch die Natur Zuflucht und Trost bieten.

Aber wie steht es mit uns? Meine Schwester und ich, die wir nach
dem Krieg im Westen geboren wurden, haben hier doch nichts
verloren und folglich keine Erinnerungen aufzufrischen. Trotzdem
war dieser Punkt auf der Landkarte für uns über Jahrzehnte das
Allerkonkreteste an der Geschichte unserer Familie. Die Genauig-
keit von Atlanten wurde bei uns in der Weise überprüft, daß wir
nachschauten, ob Zitzewitz/Sycewice darauf eingezeichnet war.
Und in jedem Fall war es besser, die Trümmer persönlich in Augenschein zu nehmen, als nur davon zu hören. Doch zum Nachdenken
ist das kein geeigneter Platz. Fort von hier!

Unser Auto ist von einer Schar kleiner Kinder umringt. Ein
wenig scheu erzählen sie uns von einem Platz am Waldrand, wo
jetzt schon Krokusse blühten. Wir folgen ihnen und freuen uns
mit ihnen über diese Vorboten des Frühlings. Sie sagen uns ihre
Vornamen, sprechen von ihren Tieren und dem Gut, auf dem ihre
Eltern arbeiten. Ela findet im Auto zwei Tafeln Schokolade. Ich
habe Bedenken, Polen reagieren mitunter empfindlich, wenn
Deutsche milde Gaben verteilen. Meine Schwester ist unerschrok-
ken: »Unsinn, das sind Kinder, die freuen sich immer über so
etwas.« Und hat natürlich recht.

Anschließend fahren wir planlos durch Pommern, biegen überall dort ab, wo es uns gerade gefällt. Wir rumpeln über Feldwege
und Chausseen, die von den Kronen jahrhundertealter Birken und
Linden überdacht sind. Wir entdecken einen verträumten See und
spüren den Geruch des nahen Meeres. Am Wegesrand immer
wieder verfallende Gutshäuser, nur die früheren protestantischen
Kirchen sind meist mustergültig restauriert, heute aber durchweg
katholisch. In den Dörfern stehen Frauen zusammen und klönen,
Kinder winken uns zu, Gänse schnattern im Garten, Wäsche flat-
tert auf der Leine, Pferdefuhrwerke vollführen auf der Straße see-
lenruhig waghalsige Wendemanöver.

Das anfängliche flaue Gefühl ist längst einem wohligen Aufgehobensein in der endlosen Weite gewichen. Viele Ortsnamen kommen uns trotz der Umbenennung ins Polnische bekannt vor. Stammt Tante Lore nicht von hier? Und wie war das gleich mit der alten Wasserburg? Warum nannten sie eigentlich unseren Ururgroßvater den »Kaschubenkönig«? Jetzt, beim ziellosen Umherfahren, wird uns mehr als jemals zuvor bewußt, daß Menschen, die uns sehr nahestehen, hier einmal zu Hause waren. Hier kannten sie sich aus, hier lebten überall Verwandte und Bekannte. Hier hatten sie ihre klar umrissene Welt, auch wenn diese gewiß nicht so heil war, wie sie in der Erinnerung manchmal verklärt wird. Manches davon, vielleicht mehr als wir ahnen, ist auf uns übergegangen: eine bestimmte Art zu denken und zu fühlen, die Liebe zum flachen Land, zum Osten und seinen Menschen. Aber zugleich wird uns beiden klar, daß wir, die Kinder, im Heimatkundeunterricht in der Schule die Geschichte und die Topographie von Niedersachsen gelernt haben und daß das seine Richtigkeit hat. Heimat ist das Land der eigenen Kindheit und Jugend – auch wenn sich darin mitunter verschiedene Traditionen kreuzen.

Auf den Spuren der Geschichte

Nach dieser Reise versuchten wir uns über das Land unserer Vorfahren zu informieren, über das wir viele Geschichten gehört hatten, aber wenig Geschichtliches. Um es vorweg zu sagen: Man braucht dafür etwas Sitzfleisch. Die Geschicke Pommerns waren wechselvoll genug. Wer jedoch die einschlägigen deutschen und polnischen Darstellungen vergleicht, glaubt am Ende fast, Berichte über gänzlich verschiedene Landstriche gelesen zu haben. Die einen betonen die deutschen Aufbauleistungen im Osten. Die anderen bezeichnen dasselbe Phänomen als »deutschen Drang nach Osten«, der das dortige Slawentum unbarmherzig unterdrückt habe. Erst 1945 seien diese »piastischen Gebiete zum Mutterland« zurückgekehrt.

Der historischen Entwicklung halten die nationalistisch gefärbten Darstellungen kaum stand. Bei der Staatenbildung im deutsch-polnischen Raum spielten nationale Kriterien anfangs eine untergeordnete Rolle. Die Christianisierung, die von den Herrschern eingeleitete Besiedlungspolitik und später die konfessionellen Grenzen bestimmten die politischen Fronten sehr viel nachdrücklicher als sprachliche und kulturelle Gemeinsamkeiten und selbst Blutsbande.

Das Allgemeine erschließt sich häufig im Besonderen. Bleiben wir deshalb bei den Zitzewitzen: Was trug dazu bei, daß eine Familie, die aller Wahrscheinlichkeit nach slawisch-wendisch-kaschubischen Ursprungs ist, in jedem Fall aber zunächst eher Sympathien für Polen hegte, zu einer preußisch-deutschen wurde?

Als »Stammvater« der Familie gilt ein Mann namens Martinus de Sitsovits. In zwei Urkunden, die in einem Archiv in Stettin liegen, wird er als Zeuge bei Rechtsakten genannt. Einmal am 8. Dezember 1345, als sich der Svenzone Jasco, der Herr des Landes Schlawe (Sławno), mit dem Rat der Stadt Schlawe über den Flößereizoll einigt. Das zweite Mal am 9. Juli 1347 in einer Streitsache desselben Svenzonen mit den Pommernherzögen. Vom Leben dieses Urahnen weiß man nur, daß er zur Gefolgschaft der Landesherren gehört haben muß, da er in den Urkunden als deren »Vasall« bezeichnet wird. Andererseits ist bekannt, daß der slawische Ortsname, dem Martin seinen Zunamen verdankt, nicht erst in jener Gegend aufkam. Im 12. Jahrhundert werden auf der Insel Rügen zwei Klosterdörfer namens Citzevitze genannt.

Wie der Name von Rügen ins Stolp-Schlawer Land gelangte, ist nicht überliefert. Das kann man sich nur an Hand der Geschichte Pommerns erklären. Der Streifen entlang der Ostseeküste wurde im Lauf der Jahrtausende von verschiedenen Völkerschaften bewohnt. Die frühesten nachgewiesenen Spuren stammen von Angehörigen des Nordischen Kulturkreises. Ihnen folgten um 2000 v. Chr. germanische Stämme, die während der Völkerwanderung, vom 3. bis 6. Jahrhundert, südwärts abzogen. Um eben jene Zeit

Warteschlange vor einem Telefonhäuschen – Das Telefonnetz ist weitmaschig und schadhaft

Das Frauenbild der Gesellschaft stammt aus dem 19. Jahrhundert. Heute bestimmt die Mehrfachbelastung den Frauenalltag

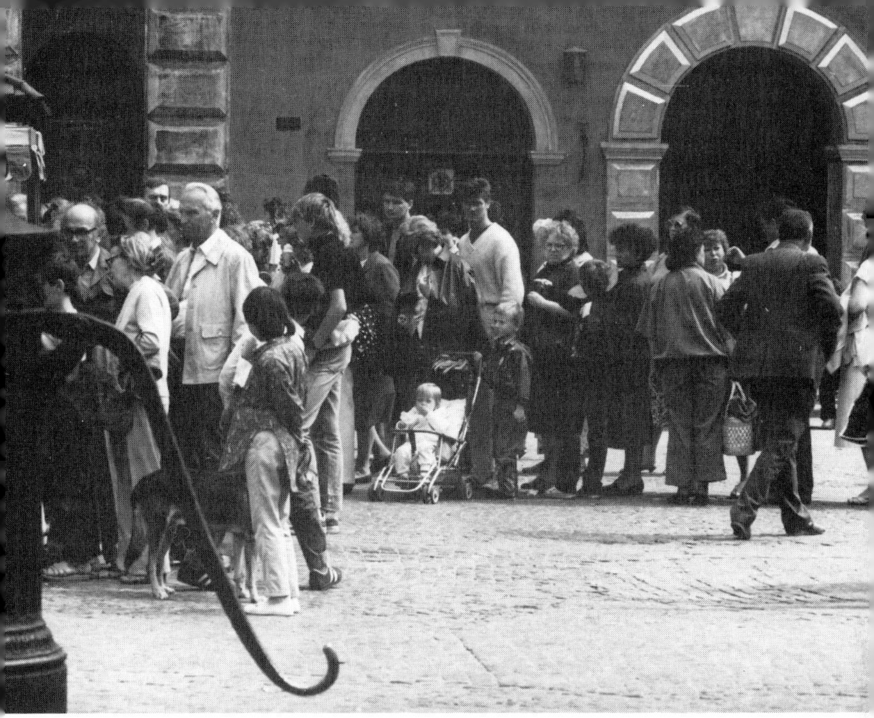

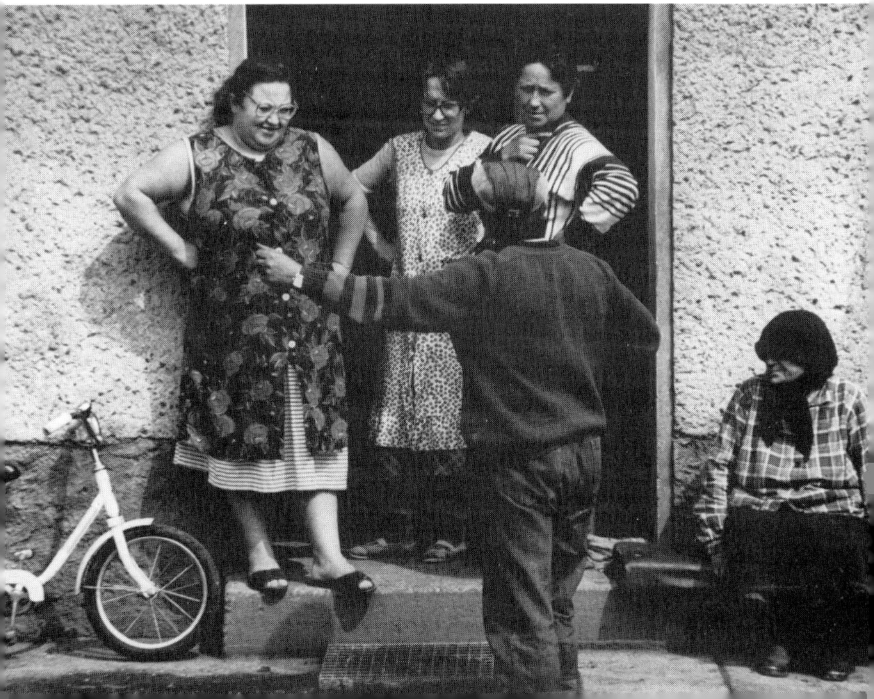

verließen die Slawen ihr ursprüngliches Siedlungsgebiet zwischen den Karpaten und den Pripjetsümpfen. Vom 6. Jahrhundert an nahm ein Teil von ihnen allmählich das Gebiet von der Weichselmündung an der Ostseeküste entlang nach Westen bis ins östliche Holstein, im Süden bis nach Lüneburg und bis in die Provinz Brandenburg in Besitz. Es waren heidnische Bauernvölker, die zusammenfassend als Wenden bezeichnet und ebenso wie die Tschechen, Slowaken und Polen der Gruppe der Westslawen zugerechnet werden. Sie gaben ihrer neuen Heimat den Namen, der fortan im Schrifttum erscheint: Pomorje – »am Meer entlang«.

Die Wenden lebten in Sippenverbänden zusammen, die zwar lose in Stämme aufgeteilt waren, aber jeglicher Zentralmacht entbehrten. Die meisten von ihnen wurden im Lauf der Zeit von ihren deutschen Nachbarn unterworfen und verloren – mit Ausnahme der Sorben in der Lausitz – darüber ihre kulturelle Eigenständigkeit. An sie erinnern heute nur noch die auf -*ow* endenden Familiennamen. Den in Pommern siedelnden Wenden drohte das gleiche Schicksal. Vom 10. Jahrhundert an nahmen sowohl die polnischen Piastenfürsten als auch die Dänen, die Schweden und die Brandenburger das Ostseeland immer wieder nach blutigen Feldzügen für einige Zeit in Besitz. Den Pomoranen gelang es jedoch, sich straffer zu organisieren und dadurch zu behaupten.

Im Jahre 1120 wird das spätere pommersche Herrschergeschlecht erstmals urkundlich erwähnt. Damals nahm der polnische Herzog Bolesław III. Stettin ein. Den dort residierenden Pomoranenfürsten Wartislaw verpflichtete er zu Tributzahlungen und zur Annahme des Christentums. Mit der Mission der Pommern wurde 1124 Bischof Otto von Bamberg beauftragt. Der Einfluß Polens auf dieses Gebiet ging jedoch bald wieder zurück. Ein Nachkomme Wartislaws, Bogislaw von Stettin, wurde 1164 Lehnsmann Heinrichs des Löwen; 1181 huldigte er Kaiser Friedrich Barbarossa, der ihn dafür mit Pommern belehnte und in den Reichsherzogstand erhob. Kurz darauf nahmen die Dänen das Land noch einmal in Besitz. Deren Vormachtstellung im Ostseeraum beendeten 1228 die Brandenburger, denen der deutsche Kaiser 1231 die Lehnshoheit über Pommern zusprach.

Im 12. Jahrhundert war Pommern kein einheitliches Gebilde.

Die einzelnen Zweige des Herrscherhauses, das nach seinem Wappen als Greifendynastie bezeichnet wurde, stritten untereinander und mit den Nachbarstaaten um Landbesitz und Erbschaftsansprüche. Die Geschichte ist geprägt von Gebietsteilungen und Vertragsbrüchen, von blutigen Fehden, Plünderungen und Raubrittertum. Zwar hatten die Greifen bereits den größten Teil Vorpommerns an sich gebracht. Östlich der Oder, in Hinterpommern, aber reichte ihr Einfluß nur bis zum Fluß Persante. Daran schlossen sich die sogenannten »Lande Schlawe und Stolp« an. Dieses Gebiet, in dem die Zitzewitze zu Hause waren, gehörte lange Zeit zu Pommerellen, dem slawischen Herzogtum an der Weichselmündung. Als das dortige Herrschergeschlecht ausstarb, erwarb der Deutsche Ritterorden 1309 Pommerellen; die Lande Schlawe und Stolp hingegen fielen 1317 an die Greifen.

In dem langsam wachsenden Pommern kreuzten sich vielerorts die Kultur- und Siedlungseinflüsse der früheren Landesherren. Weite Gebiete lagen noch völlig brach. Seit ihrer Christianisierung förderten die Pommernherzöge die Einwanderung von Deutschen. Von der Mitte des 12. Jahrhunderts an gründeten deutsche, anfangs auch dänische Mönche hier eine Reihe von Klöstern. Ihnen folgten Adelssippen, Handwerker, Kaufleute und vor allem Bauern, die den Boden sehr viel rationeller zu bewirtschaften verstanden als die einheimischen Wenden.

Mit der Siedlungspolitik wie mit den wechselnden Bündnissen wollten die Greifen ihre Macht absichern und ausbauen – mit nationalen Vorlieben hatte dies rein gar nichts zu tun. Sie waren pomoranischen, also slawischen Ursprungs und ehelichten häufig polnische Prinzessinnen. Trotzdem schoben sich die deutsche Sprache und Kultur allmählich von Westen her vor. Das lief im großen und ganzen friedlich ab. Im Laufe des 13. Jahrhunderts entstanden entlang der Küste Städte nach Lübischem oder Magdeburger Recht, die sich zum Teil der Hanse anschlossen. Die ansässigen Wenden assimilierten sich entweder – der Überlieferung nach starb in Vorpommern 1404 der letzte wendisch sprechende Mensch – oder sie zogen sich ins dünn besiedelte und slawisch geprägte Hinterpommern zurück. Die Rückwanderung der Wenden nach Osten ist vielfach belegt:

Sie gründeten dort Orte, die sie nach ihren vorpommerschen Hei-
matdörfern nannten.

Auf diese Weise muß auch der Ortsname Zitzewitz ins Stolper
Land gelangt sein. Ob Martinus de Sitsovits oder seine Vorfahren
von Rügen her zuwanderten, ob sie gar von den dänischen Erobe-
rern abstammen, wie einige behaupten, oder ob sie einfach zur
Stolper Urbevölkerung gehörten – all dies ist für die Familien-
forscher ein unerschöpfliches Thema. Ihre Jagd durch die Archive
ist jedoch offenbar an ihren Grenzen angelangt. Familiennamen
waren im östlichen Hinterpommern bis zum Beginn des 14. Jahrhunderts unüblich. In früheren Urkunden finden sich nach slawi-
schem Brauch meist nur die Vornamen nebst der Amtsbezeich-
nung. Erst nachdem das Stolp-Schlawer Land 1317 zum Herzogtum Pommern gekommen war, begannen sich die Adligen nach
deutschem Muster auch hier nach dem Gut zu nennen, auf dem sie
lebten. Verlegten sie ihren Wohnsitz, wechselten sie damit in den
ersten Jahrzehnten zumeist den Nachnamen.

Die deutschen und die vorpommerschen Familien, die sich nach
1317 allmählich im Stolper Land ansiedelten, erhielten ihren
Grund und Boden – wie es im deutschen Bereich üblich war – vom
Herzog nur als Lehen. Die alteingesessenen Adelsgeschlechter
waren dagegen freie Eigentümer. Seitdem sie das Sippenland unter sich aufgeteilt hatten, übten sie auf ihrem Grund und Boden
die Macht einschließlich der Gerichtsbarkeit nahezu uneinge-
schränkt aus. Sie waren in der Mehrzahl mit den Svenzonen verwandt, den ehemaligen Statthaltern Pommerellens, die hier die
politische Führung übernommen hatten und ihre Vettern großzügig mit Würden, Ämtern und Pfründen bedachten. Den nominel-
len Landesherrn sah der Stolper Adel lediglich als *primus inter
pares* an. Dieses Machtgefüge wies viele Parallelen zu Polen auf.
Daß es von den deutsch geprägten Staatsstrukturen, die die Pommernherzöge voranzutreiben suchten, bedroht wurde, lag auf der
Hand.

Daneben gab es in der Bevölkerung eine gewisse Deutschen-
feindlichkeit, die sich hauptsächlich gegen den Deutschen Orden
richtete. Das Stolper Land grenzte seit 1309 an den Ordensstaat,
und häufig kam es hier zu Scharmützeln. Zu allem Überfluß ver-

pfändete 1329 ein Pommernherzog, der Geld für einen Krieg gegen Brandenburg benötigte, Stolp auf zwölf Jahre an den Orden.
Durch Gebietskäufe schnürte der Orden Pommern mehr und
mehr ein – und trennte damit Polen immer weiter von den für den
Handel lebenswichtigen Ostseehäfen ab. Der Haß auf die Kreuzritter war in jener Zeit ein wichtiges Bindeglied zwischen Polen
und Pommern.

Zu den Anhängern Polens gehörte auch Jarislaw Zitzewitz (geboren um 1360). Sein Besitz grenzte direkt an den Ordensstaat.
Die Lage im Land war diffus. Die Stettiner Greifen hielten es mit
dem Orden. Ihre Vettern in Stolp, das 1368 ein eigenständiges
Herzogtum geworden war, paktierten mit Polen; 1390 huldigten
sie dem polnischen König Jagiełło. Zwei Jahre später reisten sie
mit großem Gefolge, dem auch Jarislaw Zitzewitz angehörte, nach
Krakau. Unser Vorfahr wurde von Jagiełło zum Ritter geschlagen
und bald einer seiner treuen Gefolgsleute.

Jagiełło, der Großfürst von Litauen, war 1386, anläßlich seiner
Heirat mit der Nichte des letzten polnischen Piastenkönigs, mit
seinem Volk zum Christentum übergetreten. Damit war die gesamte Region missioniert. Der unpopuläre Orden verlor seinen
Daseinszweck. Unter Jagiełłos Führung formierte sich allmählich
der Widerstand, der 1410 in der Schlacht bei Tannenberg (Grunwald) gipfelte. Dieses Datum feiern die Polen heute als einen ihrer
großen Siege über »die« Deutschen. Das ist natürlich eine sehr
vereinfachte Sichtweise. Jagiełło gelang es, ein zahlenmäßig weit
überlegenes Heer von 39 000 Mann zusammenzustellen, dem
Polen, Litauer, Tschechen, Samogitier, Ruthenen, Tataren und
Wallachen angehörten sowie der Pommernherzog Kasimir mit
600 Reitern, unter denen sich auch vier Zitzewitze befanden.

Bald flackerten die alten Fehden wieder auf. Jarislaw Zitzewitz
wurde zusammen mit einem Puttkamer 1412 von Ordensrittern
bei einem Streit um Wiesen erschlagen. Sein Sohn, Jarislaw der
Jüngere (um 1390 bis ca. 1465), bemühte sich in der Regel um ein
gutes Verhältnis zum Orden. Als Landvogt von Stolp trat er
mehrfach als diplomatischer Unterhändler zwischen den Stolper
Herzögen und dem Orden in Erscheinung.

Sein Sohn Martin (geboren um 1425) war Herzoglich-Pommer-

scher Rat und ein wackerer Kriegsmann. Mit Billigung seines
Herzogs nahm er 1466 in einem Husarenstreich die Festung
Schlochau ein, die die Polen besetzt hatten. Ende 1485 wurde er
ermordet – vermutlich von Männern, die die Stadt Stolp gedungen
hatte. Er war in eine Fehde zwischen Adligen und Stolper Bürgern
verwickelt, die den Grundbesitzern vor den Toren der Stadt keinen
Floßzoll mehr zahlen wollten.

Diese Lebenslinien von drei Zitzewitzen haben unzählige Ent-
sprechungen in den Geschichten anderer in jener Gegend beheimateten Familien. Sie machen deutlich, wie sich die Verhältnisse
innerhalb von drei Generationen veränderten. Die ethnische Zugehörigkeit hatte für die Bevölkerung sehr viel geringere Bedeutung als der Kampf um materielle Interessen. Die wendischen Adligen wußten ihre Machtposition zu wahren, indem sie sich den
Gegebenheiten anpaßten: Immer häufiger übernahmen sie Ämter
bei den neuen Landesherren. Als Staatsdiener identifizierten sie
sich zwangsläufig mehr und mehr mit Pommern. Die Bindungen
zu Polen wurden schwächer.

Dazu trugen auch andere Ereignisse bei. Etwa der Zweite Thorner Frieden (1466), mit dem die Macht des Ordens endgültig gebrochen wurde und Polen mit Danzig endlich einen eigenen Ost-
seehafen erhielt, weshalb es sich nicht mehr in dem Maße wie
zuvor um die Gunst der Pommern bemühte. Der starke, oft auto-
kratisch durchgreifende Pommernherzog Bogislaw X. vereinte
1478 das dynastisch zersplitterte Land in seiner Hand. Durch zahlreiche Verwaltungs- und Steuerreformen drückte er ihm seinen
Stempel auf und zwang schließlich den wendischen Adel, seinen
bislang freien Grundbesitz von ihm zum Lehen zu nehmen. Tren-
nend wirkte nicht zuletzt die Reformation: Johannes Bugenhagen
legte 1534 dem pommerschen Landtag eine neue Kirchenordnung
vor, und binnen kurzem wurde die gesamte Bevölkerung evange-
lisch.

Der Lauf der Geschichte brachte Pommern und Polen immer
weiter auseinander. 1637 starb die Greifendynastie aus. Brandenburg konnte seinen seit 1493 bestehenden Erbanspruch nicht sogleich durchsetzen. Man befand sich mitten im Dreißigjährigen
Krieg. Auch in Pommern kämpften kaiserliche und schwedische

Truppen gegeneinander. Von dem Ausmaß der Verwüstung, die sie anrichteten, zeugt das Lied »Pommerland ist abgebrannt, Maikäfer flieg...«, das damals entstand. Im Westfälischen Frieden (1648) erhielt Brandenburg Hinterpommern, während Vorpommern bei Schweden blieb. Im Jahre 1720 erwarb Preußen die Odermündung mit Stettin, und auf dem Wiener Kongreß (1815) wurde ihm das restliche Vorpommern zugeschlagen.

Es ist nicht überliefert, daß die Pommern, dieser Neustamm aus Wenden und Deutschen, sich gegen den Machtwechsel zur Wehr gesetzt hätten. Im Gegenteil. Der brandenburgisch-preußische Grundsatz, daß ein leistungsfähiges Militär- und Beamtenwesen nicht allein mit Steuern finanziert werden kann, sondern ebenso einer gewissen Wirtschaftsförderung bedarf, kam auch ihnen zugute. Die Kurfürsten sorgten für den Wiederaufbau des zerstörten Landes. Sie leiteten Verwaltungsreformen in die Wege, ließen Sümpfe trockenlegen und errichteten unter anderem Zollbarrieren, die zum Teil auf Kosten Polens gingen, aber die einheimische Wirtschaft schützten. Die Söhne der pommerschen Bauern und Adligen traten bald ganz selbstverständlich in preußische Dienste. Binnen kurzer Zeit wurde aus den Pommern wieder ein leidlich wohlhabendes Volk, und sie dankten es den Hohenzollern mit einer Kriegstüchtigkeit, Treue und Genügsamkeit, die sprichwörtlich wurden.

Die wendische Sprache ging in Hinterpommern nun immer weiter zurück. Die Städter sprachen seit der Reformation fast ausschließlich deutsch. Auf dem Land vollzog sich dieser Prozeß langsamer, aber unaufhaltsam. Einen kleinen Einblick in die damaligen Verhältnisse gewährt ein Dokument aus dem Jahr 1613. Ein Mann namens Hans von der Linde hatte mit seinen Kumpanen auf das Gut eines Zitzewitz einen Raubüberfall verübt, war dabei erkannt und angezeigt worden. Da die Beteiligten die deutsche Sprache nur unzureichend beherrschten, war der Stolper Notar Peter Hoppe, »weil er des Wendischen leuffig ist«, mit der Untersuchung des Vorfalls beauftragt worden.

Im 18. Jahrhundert hielten in Pommern nur noch die Kaschuben, die sich als einziger Pomoranen-Stamm nicht assimiliert hatten, an der wendischen Sprache und ihrem slawischen Brauchtum fest. Sie zogen sich weiter nach Osten zurück, denn jenseits der Grenze, im polnischen Pommerellen-Westpreußen, lebte die Mehrheit ihres Volksstamms. Das Kaschubische war trotz zahlreicher Parallelen zum Polnischen damit niemals identisch. Erst heute, da das Fernsehen die Dialekte überall einebnet, droht diese ursprünglich eigenständige westslawische Sprache ganz und gar im Polnischen unterzugehen. Bis zum Ende des Zweiten Weltkrieges bildeten dagegen die Polen in Pommern eine statistisch kaum zu erfassende Minderheit.

Kein Volk kann einem anderen seine Geschichte nehmen, aber ebensowenig ihm die damit verbundenen Lasten abnehmen. Die Deutschen haben in grenzenloser Selbstüberschätzung den Zweiten Weltkrieg entfesselt. Um »Lebensraum im Osten« hinzuzugewinnen, setzten sie ein Vernichtungswerk in Gang, das an Unmenschlichkeit seinesgleichen sucht – und dazu geführt hat, daß ihre Geschichte im Osten nach 700 Jahren endete.

Es ist wahr, daß Schlesier, Ostpreußen und Pommern für den Krieg insgesamt härter bezahlen mußten als jene auf dem Gebiet der späteren Bundesrepublik beheimateten Deutschen. Die Sieger verübten an den Ostdeutschen zum Teil brutale Racheakte. Sie verloren Angehörige, ihren Besitz und wurden schließlich zwangsausgesiedelt. Doch das Unrecht begann nicht erst damals. Vielmehr schlugen nun Unrecht und Leid, das sie zuvor anderen zugefügt hatten, auf sie selbst zurück. So ist es denn vor allem Sache von uns Deutschen selbst, wie wir mit den daraus entstandenen Problemen umgehen, wie wir jenen unter uns, die ihre Heimat verloren, unser Mitgefühl, unser Verständnis und Gerechtigkeit zuteil werden lassen.

Der geschichtlich belastete Neubeginn nach 1945

»So lange die Welt ist, wie sie ist, wird der Deutsche dem Polen kein Bruder sein«, lautet eine Redensart, die an der Wende vom 16. zum 17. Jahrhundert im polnischen Adel aufkam. Damals spiegelte sie vor allem die Tatsache wider, daß sich beide Völker in religiöser Hinsicht, aber auch in ihrer staatlichen Organisation immer deutlicher auseinanderentwickelten. Sehr viel später erst verknüpfte sich mit diesem Spruch die Vorstellung, daß die Deutschen überhaupt nicht willens seien, die Polen in ihrer Eigenart anzunehmen, sie deshalb während der Teilungen im 19. Jahrhundert mit Zwang zu germanisieren und im Zweiten Weltkrieg gar physisch zu vernichten versuchten.

Umgerechnet auf die Bevölkerungszahl hatten die Kriegsjahre von keinem Land mehr Opfer gefordert als von Polen. Obwohl sich eine Reihe von Persönlichkeiten beider Nationen gerade wegen der Schrecken des Krieges relativ früh dazu veranlaßt sah, sich intensiver als jemals zuvor um den Abbau alter Vorurteile zu bemühen und für einen mutigen Neuanfang zu plädieren, war es den Menschen über lange Zeit schier unmöglich aufeinanderzuzugehen, denn infolge des Krieges gerieten die Polen und die eine Hälfte der Deutschen auf zwei verschiedene Seiten des »Eisernen Vorhangs«. Zudem handelte es sich in ihrem Fall nicht nur um die damals üblichen atmosphärischen Spannungen. In Polen, das sich ein solches System freiwillig niemals gewählt hätte, mußten die Kommunisten klare Feindbilder aufbauen, um ihre Herrschaft aufrechterhalten zu können. Die Deutschen eigneten sich dafür nicht nur wegen ihrer Untaten in der Zeit von 1939 bis 1945. Zwischen ihnen und den Polen gab es durch die Verlegung der polnischen Westgrenze an die Oder-Neiße-Linie auch ein Problem, in dem sich der Ost-West-Konflikt so handgreiflich wie nirgendwo sonst materialisierte.

Vermochten die Polen schon aus eigener Erfahrung nicht recht daran zu glauben, daß ein Volk sich jemals mit Gebietsverlusten abfinden kann, so nährte die Warschauer Führung noch über Jahrzehnte künstlich die Furcht vor dem »westdeutschen Revanchismus«, gründete sich darauf doch zu einem guten Teil ihre Legitimation. Die bedrohte polnische Westgrenze, so hämmerte es die Propaganda der Nation ein, werde die Sowjetunion nur schützen, solange das Land ihrem Bündnis angehöre; der einzige Garant für ein solches Bündnis in Polen aber sei eine kommunistische Regierung.

Um die Idee von der »deutschen Gefahr« am Leben zu erhalten, stellte die parteiabhängige polnische Presse nicht nur ständig alle Äußerungen von bundesdeutschen Politikern, in denen irgend-

welche Zweifel an der Endgültigkeit der Oder-Neiße-Grenze an-
klangen, groß heraus. Auch die Ängste und Traumata, welche der
Krieg unter ihren Landsleuten ausgelöst hatte, beutete die kommunistische Führung nach 1945 sehr einseitig aus. Über Jahrzehnte wurde die Erinnerung an den Nazi-Terror durch unzählige
Filme, Bücher und Artikel, öffentliche Ansprachen und Ausstellungen wachgehalten. Auf diese Weise hat sich das Unrecht, das
die Deutschen an Polen verübten, nachhaltig eingeprägt.

Bis heute ist den wenigsten Polen bewußt, daß beide Völker
über lange Zeiträume friedlich neben- und miteinander gelebt haben. Für die meisten reduziert sich die tausendjährige Nachbarschaft mit den Deutschen sehr einseitig auf die verschiedenen
Kämpfe um Boden und Freiheit, so daß sich eine scheinbar durch-
gängige Linie vom Deutschen Orden über Friedrich II. und Bismarck bis zu Hitler ziehen läßt.

Neben einigen nationalistisch orientierten Gruppierungen hält
insbesondere die katholische Kirche Polens an der Behauptung
fest, daß Schlesien, Pommern und Ostpreußen »urpolnische Territorien« seien. Unter den jüngeren polnischen Historikern hingegen hat sich mittlerweile die Ansicht durchgesetzt, daß ethnische
Grenzen für die früheren Jahrhunderte nicht eindeutig zu bestimmen sind. Auch bei Polen, die in Breslau, Stettin oder Danzig aufgewachsen sind, erwacht allmählich ein gewisses Interesse für die
wechselvolle Vergangenheit ihrer Heimat. Einige suchen nach
den Spuren der früheren Bewohner, die im Zuge der Übernahme
und des Wiederaufbaus dieser Gebiete teilweise gezielt getilgt
wurden. Noch immer aber fällt es vielen schwer zu glauben, daß
sich einige ihrer Landsleute, die für die Aussiedlung der Deutschen zuständig waren, dabei schuldig gemacht haben. Die seit
dem Systemwechsel in der polnischen Presse darüber gelegentlich
erscheinenden Berichte werden nur zu gern als »Nestbeschmut-
zung« oder »politische Pornographie« abgetan. Man mag die Polen
mahnen, sich ihrer Vergangenheit zu stellen. Doch man sollte
dabei nicht außer acht lassen, daß sie zunächst einmal selbst aus
ihren Häusern vertrieben worden sind. In einer solchen Situation
sind Mythen eine Art Überlebenshilfe.

Daß die Mythen so lange lebendig blieben, ist nicht zuletzt den

Deutschen anzulasten. In Ost und West haben sie wenig Neigung gezeigt, sich mit den Ursachen und Folgen des von ihnen begonnenen Krieges auseinanderzusetzen. Nachdem die DDR bereits 1950 die Oder-Neiße-Grenze anerkannt hatte, galt sie in Polen offiziell als Repräsentant der »guten« Deutschen. Die Beziehungen aber blieben eher kühl. Die SED-Führung fühlte sich aufgrund ihrer antifaschistischen Vergangenheit, von der sie ihre Legitimation herleitete, von der Verantwortung für die damaligen Geschehnisse frei und ließ in ihrem Staat über Jahrzehnte kaum ernsthafte Trauerarbeit zu. So lebten die nationalistischen Vorurteile unter der Oberfläche fort – und manifestieren sich heute in der Ausländerfeindlichkeit eines Teils der ehemaligen DDR-Bürger.

Die Bundesbürger verdrängten die Geschichte und widmeten sich statt dessen dem Wiederaufbau und der Gestaltung der Zukunft. Polnische Gesten, die auf ein besseres Miteinander zielten, lösten bei ihnen kein positives Echo aus. Der Rapacki-Plan, in dem Warschau 1957 vorschlug, in Mitteleuropa eine kernwaffenfreie Zone zu schaffen, würdigte Bonn kaum einer Antwort. Auch die deutschen katholischen Bischöfe reagierten mit Rücksicht auf die Heimatvertriebenen auf die »Vergebungsbotschaft« des polnischen Episkopats vom November 1965 noch sehr verhalten. Dennoch bahnte sich in der Bundesrepublik in den sechziger Jahren allmählich ein Bewußtseinswandel an. Dazu trugen Buchveröffentlichungen, Tagungen und eine sachlichere Informationspolitik ebenso bei wie eine Denkschrift der Evangelischen Kirche Deutschlands vom Oktober 1965, die sich selbstkritisch und realistisch mit der moralischen und rechtlichen Problematik der Oder-Neiße-Grenze auseinandersetzte und empfahl, auf deren Revision zu verzichten.

Obgleich sich die Westdeutschen mit der endgültigen Anerkennung dieser Grenze weiterhin schwertaten, verständigten sich im Warschauer Vertrag vom 7. Dezember 1970 die Bundesrepublik und Polen immerhin darauf, »daß sie gegeneinander keine Gebietsansprüche haben und solche auch in Zukunft nicht erheben werden«. Hüben wie drüben lösten sich Verkrampfungen, zumal Parteichef Gierek Polen in den siebziger Jahren weiter nach Westen öffnete. Mit den Jahren reisten Millionen Menschen hinüber und herüber. Allmählich entstand ein enges Netz an Kontakten zwischen Verbänden, Kirchengemeinden, Städten, Universitäten, Wirtschaftsunternehmen, Journalisten und Künstlern, wie es Polen bis heute mit keinem anderen westeuropäischen Staat unterhält. Als das ihnen am nächsten gelegene und für sie am einfachsten zu erreichende »westliche« Land gewann die Bundesrepublik für Polen in vieler Hinsicht Modellcharakter.

Das Interesse beschränkt sich aber in erster Linie auf die Gegenwart und entspringt kaum einem revidierten Geschichtsbild. Ab 1972 erarbeitete eine deutsch-polnische Historikerkommission ein ganzes Bündel von Empfehlungen für die Schulbücher in beiden Ländern, die das verzerrte Bild wieder etwas gerader rückten. Trotzdem dringt die neue Betrachtungsweise nur langsam zu den Menschen vor. Das Erwachen ist daher mitunter etwas unsanft. »Als ich das erste Mal in die Bundesrepublik kam«, erzählte mir ein Pole, »und überall nach Bismarck benannte Straßen und Plätze sah, glaubte ich fast, ins feindliche Preußen geraten zu sein. Erst allmählich begriff ich, daß man nicht alles nur durch die polnische Brille sehen kann, daß sich Bismarck nach deutschem Verständnis um sein Land manche Verdienste erworben hat.«

Die weitere Annäherung der Völker wurde auch durch die unterschiedlichen Gesellschaftsordnungen erschwert. Die Politiker bekundeten zwar vielfach mit goldenen Worten ihren Versöhnungswillen. Warschau erklärte sich bereit, im Gegenzug für die umfangreiche Finanzhilfe der Bundesrepublik, humanitäre Fragen zu regeln und etwa 120000 Deutschstämmige ausreisen zu lassen. Hüben wie drüben aber erlag ein Teil der Parteifunktionäre immer wieder der Verlockung, aus den Kriegswunden politisches Kapital zu schlagen und insbesondere die Frage der polnischen Westgrenze hochzuspielen. Abgeordnete der CDU / CSU ließen sich vom Bundesverfassungsgericht bestätigen, daß das Deutsche Reich in den Grenzen von 1937 weiterexistiere. Fortan klammerten sich bestimmte Kreise in der Bundesrepublik an diesen Urteilsspruch, als gäbe es keinen Warschauer Vertrag.

Polens Staats- und Parteiführung mochte auf das so nützliche Gespenst von der »deutschen Gefahr« nicht so einfach verzichten. Jene Kräfte, die auf eine Grenzrevision hinarbeiteten, waren in der

Bundesrepublik nach Ansicht vieler polnischer Kommunisten weiterhin eifrigst am Werk. Nach der Niederschlagung der Solidarność-Bewegung, Ende 1981 durch die Verhängung des Kriegsrechts, versuchte sich Polens Führung erneut nach dem bewährten Muster in der Bevölkerung Sympathien zu verschaffen. Darüber geriet sogar der Dialog mit der Bundesregierung ins Stocken. Auch Bonn war an der Klimaverschlechterung nicht unbeteiligt. Nach dem Regierungswechsel am Rhein im Herbst 1982 brachten einige Vertriebenenfunktionäre sowie eine Handvoll Unionspolitiker das alte Reizthema der »deutschen Frage«, die selbst über eine eventuelle Vereinigung mit der DDR hinaus noch »offen« sei, wieder aufs Tapet. Das offizielle Polen spielte solche Äußerungen bis zu einem »Angriff auf die territoriale Nachkriegsordnung in Europa« hoch.

Während jenes recht bizarren Schlagabtauschs stand es um die Beziehungen der Menschen untereinander weit besser als um jene zwischen den Regierungen. Nicht unerheblich mögen dazu die Spenden beigetragen haben, welche die Bundesbürger nach der Verhängung des Kriegsrechts tonnenweise nach Polen schickten. Außerdem hatten sich in den Jahren zuvor viele Polen selbst ein Bild von den Verhältnissen und Stimmungen in der Bundesrepublik gemacht. Immer mehr verfestigte sich daher in der Gesellschaft jene Überzeugung, welche Teile der polnischen Opposition bereits seit dem Ende der siebziger Jahre verkündet hatten – daß die deutschlandpolitische Doktrin der kommunistischen Führung das Land »zum Kettenhund einer überlebten politischen Ordnung« mache, wie es der Publizist Jacek Maziarski formulierte.

Über Deutschland nach Europa

Einen »typischen Polen« gibt es ebensowenig wie einen »typischen Deutschen«. Dennoch erscheinen die beiden Völker aufgrund ihrer geschichtlichen Entwicklung manchmal geradezu spiegelverkehrt. Dieses heikle Thema, das in Diskussionen immer wieder Staub aufwirbelt und auf beiden Seiten Empfindlichkeiten weckt, hat der deutsche Publizist Peter Bender einfühlsam auf den

Punkt gebracht: »Polen und Deutsche sind Nachbarn seit tausend Jahren, aber sie unterscheiden sich sehr. Jedem fehlte, was der andere hat; jeder verabscheut, was der andere hat, und möchte es doch eigentlich auch selber haben: die Deutschen gründlich, die Polen phantasievoll; die Deutschen immer tüchtig, die Polen nur manchmal, dann aber mit unglaublichen Leistungen; die Deutschen loyal von Natur und die Polen aufsässig aus Instinkt und Erfahrung; die Deutschen diszipliniert, die Polen liberal; die Deutschen arrogant, die Polen extravagant; die Deutschen konzentriert auf die Gegenwart, die Polen denkend und lebend aus der Geschichte – besonders der Teilungen und Aufstände.« Zur Hälfte seien das Vorurteile, meint Peter Bender, »aber die Völker sehen es so und haben auch ziemlich recht damit.« Im übrigen, fährt er fort, würden diese Unterschiede nicht nur trennen: »Auf den fruchtbaren Gegensatz zwischen Polen und Deutschen kann man bauen.«

Peter Benders Betrachtung über die Vorstellungen, die Polen und Deutsche voneinander hegen, erschien im September 1989 in der Warschauer Wochenzeitung *Polityka*. Damals sah es danach aus, als könnten die Unterschiede nun endlich fruchtbar werden. Schon in den Jahren zuvor hatte das Bewußtsein deutlich zugenommen, daß das Verhältnis der beiden Völker nicht mehr ausschließlich von der Bürde der Vergangenheit bestimmt werde und man durchaus voneinander lernen könne. Dazu trug neben den zahlreichen persönlichen Kontakten und der insgesamt immer ausgewogeneren Berichterstattung der Generationenwechsel ein gut Teil bei. Nachdem die Solidarność im August 1989 die Regierung übernommen hatte, kam auch der stockende Dialog zwischen Warschau und Bonn wieder in Gang. Die Aussichten, eine neue Form der Nachbarschaft zu begründen, schienen so günstig wie niemals zuvor.

Der Zusammenbruch des kommunistischen Regimes in Polen wirkte auf die übrigen Staaten des sowjetischen Lagers wie eine Initialzündung und leitete eine Phase ein, in der einem die Worte im Munde veralteten, wie es damals jemand formulierte. Nach dem Fall der Berliner Mauer im November 1989 gewann die deutsch-deutsche Entwicklung rasant an Fahrt, was überall in

Europa Sorgen und Befürchtungen auslöste. Unter den Polen brachen uralte Ängste und Ressentiments wieder mit Macht hervor. Nicht daß sie den Deutschen ein Recht auf Einheit abgesprochen hätten. Sie wußten nur zu gut, was die Teilung einer Nation bedeutet. Die kommunistische Doktrin, derzufolge die deutsche Zweistaatlichkeit der beste Garant der polnischen Sicherheitsinteressen sei, war jedoch in den Hinterköpfen noch gut präsent. So gaben neun von zehn Polen in Umfragen an, daß sie sich von den Deutschen bedroht fühlten.

Trotzdem kamen die deutsch-polnischen Verhandlungen voran. Im November 1990 erkannte die Bundesrepublik die Oder-Neiße-Linie als endgültige polnische Westgrenze völkerrechtlich an. Im Juni 1991 unterzeichneten die Regierungschefs Kohl und Bielecki einen »Vertrag über gute Nachbarschaft und freundschaftliche Zusammenarbeit«. Darin sicherten beide Seiten der jeweiligen Minderheit im eigenen Land das Recht zu, ihre »Identität frei zum Ausdruck zu bringen«. Die Bundesrepublik verpflichtete sich überdies, die politische und wirtschaftliche Heranführung der Republik Polen an die Europäische Gemeinschaft »im Rahmen ihrer Möglichkeiten nach Kräften« zu fördern. Man vereinbarte die Gründung eines deutsch-polnischen Jugendwerks, eines gemeinsamen Umweltrats sowie einer Regierungskommission für regionale und grenznahe Zusammenarbeit. Im Oktober 1991 schließlich stimmte das Bonner Parlament zu, eine »Stiftung deutsch-polnische Aussöhnung« zu finanzieren, die den unter den Nazis zu Zwangsarbeit abkommandierten Polen eine kleine Entschädigung zahlen wird.

Binnen kurzer Zeit waren somit nicht nur die wichtigsten Streitpunkte beigelegt, die das Verhältnis seit 1945 belastet hatten, sondern darüber hinaus eine gemeinsame europäische Perspektive entwickelt worden. Trotzdem gibt es unter den Polen noch immer viel Skepsis. Sie speist sich aus den eigenen oder überlieferten Erfahrungen mit den Deutschen während des Zweiten Weltkriegs ebenso wie aus dem lange gepflegten – begrenzten – eigenen Geschichtsbild, aus Unwissen und Zukunftsangst.

Weit mehr als Ausländerfeindlichkeit und schulmeisterliche Überheblichkeit beunruhigt viele Polen heute jedoch das ökonomische Potential der Bundesrepublik. Die verbreitete Auffassung, daß die Deutschen aufgrund ihrer historischen Schuld moralisch verpflichtet seien, Polen bevorzugt wirtschaftlich unter die Arme zu greifen, widerstreitet der Befürchtung polnischer Politiker, daß die Oder-Neiße-Linie künftig die neue Armutsgrenze in Europa markieren könne, wenn die Deutschen sich allzu einseitig auf die ökonomische Sanierung der ehemaligen DDR konzentrierten. Gleichzeitig grassieren fast panische Ängste, daß vermehrte deutsche Investitionen die Polen neuerlich zu »Sklaven der deutschen Herren« machen und die deutsche Minderheit im Land bei dieser neuen Form der Okkupation die Rolle einer »Fünften Kolonne« spielen könne. Bis heute kursieren absurde Gerüchte, die Solidarność-Regierung habe der Bundesrepublik in einem Geheimprotokoll bestimmte polnische Regionen überschrieben, um sie von Deutschen kolonisieren zu lassen. Lech Wałęsa goß vor seiner Wahl zum Staatspräsidenten Öl ins Feuer mit dem Ausspruch: »Entweder wir Polen fangen an zu arbeiten, oder die Deutschen kaufen uns auf!« Und führende Politiker wurden vor den Parlamentswahlen vom Oktober 1991 nicht müde, vor dem »aggressiven deutschen Kapitalismus« zu warnen. Bei den Beratungen über den Nachbarschaftsvertrag verlangte eine Gruppe Abgeordneter aus verschiedenen Fraktionen gesetzliche Garantien, daß es zu keiner »organisierten Kolonisierung der polnischen Lande durch die Deutschen« komme.

Demgegenüber versuchen nicht wenige polnische Politiker und Intellektuelle ihre Landsleute zur Vernunft zu ermahnen. Man könne nicht die Mitgliedschaft in der Europäischen Gemeinschaft anstreben, wenn man nicht im Gegenzug bereit sei, Ausländern – darunter Deutschen – Niederlassungsrechte einzuräumen und den Erwerb von Immobilien zu gestatten. Insbesondere Ministerpräsident Jan K. Bielecki betonte während seiner Amtszeit (Januar bis Oktober 1991) unermüdlich, daß Polens Weg nach Brüssel nur über eine enge Zusammenarbeit mit den Deutschen führe.

Vieles spricht dafür, daß sich diese Auffassung schließlich durchsetzen wird. Für die Deutschen ist es ein Gebot der Vernunft, die Völker Ostmitteleuropas beim Aufbau ihrer Wirtschaft in jeder nur möglichen Form zu unterstützen. Wenn sich das west-östliche Wohlstandsgefälle in den nächsten Jahren nicht erheblich abmildert, wird eine Armutswanderung einsetzen und Deutschland die erste Anlaufstelle für ein Millionenheer von Verzweifelten aus dem Osten sein. Diese Hilfestellung muß unbedingt in einen fortschreitenden Prozeß der europäischen Einigung eingebettet sein, weil das Mißtrauen gegenüber dem vereinten Deutschland sonst kaum schwinden wird.

Vorerst behindern Emotionen und Vorurteile in der alltäglichen Praxis noch häufig den Ausbau der Beziehungen. Das zeigt sich besonders in den Grenzregionen. Ost-Deutsche und West-Polen sind bis heute nicht allzugut aufeinander zu sprechen. Eine gemeinsame Regierungskommission erarbeitete deshalb ein umfangreiches Programm, das die alten Animositäten durch gezielte Investitionen verringern und zugleich ein Modell für die spätere Zusammenarbeit auf europäischer Ebene schaffen soll. Unter anderem ist geplant, die Binnenschiffahrt auf der Oder auszubauen, historische Gebäude in den Grenzgebieten zu restaurieren, aber auch die Zusammenarbeit zwischen Institutionen zu stärken sowie gemeinsame Initiativen in den Bereichen Wirtschaft, Technik, Wissenschaft, Umweltschutz, Kultur und Sport zu fördern. Östlich der Oder stoßen diese Projekte noch auf wenig Begeisterung. Sie werden von den zuständigen Behörden nur halbherzig erarbeitet und in der Presse gern nach dem sattsam bekannten Muster diskriminiert. Den geplanten grenzüberschreitenden Nationalpark im unteren Odertal etwa apostrophierte eine polnische Regionalzeitung als »ökologische Landnahme«: Das wirtschaftlich starke Deutschland wolle sich auf Kosten des schwachen Polens eine schöne Naturschutzgegend leisten.

Auch wenn beiderseits der Grenze mittlerweile Generationen herangewachsen sind, die eine gewisse Distanz zu dem schlimmsten Kapitel der tausendjährigen Nachbarschaft besitzen, entbindet sie dies doch nicht von der Verantwortung, für eine bessere Zukunft Sorge zu tragen. So wichtig Verträge und materielle Unterstützung sind, sie werden allein nicht ausreichen, um eine gedeihliche polnisch-deutsche Nachbarschaft aufzubauen. Damit sich die Gegensätzlichkeit der beiden Völker belebend auswirken kann, müssen die Menschen viel mehr Möglichkeiten der Begegnung als bisher erhalten.

An Ideen fehlt es nicht. Karl Dedecius, einer der herausragendsten Vermittler der polnischen Literatur in der Bundesrepublik, regte an, beginnend vielleicht mit einem Pilotprojekt in Krakau, »Europäische Häuser« an »interkulturellen Schnittflächen« zu schaffen. Diese Gebäude sollten von jungen Architekten und Handwerkern aus verschiedenen Ländern renoviert werden und später Künstlern und Intellektuellen als Ort des Erfahrungsaustauschs dienen. Der Osteuropa-Historiker Hans-Henning Hahn schlug vor, in Warschau ein Deutsches Historisches Institut zu gründen, weil die Geschichte ein wesentliches Element der deutsch-polnischen Beziehungen darstellt. Freya von Moltke, die Witwe des von den Nazis hingerichteten Widerstandskämpfers, wirbt dafür, auf ihrem ehemaligen Gut im niederschlesischen Kreisau (Krzyżowa) eine »Stiftung für europäische Verständigung« einzurichten. Das derzeit vom Einsturz bedrohte Schloß, in dem sich 1942 der »Kreisauer Kreis« formierte, könne wieder ein Ort werden, an dem »wir mit Menschen sprechen, die anders sind als wir« und von deren Anderssein gerade auch die Deutschen lernen könnten.

Die Finanzierung dieser und anderer Projekte steht noch großenteils in den Sternen, zumal da sich bislang nur einige Idealisten für derartige Begegnungsstätten interessieren. Wie die Geschichte der Deutschen lehrt, war es für sie jedoch immer von Gewinn, wenn sie sich ihren Nachbarn gegenüber offen zeigten.

Überall ist es besser, wo wir nicht sind – Emigranten und Sachsengänger

Manch einer mag sich wundern, daß so viele Polen trotz ihres laut bekundeten Patriotismus offenbar leichten Herzens ihre Heimat verlassen, um ihr Glück im Ausland zu machen. In Polen gilt die Emigration seit rund zweihundert Jahren als Schicksal, als etwas Unabdingbares, häufig als letzte Hoffnung. Seit dem Untergang ihres Staates am Ende des 18. Jahrhunderts verließen unzählige Bürger in verschiedenen Wellen ihr geschundenes Vaterland. Sie halfen anderen Völkern, Geschichte zu machen und bauten in der Fremde gigantische Industriezentren mit auf. Viele bedeutende Werke der nationalen Kultur entstanden in Paris, Genf, Lausanne, Dresden, Buenos Aires, Oxford oder San Francisco. Über den ganzen Erdball verstreut sollen heute schätzungsweise 13 Millionen Menschen leben, die sich zu ihrer polnischen Herkunft bekennen, obwohl ihre Familien oft vor Generationen ausgewandert sind. Angesichts der gut 38 Millionen Bürger der Republik Polen ist das ein Drittel der Nation.

Den in der Heimat lebenden Polen erscheint die Fremde daher meist nicht fremd. Jeder hat irgendwo im Ausland Verwandte, Freunde und Bekannte, die dort Fuß gefaßt haben und nach guter polnischer Sitte jederzeit weiterhelfen werden. Auch der Vorwurf des »Vaterlandsverrats«, mit dem Polen ansonsten schnell bei der Hand sind, trifft die Auswanderer nur selten. In der nationalen Vorstellungswelt erfüllen die Emigranten eine besondere Mission: Sie wollen nicht nur sich selbst eine bessere Zukunft schaffen, sondern damit zugleich etwas tun, was den Daheimgebliebenen zugute kommt.

Die patriotische Sicht des Exils stammt wie so vieles andere in diesem Land aus der Romantik. Nachdem die russische Teilungsmacht den Warschauer Aufstand von 1830/1831 niedergeschlagen hatte, flohen einige tausend Polen in den Westen. In dieser sogenannten Großen Emigration fanden sich Politiker, Soldaten, Künstler und Intellektuelle zusammen, die den Kampf für die polnische Sache vom Ausland aus fortführen wollten. Als »Feinde des russischen Imperiums« wurden sie mancherorts von der revolutionären Jugend begeistert empfangen. In London entstand The Literary Association of the Friends of Poland. Grillparzer, Platen, Herwegh, Lenau und Uhland feierten die Aufständischen schwärmerisch in ihren Polen-Liedern. Marianne von Willemer schrieb 1832 an Goethe: »Halb Frankfurt ist verrückt wegen dieser Polen. Du würdest die Stadt kaum wiedererkennen.«

Die Mehrheit dieser politischen Emigranten aber zog es nach Frankreich, dem sich Polen traditionell verbunden gefühlt hatte und das sie freundlich aufnahm. Der Bischof von Paris stellte den Flüchtlingen damals die Kirche Notre Dame de l'Assomption zur Verfügung, in der schon 1802 für die polnischen Soldaten aus Napoleons berittener Garde Gottesdienste gefeiert worden waren. Adam Mickiewicz hielt an der Sorbonne Vorlesungen über slawische Literatur; in der französischen Hauptstadt schrieb er auch das polnische Nationalepos *Herr Thaddäus* und gab die Zeitschrift *La Tribune des Peuples* heraus, in der er für ein neues Europa eintrat. Der Komponist Fryderyk Chopin, der ebenfalls hatte fliehen müssen, nahm die Franzosen mit seinen Polonaisen und Mazurken für Polen ein. 1836 wurde in Paris die Katholische Polnische Mission gegründet. 1839 legte Adam Czartoryski dort den Grundstein zur Bibliothèque Polonaise. Beide Institutionen existieren bis heute und gelten als bedeutende Zentren der polnischen Emigration.

Die Große Emigration war groß wegen ihrer geistigen Leistungen, aber nicht wegen ihrer Zahl. Die Massenauswanderung aus Polen setzte erst gegen Ende des 19. Jahrhunderts ein. Die etwa zehn Millionen Menschen, die zwischen 1870 und 1939 das Land verließen, waren in der Mehrheit arme, kleine Leute, ohne Namen, ohne Sprache, ohne besondere Fertigkeiten. In der feudalistischen Agrargesellschaft Polens, wo es kaum Fabriken gab, hatten sie kein Auskommen mehr. In die aufstrebenden Industriezentren nach Deutschland, insbesondere ins Ruhrgebiet, nach Belgien, Frankreich und England lockte es sie ebenso wie nach Übersee, nach Brasilien, Argentinien und vor allem nach Nordamerika, denn dort – so hieß es – könnten sie Land zu äußerst günstigen Bedingungen erwerben.

Teils aus Unwissenheit, teils aus nackter Not boten sich die polnischen Auswanderer überall als die billigsten Arbeitskräfte an. Sie wurden ausgebeutet und zugleich als »Lohndrücker« und »Polacken« beschimpft. Auch deshalb blieben sie vorwiegend unter sich und begannen sich meist erst von der zweiten oder dritten Generation an in die fremden Gesellschaften zu integrieren. Sie lebten in eigenen Vierteln zusammen, gründeten Vereine, Zeitschriften, Gewerkschaften und Parteien. In den USA erlangten sie allmählich einigen politischen Einfluß, den sie zugunsten ihrer alten Heimat geltend zu machen suchten. Die Bande dorthin ließen sie selten ganz abreißen. Viele träumten davon, dereinst als gemachte Leute heimzukehren oder zumindest dort begraben zu werden. In Wirklichkeit übertraf die Zahl der Auswanderer die der Rückwanderer stets bei weitem.

Mit dem Zweiten Weltkrieg begann eine neue und zunächst völlig anders geartete Emigrationswelle. Millionen Polen gerieten als Kriegsgefangene oder Zwangsarbeiter ins Innere der Sowjetunion oder nach Deutschland. Politiker sowie einige hunderttausend polnische Soldaten setzten sich ins Ausland ab und kämpften auf seiten der westlichen Alliierten für die Freiheit ihres Vaterlandes. Bei Kriegsende konnten oder wollten viele dieser *displaced persons* nicht in ihre kommunistisch gewordene Heimat zurückkehren. Jene, die sich im Westen zu bleiben entschlossen, knüpften zum Teil an die Tradition der Großen Emigration an. Über Jahrzehnte residierte in einem Haus am Londoner Eaton Place die Nachfolgeorganisation jener Warschauer Regierung, die kurz nach Kriegsausbruch über Rumänien nach Frankreich geflohen war. Die polnische Exilregierung, die von keiner Macht der Welt mehr anerkannt wurde, hatte geschworen, sich erst aufzulösen, wenn in Polen wirklich freie Wahlen stattfänden. Und sie hielt diesen Schwur: Im Dezember 1990 übergab ihr Vorsitzender Ryszard Kaczorowski Lech Wałęsa, dem ersten in Polen nach dem Krieg frei gewählten Staatsoberhaupt, in einer feierlichen Zeremonie die nach London geretteten Amtsinsignien des Präsidenten der Zweiten Republik.

Nach 1945 bemühten sich die polnischen Emigranten nach Kräften, den freien Geist zu bewahren und mit Hilfe des gedruckten Wortes zu verkünden. Unter den zahlreichen Publikationen, die sie in aller Welt herausgaben, nimmt die Monatszeitschrift *Kultura* einen herausragenden Platz ein. Ihre Gründer, zu denen Jerzy Giedroyć, Józef Czapski, Constanty Jeleński und Zofia Hertz gehörten, fanden nach dem Krieg in Rom zusammen. Dort erschien im Juli 1947 die erste Nummer. Kurz darauf siedelte die *Kultura* nach Paris über; ein Buchverlag kam hinzu, in dem mittlerweile mehrere hundert Titel erschienen sind.

Im Gegensatz zu anderen Emigrantenorganen, die zumeist viel billige antikommunistische Propaganda verbreiteten und daneben

eher sentimentale Heimatdichtung veröffentlichten, verstand sich
die *Kultura* stets als Hüterin der liberalen Tradition Polens. Giedroyć, Chefredakteur seit der ersten Stunde, gewann eine Reihe
bedeutender Politiker, Literaten und Historiker als Mitarbeiter.
Emigrationsschriftstellern wie Witold Gombrowicz und Czesław
Miłosz bot sich hier über Jahre die einzige Möglichkeit, auf polnisch gedruckt und damit für die übrige Welt entdeckt zu werden.
Mit den Jahren entwickelte sich *Kultura* auch zu einem Forum der
in Polen lebenden Intellektuellen. Je mehr der Kommunismus für
sie an Faszination verlor, desto häufiger trugen sie ihre Ansichten,
die sie zu Hause nicht öffentlich äußern konnten, in der Pariser
Zeitschrift vor; anfangs meist unter Pseudonym, später immer
häufiger unter ihrem richtigen Namen. Neben polnischen Autoren verlegte *Kultura* die ersten polnischen Übersetzungen von
Sartre, Camus und Orwell sowie Texte oppositioneller Intellektueller aus der Sowjetunion, der Tschechoslowakei und Ungarn,
denn die Überwindung der Antagonismen und Nationalismen in
Ostmitteleuropa gehörte zu den erklärten Zielen dieses Pariser
Emigrantenverlages.

Die Haltung der Warschauer Regierung gegenüber den im
Ausland lebenden Landsleuten nahm sich im Vergleich mit anderen Ostblockstaaten gemäßigt aus. Polen, die Kontakte zu ihren
Verwandten im Ausland unterhielten, wurden nach der Entsta-
linisierung vom Oktober 1956 nicht mehr von vornherein als
verdächtige Elemente behandelt. Damals erfuhr auch der kulturelle Austausch in begrenztem Umfang eine Wiederbelebung.
Gegen die politisch abweichenden Meinungen der Emigranten
aber suchten die Kommunisten die Gesellschaft möglichst abzu-
schotten. So wurde der von den USA finanzierte Sender *Radio
Free Europe*, der von München aus rund um die Uhr Nachrich-
ten, Kommentare und Hintergrundberichte nach Polen aus-
strahlte, bis zum Ende der achtziger Jahre unter immensem
Kostenaufwand gestört. Wer Publikationen der *Kultura* besaß,
hatte lange Zeit mit Strafen zu rechnen; dennoch gelangten die
Bände mit dem charakteristischen grauen Deckel auf verschlungenen Wegen in die Volksrepublik.

Diese Abschottungstaktik zeitigte wenig Erfolg. Je unzufriedener die Bürger mit den Verhältnissen in der Volksrepublik waren, desto verlockender erschien ihnen der Westen mit seiner Freiheit und seinem Wohlstand. Der Auswandererstrom riß daher nie ab. Nach 1945 emigrierten nicht nur die Mehrheit der überlebenden polnischen Juden, zahlreiche Bürger deutscher Abstammung sowie Künstler und Regimekritiker, die vielfältigen Schikanen der Behörden ausgesetzt gewesen waren. In den siebziger Jahren kehrten auch zahlreiche Polen, die kaum jemals persönlich drangsaliert worden waren, von Westreisen nicht mehr zurück. Hinter der Abwanderung dieser zumeist jungen, dynamischen und unternehmungsfreudigen Polen verbarg sich eine tiefgreifende Sinnkrise.

Die ideologische Lockerung unter Parteichef Gierek in den siebziger Jahren hatte insgesamt sehr positive Auswirkungen. Es entwickelte sich zum Beispiel eine autonome Studentenkultur. Es entstanden die Fliegenden Universitäten, das unzensierte Schrifttum, illegale Bürgerrechtsgruppen und 1980 schließlich die Solidarność. An diesen Aktivitäten nahm indes nur ein begrenzter Kreis Anteil. Die übrigen waren sich in weltanschaulichen Fragen weithin selbst überlassen. Insbesondere junge Leute gaben in Meinungsumfragen an, sich für Politik nicht sonderlich zu interessieren. Statt dessen strebten sie nach persönlichem Gedeihen. Familie, Kinder, eine eigene Wohnung, ein Auto und ein ausreichendes Angebot an Konsumgütern waren ihre Anliegen.

In den achtziger Jahren verstärkte sich dieser Trend. Nach der Niederschlagung der Solidarność kehrten nach offiziellen Warschauer Angaben fast eine dreiviertel Million Bürger dem Land den Rücken. Sie besaßen oft nur zeitlich begrenzte Touristenvisa und waren doch fest entschlossen, im Ausland zu bleiben. Die einen baten um Asyl, konnten in der Regel jedoch allenfalls auf »Duldung« hoffen. Andere ließen sich unter Berufung auf deutsche Vorfahren in der Bundesrepublik als Aussiedler anerkennen. Ihr Gepäck war meist klein, ihre Illusionen um so größer.

Die Ernüchterung stellte sich bald ein. Wer gehofft hatte, politisch für sein Vaterland tätig werden zu können, stieß mit seiner kompromißlosen Haltung im pragmatisch orientierten Westen auf Abwehr. Mancher stellte erst in der Fremde allmählich fest,

daß er vor den ureigenen Problemen geflohen war, die sich nicht
einfach dadurch lösten, daß es ihm materiell besser ging. Zwar
sind die Polen durchaus fähig, zu sich selbst auf ironische Distanz
zu gehen. Ihre fiebrige Jagd nach dem Glück, die sie seit zweihundert Jahren in die Fremde treibt, quittieren sie häufig mit dem
Satz: »Es ist halt überall besser, wo wir nicht sind.« Die Mehrheit
aber ist viel zu sehr dem nationalen Mythos verhaftet, daß ein
Emigrant schwer beladen mit irdischen Gütern heimkehren
müsse, um daraus entsprechende Konsequenzen zu ziehen.

Der ständig steigende Ausreisestrom hat immerhin bewirkt,
daß dieses Thema seit der zweiten Hälfte der achtziger Jahre offener diskutiert wird und die Gesellschaft die Auswanderer nicht
mehr einseitig als ihre natürlichen Verbündeten ansieht. Die Abwanderung von mehreren tausend Ärzten, Ingenieuren, Lehrern
und Naturwissenschaftlern, deren Ausbildung viele Mittel ver-
schlungen hat und deren Kenntnisse beim Aufbau der neuen Republik dringend gebraucht werden, stellen für Polen einen emp-
findlichen Aderlaß dar. Die im Westen schnell verdiente Mark
wirkt sich überdies katastrophal auf die Arbeitsmoral der Daheimgebliebenen aus. Selbst Bildung, einst das teuerste Gut der Nation, scheint immer weniger gefragt. Seit den achtziger Jahren
sind die Zahlen der Studienanfänger rückläufig, denn die meisten
akademischen Berufe werden miserabel bezahlt. Für einen Polen
ist es lukrativer, etwa in Hamburg Teller zu waschen, als an der
Warschauer Universität zu lehren. Die sozialpolitischen Auswirkungen der Massenauswanderung springen deutlich ins Auge:
zerrissene Familien; Kinder, die mit nur einem Elternteil oder bei
den Großeltern aufwachsen, weil Vater oder Mutter im Westen zu
Geld kommen wollen; sich selbst überlassene Jugendliche, die in
dieser Welt mit ihren veränderten Maßstäben keine Perspektive
sehen und zunehmend in Alkohol und Drogen fliehen oder sich
ihr Taschengeld durch Einbrüche und Diebstähle aufzubessern suchen.

Die Appelle der Solidarność-Regierung an die Auslandspolen,
ihr Wissen und ihr Kapital in der neuen Republik zu investieren,
trugen bislang wenig Früchte. Abgesehen davon, daß man in
Polen gern übertriebene Vorstellungen von den finanziellen Mög-

lichkeiten der Emigranten hegt, verlockt die wirtschaftliche Situation nach dem Zusammenbruch des Kommunismus nicht unbedingt zur Rückkehr. Polen, die im Ausland durch harte Arbeit zu Wohlstand gekommen sind, beobachten recht kritisch, was daheim in Warschau entschieden wird. Unter den Rückkehrern sind die politischen Emigranten zahlenmäßig die stärkste Gruppe, sie drängen sich nach Posten in dem neu entstehenden Regierungsapparat.

In jüngster Zeit mehren sich die Anzeichen für eine Trendwende beim Ausreiseboom. Das liegt zum einen sicherlich daran, daß Polen, seitdem ihr Staat eine Demokratie ist, anderswo nicht mehr ohne weiteres Aufnahme finden. Zum anderen bietet sich ihnen dank den neuen Freiheiten eine Alternativmöglichkeit, sie können sich als »Sachsengänger« verdingen. So nannten sich jene armen Landarbeiter und Handwerker, die im letzten Jahrhundert jeweils im Frühjahr in die wohlhabenderen Weltgegenden, anfangs zumeist nach Sachsen, aufbrachen. Sie arbeiteten vor allem in der Landwirtschaft, durften ihre Familien aber nicht mitbringen und mußten Anfang Dezember wieder heimkehren.

Unter den modernen polnischen Sachsengängern sind praktisch alle Berufsgruppen vertreten, Ärzte und Kellner, Lehrer und Postboten, Ingenieure und Bauern, Rechtsanwälte und Handwerker. Sicher ist auch der eine oder andere Glücksritter dabei. Die Sachsengängerei lindert viel individuelle Not, und manch einer erwirtschaftete sich auf diese Weise schon den Grundstock für einen eigenen Betrieb in Polen. Bislang freilich können Saisonarbeiter vor allem dort etwas verdienen, wo sich wie bei der Weinlese oder bei der Obst- und Gemüseernte keine einheimischen Hilfskräfte mehr finden. Wenn sich die westlichen Länder jedoch bequemten, mehr Möglichkeiten als bisher zu schaffen, um Polen und andere Bürger des ehemaligen sowjetischen Lagers in ihren Betrieben und Universitäten auszubilden und ihnen zugleich durch befristete Werkverträge das Kennenlernen der Marktwirtschaft zu erleichtern, würde dies ohne Frage dazu beitragen, das west-östliche Wohlstandsgefälle zu verringern.

Von der Sehnsucht nach Europa

Krystyna wickelte die einzelnen Teile für den Transport in Seidenpapier ein und verstaute sie in einem großen Karton, den sie mir dann mit den Worten überreichte: »So, nun wünsche ich dir viel Erfolg beim Abklappern der Läden!« Dabei hatte sie, wie ich mich zu erinnern glaube, leicht melancholisch gelächelt. War das Vorahnung gewesen? Zu meiner Verblüffung erwies es sich als höllisch schwierig, in Hamburg auch nur ein Geschäft zu finden, das bereit gewesen wäre, ihren originellen Modeschmuck wenigstens unverbindlich in Kommission zu nehmen. »Sehr nett«, beschied mich die Chefin der ersten Boutique, die ich angesteuert hatte. »Aber das paßt nicht in unser Sortiment.« Gewiß, Krystynas Colliers, Broschen und Ohrstecker – eine Kollektion, in der kein Stück dem anderen glich, sondern jedes einzeln von Hand aus Ton geformt, gebrannt und phantasievoll bemalt war – nahmen sich neben der am Fließband gefertigten Plastikware, Ketten, Haarspangen und Gürtelschnallen, in diesem Laden etwas fremdartig aus. Ob es nicht wenigstens den Versuch lohne? »Nein«, lautete kühlentschieden die Antwort. »So etwas wird nicht gekauft.«

Die Inhaberin des zweiten Geschäfts ließ ihrem Entzücken freien Lauf: »Wundervoll ist dieser Schmuck! Ihre polnische Freundin ist gewiß eine richtige Künstlerin?« Ich nicke erfreut, erzähle etwas von Krystyna, die in Warschau die Akademie absolviert und in Polen bereits einen gewissen Namen hat, wovon sie und ihre Familie leider nicht leben können. Mein Gegenüber nickt verständnisvoll, doch trotz des niedrigen Preises ist auch hier nichts zu machen. »Wir haben langfristige Verträge mit verschiedenen Herstellern, aus denen wir nicht einfach aussteigen können«, erklärt sie bedauernd. Im dritten Laden gerate ich an einen nervösen Herrn. Auf das Wort »Polen« reagiert er fast allergisch. Die Ware will er nicht einmal anschauen. »Kommt für mich überhaupt nicht in Frage!« ruft er vehement aus. »Ich kaufe alle neuen

Artikel auf den großen Messen, und zwar ausschließlich bei westlichen Firmen, weil sie meine Nachbestellungen innerhalb von einem Tag ausführen können. Das erwartet meine Kundschaft nämlich so! Aber Polen...? Da müßte ich ja gegebenenfalls wochen- oder monatelang auf Nachschub warten.«

Auf meinem Zettel stehen noch ein paar Geschäfte, bei denen ich es versuchen könnte. Doch dieser Zusammenprall mit den ehernen Gesetzen der Marktwirtschaft lähmte fürs erste meinen Tatendrang. Ohne Zweifel verdankt die Bundesrepublik ihren Wohlstand zu einem guten Teil der strikten Kosten-Nutzen-Rechnung. Kann sich aber unsere Weltsicht darin erschöpfen? Werden wir darüber nicht eines Tages die Kraft zur Gestaltung der Zukunft verlieren? Und vor allem: Wollen wir im Westen weiterhin in erster Linie nur Zuschauer bei diesem einzigartigen Umbruchprozeß in Ostmitteleuropa sein, dessen Hauptlast ohnehin die dortigen Völker tragen müssen? Was ist mit der über Jahrzehnte beschworenen Verantwortung der Europäer für Europa? Und ist der Westen nicht gerade Polen gegenüber zu Loyalität und Unterstützung verpflichtet? Schließlich haben die Polen wie kein anderes Volk hinter dem Eisernen Vorhang den Wandel im Osten hartnäckig vorangetrieben. Von ihrem Mut profitierten alle ihre Nachbarn – sie selbst freilich bezahlten ihren geduldigen Kampf gegen das kommunistische Regime mit einer Rezession und einem Rückgang der Realeinkommen von ungeahntem Ausmaß. Wollen gerade wir Deutschen weiterhin verdrängen, daß wir nach 1945 nicht zuletzt deshalb wieder auf die Beine kamen, weil andere uns – trotz der im deutschen Namen und von Deutschen begangenen Verbrechen – eine Chance gaben?

Die Euphorie angesichts der einstürzenden Mauern ist längst verpufft. Seitdem sich herausgestellt hat, daß das Zusammenwachsen mannigfache Probleme birgt und länger dauern wird, als anfangs angenommen, scheint der Westen den Aufbruch im Osten eher als Belästigung oder gar Bedrohung zu empfinden denn als eine einzigartige historische Chance.

Heute wird allenthalben von der aus dem Osten Europas drohenden Armutswanderung geredet. Auf dem Weg der ehemals kommunistisch regierten Staaten in die Demokratie und die

Marktwirtschaft türmen sich die ökonomischen und sozialen Probleme. Die Arbeitslosigkeit nimmt ebenso zu wie die Kriminalität, die Umweltverschmutzung, die Zukunftsangst, die politische Radikalisierung und die Neigung zum Chauvinismus. Einen Massenansturm verzweifelter und hilfesuchender Menschen könnten die EG-Länder nicht unbeschadet überstehen. Um dem entgegenzuwirken, müßten sie den Bürgern Mittel- und Osteuropas zumindest das Gefühl geben, zu ihrer Familie zu gehören. In Brüssel und Straßburg aber scheint ein griffiges Konzept für die Integration Resteuropas bislang kaum in Ansätzen zu existieren.

Die postkommunistischen Staaten fürchten, daß in Moskau irgendwann wieder Kräfte an die Regierung gelangen könnten, die sich mit dem Verlust des bisherigen strategischen Vorfeldes nicht abfinden mögen. Zu ihrem eigenen Schutz wollen sie daher der NATO wenigstens assoziiert werden. Als abschreckendes Beispiel steht ihnen die Zwischenkriegszeit vor Augen, als sie, in den gepriesenen *cordon sanitaire* eingebunden, im Hinblick auf ihre Verteidigung ziemlich allein dastanden, kaum daß sich die Lage zuspitzte.

Die rasche politische und wirtschaftliche Stabilisierung aller jungen Demokratien im Osten wäre jedoch viel eher ein Beitrag zur allgemeinen Sicherheit in Europa als eine erweiterte NATO, die Rußland ausgrenzt. Zwar kann Brüssel die postkommunistischen Staaten, entgegen den Wünschen ihrer Bürger, nicht sogleich als Vollmitglieder in die EG aufnehmen. Ihre eigene Produktion würde von der leistungsfähigeren westlichen Industrie bald genauso erdrückt, wie es im Sonderfall der beiden Hälften Deutschlands zu beobachten ist. Auch Kredite und Finanzzuschüsse sind nicht unerschöpflich. Den Wohlstand, den sich Polen, Tschechen, Ungarn, Russen und viele andere erträumen, werden sie sich in der Hauptsache selber erarbeiten müssen. Deshalb sind Phantasie, Einsatzbereitschaft und Pioniergeist gefragt. Der Westen könnte den neuen Demokratien in viel größerem Umfang als bisher mit seinem organisatorischen, ökonomischen, juristischen und technischen Know-how unter die Arme greifen und darüber hinaus seinen Markt für ihre Erzeugnisse weiter öffnen, ungeachtet dessen, daß die Ostländer vorerst hauptsächlich

Agrarprodukte, Stahl und Rohstoffe wie Kohle exportieren, also Güter, an denen es der EG nicht fehlt. Doch neue Situationen erfordern neues Denken. Solange die Westeuropäer sich in erster Linie um die Wahrung ihres Besitzstands sorgen und die Herausforderung nicht annehmen, wird die Lage instabil und damit bedrohlich bleiben.

Daß sich der innere Kreislauf Europas nur mühsam belebt, hängt auch damit zusammen, daß die Menschen im Osten anders sind, als vielfach angenommen. Dieses Andersartige drängt zum Teil erst jetzt, nach der politischen Wende, an die Oberfläche. Zum Teil wurde es schlicht nicht wahrgenommen, weil sich der Austausch über Jahrzehnte im wesentlichen auf die Eliten beschränkte. Mit den Intellektuellen aus Polen, der Tschechoslowakei, Ungarn oder Rußland war man keineswegs immer einer Meinung. Doch es läßt sich mit ihnen bis heute trefflich diskutieren und über alle Unterschiede hinweg eine gemeinsame Sprache finden, weil wir alle die Bibel, Shakespeare, Dante, Kant, Dostojewski und Thomas Mann gelesen haben. Nun aber stehen mit einemmal Massen von Menschen mit ganz konkreten Bedürfnissen und Ansprüchen vor der Tür. In dieser Hinsicht die Gemeinsamkeiten zu entdecken, ist ungleich schwieriger, da der westliche und der östliche Normalbürger von unterschiedlichen Lebenserfahrungen geprägt sind.

Das sozialistische Planwirtschaftssystem erzeugte einen anderen Rhythmus und förderte andere Eigenschaften. Die Menschen, die in ihm lebten und arbeiteten, besitzen Qualitäten, die uns mit dem wirtschaftlichen Erfolg zum Teil abhanden gekommen sind. Ihr Interesse an der Welt und anderen Menschen ist meist nicht so pragmatisch orientiert wie im Westen. Sie sind auf andere Dinge stolz, haben Zeit für ihre Freunde und besitzen ein intuitiveres Gespür für die Kultur. Wer dagegen einem Polen die Gefahren der übermäßigen Technisierung vor Augen zu hal-

Der Wawel in Krakau – Königsresidenz und Kathedrale mit Königsgräbern zählen zu Polens Nationalheiligtümern

Landschaft in Masuren

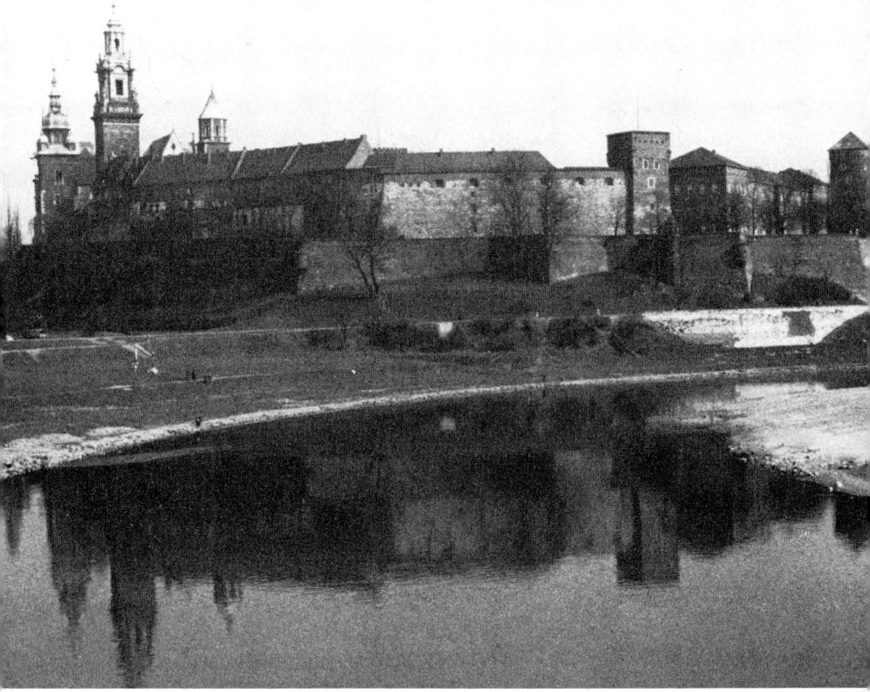
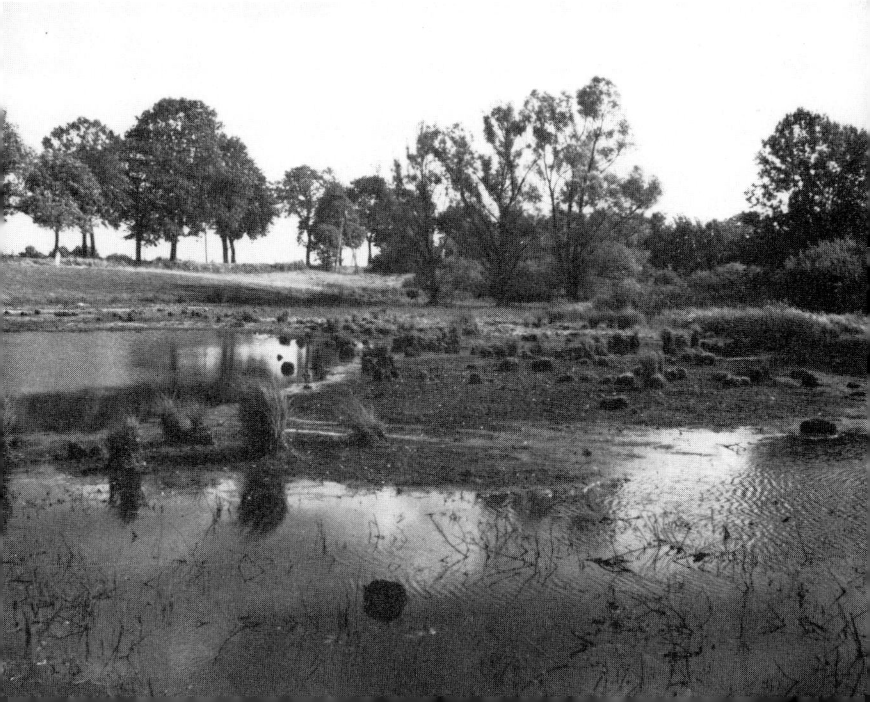

ten versucht, stößt weithin auf Unverständnis. Wie soll das auch
einer richtig verstehen in einem Land, in dem man selbst auf einen
Telefonanschluß Jahre warten muß? Wo ständig der Energienot-
stand droht, gelten Atomkraftwerke noch als Fortschritt oder zumindest als unabdingbares Übel. Wo schon das verbleite Benzin
Mangelware ist, läßt sich die Notwendigkeit von Katalysator-Au-
tos nur schwer begreiflich machen.

Auch die Vorstellungen über die Art und Weise, wie die europäischen Völker in dem »gemeinsamen Haus«, jener von Michail
Gorbatschow in die Welt gesetzten wunderbaren Vision, zusammenleben sollen, gehen weithin auseinander. Gerade die Polen
verstehen sich seit langem als leidenschaftliche Europäer. Ihr Blick
auf Europa wird freilich vor allem von der Tatsache bestimmt, daß
sie als Nation in den letzten beiden Jahrhunderten, von der Zwischenkriegszeit abgesehen, in wechselnden, aber gleichermaßen
ungeliebten Staatsformationen lebten. Solange andere ihnen die
Regeln des Zusammenlebens diktierten, beriefen sich die Polen
mit Vorliebe auf das gemeinsame europäische Erbe, jene Geisteshaltung, die ihre entscheidenden Impulse aus dem christlichen,
humanistischen und aufklärerischen Gedankengut bezieht. Im 19.
und 20. Jahrhundert appellierten sie in flammenden Schriften an
die Verantwortung der Europäer, für die Verwirklichung der
Menschenrechte einzutreten. Obgleich sie selten darauf eine un-
mittelbare Antwort erhielten, haben sie nie aufgehört, an dieses
»bessere« Europa zu glauben.

Von daher ist begreiflich, daß die Polen – ebenso die Ungarn, die
Tschechen und Slowaken, Rumänen und Bulgaren – heute so gern
von ihrer »Rückkehr nach Europa« sprechen. Trotzdem führt
diese Formel in die Irre, weil sie zu leicht den Eindruck erweckt, als
gäbe es in der Vergangenheit irgendeine Periode, die es lohnte,
wiederbelebt zu werden. Europa war lange nichts als eine Idee,
eine Sehnsucht der Intellektuellen. Im Lauf der Jahrhunderte hat
es einige Ansätze gegeben, die Staatenvielfalt dieses Kontinents in
einen geistigen Zusammenhang einzubinden. In der Praxis über-
wogen häufig genug die widerstreitenden Interessen. Erst im Gefolge des Zweiten Weltkriegs machten sich die Politiker in der
westlichen Hälfte Europas daran, die Egoismen und Rivalitäten

der Nationalstaaten allmählich zu überwinden, indem sie ein übernationales Verbundsystem schufen und dieses Schritt um Schritt ausweiteten.

Dieser Teil der Nachkriegsentwicklung ist an den Menschen Ostmitteleuropas vorbeigegangen. Sie verstehen unter der «Rückkehr nach Europa» vor allem die baldige Aufnahme ihrer Staaten in die westeuropäischen Institutionen, womit sie die Hoffnung verknüpfen, daß sich ihre Probleme dann sozusagen von selbst lösten. Doch ihre Integration kann nur gelingen, wenn sie selbst an diesem Prozeß aktiven Anteil nehmen und die Mauern in den eigenen Köpfen einzureißen beginnen. In dieser Hinsicht ist noch viel Überzeugungsarbeit zu leisten. Während Westeuropa durch die EG seit Jahren stetig enger zusammenwächst, lebt im Osten der alte Nationalismus wieder auf. Er ist parallel zu der Vorstellung gewachsen, daß jedes Land für sich viel besser zurechtkäme, wenn es nicht mehr von der Sowjetunion dominiert würde. Dieses Gefühl war die Haupttriebfeder des politischen Umbruchs und ist für die Bürger der postkommunistischen Länder nunmehr Ausdruck ihrer wiedererrungenen Souveränität. In der Praxis aber erweist es sich als Stolperstein auf dem Weg in die gemeinsame europäische Zukunft.

In Polen äußert sich der Nationalismus zum einen in einer fast manischen Fixierung auf sich selber, in übermäßigen Bindungen an die Tradition und häufig in einer seltsamen Überhöhung der eigenen Nation. Heute fällt es darum den Bürgern schwer, sich auf die moderne, komplexe Welt einzulassen. Die Presse und die Medien beschäftigen sich vorzugsweise mit den polnischen Angelegenheiten und berücksichtigen Ereignisse jenseits der Grenzen nur insoweit, wie sie sich auf die eigene Nation auswirken könnten. Infolgedessen bereitet es den meisten Polen große Schwierigkeiten, sich in die Gefühlswelt anderer Völker hineinzuversetzen und deren Vorstellungswelt in ihre Überlegungen einzubeziehen. Selbst dem Erlernen fremder Sprachen wurde außer in Intellektuellenkreisen geringes Gewicht beigemessen. Die Fremdsprachenkenntnisse sind im Schnitt dürftiger als in anderen postkommunistischen Staaten. Wer durch Polen reist, ohne die Sprache zu beherrschen, fühlt sich recht verloren. Fast nirgends, sei es in

Museen oder auf Bahnhöfen, in einfacheren Hotels oder Restaurants, gibt es sprachkundiges Personal, von Wegweisern, Beschriftungen und Erläuterungen in jenen Sprachen, die sich in Europa als Verständigungsmittel eingebürgert haben, gar nicht zu reden.

Zu den liebevoll kultivierten Traditionen, die den Blick über den eigenen Tellerrand hinaus erschweren, gehört auch die Sehnsucht nach der ländlichen Idylle. In der Konsequenz verstehen es viele Polen zwar blendend, ihr persönliches Umfeld zu organisieren. Als Gesellschaft aber tun sie sich schwer damit, in größeren Zusammenhängen zu denken, und erst recht zu handeln. Gegenüber den »großen Lösungen« empfinden sie ein tiefes Mißtrauen. »Klein ist schön«, lautet die Parole der einflußreichen rechten Gruppierungen im Land. Sie stellen sich darunter ein Polen vor, das um die Pfarrgemeinden herum aufgebaut ist und in dem sich ein Familienbetrieb an den anderen reiht. Seit den achtziger Jahren wird zumindest an den Kirchen emsig gebaut; und nur Ketzer wagen zu fragen, ob Polen den ersehnten »Anschluß an Europa« nicht vielleicht schneller fände, wenn es die für die Gotteshäuser aufgebrachten Mittel zum Beispiel in den Ausbau des Telekommunikationsnetzes steckte.

Überhaupt wird vieles davon abhängen, inwieweit es den Polen gelingt, ihre katholische Kirche zu reformieren. Sie hat durch die enge Verquickung ihrer religiösen Botschaft mit der Idee des Polentums die nationalistischen Vorurteile seit Jahrhunderten eher befördert denn gemildert. Heute wäre es eine große Aufgabe der Kirche, die Gläubigen mit dem moralischen Rüstzeug zu versehen, ohne das auch die moderne, demokratische Welt nicht auskommt, oder wenigstens die wachsende existentielle Not zu lindern. Statt dessen eifern die meisten Priester, allen voran der aus Polen stammende Papst, höchst einseitig gegen die angeblich aus dem Westen ins Land schwappende Welle der allgemeinen Permissivität. Strenge Gesetze, wie sie die Kirche fordert, wären vor allem geeignet, den dringend notwendigen Aufbau einer Zivilgesellschaft zu behindern, deren Bürger eigenverantwortlich handeln und für die Folgen ihres Handelns einzustehen wissen.

Wie sehr sich die Polen und die Bürger der übrigen postkommunistischen Staaten eine schnelle Angleichung an den westlichen Lebensstandard wünschen, so fremd sind ihnen doch die dafür notwendigen Grundregeln. Die vielfältigen Möglichkeiten, auf die Politik Einfluß zu nehmen, werden kaum genutzt. So beteiligten sich an den ersten wirklich freien Parlamentswahlen in Polen im Oktober 1991 nur 40 Prozent der Bürger.

Die wiederauflebenden nationalistischen Gefühle behindern auch eine gedeihliche Zusammenarbeit mit anderen Völkern. Die Polen stehen sich dabei vor lauter Sorge um einen eventuellen Verlust an Identität manchmal selbst im Weg. Unermüdlich fordert die Solidarność-Regierung den Westen auf, an der Weichsel großzügigst zu investieren, unternimmt aber nichts, der geradezu panischen Angst vor dem »Ausverkauf des Landes«, die manch gute Absicht zunichte macht, mit vernünftigen Maßnahmen zu begegnen. Schon ist von westlichen Kapitalgebern zu hören, die vor den institutionellen Schwierigkeiten in Polen kapitulierten und sich lieber nach Ungarn und in die Tschechoslowakei wandten, wo man die Dinge leichter angeht und dem »Ausverkauf« mittels vernünftiger Gesetze vorzubeugen sucht.

Um die Beziehungen zwischen jenen Staaten, die bislang im Warschauer Pakt und im Rat für Gemeinsame Wirtschaftshilfe zusammengefaßt waren, steht es ebenfalls nicht zum Besten. Im Grunde geböte es die Vernunft, daß sie nach Auflösung der erzwungenen Bündnisse ihre Interessen auf eine andere Weise koordinierten und die bilaterale Kooperation im ökonomischen Bereich verstärkten. Die »Brudervölker« sind sich jedoch in den gut vier Jahrzehnten der kommunistischen Ära ziemlich fremd geblieben, schotteten sie sich doch durch Reise-, Devisen- und Ausfuhrbeschränkungen voneinander ab. Der ideologische Überbau hat eine freimütige Diskussion über die gegenseitigen Vorurteile und die verschiedenen »unbeglichenen« Rechnungen der Geschichte unterbunden. Darum verlangt seit dem Systemumbruch erst einmal die unbewältigte Vergangenheit ihr Recht. Neue Formen der Nachbarschaft entwickeln sich nur zögerlich. Einen Anfang machten Polen, Ungarn und die Tschechoslowakei im Februar 1991 mit der Gründung eines Mitteleuropäischen Rats. Der Dreierbund verfügt noch über keinen institutionellen Rahmen, und die Menschen in den jeweiligen Ländern werten ihn eher als einen »Club der armen Brüder« denn als Weg in eine bessere Zukunft.

Schwieriger noch nimmt sich das Verhältnis der einstigen Satellitenstaaten Moskaus zum einstigen Großen Bruder aus. Dem Westen gegenüber bringen sich Polen, die Tschechoslowakei und Ungarn gern als »Brücke« zum Osten ins Gespräch: Sie seien mit den östlichen Verhältnissen vertraut, sie könnten die Länder der Gemeinschaft Unabhängiger Staaten (GUS) an Europa heranführen und in das »gemeinsame Haus« integrieren. In der Praxis aber müssen sie erst einmal miteinander ins reine kommen. Gerade die Polen, die ihre einstige Machtposition im Osten vor Jahrhunderten an Rußland abtreten mußten und sich aus dieser Abhängigkeit seither niemals so recht befreien konnten, kultivierten ihren östlichen Nachbarn gegenüber ein Gefühl kultureller Überlegenheit. Für nachhaltige Erbitterung sorgte freilich die Tatsache, daß über das Unrecht, das Stalin ihnen während des Zweiten Weltkriegs zugefügt hatte – die Annexion Ostpolens, die Verschleppung der Bevölkerung nach Sibirien und die Ermordung der polnischen Offiziere in Katyń – nach 1945 niemals öffentlich gesprochen werden durfte.

Mit Michail Gorbatschows Amtsantritt als sowjetischer Parteichef und Staatspräsident kamen die bislang tabuisierten Themen allmählich zur Sprache. Die Perestrojka weckte zumindest unter den polnischen Intellektuellen erstmals seit sehr langer Zeit wieder eine gewisse Faszination für den östlichen Nachbarn.

Heute hat Polen, zusätzlich zu den alten Problemen, eine ganz neue »Russenfrage«. Seit der Öffnung der Grenzen strömen Tausende von Menschen mit sowjetischem Paß ins Land, Schwarzarbeit und illegaler Handel stellen die Toleranz der Bevölkerung auf eine harte Probe. Dennoch werden die ehemaligen sowjetischen Satellitenstaaten nicht umhin können, ihre Beziehungen zu den GUS-Ländern neu zu regeln. Einerseits sind sie in der Rohstoffversorgung, vor allem bei Erdöl und Erdgas, fast völlig von den Lieferungen aus dem Osten abhängig. Andererseits gibt es für ihre Produkte, solange ihnen die Türen der EG weithin verschlossen sind, keinen günstigeren Absatzmarkt als Rußland und die südöstlichen Republiken.

Polen ist heute auf der Suche nach sich selbst. Wie es sich in das entstehende »gemeinsame Haus« einfügen wird, vermag niemand zu sagen. Bei allem wiederaufkeimenden Nationalismus und dem übermäßigen Traditionalismus gibt es zwischen Oder und Bug auch eine relativ starke Gegenbewegung, die einer weiten Öffnung des Landes für den europäischen Gedanken – mit allen Konsequenzen – das Wort redet. Ihre Anhänger finden sich hauptsächlich in der Intelligenz und in der jüngeren, auslandserfahrenen Generation. Daß diese Gegenbewegung zur Mehrheit wird, daß sich die Polen mit ihrer ganzen Phantasie, mit ihrer unkonventionellen, individualistischen Denkweise und ihrer quicken, gewitzten Intellektualität in den europäischen Einigungsprozeß einbringen, sollte unser aller Anliegen sein. Die Zukunft Europas kann sich nicht auf wie auch immer geartete Allianzen der einen gegen die anderen gründen. Es dürfen nicht wieder die Zustände der Zwischenkriegszeit einkehren, als im Prinzip jeder mit jedem zerstritten war. Die Zukunft kann nur eine neue Art des Zusammenlebens sein, die aus dem Reichtum des Vorhandenen schöpft, die sich um den Abbau von Feindbildern und Vorurteilen bemüht und auf Kooperation und Solidarität setzt, damit sich Europa endlich den großen Aufgaben der Menschheit widmen kann, dem Umweltschutz, der Beseitigung der Armut, der Schaffung von mehr sozialer Gerechtigkeit, humaneren Lebens- und Arbeitsbedingungen; kurz gesagt, all jenen Aufgaben, denen bislang der Rüstungswettlauf die Mittel vorenthalten hat.

Das Europa der Regionen respektive die Vereinigten Staaten von Europa werden noch auf sich warten lassen. Zu unterschiedlich sind vorerst die Lebensbedingungen. Zu groß sind auf beiden Seiten derzeit die Verlustängste. Der Westen scheut Einbußen seines Wohlstands. Der Osten bangt um seine wiedererrungene Identität und Souveränität, fürchtet, von den zahlenmäßig und wirtschaftlich stärkeren Völkern aufgesogen und erdrückt zu werden. Damit die Verlustängste schwinden und die Lust auf eine gemeinsame Zukunft wächst, müssen sich die Bewohner des euro-

päischen Hauses in ganz anderer Weise als bisher aufeinander einlassen, neugierig auf ihre Nachbarn werden. Oder um es mit
Witold Gombrowicz zu sagen, der schon in den sechziger Jahren
mahnte: »Wenn dieser heranwachsende Formalismus nicht aus-
balanciert wird durch Humanismus, das heißt durch den Menschen, das heißt durch den menschlichen Schmerz, durch Poesie,
Leidenschaft, so werde ich in dieser Sahara untergehen... Nicht
allein ich übrigens.«

Personen- und Sachregister

Bildnachweis

dpa, München: S. 199
Heiner J. Knott, Augsburg: S. 37, 89, 117, 143, 249, 311, 341 unten
Süddeutscher Verlag, München: S. 67, 167, 219 oben, 341 oben
foto-presse timmermann, Möhrendorf: S. 219 unten

4 Karten von Jutta Winter, Oberammergau: S. 29, 49

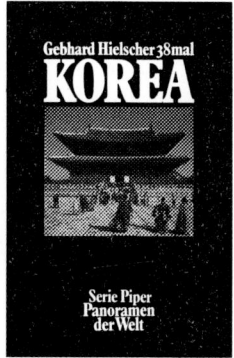

Rolf Ackermann
8mal Sardinien
224 Seiten mit 17 Fotos.
Serie Piper 5109

Fritz René Allemann
26mal die Schweiz
Panorama einer
Konföderation.
619 Seiten mit 17 Fotos.
Serie Piper 5106

Harald R. Bilger
111mal Südafrika
Überarb. Auflage. 377 Seiten
mit 35 Fotos.
Serie Piper 5102

Fritz Böhm
6mal Prag
280 Seiten mit 25 Fotos von
Werner Neumeister.
Serie Piper 5119

Rudolph Chimelli
9mal Moskau
231 Seiten mit 19 Fotos.
Serie Piper 5113

Gerhard Dambmann
24mal Japan
Weltmacht als Einzelgänger.
335 Seiten mit 22 Fotos.
Serie Piper 5104

Ulrich Encke
8mal Argentinien
333 Seiten mit 21 Fotos.
Serie Piper 5143

Willy Guggenheim
30mal Israel
Überarb. und aktualisierte
Neuausgabe.
492 Seiten mit 28 Fotos.
Serie Piper 5108

Erich Helmensdorfer
54mal Ägypten
Erweiterte und aktualisierte
Auflage.
332 Seiten mit 29 Fotos.
Serie Piper 5115

Gebhard Hielscher
38mal Korea
505 Seiten mit 13 Fotos.
Serie Piper 5125

Arnold Hottinger
7mal Naher Osten
Überarb. und aktualisierte
Neuausgabe.
439 Seiten mit 16 Fotos.
Serie Piper 5127

Toni Kienlechner
12mal Italien
458 Seiten mit 17 Fotos.
Serie Piper 5110

S~ERIE~ P~IPER~ Panoramen der Welt

**Catherine Krahmer/
Josef Müller-Marein
21mal Frankreich**
442 Seiten mit
22 Abbildungen.
Serie Piper 5103

**Rudolf Walter Leonhardt
77mal England**
Panorama einer Insel.
432 Seiten mit 33 Fotos.
Serie Piper 5112

**Eka von Merveldt
4mal Florenz**
Überarbeitete Neuausgabe.
383 Seiten mit 20 Fotos.
Serie Piper 5130

**James Morris
3mal Venedig**
Aus dem Englischen von
Hermann Stiehl und
Christian Röthlingshöfer.
365 Seiten mit 21 Fotos.
Serie Piper 5136

**Frank Niess
20mal Kuba**
413 Seiten mit 26 Fotos.
Serie Piper 5140

**Werner Radasewsky
16mal Portugal**
366 Seiten mit 22 Fotos.
Serie Piper 5142

**Urs Schoettli
5mal Pakistan**
224 Seiten mit 12 Fotos.
Serie Piper 5139

**Rüdiger Siebert
5mal Indonesien**
Annäherung an einen
Archipel.
531 Seiten mit 32 Fotos.
Serie Piper 5116

**Rüdiger Siebert
3mal Philippinen**
Das andere Asien.
394 Seiten mit 30 Fotos.
Serie Piper 5131

**Walter Tauber
25mal Brasilien**
398 Seiten mit 29 Fotos.
Serie Piper 5133

**Klaus Viedebantt
30mal Australien**
Überarb. und aktualisierte
Neuausgabe.
358 Seiten mit 29 Fotos.
Serie Piper 5126

**Günter C. Vieten
30mal Holland**
219 Seiten mit 18 Fotos.
Serie Piper 5138

Deutsche und Polen

100 Schlüsselbegriffe
Herausgegeben von Ewa Kobylińska,
Andreas Lawaty und Rüdiger Stephan.
582 Seiten. Serie Piper 1538

Die schwierigste innereuropäische Grenze, die zwischen Deutschen
und Polen, kann Tor eines offenen und vielfältigen Europas werden –
oder auch eine Trennmauer zwischen sich fremd gewordenen Welten.
In rund einhundert kurzen Essays zeigen deutsche und polnische
Wissenschaftler und Publizisten, Künstler und Schriftsteller zentrale
Begriffe, Fragestellungen und Erfahrungen von Deutschen und Polen
und setzen sie zueinander in Beziehung.